Bodhidharma: Las Enseñanzas del Mensajero Zen

Dhamma Buddha

Published by Dhamma Buddha, 2024.

BODHIDHARMA: LAS ENSEÑANZAS DEL MENSAJERO ZEN

First edition. June 6, 2024.

ISBN: 979-8227292360

Written by Dhamma Buddha.

Tabla de Contenido

No buscar nada es felicidad

AMADO MAESTRO,
ESQUEMA DE LA PRÁCTICA DE BODHIDHARMA MUCHOS CAMINOS CONDUCEN AL SENDERO, PERO BÁSICAMENTE SÓLO HAY DOS: LA RAZÓN Y LA PRÁCTICA. ENTRAR POR LA RAZÓN SIGNIFICA DARSE CUENTA DE LA ESENCIA A TRAVÉS DE LA INSTRUCCIÓN Y CREER QUE TODOS LOS SERES VIVOS COMPARTEN LA MISMA NATURALEZA VERDADERA, QUE NO ES APARENTE PORQUE ESTÁ ENVUELTA POR LA SENSACIÓN Y LA ILUSIÓN.

AQUELLOS QUE VUELVEN DEL ENGAÑO A LA REALIDAD, QUE MEDITAN EN LAS PAREDES, EN LA AUSENCIA DEL YO Y DEL OTRO, EN LA UNIDAD DEL MORTAL Y DEL SABIO, Y QUE PERMANECEN IMPASIBLES, INCLUSO ANTE LAS ESCRITURAS, ESTÁN EN COMPLETO Y TÁCITO ACUERDO CON LA RAZÓN. SIN MOVERSE, SIN ESFUERZO, ENTRAN, DECIMOS, POR LA RAZÓN.

ENTRAR POR PRÁCTICAS SE REFIERE A CUATRO PRÁCTICAS QUE INCLUYEN TODO:

SUFRIR LA INJUSTICIA, ADAPTARSE A LAS CONDICIONES, NO BUSCAR NADA Y PRACTICAR EL DHARMA.

PRIMERO, SUFRIR LA INJUSTICIA. CUANDO LOS QUE BUSCAN EL CAMINO SE ENCUENTRAN CON LA ADVERSIDAD, DEBEN PENSAR PARA SÍ MISMOS: "EN INCONTABLES ÉPOCAS PASADAS, ME HE DESVIADO DE LO ESENCIAL HACIA LO TRIVIAL Y HE VAGADO POR TODO TIPO DE EXISTENCIAS, A MENUDO ENFADADO SIN CAUSA Y

CULPABLE DE INNUMERABLES TRANSGRESIONES. AHORA, AUNQUE NO HE HECHO NADA MALO, SOY CASTIGADO POR MI PASADO. NI LOS DIOSES NI LOS HOMBRES PUEDEN PREVER CUÁNDO UNA MALA ACCIÓN DARÁ SU FRUTO. LO ACEPTO CON EL CORAZÓN ABIERTO Y SIN QUEJARME DE INJUSTICIA". LOS SUTRAS DICEN: "CUANDO TE ENCUENTRES CON LA ADVERSIDAD, NO TE ENFADES. PORQUE TIENE SENTIDO".

CON TAL COMPRENSIÓN, ESTÁS EN ARMONÍA CON LA RAZÓN.

Y SUFRIENDO LA INJUSTICIA, ENTRAS EN EL CAMINO.

SEGUNDO, ADAPTARNOS A LAS CONDICIONES. COMO MORTALES, ESTAMOS GOBERNADOS POR LAS CONDICIONES, NO POR NOSOTROS MISMOS. TODOS LOS SUFRIMIENTOS Y ALEGRÍAS QUE EXPERIMENTAMOS DEPENDEN DE LAS CONDICIONES. SI SOMOS BENDECIDOS POR ALGUNA GRAN RECOMPENSA, COMO LA FAMA O LA FORTUNA, ES FRUTO DE UNA SEMILLA PLANTADA POR NOSOTROS EN EL PASADO. CUANDO LAS CONDICIONES CAMBIAN, SE ACABA.

¿POR QUÉ DELEITARSE EN SU EXISTENCIA? PERO MIENTRAS QUE EL ÉXITO Y EL FRACASO DEPENDEN DE LAS CONDICIONES, LA MENTE NI CRECE NI MENGUA. LOS QUE PERMANECEN IMPASIBLES ANTE EL VIENTO DE LA ALEGRÍA SIGUEN SILENCIOSAMENTE EL CAMINO.

TERCERO, NO BUSCAR NADA. LA GENTE DE ESTE MUNDO SE ENGAÑA.

SIEMPRE ESTÁN ANHELANDO ALGO, SIEMPRE, EN UNA PALABRA, BUSCANDO. PERO LOS SABIOS DESPIERTAN. ELIGEN LA RAZÓN SOBRE LA COSTUMBRE. FIJAN SU MENTE EN LO SUBLIME Y DEJAN QUE SU CUERPO CAMBIE CON LA ESTACIÓN. TODOS LOS FENÓMENOS ESTÁN VACÍOS.

NO CONTIENEN NADA QUE VALGA LA PENA DESEAR. LA CALAMIDAD ALTERNA SIEMPRE CON LA PROSPERIDAD. HABITAR EN LOS TRES REINOS ES HABITAR EN UNA CASA

EN LLAMAS. TENER UN CUERPO ES SUFRIR. ¿ALGUIEN CON CUERPO CONOCE LA PAZ?

CUARTO, PRACTICAR EL DHARMA. EL DHARMA ES LA VERDAD DE QUE TODAS LAS NATURALEZAS SON PURAS. POR ESTA VERDAD, TODAS LAS APARIENCIAS ESTÁN VACÍAS. LA CORRUPCIÓN Y EL APEGO, EL SUJETO Y EL OBJETO NO EXISTEN. LOS SUTRAS DICEN: "EL DHARMA NO INCLUYE NINGÚN SER PORQUE ESTÁ LIBRE DE LA IMPUREZA DEL SER. Y EL DHARMA NO INCLUYE AL YO, PORQUE ESTÁ LIBRE DE LA IMPUREZA DEL YO". AQUELLOS LO SUFICIENTEMENTE SABIOS COMO PARA CREER Y COMPRENDER ESTA VERDAD ESTÁN OBLIGADOS A PRACTICAR DE ACUERDO CON EL DHARMA. PUESTO QUE LA ENCARNACIÓN DEL DHARMA NO CONTIENE NADA DIGNO DE ENVIDIA, ENTREGAN SU CUERPO, SU VIDA Y SUS BIENES EN CARIDAD, SIN REMORDIMIENTOS, SIN VANIDAD DE DADOR, DONANTE O RECEPTOR, Y SIN PREJUICIOS NI APEGOS. Y SE DEDICAN A TRANSFORMAR A LOS DEMÁS PARA ELIMINAR LA IMPUREZA, PERO SIN APEGARSE A LA FORMA. ASÍ, A TRAVÉS DE SU PROPIA PRÁCTICA, SON CAPACES DE AYUDAR A LOS DEMÁS Y GLORIFICAR EL CAMINO DE LA ILUMINACIÓN. Y AL IGUAL QUE CON LA CARIDAD, TAMBIÉN PRACTICAN LAS OTRAS VIRTUDES. PERO MIENTRAS PRACTICAN LAS SEIS VIRTUDES PARA ELIMINAR LA ILUSIÓN, NO PRACTICAN NADA EN ABSOLUTO. ESTO ES LO QUE SE ENTIENDE POR PRACTICAR EL DHARMA. LOS QUE COMPRENDEN ESTO SE DESAPEGAN DE TODO LO QUE EXISTE Y DEJAN DE IMAGINAR O BUSCAR NADA.

LOS SUTRAS DICEN: "BUSCAR ES SUFRIR. NO BUSCAR NADA ES LA DICHA".

CUANDO NO BUSCAS NADA, ESTÁS EN EL CAMINO.

Bodhidharma ocupa un lugar muy especial en mi corazón. Por eso, hablar de él es una ocasión muy especial. Quizá sea el único hombre al que he amado tan profundamente que hablar de él sea casi hablar de mí mismo. Eso también crea una gran complejidad, porque él nunca escribió nada en su vida. Ningún ser iluminado ha escrito nunca. Bodhidharma no es una excepción, pero por tradición estos tres libros que vamos a discutir se atribuyen a Bodhidharma.

Los eruditos razonan que, como no hay pruebas en contra -y durante casi mil años, estos libros se han atribuido a Bodhidharma-, no hay razón para que no los aceptemos. Yo no soy un erudito, y ciertamente hay fragmentos que deben haber sido pronunciados por Bodhidharma, pero no son libros escritos por él. Son notas de sus discípulos. Era una antigua tradición que cuando un discípulo tomaba notas del maestro no pusiera su propio nombre en ellas, porque nada de eso le pertenecía; había venido del maestro.

Pero conociendo a Bodhidharma tan íntimamente como lo conozco... Hay tantas falacias que sólo son posibles si otra persona estuviera tomando notas y su propia mente entrara en ello; ha interpretado a Bodhidharma... y con no mucha comprensión.

Antes de adentrarnos en estos sutras, sería bueno saber algunas cosas sobre Bodhidharma. Eso te dará el sabor del hombre y una manera de entender lo que le pertenece en estos libros y lo que no le pertenece. Va a ser un comentario muy extraño.

Bodhidharma nació hace catorce siglos como hijo de un rey del sur de la India. Había un gran imperio, el imperio de los Pallavas. Era el tercer hijo de su padre, pero viéndolo todo -era un hombre de tremenda inteligencia- renunció al reino. No estaba en contra del mundo, pero no estaba dispuesto a perder el tiempo en asuntos mundanos, en trivialidades. Toda su preocupación era conocer su propia naturaleza, porque sin conocerla hay que aceptar la muerte como fin.

De hecho, todos los verdaderos buscadores han luchado contra la muerte. Bertrand Russell dijo que si no hubiera muerte, no habría religión. Hay algo de verdad en ello. No estoy totalmente de acuerdo, porque la religión es un vasto continente. No es sólo la muerte, es también la búsqueda de la dicha, es también la búsqueda de la verdad, es también la búsqueda del sentido de la vida; es muchas cosas más. Pero ciertamente Bertrand Russell tiene razón: si no existiera la muerte, muy pocas, muy raras personas se interesarían por la religión. La muerte es el gran incentivo.

Bodhidharma renunció al reino diciendo a su padre: "Si no puedes salvarme de la muerte, entonces por favor no me lo impidas. Déjame ir en busca de algo que esté más allá de la muerte". Aquellos eran días hermosos, sobre todo en Oriente. El padre pensó un momento y dijo: "No te lo impediré, porque no puedo evitar tu muerte. Sigue tu búsqueda con todas mis bendiciones. Es triste para mí, pero ése es mi problema; es mi apego. Esperaba que fueras el sucesor, el emperador del gran imperio Pallavas, pero has elegido algo más elevado que eso. Soy tu padre así que ¿cómo puedo impedírtelo?

"Y usted ha planteado de una manera tan sencilla una pregunta que yo nunca había esperado.

Dices: 'Si puedes evitar mi muerte, entonces no dejaré el palacio, pero si no puedes evitar mi muerte, entonces, por favor, tampoco me lo impidas'". Puedes ver el calibre de Bodhidharma como una gran inteligencia.

Y lo segundo que me gustaría que recordaras es que, aunque era seguidor de Gautam Buda, en algunos casos muestra vuelos más elevados que el propio Gautam Buda. Por ejemplo, Gautam Buda tenía miedo de iniciar a una mujer en su comuna de sannyasins, pero Bodhidharma fue iniciado por una mujer que estaba iluminada. Se llamaba Pragyatara. Quizá la gente haya olvidado su nombre; sólo gracias a Bodhidharma su nombre permanece, pero sólo el nombre, no sabemos nada más de ella. Fue ella quien ordenó a Bodhidharma que fuera a China. El budismo había llegado a China seiscientos años antes que Bodhidharma. Fue algo mágico; nunca había sucedido en ninguna parte, en ningún momento: el mensaje de Buda se apoderó inmediatamente de todo el pueblo chino.

La situación era que China había vivido bajo la influencia de Confucio y estaba cansada de ella. Como Confucio no es más que un moralista, un puritano, no sabe nada de los misterios interiores de la vida. De hecho, niega que exista algo interior. Todo es exterior; refinarlo, pulirlo, culturizarlo, hacerlo lo más bello posible.

Hubo gente como Lao Tzu, Chuang Tzu, Lieh Tzu, contemporáneos de Confucio, pero eran místicos, no maestros. No pudieron crear un movimiento contrario a Confucio en los corazones del pueblo chino. Así que había un vacío. Nadie puede vivir sin alma, y una vez que empiezas a pensar que no hay alma, tu vida empieza a perder todo su sentido. El alma es tu propio concepto integrador; sin ella estás apartado de la existencia y de la vida eterna. Igual que una rama cortada de un árbol está destinada a morir -ha perdido la fuente de nutrición-, la idea misma de que no hay alma dentro de ti, de que no hay consciencia, te separa de la existencia. Uno empieza a encogerse, a sentirse sofocado.

Pero Confucio era un gran racionalista. Estos místicos, Lao Tzu, Chuang Tzu, Lieh Tzu, sabían que lo que Confucio hacía estaba mal, pero no eran maestros. Permanecieron en sus monasterios con sus pocos discípulos.

Cuando el budismo llegó a China, penetró inmediatamente en el alma misma de la gente... como si hubieran estado sedientos durante siglos, y el budismo hubiera llegado como una nube de lluvia. Sació su sed tan inmensamente que sucedió algo inimaginable.

El cristianismo ha convertido a mucha gente, pero esa conversión no es digna de llamarse religiosa. Convierte a los pobres, a los hambrientos, a los mendigos, a los huérfanos, no por ningún impacto espiritual en ellos, sino simplemente dándoles comida, ropa, cobijo, educación.

Pero esto no tiene nada que ver con la espiritualidad. El mahometismo ha convertido a una enorme cantidad de gente, pero a punta de espada: o eres mahometano, o no puedes vivir. La elección es tuya.

La conversión que tuvo lugar en China es la única conversión religiosa en toda la historia de la humanidad. El budismo simplemente se explicó a sí mismo, y la belleza del mensaje fue comprendida por la gente. Tenían sed de ello, esperaban algo así. Todo el país, que era el país más grande del mundo, se volvió hacia el budismo. Cuando Bodhidharma llegó allí seiscientos años después, ya había treinta mil templos budistas, monasterios y dos millones de monjes budistas en China. Y dos millones de monjes budistas no es un número pequeño; era el cinco por ciento de toda la población de China.

Pragyatara, el maestro de Bodhidharma, le dijo que fuera a China porque las personas que habían llegado allí antes que él habían causado un gran impacto, aunque ninguna de ellas estaba iluminada. Eran grandes eruditos, personas muy disciplinadas, muy amorosas, pacíficas y compasivas, pero ninguno de ellos estaba iluminado. Y ahora China necesitaba otro Gautam Buda. El terreno estaba listo.

Bodhidharma fue el primer hombre iluminado que llegó a China. Lo que quiero dejar claro es que, mientras que Gautam Buda tenía miedo de iniciar a mujeres en su comuna, Bodhidharma tuvo el valor suficiente para ser iniciado por una mujer en el camino de Gautam Buda. Había otras personas iluminadas, pero él eligió a una mujer con un propósito determinado. Y el propósito era mostrar que una mujer puede ser iluminada. No sólo eso, sus discípulos pueden ser iluminados. El nombre de Bodhidharma destaca entre todos los iluminados budistas, sólo superado por el de Gautam Buda.

Hay muchas leyendas sobre este hombre; todas tienen algún significado. La primera leyenda es: Cuando llegó a China—tardó tres años—el emperador chino Wu vino a recibirle. Su fama había llegado antes que él. El emperador Wu había prestado un gran servicio a la filosofía de Gautam Buda. Miles de eruditos estaban traduciendo las escrituras budistas del pali al chino y el emperador era el mecenas de todo ese gran trabajo de traducción. Había construido miles de templos y monasterios, y alimentaba a miles de monjes.

Había puesto todo su tesoro al servicio de Gautam Buda y, naturalmente, los monjes budistas que habían llegado antes que Bodhidharma le habían estado diciendo que estaba ganando grandes virtudes, que nacería como un dios en el cielo.

Naturalmente, su primera pregunta a Bodhidharma fue: "He hecho tantos monasterios, estoy alimentando a miles de eruditos, he abierto toda una universidad para los estudios de Gautam Buda, he puesto todo mi imperio y sus tesoros al servicio de Gautam Buda. ¿Cuál va a ser mi recompensa?".

Se sintió un poco avergonzado al ver a Bodhidharma, sin pensar que el hombre sería así. Parecía muy feroz. Tenía unos ojos muy grandes, pero un corazón muy blando, como una flor de loto. Pero su cara era casi tan peligrosa como se pueda concebir. Sólo le faltaban las gafas de sol; ¡por lo demás era un mafioso!

Con gran temor, el emperador Wu hizo la pregunta, y Bodhidharma dijo: "Nada, ninguna recompensa. Al contrario, prepárate para caer en el séptimo infierno".

El emperador dijo: "Pero yo no he hecho nada malo, ¿por qué el séptimo infierno?

He estado haciendo todo lo que me han dicho los monjes budistas".

Bodhidharma dijo: "A menos que empieces a escuchar tu propia voz, nadie puede ayudarte, ni budista ni no budista. Y tú aún no has escuchado tu voz interior. Si la hubieras escuchado, no habrías hecho una pregunta tan estúpida.

"En el camino del Buda Gautam no hay recompensa porque el propio deseo de recompensa procede de una mente codiciosa. Toda la enseñanza del Buda Gautam es la ausencia de deseo, y si estás haciendo todos estos supuestos actos virtuosos, construyendo templos y monasterios y alimentando a miles de monjes, con un deseo en tu mente, estás preparando tu camino hacia el infierno. Si estás haciendo estas cosas por alegría, para compartir tu alegría con todo el imperio, y no hay ni siquiera un ligero deseo de recompensa, el acto mismo es una recompensa en sí mismo. De lo contrario, no has entendido nada".

El emperador Wu dijo: "Tengo la mente llena de pensamientos. He estado intentando crear un poco de paz mental, pero he fracasado y, debido a estos pensamientos y a su ruido, no puedo oír lo que tú llamas la voz interior. No sé nada al respecto".

Bodhidharma dijo: "Entonces, a las cuatro de la mañana, ven solo, sin guardaespaldas, al templo en las montañas donde voy a quedarme. Y pondré tu mente en paz, para siempre".

El emperador pensó que este hombre era realmente extravagante, escandaloso. Había conocido a muchos monjes; eran muy educados, pero éste ni siquiera se molesta en que es el emperador de un gran país. Y para ir a él en la oscuridad de la madrugada a las cuatro, solo.... Y este hombre parece peligroso... siempre solía llevar consigo un gran bastón.

El emperador no pudo dormir en toda la noche: "¿Ir o no ir? Porque ese hombre puede hacer cualquier cosa. Parece absolutamente poco fiable". Y por otro lado, sintió en el fondo de su corazón la sinceridad del hombre, que no es un hipócrita. No le importa lo más mínimo que usted sea un emperador y él sólo un mendigo.

Se comporta como un emperador, y delante de él no eres más que un mendigo. Y la forma en que ha dicho: "Voy a poner tu mente en paz para siempre".

"Extraño, porque he estado preguntando", pensó el emperador, "a muchos sabios que han venido de la India, y todos me han dado métodos, técnicas, que he estado practicando, pero no pasa nada—y este tipo extraño, que parece casi loco, o borracho, y tiene una cara extraña con unos ojos tan grandes que crea miedo..... Pero parece ser sincero también - es un fenómeno salvaje. Y vale la pena arriesgarse. Qué puede hacer... como mucho puede matarme". Finalmente, no pudo resistir la tentación porque el hombre le había prometido: "Te tranquilizaré para siempre".

El emperador Wu llegó al templo a las cuatro, de madrugada, en la oscuridad, solo, y Bodhidharma estaba allí de pie con su bastón, justo en la escalinata, y le dijo: "Sabía que vendrías, aunque toda la noche te debatiste entre ir o no ir. Qué clase de emperador eres, tan cobarde, temiendo a un pobre monje, un pobre mendigo que no tiene nada en el mundo excepto este bastón. Y con este bastón voy a acallar tu mente".

El emperador pensó: "Dios mío, ¿quién ha oído alguna vez que con un bastón se puede hacer callar la mente de alguien? Puedes acabar con él, golpearle fuerte en la cabeza... entonces todo el hombre calla, no la mente. Pero ahora es demasiado tarde para volver atrás".

Y Bodhidharma dijo: "Siéntate aquí, en el patio del templo". No había ni un solo hombre alrededor. "Cierra los ojos, estoy sentado frente a ti con mi bastón. Tu trabajo es apoderarte de la mente. Cierra los ojos y entra buscándola... donde esté. En el momento en que la encuentres, dime: 'Aquí está'. Y mi bastón hará el resto".

Fue la experiencia más extraña que cualquier buscador de la verdad, la paz o el silencio podría haber tenido jamás, pero ahora no había otro camino. El emperador Wu se sentó allí con los ojos cerrados, sabiendo perfectamente que Bodhidharma parece querer decir todo lo que dice. Miró a su alrededor... no había mente. Aquel bastón hizo su trabajo. Por primera vez se encontraba en una situación así. La elección... si encuentras la mente, uno nunca sabe lo que este hombre va a hacer con su bastón. Y en ese silencioso lugar montañoso, en presencia de Bodhidharma, que tiene un carisma propio.... Ha habido muchos iluminados, pero Bodhidharma se yergue distante, solitario, como un Everest. Cada uno de sus actos es único y original. Cada uno de sus gestos lleva su propia firma, no es algo prestado.

Se esforzó en buscar la mente, y por primera vez no pudo encontrarla. Es una pequeña estrategia. La mente existe sólo porque nunca la buscas;

existe sólo porque nunca eres consciente de ella. Cuando la buscas eres consciente de ella, y la consciencia seguramente la mata por completo. Pasaron las horas y el sol se alzaba en las silenciosas montañas con una brisa fresca. Bodhidharma pudo ver en el rostro del emperador Wu tanta paz, tanto silencio, tanta quietud como si fuera una estatua. Lo sacudió y le preguntó: "Ha pasado mucho tiempo. ¿Has encontrado la mente?".

El emperador Wu dijo: "Sin usar tu bastón, has pacificado mi mente por completo. No tengo mente y he oído la voz interior de la que hablabas. Ahora sé que todo lo que dijiste era cierto. Me has transformado sin hacer nada. Ahora sé que cada acto tiene que ser una recompensa en sí mismo; de lo contrario, no lo hagas. ¿Quién está ahí para darte la recompensa? Es una idea infantil. ¿Quién está ahí para darte el castigo? Tu acción es el castigo y tu acción es tu recompensa. Tú eres el dueño de tu destino".

Bodhidharma dijo: "Eres un discípulo poco común. Te quiero, te respeto, no como a un emperador, sino como a un hombre que tiene el valor, en una sola sesión, de aportar tanta conciencia, tanta luz, que toda la oscuridad de la mente desaparece."

Wu trató de persuadirle para que fuera a palacio. Le dijo: "Ese no es mi lugar; ya ves que soy salvaje, hago cosas que ni yo mismo sé de antemano. Vivo momento a momento de forma espontánea, soy muy imprevisible. Puedo crearte problemas innecesarios a ti, a tu corte, a tu gente; no estoy hecho para palacios, déjame vivir en mi estado salvaje."

Vivía en esta montaña cuyo nombre era Tai... La segunda leyenda es que Bodhidharma fue el primer hombre que creó el té—el nombre 'té' viene del nombre TAI, porque fue creado en la montaña Tai. Y todas las palabras para té en cualquier idioma, derivan de la misma fuente, tai. En inglés es tea, en hindi es CHAI. La palabra china tai también se puede pronunciar CHA. La palabra marathi es exactamente CHA.

La forma en que Bodhidharma creó el té no puede ser histórica, pero es significativa. Estaba meditando casi todo el tiempo, y a veces por la noche empezaba a quedarse dormido. Así que, para no dormirse, para dar una lección a sus ojos, se quitó todos los pelos de las cejas y los arrojó al suelo del templo. Se cuenta que de esas cejas crecieron los arbustos de té. Esos fueron los primeros arbustos de té. Por eso, cuando bebes té, no puedes dormir. Y en el budismo se convirtió en una rutina que para la meditación, el té es inmensamente útil. Así que todo el mundo budista bebe té como parte de la meditación, porque te mantiene alerta y despierto.

Aunque había dos millones de monjes budistas en China, Bodhidharma sólo pudo encontrar cuatro dignos de ser aceptados como discípulos suyos. Era realmente muy exigente.

Tardó casi nueve años en encontrar a su primer discípulo, Hui Ko.

Durante nueve años -y esto es un hecho histórico, porque hay referencias antiquísimas, casi contemporáneas de Bodhidharma que mencionan todas este hecho aunque otras no se mencionen- durante nueve años, después de enviar a Wu de vuelta al palacio, se sentó ante el muro del templo, de cara a la pared. Lo convirtió en una gran meditación. Simplemente se quedaba mirando la pared. Ahora, mirando a la pared durante mucho tiempo, no se puede pensar. Poco a poco, al igual que la pared, la pantalla de tu mente también se vacía.

Y había una segunda razón. Declaró: "A menos que venga alguien que merezca ser mi discípulo, no miraré al público".

Venía gente y se sentaban detrás de él. Era una situación extraña.

Nadie había hablado así; él hablaba a la pared. La gente se sentaba detrás de él, pero él no miraba al público, porque decía: "El público me duele más, porque es como un muro. Nadie lo entiende, y mirar a los seres humanos en ese estado de ignorancia duele profundamente. Pero mirar al muro, no hay duda; un muro, al fin y al cabo, es un muro. No puede oír, así que no hay necesidad de sentirse herido. Me volveré hacia el público sólo si alguien demuestra con su acción que está dispuesto a ser mi discípulo".

Pasaron nueve años. La gente no sabía qué hacer, qué acción le satisfaría. No podían entenderlo. Entonces llegó este joven, Hui Ko. Cortó una de sus manos con la espada, y arrojó la mano ante Bodhidharma y dijo: "Este es el comienzo. O te conviertes, o mi cabeza caerá ante ti. Yo también voy a cortarme la cabeza".

Bodhidharma se volvió y dijo: "Eres realmente un hombre digno de mí. No hay necesidad de cortar la cabeza, hay que usarla". Este hombre, Hui Ko, fue su primer discípulo.

Finalmente, cuando abandonó China, o tenía intención de hacerlo, llamó a sus cuatro discípulos, tres más que había reunido después de Hui Ko. Les preguntó: "En palabras sencillas, en frases pequeñas, telegráficas, decidme la esencia de mis enseñanzas. Tengo intención de partir mañana por la mañana para volver al Himalaya, y quiero elegir entre vosotros cuatro, a uno como mi sucesor."

El primer hombre dijo: "Tu enseñanza consiste en ir más allá de la mente, en estar absolutamente en silencio, y entonces todo empieza a suceder por sí mismo."

Bodhidharma dijo: "No estás equivocado, pero no me satisfaces. Sólo tienes mi piel".

El segundo dijo: "Saber que no soy, y que sólo la existencia es, es tu enseñanza fundamental".

Bodhidharma dijo: "Un poco mejor, pero no a mi nivel. Tienes mis huesos; siéntate".

Y el tercero dijo: "No se puede decir nada al respecto. Ninguna palabra es capaz de decir nada al respecto".

Bodhidharma dijo: "Bien, pero ya has dicho algo al respecto. Te has contradicho. Siéntate; tienes mi médula".

Y el cuarto fue su primer discípulo, Hui Ko, que simplemente cayó a los pies de Bodhidharma, sin decir una palabra, con lágrimas rodando por sus ojos. Bodhidharma dijo: "Tú lo has dicho. Vas a ser mi sucesor".

Pero por la noche Bodhidharma fue envenenado por algún discípulo como venganza, porque no había sido elegido sucesor. Así que lo enterraron, y la leyenda más extraña es que al cabo de tres años fue encontrado por un funcionario del gobierno, saliendo de China hacia el Himalaya con su bastón en la mano y una de sus sandalias colgando del bastón... y estaba descalzo.

El funcionario lo conocía, había estado con él muchas veces, se había enamorado del hombre, aunque era un poco excéntrico. Preguntó: "¿Qué significa este bastón y una sandalia que cuelga de él?". Bodhidharma respondió: "Pronto lo sabrás. Si te encuentras con mi gente, diles que me voy al Himalaya para siempre".

El funcionario llegó inmediatamente, tan rápido como pudo, al monasterio de la montaña donde Bodhidharma había estado viviendo. Allí se enteró de que había sido envenenado y había muerto... y allí estaba la tumba. El funcionario no se había enterado, porque estaba destinado en las fronteras del imperio. Dijo: "Dios mío, pero yo lo he visto, y no me puedo engañar porque lo he visto muchas veces antes. Era el mismo hombre, esos mismos ojos feroces, la misma mirada ardiente y salvaje, y encima llevaba en su bastón una sandalia."

Los discípulos no pudieron contener su curiosidad y abrieron el sepulcro. Lo único que encontraron allí fue una sandalia. Entonces comprendieron por qué había dicho: "Ya lo descubriréis; pronto lo sabréis".

Hemos oído hablar mucho de la resurrección de Jesús. Pero nadie ha hablado mucho de la resurrección de Bodhidharma. Tal vez sólo estaba en coma cuando lo enterraron, y entonces recobró el sentido, se escabulló de la tumba, dejó allí una sandalia y puso otra sandalia en su bastón, y según el plan, se marchó.

Quería morir en las nieves eternas del Himalaya. Quería que no hubiera ninguna tumba, ningún templo, ninguna estatua suya. No quería dejar tras de sí ninguna huella para ser adorado; los que le aman deben entrar en su propio ser: "No voy a ser adorado". Y desapareció casi en el aire. Nadie supo nada de él—qué pasó, dónde murió.

Debe estar enterrado en algún lugar de las nieves eternas del Himalaya.

Este es el hombre, y hay estas tres pequeñas colecciones que estamos tomando como un libro entero. Estos no son sus escritos, porque no muestran ninguna cualidad del hombre. Son notas de discípulos eruditos; por lo tanto, están destinados a tener fallas fundamentales y esenciales, malentendidos, malas interpretaciones.

No son personas sin mente. Sus mentes están tomando las notas; sus mentes están eligiendo las palabras.

Bodhidharma no era un hombre de palabras, era un hombre de acción. No es posible que escribiera un libro. Un hombre que nunca quiso ser adorado, un hombre que nunca quiso dejar huellas tras de sí para ser seguido, tampoco va a escribir un libro, porque eso es dejar huellas para ser seguidas.

Pero he elegido hablar de ellos porque estas tres pequeñas colecciones son los únicos escritos que durante siglos se ha creído que eran de Bodhidharma. Contienen aquí y allá, a pesar de las personas que tomaban las notas, algo de Bodhidharma... algo ha entrado. Es difícil para cualquier erudito distinguir qué parte es de Bodhidharma y qué parte es del que tomó las notas. Para mí no es un problema.

Sé por experiencia propia lo que puede ser Bodhidharma impoluto, y lo que puede ser sólo la mente de un erudito interpretándolo. Así que no se trata de comentarios ordinarios. En cierto modo, éste es el primer esfuerzo sobre Bodhidharma para separar el grano de la paja.

La primera afirmación: MUCHOS CAMINOS CONDUCEN AL SENDERO. Bodhidharma no puede decir esto. Ni siquiera puede decir que un solo camino conduce a la verdad; todo su planteamiento era que tú eres la verdad, no debes ir a ninguna parte. Tienes que dejar de ir para quedarte en casa, donde está la verdad. No se trata de seguir un camino; al contrario, se trata de no seguir ningún camino, de no ir a ninguna parte, para que puedas estar aquí, para que puedas estar ahora, dentro de ti mismo. Todo camino conduce al extravío, ése era el planteamiento de Bodhidharma. Este es un camino erudito.

MUCHOS CAMINOS CONDUCEN AL SENDERO, PERO BÁSICAMENTE SÓLO HAY DOS: LA RAZÓN Y LA PRÁCTICA.

No es posible que Bodhidharma diga eso. Desde luego, no que la razón pueda conducirte a la realidad última de tu ser. La razón forma parte de la mente. Y aún más erróneo es el camino de la práctica. Eso significa que debe basarse en la creencia y que tienes que practicar y disciplinarte de acuerdo con ella. Te convertirás en un imitador, pero no podrás llegar a tu rostro original.

No es necesario practicar. Estás realmente donde tienes que estar. Es sólo que sigues y sigues, dando vueltas y vueltas, pero nunca te asientas en tu propio ser. Ese asentamiento en tu ser no tiene ni muchos caminos ni dos caminos.

ENTRAR POR LA RAZÓN, SIGNIFICA REALIZAR LA ESENCIA A TRAVÉS DE LA INSTRUCCIÓN...

Eso significa que la información procede de otra persona.

...Y CREER QUE TODOS LOS SERES VIVOS COMPARTEN LA MISMA NATURALEZA VERDADERA...

Bodhidharma no puede utilizar la palabra "creer". Es la última persona que utiliza la palabra creer, porque la creencia sólo crea ciegos. La creencia nunca se convierte en tus ojos; nunca te aporta luz, sino sólo prejuicios, opiniones, ideologías. Pero no son la experiencia y a Bodhidharma sólo le interesa fundamentalmente la experiencia.

...QUE NO ES APARENTE PORQUE ESTÁ ENVUELTO POR LA SENSACIÓN Y LA ILUSIÓN.

Se trata de afirmaciones ordinarias, muy por debajo del estrafalario calibre de Bodhidharma.

AQUELLOS QUE VUELVEN DEL ENGAÑO A LA REALIDAD, QUE MEDITAN EN LOS MUROS... quizás este pequeño fragmento... AQUELLOS QUE VUELVEN DEL ENGAÑO A LA REALIDAD, QUE MEDITAN EN LAS PAREDES, LA AUSENCIA DEL YO Y DEL OTRO, LA UNIDAD DEL MORTAL Y DEL SABIO, Y QUE PERMANECEN IMPASIBLES, INCLUSO ANTE LAS ESCRITURAS, ESTÁN EN COMPLETO Y TÁCITO ACUERDO CON LA RAZÓN.

Sólo hay que cambiar la última parte de la afirmación. En vez de "con razón" debería ser "con existencia".

Esta pieza puedo decir con absoluta garantía, proviene de Bodhidharma. Trata de entenderlo. AQUELLOS QUE MEDITAN SOBRE PAREDES significa aquellos que empiezan a dejar caer los pensamientos, a dejar caer la mente, cuya pantalla de la mente se vuelve igual que una pared—sin movimiento, pura quietud. Llegan a comprender la ausencia del yo, que no hay ego dentro de ti, que no hay nadie que pueda decir: "Yo soy".

"La existencia es, yo no soy".

El no-yo es uno de los fundamentos de Gautam Buda. Y Bodhidharma estará ciertamente de acuerdo con ello porque es el fundamento mismo de toda la revolución que creó Gautam Buda. ...LA UNIDAD DE MORTAL Y SABIO... Que ni siquiera Gautam Buda puede decir—sólo Bodhidharma, un solo hombre en todo el mundo, en toda la historia—que el hombre ordinario y el sabio no son diferentes. Sólo tienen personalidades diferentes, fachadas, pero en lo más íntimo de su subjetividad son iguales. El pecador y el santo son lo mismo. El pecador sufre innecesariamente a causa de la culpa y el santo sufre innecesariamente a causa del ego, de que "soy más santo que tú". Pero ambos son básicamente lo mismo: no-yo, sólo una nada pura. ...Y QUE PERMANECEN IMPASIBLES, INCLUSO ANTE LAS ESCRITURAS .... Digan lo que digan las escrituras no pueden cambiar a estas personas, estos meditadores, que han llegado a conocer la nada, que han llegado a conocer el desinterés, que han llegado a conocer la consciencia pura sin ninguna contaminación por el ego. Incluso si todas las escrituras dicen que esto no es correcto, no van a ser conmovidos por ello. Ninguna escritura puede perturbarlos. ...ESTÁN EN ACUERDO COMPLETO E INESPERADO con la existencia, NO CON LA RAZÓN. Esa pequeña parte de la afirmación no es de Bodhidharma. La ha añadido la persona que escribe el libro.

SIN MOVERSE, SIN ESFUERZO, ENTRAN, DECIMOS, POR LA RAZÓN. De nuevo, la afirmación parece ciertamente de Bodhidharma.

SIN MOVERTE, porque no hay adónde ir. Para encontrarte a ti mismo tienes que estar en un estado de silencio inmóvil. Sin moverte, y por supuesto sin ningún esfuerzo porque el esfuerzo traerá movimiento. Simplemente tienes que estar sin esfuerzo y sin moverte y simplemente en silencio, como si no estuvieras. Entran en el corazón mismo de la existencia.

ENTRAR POR PRÁCTICAS SE REFIERE A CUATRO PRÁCTICAS QUE INCLUYEN TODO.

No creo que estas afirmaciones provengan de Bodhidharma, aunque sí de las escrituras budistas. Así que les echaremos un pequeño vistazo.

SUFRIMIENTO INJUSTICIA ... Eso viene de las escrituras budistas. Lo primero que Bodhidharma no puede decir, pero Gautam Buda puede decir. Y es una declaración muy compleja: SUFRIR INJUSTICIA, ADAPTARSE A LAS CONDICIONES ...

Puede ayudar a una persona a estar contenta, pero le quita toda rebeldía.

SUFRIR LA INJUSTICIA debe considerarse desde ambos puntos de vista. Un lado es sufrir la injusticia sólo como parte de la ley del karma: los malos actos de tu vida pasada la han creado; es sólo un castigo -sufre sin quejarte, sin rebelarte. Ciertamente creará una satisfacción superficial, pero destruirá algo muy hermoso: tu individualidad. Destruirá al rebelde que hay en ti; es una especie de suicidio del rebelde.

Esto lo ha enseñado ciertamente Gautam Buda, y por eso siempre he dicho que en la pobreza de la India, dos mil años de esclavitud, Gautam Buda tiene algo que ver. Cuando enseñas a la gente a sufrir la injusticia sin quejarse de ella, y a adaptarse a cualquier condición que encuentres a tu alrededor, por ejemplo la esclavitud... adaptarse a ella... La influencia de Gautam Buda fue grande. Penetró profundamente en el corazón de la India y esa fue la causa de su pobreza, de su larga esclavitud. Ningún país ha vivido dos mil años en la esclavitud, e incluso hoy, cuando ha llegado la llamada libertad, la mente india sigue siendo psicológicamente esclava.

Por ejemplo, cuando Rabindranath Tagore recibió el premio Nobel por su libro de canciones GITANJALI, "Ofrenda de canciones", el libro ya existía desde hacía veinte años en bengalí y en hindi. Nadie se había preocupado por él. Pero cuando obtuvo el premio Nobel, cuando se tradujo al inglés, inmediatamente Rabindranath Tagore se convirtió en una figura mundial. Vivía en Calcuta y la Universidad de Calcuta quiso concederle el doctorado honoris causa, pero él se negó. En su negativa escribió: "No me concedéis el doctorado a mí, sino al premio Nobel. Vuestras mentes están tan esclavizadas. Mi libro existe desde hace veinte años y la traducción no es tan bella como mi original". La traducción es un eco lejano, y es cierto que el original tiene una belleza que la traducción no puede tener.

La poesía no se puede traducir de un idioma a otro; sólo se puede traducir la prosa, porque cada idioma tiene sus propios matices y en la poesía esos matices desempeñan un papel tan importante que no se pueden trasladar fácilmente a otro idioma.

Gautam Buda es ciertamente responsable de la esclavitud y la pobreza de la India, al impartir la enseñanza de adaptarse a las condiciones, de que cualesquiera que sean las condiciones, ése es nuestro destino. E incluso sufriendo injusticia no debes quejarte.

Esto mata al propio rebelde en tu ser y sin rebelde estás casi muerto.

Tu rebeldía es tu propia corriente vital.

No puedo pensar que un hombre como Bodhidharma, tan escandaloso en sus declaraciones, pueda hacer de estas dos cosas prácticas significativas. Sin embargo, la tercera cosa proviene ciertamente de él:

SIN BUSCAR NADA Y PRACTICANDO EL DHARMA. Tienes que entender la palabra DHARMA. No se ha traducido, pero se puede traducir muy fácilmente. Dharma significa naturaleza propia. Por ejemplo, ser caliente es el dharma del fuego; ser frío es el dharma del hielo, la naturaleza propia. ¿Cuál es la naturaleza propia del hombre? El no ser, el silencio y, de repente, una oleada de compasión.

Esto puede ser dicho por Bodhidharma, debe haber sido dicho. Y antes de eso, hay una condición: no buscar nada. Toda búsqueda te va a alejar de ti mismo, así que la no búsqueda es uno de los puntos esenciales de la enseñanza de Bodhidharma.

No vayas a ninguna parte. Lleva toda tu energía hacia adentro. Cierra todos tus pétalos y simplemente permanece dentro. Y experimentarás lo que es el dharma, lo que es la naturaleza de uno mismo. Entonces practícalo. Entonces actúa como si no fueras nadie. Entonces actúa con gran compasión. Entonces deja que toda tu vida sea simplemente una presencia, pero no una persona porque no hay un yo dentro de ti.

PRIMERO, SUFRIR LA INJUSTICIA. CUANDO LOS QUE BUSCAN EL CAMINO SE ENCUENTRAN CON LA ADVERSIDAD, DEBEN PENSAR PARA SÍ MISMOS: "EN INCONTABLES ÉPOCAS PASADAS, ME HE DESVIADO DE LO ESENCIAL HACIA LO TRIVIAL Y HE VAGADO POR TODA CLASE DE EXISTENCIAS, A MENUDO ENFADADO SIN CAUSA Y CULPABLE DE INNUMERABLES TRANSGRESIONES. AHORA, AUNQUE NO HAGO NADA MALO, SOY CASTIGADO POR MI PASADO.

Estas palabras son de la persona que escribe las notas.

NI LOS DIOSES NI LOS HOMBRES PUEDEN PREVER CUÁNDO UNA MALA ACCIÓN DARÁ SU FRUTO. LO ACEPTO CON EL CORAZÓN ABIERTO Y SIN QUEJARME DE INJUSTICIA".

Estas palabras ciertamente no son de Bodhidharma.

LOS SUTRAS DICEN: "CUANDO TE ENCUENTRES CON LA ADVERSIDAD, NO TE ALTERES.

PORQUE TIENE SENTIDO". CON TAL ENTENDIMIENTO ESTAS EN ARMONIA CON LA RAZON. Y SUFRIENDO LA INJUSTICIA, ENTRAS EN EL CAMINO.

No hay firma de Bodhidharma en estas palabras.

SEGUNDO, ADAPTARNOS A LAS CONDICIONES. COMO MORTALES, NOS REGIMOS POR LAS CONDICIONES, NO POR NOSOTROS MISMOS.

De nuevo, no es de Bodhidharma. Bodhidharma no puede decir que nos regimos por las condiciones y no por nosotros mismos. En primer lugar, no lo somos. Sólo somos pura nada, y ¿quién puede gobernar la pura nada? Como persona puedes ser gobernado, pero como presencia no puedes ser gobernado. Y hacer que las condiciones sean más importantes que uno mismo es, una vez más, apoyar los intereses creados, a los explotadores, a los parásitos. Bodhidharma es una de las mayores almas rebeldes del mundo.

SI SOMOS BENDECIDOS POR ALGUNA GRAN RECOMPENSA, COMO LA FAMA O LA FORTUNA, ES FRUTO DE UNA SEMILLA PLANTADA POR NOSOTROS EN EL PASADO.

Una vez más, no se trata de Bodhidharma. Bodhidharma no cree en el pasado ni en el futuro; sólo confía en el presente. Y hagas lo que hagas, la consecuencia de ello seguirá inmediatamente a la acción igual que la sombra te sigue a ti. Lo que trae recompensa es virtud y lo que trae sufrimiento es pecado. Es un hombre sencillo; no es un filósofo complicado ni apoya en modo alguno los intereses creados.

CUANDO LAS CONDICIONES CAMBIAN, SE ACABA. ¿POR QUÉ DELEITARSE EN SU EXISTENCIA? PERO MIENTRAS QUE EL ÉXITO Y EL FRACASO DEPENDEN DE LAS CONDICIONES, LA MENTE NI CRECE NI MENGUA. LOS QUE PERMANECEN IMPASIBLES ANTE EL VIENTO DE LA ALEGRÍA SIGUEN SILENCIOSAMENTE EL CAMINO.

Tal vez, digo tal vez estas palabras pueden ser de Bodhidharma. Ni el éxito ni el fracaso deben afectarte. No son más que sueños, van y vienen. Debes permanecer en tu ser testigo. AQUELLOS QUE PERMANECEN IMPASIBLES ANTE EL VIENTO DE LA ALEGRÍA SIGUEN SILENCIOSAMENTE EL CAMINO.

TERCERO, NO BUSCAR NADA. LA GENTE DE ESTE MUNDO SE ENGAÑA.

SIEMPRE ESTÁN ANHELANDO ALGO, SIEMPRE, EN UNA PALABRA, BUSCANDO. PERO LOS SABIOS DESPIERTAN. ELIGEN LA RAZÓN SOBRE LA COSTUMBRE. FIJAN SU MENTE EN LO SUBLIME Y DEJAN QUE SU CUERPO CAMBIE CON LA ESTACIÓN. TODOS LOS FENÓMENOS ESTÁN VACÍOS.

NO CONTIENEN NADA QUE VALGA LA PENA DESEAR. LA

CALAMIDAD ALTERNA SIEMPRE CON LA PROSPERIDAD. HABITAR EN LOS TRES REINOS ES HABITAR EN UNA CASA EN LLAMAS. TENER UN CUERPO ES SUFRIR. ¿ALGUIEN CON CUERPO CONOCE LA PAZ?

En este pasaje algunas cosas dan ciertamente el sabor de Bodhidharma, pero otras no parecen de la misma calidad. Por ejemplo, BUSCAR NADA es Bodhidharma. LOS SABIOS DESPIERTAN... esto es Bodhidharma. ELIGEN LA RAZÓN SOBRE LA COSTUMBRE. Me gustaría cambiar la palabra razón por meditación. Eligen la meditación sobre la costumbre. Eligen su propia inteligencia por encima de la costumbre y la tradición.

Esto ciertamente no puede ser de Bodhidharma. FIJAN SUS MENTES EN LO SUBLIME Y DEJAN QUE SUS CUERPOS CAMBIEN CON LA ESTACIÓN. El hombre que dice que el pecador y el santo son lo mismo, el hombre ordinario y el sabio no son diferentes, no puede hacer esta afirmación—porque para él lo mundano y lo sublime no son diferentes, no pueden ser diferentes.

Sí, esta afirmación puede confirmarse como la de Bodhidharma: TODOS LOS FENÓMENOS ESTÁN VACÍOS. Todo lo que ocurre fuera de ti en la vida no es más que vacío, tan vacío como los sueños; está hecho de la misma materia. EL SABIO DESPIERTA y ve toda la vida como una larga serie de sueños, a veces buenos, a veces malos, a veces dulces, a veces de pesadilla, pero todos son sueños. El despierto ni sueña mientras duerme ni se deja engañar por los sueños del mundo exterior mientras está despierto. No contienen nada que merezca la pena desear.

LA CALAMIDAD ALTERNA SIEMPRE CON LA PROSPERIDAD. HABITAR EN LOS TRES REINOS ES HABITAR EN UNA CASA EN LLAMAS. Los tres reinos son el del cuerpo, el de la mente y el del corazón. Morar en el cuarto, el TURIYA, es estar en paz con la existencia.

CUARTO, PRACTICAR EL DHARMA. EL DHARMA ES LA VERDAD DE QUE TODAS LAS NATURALEZAS SON PURAS. POR ESTA VERDAD TODAS LAS APARIENCIAS ESTÁN VACÍAS. LA CONTAMINACIÓN Y EL APEGO, EL SUJETO Y EL OBJETO NO EXISTEN.

Se puede decir que esto es puramente Bodhidharma.

LOS SUTRAS DICEN: "EL DHARMA NO INCLUYE AL SER PORQUE ESTÁ LIBRE DE LA IMPUREZA DEL SER. Y EL DHARMA NO INCLUYE AL SER, PORQUE ESTÁ LIBRE DE LA IMPUREZA DEL SER". AQUELLOS LO SUFICIENTEMENTE SABIOS COMO PARA CREER Y COMPRENDER ESTA VERDAD ESTÁN OBLIGADOS A PRACTICAR DE ACUERDO CON EL DHARMA.

Son añadidos de las personas que toman notas.

PUESTO QUE LA ENCARNACIÓN DEL DHARMA NO CONTIENE NADA DIGNO DE ENVIDIA, ENTREGAN SU CUERPO, SU VIDA Y SUS BIENES EN CARIDAD, SIN REMORDIMIENTOS, SIN VANIDAD DE DADOR, DONANTE O RECEPTOR, Y SIN PREJUICIOS NI APEGOS. Y SE DEDICAN A TRANSFORMAR A LOS DEMÁS PARA ELIMINAR LA IMPUREZA, PERO SIN APEGARSE A LA FORMA. ASÍ, A TRAVÉS DE SU PROPIA PRÁCTICA, SON CAPACES DE AYUDAR A LOS DEMÁS Y GLORIFICAR EL CAMINO DE LA ILUMINACIÓN. Y AL IGUAL QUE CON LA CARIDAD, TAMBIÉN PRACTICAN LAS DEMÁS VIRTUDES. PERO MIENTRAS PRACTICAN LAS SEIS VIRTUDES PARA ELIMINAR LA ILUSIÓN, NO PRACTICAN NADA EN ABSOLUTO.

Todas las afirmaciones anteriores a esta frase no se puede decir auténticamente que sean de Bodhidharma. Pero esta frase, ELLOS NO PRACTICAN NADA EN ABSOLUTO...

Las personas que están practicando todas estas cosas registradas antes, no están practicando nada, porque si el mundo es sólo una tierra de sueños, entonces si eres un ladrón o un gran hombre de caridad, no hay ninguna diferencia. En un sueño, si eres un ladrón o un hombre de caridad, ¿hará alguna diferencia cuando despiertes? ¿Te sentirás bien por haber sido un gran hombre de caridad? ¿O te avergonzarás de haber sido un ladrón en el sueño? Ambos eran sueños, pompas de jabón; no significan nada.

Conociendo a Bodhidharma, puedo decir exactamente cuáles son sus palabras. NO PRACTICAN NADA EN ABSOLUTO—las personas que están practicando las cosas mencionadas ... ESTO ES LO QUE SE ENTIENDE POR PRACTICAR EL DHARMA.

Bodhidharma está diciendo: Sabiendo esto -que lo que sea que estés practicando no es nada en absoluto- ESTE saber, este entendimiento se llama practicar el dharma.

QUIENES COMPRENDEN ESTO SE DESAPEGAN DE TODO LO QUE EXISTE Y DEJAN DE IMAGINAR O BUSCAR NADA. LOS SUTRAS DICEN: "BUSCAR ES SUFRIR. NO BUSCAR NADA ES LA DICHA". Esto es puro Bodhidharma. CUANDO NO BUSCAS NADA, ESTÁS EN EL CAMINO.

Así que va a ser un esfuerzo continuo trazar líneas, entre lo que son exactamente las declaraciones de Bodhidharma y lo que son declaraciones de los escritores de estos libros, estas notas. Pero puedo decirlo con autoridad, porque ésta es también mi propia comprensión y experiencia: Estoy de acuerdo con Bodhidharma en todos y cada uno de los puntos. En otras palabras, Bodhidharma está de acuerdo conmigo en todos y cada uno de los puntos.

Los eruditos han hablado de estos libros. Yo no soy un erudito. Soy un Bodhidharma. Reconoceré lo que es mi declaración y lo que no es mi declaración.

¿Lo pillas?

¿De acuerdo?

Sí, Maestro.

Una peregrinación a tu propio ser

AMADO MAESTRO,
LA CORRIENTE SANGUÍNEA DEL SERMÓN DE BODHIDHARMA TODO LO QUE APARECE EN LOS TRES REINOS CONDUCE DE NUEVO A LA MENTE. DE AHÍ QUE LOS BUDAS DEL PASADO Y DEL FUTURO ENSEÑEN DE MENTE A MENTE SIN PREOCUPARSE POR LAS DEFINICIONES.

PERO SI NO LO DEFINEN, ¿QUÉ ENTIENDEN POR MENTE?

TÚ PREGUNTAS. ESA ES TU MENTE. YO CONTESTO. ESA ES MI MENTE. SI NO TUVIERA MENTE, ¿CÓMO PODRÍA RESPONDER? SI NO TUVIERAS MENTE, ¿CÓMO PODRÍAS PREGUNTAR? LO QUE PREGUNTA ES TU MENTE. "A TRAVÉS DE KALPAS INTERMINABLES SIN PRINCIPIO, HAGAS LO QUE HAGAS, ESTÉS DONDE ESTÉS, ESA ES TU MENTE REAL, ESE ES TU BUDA REAL. ESTA MENTE ES EL BUDA, DICE LO MISMO. MÁS ALLÁ DE ESTA MENTE NUNCA ENCONTRARÁS OTRO BUDA. BUSCAR LA ILUMINACION O EL NIRVANA MAS ALLA DE ESTA MENTE ES IMPOSIBLE. LA REALIDAD DE TU PROPIA NATURALEZA, LA AUSENCIA DE CAUSA Y EFECTO, ES LO QUE SE ENTIENDE POR MENTE. TU MENTE ES EL NIRVANA. PUEDES PENSAR QUE PUEDES ENCONTRAR UN BUDA O LA ILUMINACIÓN EN ALGÚN LUGAR MÁS ALLÁ DE LA MENTE, PERO TAL LUGAR NO EXISTE.

TRATAR DE ENCONTRAR UN BUDA O LA ILUMINACION ES COMO TRATAR DE ASIR EL ESPACIO. EL ESPACIO TIENE NOMBRE PERO NO FORMA. NO ES ALGO QUE PUEDAS COGER O DEJAR. Y CIERTAMENTE NO PUEDES AGARRARLO.

MÁS ALLÁ DE ESTA MENTE, NUNCA VERÁS UN BUDA. EL BUDA ES UN PRODUCTO DE TU MENTE. ¿POR QUÉ BUSCAR UN BUDA MÁS ALLÁ DE ESTA MENTE?

LOS BUDAS DEL PASADO Y DEL FUTURO SOLO HABLAN DE ESTA MENTE.

LA MENTE ES EL BUDA Y EL BUDA ES LA MENTE. MAS ALLA DE LA MENTE NO HAY BUDA. Y MÁS ALLÁ DEL BUDA NO HAY MENTE. SI CREES QUE HAY UN BUDA MÁS ALLÁ DE LA MENTE, ¿DÓNDE ESTÁ? NO HAY NINGÚN BUDA MÁS ALLÁ DE LA MENTE, ASÍ QUE ¿POR QUÉ IMAGINAR UNO? NO PUEDES CONOCER TU MENTE REAL MIENTRAS TE ENGAÑES A TI MISMO. MIENTRAS ESTÉS CAUTIVADO POR UNA FORMA SIN VIDA, NO ERES LIBRE. SI NO ME CREES, ENGAÑARTE A TI MISMO NO SIRVE DE NADA. NO ES CULPA DEL BUDA. LA GENTE, SIN EMBARGO, SE ENGAÑA. NO SON CONSCIENTES DE QUE SU PROPIA MENTE ES EL BUDA. DE LO CONTRARIO, NO BUSCARÍAN UN BUDA FUERA DE LA MENTE.

LOS BUDAS NO SALVAN A LOS BUDAS. SI USAS TU MENTE PARA BUSCAR UN BUDA, NO VERÁS AL BUDA. MIENTRAS BUSQUES UN BUDA EN OTRA PARTE, NUNCA VERÁS QUE TU PROPIA MENTE ES EL BUDA. Y NO UTILICES UN BUDA PARA ADORAR A UN BUDA. Y NO UTILICES LA MENTE PARA INVOCAR A UN BUDA. LOS BUDAS NO RECITAN SUTRAS. LOS BUDAS NO GUARDAN PRECEPTOS. Y LOS BUDAS NO ROMPEN LOS PRECEPTOS. LOS BUDAS NO GUARDAN NI ROMPEN NADA. LOS BUDAS NO HACEN EL BIEN NI EL MAL.

PARA ENCONTRAR A UN BUDA, TIENES QUE VER TU NATURALEZA. QUIEN VE SU NATURALEZA ES UN BUDA. SI NO VES TU NATURALEZA, INVOCAR A LOS BUDAS, RECITAR SUTRAS, HACER OFRENDAS Y CUMPLIR LOS PRECEPTOS ES INÚTIL. INVOCAR A LOS BUDAS PRODUCE BUEN KARMA. RECITAR SUTRAS DA COMO RESULTADO UNA BUENA MEMORIA.

MANTENER LOS PRECEPTOS RESULTA EN UN BUEN

RENACIMIENTO. Y HACER OFRENDAS RESULTA EN BENDICIONES FUTURAS. PERO NO BUDDHA.

La realización de la iluminación, o budeidad, es difícil. Pero tampoco es difícil. Es difícil si empiezas a buscarla. No es difícil si simplemente te sientas, estableciéndote dentro de ti mismo en calma, quietud, siendo puramente consciente.

Entonces tú eres el buda, entonces tú eres la iluminación. No es que te ilumines, no es tu devenir. Es tu propio ser, eres tú en tu naturaleza más simple y espontánea.

La iluminación es tu propia naturaleza.

Una vez que alguien alcanza la iluminación, la mayor dificultad es transmitirla a quienes viven en la oscuridad y nunca han visto la luz. Es casi como hablar de la luz a los ciegos. Se cuenta que un maestro iluminado dijo: "Todo mi esfuerzo por transmitir mi experiencia es como vender gafas a ciegos".

Por eso, muchos de los que han alcanzado la iluminación han permanecido en silencio, y los pocos que han hablado saben que sus palabras no pueden transmitir su iluminación, su belleza, su alegría, su fragancia; que en el momento en que la experiencia se traduce en palabras, algo esencial muere. Sólo un cadáver llega a la otra persona.

Pero por compasión, esperando contra toda esperanza, algunas personas iluminadas a lo largo de los tiempos han hecho todo lo posible por transmitirte que la vida no es todo lo que crees que es. Es mucho más, infinitamente mucho más.

Pero ningún hombre iluminado ha escrito jamás una sola palabra, por la sencilla razón de que la palabra hablada tiene cierta calidez, y la palabra escrita es absolutamente fría. La palabra hablada tiene la presencia del maestro, pero la palabra escrita no tiene la presencia del maestro. La palabra hablada no es sólo una palabra; hay muchas otras cosas que se te pueden transmitir indirectamente. La presencia del maestro, la dicha del maestro, la gracia del maestro, sus ojos que invitan, su corazón que te llama, que te invoca a un viaje, a una peregrinación hacia tu propio ser... todo esto está ausente en la palabra escrita.

De ahí que ningún iluminado haya escrito nada. Pero los discípulos han tomado notas. Toda la literatura que existe en nombre de los iluminados no es más que apuntes de discípulos. El problema se complica cada vez más porque el discípulo escribe algo que no comprende. Ama al maestro, ha caído en un profundo enamoramiento, pero no comprende el misterio del maestro. Está bajo su influencia mágica, pero no conoce su secreto. A menos que conozca su propio secreto, nunca conocerá el secreto del maestro, porque no son dos cosas.

El discípulo piensa, lleva años pensando, que las palabras del maestro no deben perderse; son tan preciosas, son oro puro. Al menos algo para las generaciones futuras debería ser recogido. Pero su entendimiento es muy pequeño, y escribe según su entendimiento. Primero, mucho se pierde cuando el maestro habla; luego mucho se pierde cuando el discípulo escucha; luego mucho se pierde cuando el discípulo escribe. Y el discípulo escribe en un idioma, y luego sigue siendo traducido a otros idiomas. Se convierte en un eco lejano del original.

Por ejemplo, Bodhidharma hablaba en chino, que no era su lengua materna.

Nació en la India. Aprendió chino. Incluso en tu propia lengua materna, dar expresión a las experiencias de tus fuentes vitales más íntimas, a los silencios de tu corazón y a la dicha de tu ser, es difícil... incluso en tu lengua materna.

Pero para hablar en un idioma que acaba de aprender, y el chino no es un idioma sencillo ..... Si uno realmente quiere ser un erudito necesita al menos treinta años, porque no tiene alfabeto, es una lengua pictórica. Es una lengua muy primitiva.

El alfabeto simplifica mucho el lenguaje. Pero una lengua no alfabética, como el chino, o el coreano, o el japonés, es muy difícil para quien no ha nacido en esas tierras. Hay que recordar miles de imágenes. Esas lenguas son pictóricas. Cada cosa tiene una cierta imagen simbólica y, a menos que recuerdes miles de imágenes simbólicas, es imposible hablar, es imposible escribir. Bodhidharma sólo dispuso de tres años mientras se dirigía a China para aprender lo más rápidamente posible antes de llegar allí.

Hizo en tres años, casi treinta años de trabajo.

Naturalmente, lo que ha dicho dista mucho de su experiencia. Y la dificultad se multiplica de nuevo porque estos sutras están traducidos del chino al inglés. Por ejemplo, solo te daré una palabra que es muy central en estos sutras, la palabra "mente".

Cualquiera que lea estos sutras va a entender exactamente lo contrario de lo que Bodhidharma debe haber querido decir, y la razón es la palabra "mente".

En inglés sólo existe una palabra para designar el proceso de pensamiento: "mind".

Y en la lengua inglesa no hay ninguna palabra que pueda denotar algo más allá del proceso de pensamiento. Toda la filosofía de Gautam Buda y Bodhidharma es cómo ir más allá del proceso de pensamiento. En sánscrito, en pali, hay diferentes palabras: MANUS, que es la raíz de la palabra inglesa "mind", significa exactamente PROCESO DE PENSAMIENTO; entonces CHITTA significa CONCIENCIA MÁS ALLÁ DEL PROCESO DE PENSAMIENTO.

Aquellos que están muy alertas, y aquellos que no sólo han sido sólo eruditos sino que también han experimentado algo sobre la meditación—dondequiera que en estos sutras encuentres la palabra 'mente', un meditador pondría justo su opuesto, 'no-mente'.

El inglés no tiene una palabra para no-mente, así que es sólo una creación arbitraria. En todas partes de estos sutras, donde se menciona mente, por favor lee no-mente. De lo contrario, irás absolutamente por mal camino.

Los sutras: TODO LO QUE APARECE EN LOS TRES REALES CONDUCE A LA NO-MENTE.

El traductor dice: "a la mente". La mente es algo que hay que trascender, la mente es una enfermedad; la meditación es un esfuerzo por ir más allá de ella. De ahí que lea en todas partes en lugar de "mente", "no-mente", para corregir la traducción. La traducción la hace alguien que entiende el lenguaje pero que no entiende la meditación.

TODO LO QUE APARECE EN LOS TRES REINOS ... ¿Cuáles son los tres reinos? El cuerpo, la mente, el corazón... conduce al cuarto, TURIYA, que sólo puede traducirse como no-mente; conduce a un silencio donde no hay ondulación de pensamiento, donde el tiempo desaparece, el espacio desaparece y sólo queda una conciencia pura, no consciente de nada, sino consciente de sí misma... una conciencia autoluminosa. Todo conduce a esta conciencia auto-luminosa.

Las personas que entienden de meditación siempre han traducido la palabra CHITTA como "no-mente".

DE AHÍ QUE LOS BUDAS DEL PASADO Y DEL FUTURO ENSEÑEN DE MENTE A MENTE, SIN PREOCUPARSE POR LAS DEFINICIONES. Esto es tan ridículo, pero los eruditos están haciendo realmente algo para lo que no están preparados. Lo correcto sería decir: "Los budas del pasado y del futuro enseñan la no-mente a la no-mente, del silencio al silencio, de la presencia a la presencia". Y naturalmente, en esa transferencia de silencio a silencio, en esa transmisión de ser a ser, no hay lugar para definiciones."

Las definiciones forman parte de la mente. En el momento en que trasciendes la mente, trasciendes todas las definiciones. Ahora entra la mente del discípulo: PERO SI NO LO DEFINEN, ¿QUÉ ENTIENDEN POR MENTE? Esto es tan estúpido, es increíblemente ridículo. El propio discípulo que ha tomado estas notas se queda perplejo. Pregunta: PERO SI NO LO DEFINEN, ¿QUÉ QUIEREN DECIR CON MENTE? Y responde para satisfacerse a sí mismo: TU PREGUNTAS. ESA ES TU MENTE.

CONTESTO. ESA ES MI MENTE. Es cierto sobre el discípulo, pero no es cierto sobre el ser iluminado, que no se expresa a través de las palabras. Incluso si utiliza las palabras, eso no es más que un recurso para crear momentos de silencio.

La verdadera transferencia se produce en los huecos. No se dice ni se oye nada y, sin embargo, el mensaje da un salto cuántico de un ser a otro. Esta es la belleza, el milagro y la magia que se produce entre el maestro y el discípulo.

El discípulo cita a Bodhidharma diciendo: SI NO TENÍA MENTE, ¿CÓMO PODÍA RESPONDER? SI NO TUVIERAS MENTE, ¿CÓMO PODRÍAS PREGUNTAR? LO QUE PREGUNTA ES TU MENTE. A TRAVÉS DE KALPAS ININTERMINABLES, a través de edades interminables, SIN COMIENZO, HAGAS LO QUE HAGAS, ESTES DONDE ESTES, ESA ES TU REAL MENTE, ESE ES TU REAL BUDDHA.

Está realmente confundido. Pero cualquiera estará en la misma posición, sin saber que la meditación es una trascendencia, una liberación de la mente. Es un espacio más allá, donde ningún funcionamiento de la mente puede llegar.

Y esa es tu verdadera naturaleza, esa es tu iluminación, esa es tu budeidad. Y a partir de ese silencio, todo lo que hagas estará iluminado. Fuera de ese silencio, todo lo que crece es un loto del paraíso. Fuera de ese silencio no puedes hacer nada malo. De hecho, en ese silencio desaparece la idea misma, la distinción entre lo correcto y lo incorrecto, lo bueno y lo malo. Cualquier cosa que hagas fuera de ese silencio es simplemente existencial, como debe ser. No es tu esfuerzo, no es tu acto premeditado y planeado; es simplemente tu efusión espontánea.

ESTA MENTE ES EL BUDA. Permíteme corregirlo.

esta no-mente es el buda. MÁS ALLÁ DE ESTA no-mente, NUNCA ENCONTRARÁS OTRO BUDDHA. buscar la iluminación o el nirvana más allá de esta no-mente es imposible. LA REALIDAD DE TU PROPIA AUTONOMÍA, LA AUSENCIA DE CAUSA Y EFECTO, ES LO QUE SE ENTIENDE POR NO-MENTE. TU no-MENTE ES NIRVANA—pero recuerda que donde yo digo no-mente, en el sutra mismo está escrito mente. Estoy totalmente en desacuerdo con ello, y Bodhidharma estaría en desacuerdo con ello, y Buda estaría en desacuerdo con ello, y cualquiera que tenga siquiera un pequeño atisbo de meditación estará en desacuerdo con ello.

PUEDES PENSAR QUE PUEDES ENCONTRAR UN BUDDHA O LA ILUMINACIÓN EN ALGÚN LUGAR MÁS ALLÁ DE LA NO-mente, PERO TAL LUGAR NO EXISTE.

TRATAR DE ENCONTRAR UN BUDA O LA ILUMINACION ES COMO TRATAR DE ASIR EL ESPACIO. EL ESPACIO TIENE NOMBRE PERO NO FORMA. NO ES ALGO QUE PUEDAS COGER O DEJAR. Y CIERTAMENTE NO PUEDES AGARRARLO.

más allá de esta no-mente nunca verás un buda. EL BUDDHA ES UN PRODUCTO DE TU no-mente.

De hecho no-mente y buda son sinónimos. Pero el pobre discípulo que ha tomado estas notas sigue utilizando la palabra "mente", lo cual es absolutamente absurdo.

¿por qué buscar un buda más allá de esta no-mente?

los budas del pasado y del futuro sólo hablan de esta no-mente.

esta no-mente es el buda. y el buda es la no-mente.

más allá de la no-mente no hay buda. Y MÁS ALLÁ DEL BUDDHA NO HAY NO-MENTE. si crees que hay un buda más allá de la no-mente, ¿dónde está?

El mismo error continúa a lo largo de todo el sutra. Es el sutra más antiguo sobre Bodhidharma, y durante casi catorce siglos ha sido aceptado como la enseñanza de Bodhidharma. Y la razón es que nadie intenta comprender la experiencia viviéndola. La gente simplemente lee las escrituras, se vuelven conocedores, pero en el fondo prevalece la ignorancia. Empiezan a hablar de la luz, pero su ceguera continúa. Por eso dice: CREES QUE HAY UN BUDDHA MÁS ALLÁ DE LA MENTE. Existe el buda SÓLO más allá de la mente; no es cuestión de pensar, pero este estúpido discípulo dice que no hay ningún buda más allá de la mente. Se ha empeñado en decir que buda y mente son sinónimos. Entonces, ¿qué necesidad hay de meditar? Todos tenéis mente; ya tenéis suficiente Buda, ¿necesitáis más mente?

Necesitas liberarte de la mente, liberarte de todos los grilletes del pensamiento, las emociones, los estados de ánimo, los sentimientos; todos ellos constituyen tu mente. Y más allá de ellos hay un testigo, un observador. Ese observador es el buda.

Tengo que ser duro con este discípulo, aunque ha prestado un servicio a la humanidad. Ha mantenido un registro de las palabras de Bodhidharma, aunque no es capaz de mantenerlo correctamente. Pero aún así, su registro puede ser corregido por cualquiera que se encuentre en el mismo estado que Bodhidharma. Por lo tanto, no hay ningún problema. Ha prestado un gran servicio, aunque sea estúpido.

De vez en cuando, repite Bodhidharma: NO PUEDES CONOCER TU REAL NO-MENTE MIENTRAS TE ENGAÑES A TI MISMO. MIENTRAS ESTÉS CAUTIVADO POR UNA FORMA SIN VIDA, NO ERES LIBRE.

¿Cuál es tu prisión? Tu mente es tu prisión. Hay diferentes prisiones, pero todas son prisiones. El hindú tiene un tipo diferente de prisión, una arquitectura diferente; el mahometano tiene una prisión diferente, una arquitectura diferente; el cristiano tiene una prisión diferente, y así sucesivamente. Pero sólo difieren en su arquitectura. En lo que respecta al prisionero, todas son prisiones. Y la gente pasa de una prisión a otra con la esperanza de encontrar la libertad. El cristiano se convierte en hindú, el hindú se convierte en budista, el budista se convierte en mahometano y simplemente cambian de prisión. De un programa pasan a otro programa, y lo que se necesita es una desprogramación. Eso es lo que, en términos científicos, significa la palabra "meditación": desprogramación.

Si tu mente puede ser completamente desprogramada, puede convertirse en una tabula rasa completamente borrada, una pizarra limpia de la que se ha borrado todo conocimiento.

Esta inocencia es el comienzo de la no-mente. Esta inocencia es el nacimiento del buda en ti.

SI NO ME CREES, ENGAÑARTE A TI MISMO NO SIRVE DE NADA. NO ES CULPA DEL BUDA. LA GENTE, SIN EMBARGO, SE ENGAÑA. NO SON CONSCIENTES DE QUE SU PROPIA NO-MENTE ES EL BUDDHA. si no, no buscarían un buda fuera de la no-mente.

El mayor engaño, según aquellos que han alcanzado la cima más alta de la consciencia, es buscar y buscar fuera de uno mismo la verdad, el significado de la existencia, o la corriente eterna e inmortal de la vida. La mente siempre intenta buscar fuera, porque la función misma de la mente es trabajar en el mundo. Por eso la mente está perfectamente bien en la ciencia, en los negocios, en la economía. En todo lo que está fuera de ti, entonces la mente es perfectamente el medio adecuado.

Pero lo que está dentro de ti está fuera del alcance de la mente. Tendrás que abandonar la mente, y moverte por encima y lejos. En el momento en que te conviertas sólo en un testigo, observando la mente como algo fuera de ti, habrás llegado a casa. Pero el hombre que tomó las notas y el que las tradujo al inglés... quizá ninguno de los dos tenía experiencia de meditación. Siguen repitiendo la palabra "mente

donde sólo la "no-mente" es siempre posible.

LOS BUDAS NO SALVAN A LOS BUDAS. Ahora puedo decir que esto debe haber venido de Bodhidharma. Es una afirmación tan tremendamente significativa y tan escandalosa que está más allá de la capacidad del pobre discípulo, que ni siquiera puede comprenderla. Simplemente la ha escrito, debe de haberla oído. Tal vez Bodhidharma la repitiera una y otra vez. Esta es una de las enseñanzas más esenciales de Gautam Buda, que nadie puede salvarte.

Jesús dice: "Yo soy el salvador". Si comparas a Jesús con Bodhidharma, te llevarás una gran sorpresa. Jesús dice: "Vosotros sois las ovejas, yo soy el pastor y si os perdéis, yo os encontraré". Y parece, para aquellos que no lo entienden, ser una gran ideología compasiva. Jesús parece ser de gran compasión, amor, bondad. De hecho los cristianos dicen que se sacrificó para salvar a la humanidad, pero nadie se pregunta por qué no se salva la humanidad. El pobre murió innecesariamente.

Siempre me he preguntado .... He estado escuchando a cristianos, y sin sentir ningún pudor siguen diciendo que Jesús entregó su vida para salvar a la humanidad. Yo era muy amigo de un predicador, Stanley Jones, que era un conocido misionero cristiano y tenía una mentalidad muy filosófica. Siempre que venía a la ciudad donde yo estaba, iba a escucharle. Un día fue demasiado; repetía continuamente que "Jesús es el único salvador".

Tuve que levantarme. Dije: "No es asunto mío, no soy cristiano y, de hecho, no debería crear ningún disturbio en la iglesia; no pertenezco a la congregación. Pero usted repite tonterías. Sigues diciendo que salvó a la humanidad entregando su vida en la cruz. Pero yo no veo a la humanidad salvada por ninguna parte. Ni siquiera pudo salvarse a sí mismo".

Pero todas las religiones nacidas fuera de la India tienen la idea del salvador.

El mahometismo, el judaísmo, el cristianismo... tres religiones nacen fuera de la India y las tres tienen la idea del salvador. En la India hay cuatro religiones:

Hinduismo, sijismo, jainismo, budismo. El jainismo y el budismo son las dos únicas religiones que sencillamente niegan el concepto mismo de salvar a alguien, porque dicen -y estoy de acuerdo con su concepto- que es condenatorio, que es humillante.

La sola idea de que "yo te salvaré" me hace más elevado que tú, y más santo que tú. Me convierto en especial. Soy el hijo unigénito de Dios, o soy el único profeta de Dios, o el único mensajero de Dios, y vosotros no sois más que seres humanos corrientes.

La afirmación de Bodhidharma es: LOS BUDDHAS NO SALVAN A LOS BUDDHAS. Está diciendo que todos sois budas, lo sepáis o no, y

¿cómo puede alguien salvaros? ¿Cómo puede un buda salvar a otro buda? Todo lo que un buda puede hacer es despertarte. Eso no es salvar mucho. Cuando despiertas a alguien, ¿te crees más santo y especial, y que has hecho un gran servicio a la humanidad despertando a un pobre tipo que estaba durmiendo?

LOS BUDAS NO SALVAN A LOS BUDAS. Es una afirmación muy pregnante. Da igualdad a todos los seres. La única diferencia, que no es mucha, es que... todo el mundo es un buda; unos pocos están dormidos y no son conscientes de quiénes son, y unos pocos han despertado y saben quiénes son. Pero esencialmente, no hay ninguna diferencia, y no se trata de salvar a nadie. Está en su derecho si alguien quiere seguir durmiendo; es su derecho de nacimiento. No se puede despertar a alguien por la fuerza porque eso es interferir en su libertad.

Sucedió: Estaba sentado a orillas del Ganges, en Allahabad. Había ido a hablar en un colegio cristiano de Allahabad, y el colegio cristiano está justo en la orilla del Ganges, en un lugar muy bonito, cerca del puente del ferrocarril. Yo estaba sentado en la orilla, y no había nadie en kilómetros a la redonda y, de repente, vino un hombre y saltó. Pensé que quizá se estaba bañando y, mientras saltaba, empezó a gritar: "Ayudadme, ayudadme". Estaba muy cerca de mí.

Por un momento pensé: "¿Qué pasa? Si quería que le ayudaran, ¿por qué ha saltado?". Pero pensé que era mejor sacarlo primero. Si empiezo a pensar en ello, para entonces estará acabado. Así que salté. Era un hombre pesado, pero lo saqué de alguna manera, y sentí cierta resistencia. Era aún más desconcertante, gritaba: "Sálvame, me ahogo". Pero cuando intentaba sacarlo, sentía que no me ayudaba, que se resistía a mi esfuerzo.

Le dije: "Parece que estás loco. ¿Quieres salvarte o no?"

Me dijo: "Por favor, sálvame". Así que lo saqué. Y cuando estaba fuera, empezó a enfadarse mucho conmigo diciendo: "¿No lo entiendes? Me estaba suicidando".

Le dije: "Deberías haberlo dicho antes. Entonces, ¿por qué gritabas: 'Sálvame'?".

Me dijo: "Es natural. Quería suicidarme, pero en el fondo, en algún lugar, seguía existiendo el deseo de vivir. Por eso empecé a gritar".

Le dije: "De acuerdo". Simplemente lo empujé hacia atrás. Le dije: "Si es así, no haré nada contra ti".

Empezó a gritar de nuevo: "¿Estás loco o qué? ¿Quieres matarme?"

Le dije: "Ahora no tengo nada que ver contigo. Todo lo que he hecho, lo he deshecho. Ahora me sentaré aquí en silencio y observaré".

Vino otra persona, se metió dentro y lo sacó. Esta vez no opuso resistencia, pero siguió mirándome. Le dije: "¿Qué pasa, adónde vas?".

Dijo: "¿Es obligatorio suicidarse?".

Le dije: "No lo es; nunca te he dicho que te suicides. Te estabas suicidando; ¿lo has olvidado?".

Me dijo: "Parece usted un hombre extraño. Cuando alguien se suicida, o intenta suicidarse, la gente se lo impide... pero tú les ayudas".

Le dije: "Estoy dispuesto a ayudar de cualquier manera. Si quieres salir del río, estoy dispuesto a ayudarte. Si quieres entrar en el río, estoy dispuesto a ayudarte. No quiero interferir en tu estilo de vida, hagas lo que hagas".

Dijo: "No quiero morir".

Le dije: "No pasa nada. Puedes irte, pero piénsatelo dos veces. Puede que tengas que volver otra vez".

Dijo: "No voy a volver".

Le dije: "Depende de ti. Sólo te recuerdo que la idea del suicidio se te volverá a ocurrir, y ésta es una buena oportunidad. No la desaproveches. Normalmente hay mucha gente en el banco. Sólo por casualidad no hay nadie... sólo un hombre que está dispuesto a ayudar de cualquier manera, de esta forma o de aquella".

Me dijo: "¡Mientras estés aquí, no voy a volver!".

Le dije: "Depende de ti. Sin mí estarás en dificultades".

Bodhidharma está diciendo: LOS BUDDHAS NO SALVAN A LOS BUDDHAS. Los budas simplemente se esfuerzan por despertar a la gente a su propia realidad, pero no se trata de salvar. Ya son budas, no hay que añadirles nada. Esta es una de las mayores contribuciones del budismo y del jainismo. Pero una y otra vez ese discípulo está abocado a cometer errores; es sencillamente impotente. Esta frase la ha puesto exactamente como debe ser.

Pero de nuevo empieza: SI USAS TU MENTE PARA BUSCAR UN BUDA, NO VERÁS AL BUDA. MIENTRAS BUSQUES UN BUDDHA EN OTRO LUGAR, NUNCA VERÁS QUE TU PROPIA no-mente ES EL BUDDHA. Él está diciendo mente, yo estoy leyendo no-mente.

Y NO USES A UN BUDA PARA ADORAR A UN BUDA. De nuevo, esta afirmación que puedo decir con absoluta autoridad, proviene de Bodhidharma. NO UTILICES A UN BUDA PARA ADORAR A UN BUDA. Del mismo modo que un buda no puede salvar a otro buda, es absolutamente idiota que un buda adore a otro buda. El budismo está en contra de la adoración.

Las últimas palabras de Gautam Buda fueron: "No hagas mis estatuas, no hagas mis templos, porque toda mi vida te he estado enseñando que eres un buda, y no tienes que adorar a otro buda". Y sobre todo si un buda de piedra está siendo adorado por un buda vivo; esto es un puro absurdo.

Y NO USES LA MENTE PARA INVOCAR A UN BUDA. LOS BUDAS NO RECITAN SUTRAS. LOS BUDAS NO GUARDAN PRECEPTOS. Y LOS BUDAS NO ROMPEN PRECEPTOS. LOS BUDAS NO GUARDAN NI ROMPEN NADA.

LOS BUDAS NO HACEN EL BIEN NI EL MAL.

Estas afirmaciones deben venir directamente de Bodhidharma porque está más allá de la capacidad del discípulo decir cosas tan grandes. Bodhidharma está diciendo que los budas no siguen ninguna disciplina excepto su propia conciencia.

No siguen ninguna escritura excepto su propia luz. Ni siguen nada ni rompen nada. No hacen ni el bien ni el mal. Simplemente actúan por espontaneidad, que está más allá del bien y del mal.

Los budas no son puritanos ni moralistas. Actúan desde la conciencia pura y sus acciones no están decididas por ningún ideal, por ningún precepto, por ningún sutras. No recitan ningún sutras. No se preocupan por las escrituras sagradas porque saben que su propia conciencia es suficiente para mostrarles el camino y conducirles a su destino final.

PARA ENCONTRAR A UN BUDA, TIENES QUE VER TU NATURALEZA. QUIEN VE SU NATURALEZA ES UN BUDA. SI NO VES TU NATURALEZA, INVOCAR A LOS BUDAS, RECITAR SUTRAS, HACER OFRENDAS Y CUMPLIR LOS PRECEPTOS ES INÚTIL.

Estas palabras ciertamente tienen el timbre y el sonido de un hombre consciente. Deben provenir de Bodhidharma. Pero el discípulo no está satisfecho, debe sentirse un poco inquieto. La idea de que recitar sutras, hacer ofrendas y cumplir los preceptos es inútil... debe sentirse incómodo porque son ideas irreligiosas. Ninguna religión ordinaria las aceptará.

De ahí que el discípulo ponga inmediatamente en práctica sus propias ideas. INVOCAR A LOS BUDAS PRODUCE BUEN KARMA. Ahora esta es su adición. Hace un momento era INÚTIL, pero no podía sentirse a gusto con la palabra inútil. Tuvo que escribirlo porque Bodhidharma debió de decirlo, pero es libre de diluirlo. De hecho, empieza a cambiar todo su tono.

INVOCAR A LOS BUDAS PRODUCE UN BUEN KARMA. RECITAR SUTRAS DA COMO RESULTADO UNA BUENA MEMORIA. CUMPLIR LOS PRECEPTOS DA COMO RESULTADO UN BUEN RENACIMIENTO. Y HACER OFRENDAS DA COMO RESULTADO BENDICIONES FUTURAS.

PERO NO BUDDHA.

El discípulo se ha esforzado por expresar con exactitud las palabras de Bodhidharma, pero debe de haberle supuesto un gran esfuerzo y una gran tensión, porque lo que Bodhidharma dice sólo puede ser comprendido por personas de gran meditación. No es posible que lo entienda la llamada humanidad ordinaria. Va en contra de todas las religiones ordinarias, profetas ordinarios, mensajeros ordinarios de Dios, escrituras sagradas ordinarias.

Sintiéndose incómodo, el discípulo hace algunas adiciones por su cuenta. Ahora bien, si un hombre lee estos sutras sin haber probado la meditación, está abocado a la confusión y a dejarse engañar por los añadidos. El discípulo está mezclando y contaminando el agua pura y cristalina de Bodhidharma con toda clase de porquerías, porque no puede tolerar un enfoque tan cristalino, tan refinado.

Aunque ha habido muchas personas iluminadas en el linaje de Gautam Buda, Bodhidharma se convirtió en el más famoso. No es el fundador del budismo zen; el fundador del zen es Mahakashyapa. Pero incluso Mahakashyapa se ha desvanecido. Bodhidharma no es el fundador, pero se ha convertido en la persona iluminada más importante después de Gautam

Buda sólo por su indignación, su enfoque sin concesiones. No va a consolar a nadie; simplemente va a decir la verdad. Que te duela o te cure es cosa tuya, pero no va a añadir ni una sola palabra sólo para consolarte, porque todo consuelo te duerme. Todo consuelo es una especie de opio.

Bodhidharma es absolutamente estricto. Por eso se le pinta como un hombre de aspecto feroz. No significa que fuera así. Era un príncipe, y no creo que la forma en que ha sido pintado a lo largo de los siglos sea su fotografía real. Es más bien la experiencia de quienes tuvieron que tratar con él: era feroz.

Y era feroz porque no decía ninguna palabra consoladora, simplemente decía la verdad desnuda. Si te duele, bien. Tal vez necesites que te hieran y sólo eso te despertará. No necesitas ningún consuelo, porque eso te sumirá en un sueño más profundo.

Bodhidharma es único, y puedo entender por qué su discípulo no pudo comprenderlo. Ese debió de ser el caso de muchas personas que le escucharon. En el último momento, cuando quiso elegir a un sucesor... sólo había elegido a cuatro discípulos, y de cuatro iba a elegir a un sucesor. Era realmente estricto; tal vez el maestro más estricto que el mundo haya conocido, pero el más compasivo, porque su rigor no es otra cosa que su compasión.

¿De acuerdo?

Sí, Maestro.

Más allá de esta naturaleza no hay Buda

AMADO MAESTRO,
SI NO LO ENTIENDES POR TI MISMO, TENDRAS QUE ENCONTRAR UN MAESTRO PARA LLEGAR AL FONDO DE LA VIDA Y LA MUERTE. PERO A MENOS QUE VEA SU NATURALEZA, ESA PERSONA NO ES UN MAESTRO. AUNQUE PUEDA RECITAR EL CANON DOCE, NO PUEDE ESCAPAR DE LA RUEDA DEL NACIMIENTO Y LA MUERTE. SUFRE EN LOS TRES REINOS SIN ESPERANZA DE LIBERACION.

HACE MUCHO TIEMPO, EL MONJE BUENA ESTRELLA ERA CAPAZ DE RECITAR TODO EL CANON. PERO NO ESCAPO DE LA RUEDA PORQUE NO VIO SU NATURALEZA. SI ESTE FUE EL CASO DE BUENA ESTRELLA, ENTONCES LA GENTE DE HOY EN DÍA QUE RECITA UNOS POCOS SUTRAS O SHASTRAS Y CREE QUE ESO ES EL DHARMA SON TONTOS. A MENOS QUE VEAS TU MENTE, RECITAR TANTA PROSA ES INÚTIL.

PARA ENCONTRAR UN BUDA, TODO LO QUE TIENES QUE HACER ES VER TU NATURALEZA. TU NATURALEZA ES EL BUDA. Y EL BUDA ES LA PERSONA QUE ES LIBRE, LIBRE DE PLANES, LIBRE DE PREOCUPACIONES. SI NO VES TU NATURALEZA Y CORRES TODO EL DÍA BUSCANDO EN OTRA PARTE, NUNCA ENCONTRARÁS UN BUDA. LA VERDAD ES QUE NO HAY NADA QUE ENCONTRAR.

PERO PARA LLEGAR A ESA COMPRENSIÓN SE NECESITA UN MAESTRO.

Y NECESITAS LUCHAR PARA HACERTE ENTENDER. LA VIDA Y LA MUERTE SON IMPORTANTES. NO LAS SUFRAS EN

VANO. NO HAY VENTAJA EN ENGAÑARTE A TI MISMO. AUNQUE TENGAS MONTAÑAS DE JOYAS Y TANTOS SIRVIENTES COMO GRANOS DE ARENA HAY A LO LARGO DEL GANGES, LOS VES CUANDO TIENES LOS OJOS ABIERTOS. ¿PERO QUÉ PASA CUANDO TIENES LOS OJOS CERRADOS? ENTONCES DEBES DARTE CUENTA DE QUE TODO LO QUE VES ES COMO UN SUEÑO O UNA ILUSIÓN.

SI NO ENCUENTRAS PRONTO UN MAESTRO, VIVIRÁS ESTA VIDA EN VANO.

ES VERDAD, TIENES LA NATURALEZA DE BUDA. PERO SIN LA AYUDA DE UN MAESTRO NUNCA LO SABRÁS. SÓLO UNA PERSONA ENTRE UN MILLÓN SE ILUMINA SIN LA AYUDA DE UN MAESTRO.

SI, POR LA CONJUNCIÓN DE CONDICIONES, ALGUIEN COMPRENDE LO QUE EL BUDA QUISO DECIR, ESA PERSONA NO NECESITA UN MAESTRO. TAL PERSONA TIENE UNA CONCIENCIA NATURAL SUPERIOR A CUALQUIER COSA ENSEÑADA. PERO A MENOS QUE SEAS TAN BENDECIDO, ESTUDIA MUCHO. Y POR MEDIO DE LA INSTRUCCIÓN, COMPRENDERÁS.

LAS PERSONAS QUE NO COMPRENDEN Y CREEN QUE PUEDEN HACERLO SIN ESTUDIAR NO SON DIFERENTES DE ESAS ALMAS ENGAÑADAS QUE NO DISTINGUEN EL BLANCO DEL NEGRO. PROCLAMANDO FALSAMENTE EL BUDADHARMA, TALES PERSONAS, DE HECHO, BLASFEMAN DEL BUDA Y SUBVIERTEN EL DHARMA. PREDICAN COMO SI TRAJERAN LA LLUVIA. PERO LA SUYA ES LA PRÉDICA DE LOS DEMONIOS, NO DE LOS BUDAS. SU MAESTRO ES EL REY DE LOS DEMONIOS. Y SUS DISCIPULOS SON LOS SECUACES DEL DIABLO. LOS ILUSOS QUE SIGUEN TALES INSTRUCCIONES SE HUNDEN SIN DARSE CUENTA MÁS PROFUNDAMENTE EN EL MAR DEL NACIMIENTO Y LA MUERTE.

A MENOS QUE VEAN SU NATURALEZA, ¿CÓMO PUEDEN LLAMARSE BUDAS? SON MENTIROSOS QUE ENGAÑAN A LOS DEMÁS PARA QUE ENTREN EN EL REINO DE LOS

DEMONIOS. A MENOS QUE VEAN SU NATURALEZA, SU PRÉDICA DEL CANON DOCE NO ES MÁS QUE LA PRÉDICA DE LOS DEMONIOS. SU LEALTAD ES A MARA, NO AL BUDA. INCAPACES DE DISTINGUIR EL BLANCO DEL NEGRO, ¿CÓMO PUEDEN ESCAPAR DEL NACIMIENTO Y DE LA MUERTE?

QUIEN VE SU NATURALEZA ES UN BUDA. QUIEN NO LO HACE ES UN MORTAL. PERO APARTE DE NUESTRA NATURALEZA MORTAL, SI SE PUEDE ENCONTRAR UNA NATURALEZA DE BUDA EN OTRA PARTE, ¿DÓNDE ESTÁ? NUESTRA NATURALEZA MORTAL ES NUESTRA NATURALEZA DE BUDA. MÁS ALLÁ DE ESTA NATURALEZA NO HAY BUDA. BUDA ES NUESTRA NATURALEZA. NO HAY BUDA APARTE DE ESTA NATURALEZA. Y NO HAY NATURALEZA APARTE DE BUDA.

El sánscrito, el prakrit y el pali, tres lenguas utilizadas en el pasado por los iluminados de esta tierra, tienen un vocabulario muy rico en lo que se refiere a las experiencias interiores. Occidente tiene hoy un lenguaje muy exacto para expresar la investigación científica, los descubrimientos, los inventos y las tecnologías, pero las lenguas orientales no lo tienen. Sin embargo, en lo que se refiere a la experiencia interior, las lenguas orientales son inmensamente ricas, mientras que las occidentales son absolutamente pobres. De estas tres lenguas, el sánscrito ha sido utilizado por los Upanishads y los místicos hindúes, el prakrit ha sido utilizado por Mahavira y todos los místicos y maestros jaina, y el pali ha sido utilizado por Gautam Buda.

Sólo para la palabra "profesor", tienen muchas palabras, todas con ligeras diferencias. La primera palabra es SIKSHAK; significa un hombre que sólo imparte información. Puede que sepa, puede que no sepa, eso es irrelevante. Pero su información es correcta; es un hombre de mente.

La segunda palabra, que profundiza un poco más en la experiencia, no sólo en la información, es ADHYAPAK. Ese maestro no es sólo un informador, sino que él mismo está informado.

No es sólo algo mental para él; también forma parte -pero sólo una parte- de su corazón.

Y la tercera palabra es UPADHYAY que profundiza un poco más en la experiencia. La información de este maestro es más viva que las dos anteriores. Ha recorrido el camino, pero no ha llegado a la meta.

Y finalmente el ACHARYA, que ha alcanzado la meta, y la información que imparte es su propia experiencia. Él es su propia autoridad, su propio argumento; su propia presencia es toda la evidencia.

Pero en inglés sólo hay una palabra, teacher, que se utiliza para todo tipo de personas. La otra palabra es master, que no es muy utilizada por los propios angloparlantes. Pero me gustaría usar la palabra maestro, equivalente a la palabra acharya: Uno que sabe, no sólo a través de la mente, sino a través de la experiencia.

La mayoría de los sutras de esta parte son impolutos. El discípulo se ha limitado a anotarlos tal y como Bodhidharma debió pronunciarlos.

SI NO LO ENTIENDES POR TI MISMO, TENDRÁS QUE BUSCAR UN PROFESOR.

En lugar de maestro, la palabra maestro sería correcta porque un maestro es aquel que te enseña cosas del mundo exterior. Aunque enseñe sobre las experiencias internas, es algo prestado. Puede que tenga conocimientos, pero no es el conocimiento en sí. Para hacer la distinción, el traductor lo ha expresado de otra manera.

SI NO ENTIENDE POR SI MISMO, TENDRA QUE ENCONTRAR UN MAESTRO PARA LLEGAR AL FONDO DE LA VIDA Y LA MUERTE. PERO A MENOS QUE VEA SU NATURALEZA, TAL PERSONA NO ES UN MAESTRO.

Es mejor llamar maestro a un hombre que ha alcanzado las cimas más altas de la experiencia, y dejar la palabra profesor para quienes imparten conocimientos de una generación a otra. Y maestro, también tiene una dignidad propia.

El profesor es casi como un ordenador. Ha leído, ha estudiado, puede que se haya empollado todas las escrituras, pero su presencia no indica que sepa nada. Sus acciones no son argumentos para lo que dice. Sus palabras proceden únicamente de la capa superficial de la mente, no del núcleo más profundo de su ser. El maestro no puede enseñar sin palabras. Pero el maestro, por el contrario, no puede enseñar sin silencios. Si utiliza palabras, es sólo para crear silencio.

El maestro es un ejemplo vivo de lo que dice. El maestro simplemente muestra una mente muy versada, educada. El maestro muestra un ser transformado, una presencia luminosa. Cualquiera que tenga ojos puede verlo... su gracia, su belleza, su dicha, su risa; incluso en su silencio se dice mucho, sin palabras. Incluso su silencio es una canción de lo último; incluso inmóvil, es una danza que expresa la danza de todo el universo. El maestro está tan lejos del maestro que es mejor utilizar la palabra por separado.

Yo preferiría decir: Si no lo entiendes por ti mismo, tendrás que conseguir un maestro, porque el maestro conoce su propia naturaleza. Y al conocer su propia naturaleza, tambien conoce la naturaleza de todo ser viviente porque es la MISMA naturaleza. Al conocerse a si mismo, tambien te conoce a ti. Su conocimiento, su saber, es un puente entre el y sus discipulos.

AUNQUE EL MAESTRO PUEDA RECITAR EL DOCEAVO CANON, NO PUEDE ESCAPAR DE LA RUEDA DEL NACIMIENTO Y LA MUERTE. SUFRE EN LOS TRES REINOS SIN ESPERANZA DE LIBERACIÓN.

El mero conocimiento no te dará la experiencia de tu inmortalidad o tu eternidad o tu unidad con el todo. Llena tu mente con muchas palabras, pero deja tu ser vacío y hueco. No conoces nada de primera mano, y la verdad sólo puede conocerse de primera mano. En el momento en que es de segunda mano, ya no es verdad; es sólo una palabra muerta, sin vida.

El hombre de gran conocimiento, un erudito, un pundit, un rabino, no va a liberarse de la rueda del nacimiento y la muerte. Tampoco se librará del sufrimiento en los tres reinos. Según Gautam Buda, el cielo, la tierra y el infierno no son más que diferentes tipos de sufrimiento. El budismo llega a la cima más alta, porque ni siquiera el cielo se considera el hogar definitivo. Sigue siendo un sufrimiento, un sufrimiento muy refinado, pero sufrimiento al fin y al cabo. Uno tiene que liberarse de los tres; entonces es el nirvana, entonces es la iluminación.

HACE MUCHO TIEMPO, EL MONJE BUENA ESTRELLA ERA CAPAZ DE RECITAR TODO EL CANON. PERO NO ESCAPO DE LA RUEDA PORQUE NO VIO SU NATURALEZA. SI ESTE FUE EL CASO DE BUENA ESTRELLA, ENTONCES LA GENTE DE HOY EN DÍA QUE RECITA UNOS POCOS SUTRAS

O SHASTRAS Y PIENSA QUE ES EL DHARMA SON TONTOS.

Se puede dar por sentado que Bodhidharma debió decir esto. Está más allá de la capacidad de un discípulo llamar tontos a los sabios que pueden recitar todos los sutras budistas. Sólo Bodhidharma puede hacerlo, no por arrogancia, no por ego, no para condenarles, no para humillarles o insultarles, sino que para Bodhidharma es simplemente el hecho.

Y hay que decirlo. No es un hombre de modales y etiqueta y toda esa basura. Simplemente dice la verdad. Estoy totalmente de acuerdo con él.

Mi propia experiencia con grandes eruditos es que son tontos eruditos.

Tienen grandes títulos, grandes honores de las universidades, pero en lo que respecta a su propia conciencia, es de la misma calidad que la de cualquier otra persona. No son más que loros. Y quizá los loros sean más inteligentes que sus expertos.

He oído hablar de un loro: Era invierno y la señora a la que pertenecía el loro solía cubrir al loro y su jaula con una manta gruesa para que no pasara frío. Durante el día solía quitar la manta. Un día quitó la manta cuando salía el sol y el loro empezó a cantar, como cantan todos los loros, no una canción que le hayan enseñado, sino una canción que es natural y espontánea para todos los loros aunque sean salvajes, sin sentido para nosotros, pero tremendamente alegre para ellos. En ese momento, la señora oyó que el coche de su marido se detenía cerca del porche. Su marido estaba de servicio militar de urgencia, así que de vez en cuando solía volver a casa sin avisar.

Inmediatamente volvió a ponerle la manta al loro y se fue a su cama. El loro dijo: "Dios mío, el día de hoy ha sido muy corto". Esto no se lo había enseñado nadie. Esto salía de su propia inteligencia. Era extraño ...todos los días se quitaba la manta por la mañana, y por la noche se la volvía a poner. ¿Qué ha pasado hoy? El día había sido realmente demasiado corto.

Pero la llamada gente culta de todo el mundo no tiene ni siquiera esa inteligencia, por la sencilla razón de que su conocimiento se vuelve montañoso y toda posibilidad de inteligencia se pierde en su conocimiento. La carga del conocimiento es demasiado pesada. No pueden permitirse ser inteligentes en contra de su conocimiento.

Son tontos porque no sólo engañan a los demás hablándoles de cosas que desconocen, sino porque también se engañan a sí mismos. Y están malgastando su vida en meras palabras.

La vida auténtica consiste en experiencias, no en meras palabras. Puedes seguir repitiendo "amor, amor, amor" toda tu vida, y aun así no tendrás una experiencia de amor. Y en el momento en que tengas la experiencia del amor, te sorprenderás de repente de que la experiencia es tan vasta que la palabra "amor" no puede contenerla; es demasiado pequeña.

Si esto ocurre con el amor, ¿qué ocurrirá con la verdad?—porque la verdad es infinita, eterna. Conocerla significa volverse silencioso.

La mera presencia de la verdad, su sensación, te deja en un estado de asombro. Todas las palabras se quedan cortas.

A MENOS QUE VEAS TU NO-MENTE .... Aquí el discípulo vuelve a caer en su propio entendimiento; de nuevo utiliza la palabra "mente".

A MENOS QUE VEAS TU NO-MENTE, RECITAR TANTAS PROSAS ES INÚTIL.

Y si conoces tu no-mente, entonces también recitar tanta prosa es inútil porque entonces no tiene sentido recitarla. Has llegado a la fuente misma de la que todo buda ha hablado. Ahora no hay significado en las escrituras, sutras y shastras. Los libros sagrados no pueden darte más de lo que ya sabes.

PARA ENCONTRAR UN BUDA, TODO LO QUE TIENES QUE HACER ES VER TU NATURALEZA.

Eso es lo que te he estado diciendo una y otra vez. La única manera de salir de la ignorancia y de esta noche oscura del alma es ser consciente de tu propio ser, consciente de tu propia conciencia. En ese momento, cuando eres consciente de tu propia conciencia, todo se detiene, el tiempo se detiene. De repente estás más allá del tiempo y más allá del espacio, y se abre una puerta que te hace parte del todo. Esta es la matemática interior, que la parte del todo no es más pequeña que el todo. Eso será difícil de entender. La parte del todo es igual al todo, porque el todo no puede dividirse en partes. La división no es posible.

Por eso llamamos "individuo" al auténtico ser real que hay en ti. Individual significa indivisible, aquello que no puede dividirse. Así que en el momento en que te sientes parte del todo, ese es el comienzo, el primer encuentro con el todo. Pronto te darás cuenta de que no eres la parte, sino el todo, porque no hay posibilidad de división.

TU NATURALEZA ES EL BUDA Y EL BUDA ES LA PERSONA

QUE ES LIBRE, LIBRE DE PLANES, LIBRE DE PREOCUPACIONES. SI NO VES TU NATURALEZA Y ANDAS TODO EL DÍA BUSCANDO EN OTRA PARTE, NUNCA ENCONTRARÁS LA ILUMINACIÓN.

La verdad es que no hay nada que encontrar, así que toda tu carrera es inútil. Puedo atestiguar que esta afirmación debe provenir del propio Bodhidharma.

No hay nada que encontrar. Todos ustedes lo son.

El buscador mismo es el tesoro; no hay nada más que encontrar. Por eso os he dicho que la afirmación de Jesús: "Buscad y hallaréis, llamad y se os abrirá, pedid y se os dará", es hermosa, poética, impresionante, pero no verdadera.

Si sigues a Bodhidharma, te dirá: "Busca y nunca encontrarás", porque toda búsqueda te aleja de ti mismo. ¿A quién intentas encontrar? Tú eres el Uno, tú eres el Buda. ¿Adónde te diriges?

No llames, de lo contrario la puerta se cerrará porque el hecho de que llames es un deseo, una exigencia, y un buda no tiene deseos ni exigencias. Por eso la puerta siempre está abierta para él.

No preguntes, si no seguirás perdido. ¿A quién se lo pides? No hay nadie para dártelo. Ya lo tienes. Al pedir te estás alejando, estás buscando a alguien más. Y nadie puede dártelo. No es cuestión de dártelo, ya lo tienes.

Así que lo único que se necesita no es buscar, ni llamar, ni pedir. Todo lo que se necesita es ser consciente de tu propia naturaleza y la habrás encontrado. No hay nada que encontrar. Pero para alcanzar tal entendimiento necesitas un maestro.

¿Por qué necesitas un maestro? Porque ya tienes la verdad dentro de ti, ¿por qué no puedes relajarte y ser consciente de ella?

El problema es que durante siglos tu conciencia ha estado vagando por todo el mundo. Ha olvidado el camino para volver a casa. Ha pasado mucho, mucho tiempo desde que dejaste tu hogar y ahora no sabes si tienes un hogar o si alguna vez lo tuviste. Tu recuerdo de casa parece como si lo hubieras visto en una película o en un sueño, o hubieras leído sobre él en alguna parte. Es un eco lejano en los valles; no te da ninguna certeza.

De ahí la necesidad de un maestro. El maestro no es más que una certeza. Su presencia te da la certeza absoluta de que hay mucho más dentro de ti de lo que jamás has soñado. Sus ojos te hacen vislumbrar tu propia posibilidad. Su silencio provoca un silencio en ti y su autoridad desencadena un proceso en ti.

Bodhidharma tiene razón:

PERO PARA LLEGAR A ESA COMPRENSIÓN SE NECESITA UN MAESTRO.

Y NECESITAS LUCHAR PARA HACERTE ENTENDER. LA VIDA Y LA MUERTE SON IMPORTANTES. NO LAS SUFRAS EN VANO. NO HAY VENTAJA EN ENGAÑARSE A SÍ MISMO.

Y todo el mundo engaña: unos pocos engañan ganando dinero y pensando que cuando sean súper ricos habrán alcanzado la realización de su potencial; unos pocos engañan acumulando conocimientos; unos pocos engañan convirtiéndose en poderosos, respetables; unos pocos incluso engañan convirtiéndose en santos, ascetas. Pero hagas lo que hagas, a menos que te lleve a tomar conciencia de tu naturaleza, es un engaño.

AUNQUE TENGAS MONTAÑAS DE JOYAS Y TANTOS SIRVIENTES COMO GRANOS DE ARENA HAY A LO LARGO DEL GANGES, LOS VES CUANDO TIENES LOS OJOS ABIERTOS. PERO ¿Y CUANDO TIENES LOS OJOS CERRADOS?

Todos desaparecen. Bodhidharma está diciendo que esto es sólo un pequeño experimento para ti. Cuando cierras los ojos, tus palacios desaparecen, todo tu mundo desaparece casi de la misma manera que cuando por la mañana abres los ojos, todos tus sueños desaparecen. ¿Y has observado una cosa muy extraña?

A veces, durante el día, puedes sospechar que tal vez no sea real porque no hay forma de estar seguro de su realidad. Estás sentado aquí, ¿no puedes pensar que es sólo un sueño? Es posible que estés soñando. ¿Cómo sabes que es verdad y no un sueño? La única diferencia es que tienes los ojos abiertos. Pero en un sueño nocturno nunca sospechas que pueda ser un sueño. Este es uno de los misterios más extraños. En la vida real, completamente despierto, puedes dudar de su realidad; en un sueño nadie duda nunca de la realidad del sueño. Nadie piensa que sea un sueño.

Es tan real.

Bodhidharma intenta darte un ejemplo. Cuando mueras, tus ojos se cerrarán .... En Oriente es una tradición: en el momento en que alguien muere, inmediatamente se le cierran los ojos. Desde mi infancia me ha interesado la idea: ¿por qué? Que muera si quiere morir con los ojos abiertos. ¿Por qué tienen que interferir los demás? Ni siquiera se le puede dejar un poco de libertad para mantener los ojos abiertos después de la muerte. Pregunté a todo el mundo, porque siempre que moría alguien yo estaba presente. En cuanto me enteraba de que alguien había muerto en el barrio o en algún sitio, iba inmediatamente a verlo todo, a ver qué pasaba.

Y he preguntado a muchos pero nadie ha sido capaz de responderme por qué importaba, por qué cerraban los ojos.

Lo más frecuente es morir con los ojos abiertos. Es muy raro morir con los ojos cerrados por la sencilla razón de que para cerrar los párpados se necesita energía vital; igual que no se puede morir con el puño cerrado, porque para mantener la mano como un puño se necesita cierta energía vital. Todo el mundo muere con la mano abierta; ahora ya no hay energía, ¿cómo puedes mantener el puño? De la misma manera casi todo el mundo muere con los ojos abiertos.

Y mi propio entendimiento es, aunque nadie ha sido capaz de decirme .... He preguntado a grandes santos y me han dicho: "Traes preguntas tan extrañas. Nunca hemos pensado en ello y no se menciona en ninguna escritura. Es sólo una convención".

Pero yo dije: "Sigue y sigue. No puedo aceptar que carezca absolutamente de sentido porque puedo ver el significado. Cuando un hombre muere, sus ojos se vuelven hacia arriba. En los ojos abiertos de un muerto sólo se ve el blanco, toda la parte negra, el verdadero ojo, se vuelve hacia arriba. Eso crea miedo en la gente. Solo ver los ojos de alguien abiertos y todos blancos les da miedo. También ocurre cuando duermes; tus ojos se vuelven hacia arriba.

Es un descanso para los ojos. Y ahora los ojos han entrado en completo reposo y para no provocar miedo en la gente, los ojos se cierran inmediatamente."

Y en un sentido filosófico, los ojos se cierran porque ahora el mundo ya no existe para que tú lo veas. Tú no eres; el mundo ha desaparecido para ti. En el momento en que un hombre muere no puede llevarse consigo su imperio, no puede llevarse consigo sus conocimientos, no puede llevarse consigo su prestigio, su respetabilidad, su honor.

Lo único que puede llevarse consigo es la conciencia de su propia naturaleza. Esa es su única riqueza. Y si no está ganando esa riqueza, está desperdiciando una tremenda oportunidad.

ENTONCES DEBERÍAS DARTE CUENTA DE QUE TODO LO QUE VEN ES COMO UN SUEÑO O UNA ILUSIÓN, porque la muerte se lo va a llevar todo. Aquello que la muerte no puede llevarse es el único criterio de realidad.

SI NO ENCUENTRAS UN MAESTRO PRONTO, VIVIRÁS ESTA VIDA EN EL VICIO. ES VERDAD, TIENES LA NATURALEZA DE BUDA. PERO SIN LA AYUDA DE UN MAESTRO NUNCA LO SABRÁS. SOLO UNA PERSONA EN UN MILLON SE ILUMINA SIN LA AYUDA DE UN MAESTRO.

Esto que puedo decir viene directamente de Bodhidharma. Esto está más allá de la capacidad de un ordinario registrador de notas; un discípulo, por muy erudito que sea, no puede llegar a decir esto: SOLO UNA PERSONA EN UN MILLÓN SE ILUMINA SIN LA AYUDA DE UN MAESTRO. Ni siquiera Bodhidharma se ha iluminado sin la ayuda de un maestro.

Pero la posibilidad permanece porque es tu propia naturaleza. De hecho, no hay necesidad de ningún maestro. Si eres lo suficientemente valiente como para entrar dentro de ti mismo sin preocuparte de si vas a encontrar algo allí o no, lo encontrarás sin la ayuda del maestro.

¿Cuál es la ayuda del maestro? Él sólo te da una certeza, porque no eres aventurero—de lo contrario, ¿qué necesidad hay de certeza? Es TU vida y tienes el derecho—y deberias tener el anhelo—de saber de que se trata.

No he tenido ningún maestro en mi vida. Muchas veces me he encontrado con personas iluminadas, pero simplemente les he dicho que me dejaran en paz. ¿Qué puede hacer su ayuda? Sólo darme una certeza. Pero yo era capaz de ir sin certeza. De hecho, es más jugoso ir sin ninguna certeza, sin saber en absoluto adónde vas, si vas a encontrar algo o no.

Cuando vas con certeza es como si vieras una película dos veces. Todo es seguro, ahora sabes exactamente lo que va a pasar. El hombre nuevo del que llevo hablando toda mi vida no necesitará maestros, porque estará tan lleno de espíritu aventurero que querrá ir dentro de sí mismo por pura aventura, para ver lo que hay en la fuente misma de la vida.

Pero hasta ahora ha estado sucediendo: SOLO UNA PERSONA ENTRE UN MILLON SE ILUMINA SIN LA AYUDA DE UN MAESTRO. Tal vez yo sea esa única persona, porque no conozco a ningún iluminado en toda la historia de la humanidad que no haya tenido un maestro. Pero Bodhidharma reconoció el hecho y la posibilidad, aunque él mismo tuvo un maestro. Y yo cumplo su afirmación: SOLO UNA PERSONA EN UN MILLÓN SE ILUMINA SIN LA AYUDA DE UN MAESTRO.

SI, POR LA CONJUNCIÓN DE CONDICIONES, ALGUIEN ENTIENDE LO QUE EL BUDDHA SIGNIFICÓ, ESA PERSONA NO NECESITA UN maestro. TAL PERSONA TIENE UNA CONCIENCIA NATURAL SUPERIOR A CUALQUIER COSA ENSEÑADA. PERO A MENOS QUE SEAS TAN BENDECIDO, ESTUDIA MUCHO. Y POR MEDIO DE LA INSTRUCCIÓN, COMPRENDERÁS.

Estas últimas frases no pueden ser de Bodhidharma. En primer lugar, conocer tu naturaleza no se consigue estudiando. Puedes seguir estudiando todas las escrituras del mundo y aun así no te conocerás a ti mismo. Tampoco se logra mediante la instrucción; instrucción significa información externa. Entonces, ¿cómo se consigue?

Llega a través de la comunión con el maestro, a través de enamorarte de alguien que ha llegado, viendo en él tu propio futuro. Tú eres sólo una semilla y él ha llegado a florecer. Eso te da el anhelo de ascender y convertirte tú mismo en una flor. No es una cuestión de estudio, no es una cuestión de instrucción; es una cuestión de profundo amor por el maestro. Por eso digo que estas afirmaciones no son de Bodhidharma; no pueden serlo. Incluso si Bodhidharma estuviera aquí y dijera que son sus declaraciones, me negaría a creerlo. No son sus declaraciones. Un hombre como Bodhidharma no puede decir semejantes tonterías.

LAS PERSONAS QUE NO ENTIENDEN Y CREEN QUE PUEDEN HACERLO SIN ESTUDIAR NO SON DIFERENTES DE ESAS ALMAS ILUSAS QUE NO DISTINGUEN EL BLANCO DEL NEGRO.

Estas son las notas del discípulo. Vuelve a insistir en el hecho de estudiar.

Todos conocéis a personas de gran erudición, de grandes conocimientos, pero en las que en el fondo no hay luz; no irradian dicha. De hecho, sus estudios los vuelven serios. En lugar de hacerlos ligeros, los vuelven agobiados.

Saben demasiado sin saber nada y eso se convierte en una gran tensión en su ser, porque en realidad no saben nada pero han acumulado tanta información. La gente les adora, la gente les respeta, así que no pueden aceptar el hecho de que todo nuestro conocimiento es superficial. No ha crecido dentro de nuestro propio ser, no tiene raíces en nosotros. Todas estas flores han sido compradas en el mercado. No han crecido en nuestro propio ser.

He oído hablar de un hombre que había ido a pescar. Lo intentó durante todo el día y no consiguió pescar ni un solo pez. Preocupado por su mujer, fue a la pescadería y compró tres hermosos peces grandes, pero con una condición. El pescador que vendía los peces no podía entender la condición, que era muy extraña, y era la primera vez que se encontraba con algo así. El hombre estaba dispuesto a pagar el precio que el pescador pedía, pero la condición era que él tenía que lanzar los peces y el hombre los atraparía. El pescador dijo: "No hay problema. Yo tiro, tú pescas, pero no entiendo... ¿qué sentido tiene?".

El hombre dijo: "Usted no lo entiende, pero a mí no me gusta mentir. Cuando vuelva a casa, mi mujer me preguntará cuántos peces he pescado. Le enseñaré los tres peces que he pescado con mis propias manos. Quiero ser exactamente sincero".

Un hombre así puede engañar a su mujer, pero ¿puede engañarse a sí mismo? ¿Y esto es realmente verdad o sólo una falsedad cubierta con el nombre de verdad? Y esa es la situación de todos los que ustedes llaman eruditos. Han pescado, no del lago, sino de un pescador y su tienda en el mercado, y ciertamente lo han pescado. Pero ellos mismos saben que no han pescado, sino que han comprado, y la verdad no se puede comprar.

Tienes que atrapar tu luz interior con tu propia conciencia. Si no es así, no hay manera.

PROCLAMANDO FALSAMENTE EL BUDADHARMA, TALES PERSONAS, DE HECHO, BLASFEMAN DEL BUDA Y SUBVIERTEN EL DHARMA. PREDICAN COMO SI TRAJERAN

LA LLUVIA. PERO LA SUYA ES LA PRÉDICA DE LOS DEMONIOS, NO LA DE LOS BUDAS. SU MAESTRO ES EL REY DE LOS DEMONIOS. Y SUS DISCIPULOS SON LOS SECUACES DEL DIABLO. LOS ILUSOS QUE SIGUEN TALES INSTRUCCIONES SE HUNDEN SIN SABERLO MÁS PROFUNDAMENTE EN EL MAR DEL NACIMIENTO Y LA MUERTE.

A MENOS QUE VEAN SU NATURALEZA, ¿CÓMO PUEDEN LLAMARSE BUDAS? SON MENTIROSOS QUE ENGAÑAN A LOS DEMÁS PARA QUE ENTREN EN EL REINO DE LOS DEMONIOS. A MENOS QUE VEAN SU NATURALEZA, SU PREDICACION DEL CANON DOCE NO ES MAS QUE LA PREDICACION DE LOS DEMONIOS. SU LEALTAD ES A MARA ... Mara es el equivalente budista del demonio. SU LEALTAD ES A MARA, NO AL BUDA. INCAPACES DE DISTINGUIR EL BLANCO DEL NEGRO, ¿CÓMO PUEDEN ESCAPAR DEL NACIMIENTO Y DE LA MUERTE?

QUIEN VE SU NATURALEZA ES UN BUDA. QUIEN NO LO HACE ES UN MORTAL. PERO APARTE DE NUESTRA NATURALEZA MORTAL, SI SE PUEDE ENCONTRAR UNA NATURALEZA DE BUDA EN OTRA PARTE, ¿DÓNDE ESTÁ? NUESTRA NATURALEZA MORTAL ES NUESTRA NATURALEZA DE BUDA.

Sólo necesita reconocimiento. No hay ninguna otra diferencia. Quien reconoce y es consciente de su naturaleza es un buda. Aquel que no reconoce su propia naturaleza, que nunca ha ido hacia el interior, es un mortal. Pero la diferencia es sólo de reconocimiento, de conciencia; no hay diferencia cualitativa entre tú y el hombre iluminado. La diferencia es sólo que él lo sabe y tú no eres consciente de tus propios tesoros.

Por lo tanto, Bodhidharma declara: NUESTRA NATURALEZA MORTAL ES NUESTRA DNATURALEZA BÚDICA. MÁS ALLÁ DE ESTA NATURALEZA NO HAY BUDA. EL BUDDHA ES NUESTRA NATURALEZA, pero a menos que seamos conscientes seguiremos siendo mortales. NO HAY BUDA APARTE DE ESTA NATURALEZA. Y NO HAY NATURALEZA APARTE DEL BUDA.

Bodhidharma repetirá la palabra "buda" una y otra vez, así que tienes que entender lo que significa. No es un nombre personal de nadie. Buda significa simplemente alguien que ha despertado. Gautam Buda es la persona despierta más famosa, pero eso no significa que sea la única persona despierta.

Ha habido muchos budas antes que él y ha habido muchos budas después de él, y mientras todos los seres humanos puedan convertirse en budas, seguirán surgiendo nuevos budas en el futuro.

Porque todo el mundo tiene la potencialidad ... es sólo por un tiempo, el momento adecuado que usted está esperando. Algún día, torturado por la realidad exterior, desesperado por haberlo visto todo y no haber encontrado nada, tendrás que volverte hacia ti mismo.

El nombre personal de Gautam Buda era Siddhartha. Gautama es su apellido, así que se llamaba Gautama Siddhartha. Buda no es su nombre, es su despertar. Como he llamado a nuestras discotecas ZORBA EL BUDDHA, el embajador de Sri Lanka - Sri Lanka es un país budista - el embajador me escribió una carta, diciendo: "Es muy irrespetuoso y hiere nuestros sentimientos religiosos que usted haya dado el nombre de ZORBA EL BUDDHA a las discotecas. Por favor, quítele el Buda".

Le escribí una carta en la que le decía: "Quizá tú seas budista de nacimiento, pero yo soy un buda.

Y tengo todo el derecho a llamar a las discotecas, ZORBA EL BUDDHA; no tiene nada que ver con tu Buda ...puedes estar satisfecho. Si lo llamara "Zorba el Siddhartha", tendría sentido que te molestaras. Pero buda no es un nombre personal; Gautam Buda es sólo uno de los budas entre millones.

Y Zorba tiene todo el potencial para convertirse en un buda. Yo no puedo impedirlo y tú tampoco. Y tú eres sólo un budista, sólo un seguidor, un imitador. Ni siquiera sabes exactamente el significado de la palabra "buda". Nunca has experimentado lo que es la autoconciencia. Así que escríbeme otra vez lo que quieras".

Ha guardado silencio, no ha contestado. Y no creo que haya enseñado la carta a nadie más.

Así que siempre que Bodhidharma utiliza la palabra buda, recuerda que no está mencionando a Gautam Buda. Está diciendo conciencia, iluminación, liberación, libertad total: todas esas cualidades están en la palabra buda. No es el nombre de nadie y es el potencial de todos.

¿De acuerdo?

Sí, Maestro.

Los Budas no practican tonterías

AMADO MAESTRO,
PERO SUPONGAMOS QUE NO VEO MI NATURALEZA, ¿NO PUEDO ALCANZAR LA ILUMINACIÓN INVOCANDO A LOS BUDAS, RECITANDO SUTRAS, HACIENDO OFRENDAS, OBSERVANDO LOS PRECEPTOS, PRACTICANDO DEVOCIONES O HACIENDO BUENAS OBRAS?

NO, NO PUEDES.

¿Y POR QUÉ NO?

SI LOGRAS ALGO ES CONDICIONAL, ES KARMICO. RESULTA EN RETRIBUCIÓN. HACE GIRAR LA RUEDA. Y MIENTRAS ESTÉS SUJETO AL NACIMIENTO Y LA MUERTE, NUNCA ALCANZARÁS LA ILUMINACIÓN. PARA ALCANZAR LA ILUMINACIÓN TIENES QUE VER TU NATURALEZA. A MENOS QUE VEAS TU NATURALEZA, TODA ESTA CHARLA SOBRE CAUSA Y EFECTO NO TIENE SENTIDO. LOS BUDAS NO PRACTICAN TONTERÍAS. UN BUDA ESTÁ LIBRE DE KARMA, LIBRE DE CAUSA Y EFECTO. DECIR QUE ALCANZA ALGO ES CALUMNIAR A UN BUDA. ¿QUÉ PODRÍA ALCANZAR? INCLUSO CONCENTRARSE EN UNA MENTE, UN PODER, UN ENTENDIMIENTO O UNA VISIÓN ES IMPOSIBLE PARA UN BUDA. UN BUDA NO ES UNILATERAL. LA NATURALEZA DE SU MENTE ES BÁSICAMENTE VACÍA, NI PURA NI IMPURA. ESTA LIBRE DE PRACTICA Y REALIZACION. ESTÁ LIBRE DE CAUSA Y EFECTO.

UN BUDA NO OBSERVA PRECEPTOS. UN BUDA NO HACE EL BIEN NI EL MAL. UN BUDA NO ES ENÉRGICO NI

PEREZOSO. UN BUDA ES ALGUIEN QUE NO HACE NADA, ALGUIEN QUE NI SIQUIERA PUEDE CONCENTRAR SU MENTE EN UN BUDA. UN BUDA NO ES UN BUDA. NO PIENSES EN BUDAS. SI NO VES DE LO QUE ESTOY HABLANDO, NUNCA CONOCERÁS TU PROPIA MENTE.

LAS PERSONAS QUE NO VEN SU NATURALEZA E IMAGINAN QUE PUEDEN PRACTICAR SIN HACER NADA TODO EL TIEMPO SON MENTIROSAS Y TONTAS.

CAEN EN EL ESPACIO SIN FIN. SON COMO BORRACHOS. NO SABEN DISTINGUIR EL BIEN DEL MAL. SI PRETENDES PRACTICAR EL NO HACER NADA, TIENES QUE VER TU NATURALEZA ANTES DE PONER FIN AL PENSAMIENTO RACIONAL. ALCANZAR LA ILUMINACION SIN VER TU NATURALEZA ES IMPOSIBLE.

OTROS COMETEN TODO TIPO DE MALDADES, ALEGANDO QUE EL KARMA NO EXISTE. SOSTIENEN ERRÓNEAMENTE QUE, PUESTO QUE TODO ESTÁ VACÍO, COMETER EL MAL NO ES MALO. TALES PERSONAS CAEN EN UN INFIERNO DE OSCURIDAD SIN FIN, SIN ESPERANZA DE LIBERACIÓN. LOS SABIOS NO TIENEN ESA CONCEPCIÓN.

PERO SI TODOS NUESTROS MOVIMIENTOS O ESTADOS, SIEMPRE QUE SE PRODUCEN, SON LA MENTE, ¿POR QUÉ NO VEMOS ESTA MENTE CUANDO MUERE EL CUERPO DE UNA PERSONA?

LA MENTE SIEMPRE ESTÁ PRESENTE. SIMPLEMENTE NO LA VES.

PERO SI LA MENTE ESTÁ PRESENTE, ¿POR QUÉ NO LA VEO?

¿ALGUNA VEZ SUEÑAS?

POR SUPUESTO.

CUANDO SUEÑAS, ¿ERES TÚ?

SÍ, SOY YO.

¿Y LO QUE HACES Y DICES ES DIFERENTE DE TI?

NO, NO LO ES.

PERO SI NO LO ES, ENTONCES ESTE CUERPO ES TU

CUERPO REAL. Y ESTE CUERPO REAL ES TU MENTE Y ESTA MENTE, A TRAVÉS DE INTERMINABLES KALPAS SIN PRINCIPIO, NUNCA HA VARIADO. NUNCA HA VIVIDO O MUERTO, APARECIDO O DESAPARECIDO, AUMENTADO O DISMINUIDO. NO ES PURA O IMPURA, BUENA O MALA, PASADA O FUTURA. NO ES VERDADERO NI FALSO. NO ES MASCULINO NI FEMENINO. NO APARECE COMO MONJE O COMO LAICO, COMO ANCIANO O COMO NOVICIO, COMO SABIO O COMO TONTO, COMO BUDA O COMO MORTAL. NO LUCHA POR LA REALIZACION NI SUFRE KARMA. NO TIENE FUERZA NI FORMA. ES COMO EL ESPACIO. NO PUEDES POSEERLO Y NO SE PUEDE PERDER. SUS MOVIMIENTOS NO PUEDEN SER BLOQUEADOS POR MONTAÑAS, RÍOS O PAREDES DE ROCA. SUS PODERES IMPARABLES PENETRAN LA MONTAÑA DE LOS CINCO SKANDHAS Y CRUZAN EL RÍO DEL SAMSARA. NINGÚN KARMA PUEDE FRENAR ESTE CUERPO REAL.

PERO ESTA MENTE ES SUTIL Y DIFÍCIL DE VER. NO ES LO MISMO QUE LA MENTE SENSUAL. TODOS QUIEREN VER ESTA MENTE Y LOS QUE MUEVEN SUS MANOS Y PIES POR SU LUZ SON TANTOS COMO LOS GRANOS DE ARENA A LO LARGO DEL GANGES. PERO PREGÚNTALES NO PUEDEN EXPLICARLO. SON COMO MARIONETAS. LO USAN ELLOS. ¿POR QUÉ NO LO VEN?

Me siento muy triste y apenado porque Bodhidharma tiene el tipo equivocado de personas tomando notas de sus declaraciones; están mezclando sus propias confusiones. Se esfuerzan por hacer creer que lo que dicen lo ha dicho Bodhidharma. Y las personas que no comprenden existencialmente lo que es la iluminación, están destinadas a caer en su trampa. No serán capaces de discriminar lo que pertenece a Bodhidharma y lo que pertenece a las personas que han tomado estas notas.

Viendo la situación, me viene a la memoria un caso del que ya les he hablado, pero que es necesario repetir. Rabindranath Tagore, uno de los más grandes poetas de este país, tradujo su propio libro de poemas, GITANJALI, al inglés. Aunque se educó en Inglaterra... pertenecía a una familia muy superrica de Bengala; su abuelo recibió el título de rey del imperio británico.

Tuvo toda la educación posible en el mundo, pero una lengua materna es una lengua materna. Había escrito todos sus poemas en bengalí, pero algunos amigos le sugirieron que GITANJALI tiene tal grandeza que si se traduce al inglés hay muchas posibilidades de que obtenga un premio Nobel. Pero, ¿quién lo traduciría sino el propio Rabindranath? ¿Quién podría ser mejor traductor?

Así que lo tradujo, pero seguía teniendo dudas. Pidió a un gran misionero cristiano de la época, C.F. Andrews -un gran erudito y muy influyente, una figura mundialmente famosa- que revisara las traducciones porque él también entendía el bengalí. Vivía en Bengala como misionero; trabajaba entre bengalíes y había aprendido su idioma. Así que era la persona adecuada para revisar la traducción y el original. Aprobó todo el libro excepto en cuatro puntos, sólo cuatro palabras dispersas por el libro. Dijo: "No son gramaticalmente correctas, y yo sugeriría palabras diferentes que signifiquen casi lo mismo, pero gramaticalmente correctas".

Y Rabindranath estaba convencido de que C.F. Andrews tenía razón en lo que se refería al lenguaje. Así que cambió esas cuatro palabras y las sustituyó por las sugeridas por C.F. Andrews. En Inglaterra tenía amigos entre todos los poetas ingleses, así que fue a Londres donde fue huésped de uno de los grandes poetas de aquellos días, Yeats. Y Yeats convocó una reunión sólo de poetas ingleses para escuchar la recitación del GITANJALI de Rabindranath. Estaba convencido de que el libro era tan raro y tan único que podía ser propuesto para un premio Nobel, pero sería bueno contar con la opinión de muchos poetas galardonados con el Nobel.

Así que cerca de veinte o veinticinco poetas se reunieron en casa de Yeats para escuchar el recitado de Rabindranath. Todos quedaron inmensamente impresionados, y unánimemente quisieron hacer un llamamiento al comité del premio Nobel para que el libro fuera honrado con un premio Nobel. Pero el propio Yeats tenía una pequeña reserva.

Dijo: "Todo está perfectamente correcto, excepto cuatro palabras". Rabindranath no podía creerlo: ¡eran exactamente las cuatro palabras que C.F. Andrews había sugerido!

Yeats dijo: "Son perfectamente gramaticales, pero no son poéticos.

Parecen como si alguien hubiera interferido; impiden el flujo de la belleza poética. En lugar de ser una ayuda, son un estorbo, por lo que le sugiero que cambie esas palabras".

"¿De dónde las has sacado? Porque tengo toda la certeza en mi ser de que no son palabras tuyas. Ningún poeta puede usar esas palabras en los lugares en que han sido usadas. Un lingüista, sí; un hombre que quiera ser perfecto en gramática y lenguaje las usará. Pero un poeta tiene cierta libertad; tiene una licencia poética para salirse un poco del camino con la gramática porque la poesía es un valor más elevado que la prosa. Para la prosa, la gramática está bien, pero para la poesía, la gramática puede ser una perturbación".

Rabindranath no podía creerlo, pero dijo: "Tienes razón, estas no son mis palabras; estas palabras son de C.F. Andrews. Te diré las palabras que usé originalmente".

Y pronunció sus palabras y Yeats se sintió inmensamente feliz. Dijo: "Ahora todo está bien. Esas cuatro rocas se han apartado de la corriente del río. Tus palabras no son gramaticales pero son poéticas, y vienen de tu mismo corazón".

La gramática es un juego de la mente y la poesía no forma parte de la mente; la mente es esencialmente prosa, la poesía pertenece al corazón.

Gramaticalmente incorrecto, pero poéticamente correcto, GITANJALI fue presentado al comité del premio Nobel y fue aceptado por unanimidad para el premio.

Este ejemplo muestra que las personas que han estado escribiendo estos sutras de Bodhidharma eran buenas en lo que se refiere al lenguaje, pero no estaban en absoluto en sintonía con la experiencia de la iluminación... en absoluto. Así que hay muchas afirmaciones falsas, afirmaciones muy confusas, junto con afirmaciones absolutamente correctas de Bodhidharma.

Así que hay que leer con una conciencia muy aguda; de lo contrario, es muy difícil encontrar dónde acaba Bodhidharma y dónde entra el discípulo, y dónde acaba el discípulo y dónde entra Bodhidharma. Está tan mezclado, y me siento triste porque Bodhidharma merece mejores discípulos. Es uno de los más grandes maestros que el mundo ha conocido. Pero quizás fue un maestro tan grande que muy pocos discípulos pudieron siquiera acercarse a él. Y los que llegaron cerca de él no han escrito ninguna nota.

Hui Ko, a quien había elegido como su sucesor, cuando Bodhidharma le preguntó: "¿Cuál es mi enseñanza esencial?", simplemente cayó de pie, con lágrimas rodando por sus ojos, sin pronunciar una sola palabra. Bodhidharma le ayudó a levantarse y le dijo: "Aunque no has respondido, acepto tu respuesta. Aunque no has dicho ni una sola palabra, tus lágrimas bastan para transmitir el mensaje. Me has comprendido y puedo entender por qué callas. Tu silencio dice más de lo que podrías haber dicho. Eres mi alma; me representarás cuando me haya ido".

Pero Hui Ko no ha escrito ni una sola palabra. Es un destino extraño: a los que pueden entender les cuesta hacer algo que no sea una declaración confusa. Prefieren callar antes que cometer un error. Y los que no entienden no temen nada. No saben que están cometiendo errores, errores de profundo significado y trascendencia.

Y te mostraré que en la superficie las notas parecen perfectamente correctas, pero justo debajo, en muchos lugares no pueden ser las declaraciones de Bodhidharma. No pueden ser las declaraciones de nadie que haya alcanzado la conciencia última, de alguien que haya alcanzado el destino de la autorrealización.

Los sutras: PERO SUPONGAMOS QUE NO VEO MI NATURALEZA, ¿NO PUEDO ALCANZAR LA ILUMINACIÓN INVOCANDO A LOS BUDAS, RECITANDO SUTRAS, HACIENDO OFRENDAS, OBSERVANDO LOS PRECEPTOS, PRACTICANDO DEVOCIONES O HACIENDO BUENAS OBRAS?

NO, NO PUEDES.

Este NO es ciertamente de Bodhidharma. La afirmación anterior es lo que todas las religiones están haciendo en el mundo. Las llamadas personas religiosas están haciendo todas estas cosas; están invocando a Dios, están invocando a budas, están invocando a jinnahs, están invocando a profetas, mesías, salvadores. Recitan sutras, el sagrado Corán, la Sagrada Biblia, la sagrada GITA, el sagrado DHAMMAPADA.

Hacen ofrendas en templos, mezquitas, iglesias, sinagogas y GURUDWARAS. Observan preceptos, ayunan, no comen por la noche, no beben por la noche. Las diferentes religiones siguen miles de preceptos diferentes.

Precisamente el otro día estaba mirando el TALMUD, la sagrada escritura de los judíos, y no me lo podía creer ..... Muchas veces antes también lo he abierto y cerrado, porque basta leer un párrafo para ver la estupidez. Abres donde sea y se dicen cosas que parecen no tener ninguna relevancia con ninguna espiritualidad. Por ejemplo, en el día sagrado del sábado puedes ir a tu granja o a tu jardín o a tu campo, pero no hasta el final. Puedes ir muy cerca del final, pero no hasta el final. Y esto es parte de una escritura sagrada. Y luego hay comentarios al respecto; un rabino dice: "¿Por qué se dice?". Luego otro rabino dice otra cosa. Luego otro rabino .... Cientos de comentarios sobre una afirmación tan estúpida.

O ...que debes tener una puerta y una sola ventana y la pregunta es si la ventana debe estar a la derecha de la puerta o a la izquierda de la puerta. Y hay grandes rabinos discutiendo el punto de que tiene que estar a la derecha o tiene que estar a la izquierda, y dan grandes argumentos del porque. Y no tiene que ser grande, tiene que ser pequeño—¿cómo de pequeño...?

En nombre de los preceptos, las disciplinas, se practican todo tipo de tonterías: devociones, o hacer buenas obras, abrir hospitales, escuelas, orfanatos. Sólo un hombre como Bodhidharma puede decir: "No, no puedes alcanzar la iluminación o la budeidad mediante esas estupideces". Sólo hay un camino y es conocer tu ser, es decir, conocer tu propia naturaleza.

¿Y POR QUÉ NO?

SI LOGRAS ALGO ES CONDICIONAL. Esto es muy importante y tienes que entenderlo. Todo lo que es condicional se puede perder si se quita la condición. La iluminación tiene que ser incondicional por la sencilla razón de que no se puede quitar. Tu vida es condicional: cualquiera puede asesinarte, puedes suicidarte. Pero tu iluminación tiene que ser incondicional.

No puedes hacer nada para demoler, para destruir algo que es incondicional.

No puedes hacer ningún esfuerzo para retroceder, porque no hay condición, no hay causa; está libre de ser destruido. Por ejemplo, estás haciendo una hoguera, pero es condicional. Si quitas la madera, el fuego desaparecerá. Esa madera era absolutamente necesaria para que el fuego siguiera existiendo. No era incondicional, era el efecto de una causa. Eliminada la causa, desaparece el efecto.

Esa es la diferencia entre el espiritualista y el materialista. El materialista dice en términos filosóficos que la vida, la conciencia, son todo condicional, son todo efectos. Cuando se eliminan las causas desaparecen. Cuando en la muerte los cinco elementos de los que está hecho tu cuerpo se deshacen, vuelven a sus fuentes originales -agua en agua, tierra en tierra, aire en aire, fuego en fuego, espacio, cielo en cielo- entonces no queda nada. No hay alma que sobreviva; sólo era un efecto. Si las causas estaban presentes, el efecto estaba presente - cuando se eliminan las causas, el efecto desaparece. En otras palabras, Karl Marx dice: "La conciencia es sólo un subproducto; en sí misma no tiene existencia".

Bodhidharma está diciendo: SI LOGRAS ALGO, ES CONDICIONAL, ES KÁRMICO. RESULTA EN RETRIBUCIÓN. GIRA LA RUEDA. Y MIENTRAS ESTES SUJETO AL NACIMIENTO Y LA MUERTE, NUNCA ALCANZARAS LA ILUMINACION. La iluminación no tiene que ser un efecto de alguna causa, no un efecto de alguna práctica, no un efecto de algunas condiciones que hayas cumplido. No tiene que ser un logro, sino sólo un descubrimiento.

Ya está ahí.

Sólo mantienes los ojos cerrados, así que cuando abres los ojos y ves tu budeidad, no puedes decir que la has alcanzado. Ya estaba ahí antes de que la vieras. No es tu "logro", y abrir los ojos no es una causa.

Tanto si abres los ojos como si no, tu budeidad permanece intacta. Incluso con los ojos cerrados sois budas; con los ojos abiertos no habrá ningún cambio: seréis budas. El único cambio será en vuestra comprensión, no en vuestra cualidad, no en vuestro ser. El único cambio será en tu comprensión: "Dios mío, he estado buscando la iluminación, la budeidad, durante vidas enteras, buscando y rebuscando por todas partes y haciendo todo tipo de actos buenos, observando los preceptos, haciendo ofrendas, rezando oraciones, recitando sutras... y todo eso era una tontería, porque mientras recitaba sutras yo era un buda. Cuando ofrecía flores a una estatua de piedra estaba haciendo un acto tan idiota porque estaba haciendo que un buda tocara los pies de una estatua de piedra. Siempre he sido el buda; ésa es mi naturaleza incondicional".

Por eso es de tremenda importancia la afirmación de Bodhidharma cuando dice: "No, no se puede encontrar la budeidad mediante todas esas supuestas cosas que las religiones van predicando a la gente."

PARA ALCANZAR LA ILUMINACION TIENES QUE VER TU NATURALEZA.

Y es sólo el lenguaje y la dificultad del lenguaje lo que hay que llamar logro; de lo contrario, ¿qué logro es ése? En realidad es sólo un descubrimiento.

El tesoro está ahí, sólo tienes que descubrirlo.

No lo estás produciendo, no lo estás creando, no es algo nuevo; siempre y en todo momento ha estado ahí. Y el hecho de que lo descubras o no le da igual. Es incondicionalmente eterno.

A MENOS QUE VEAS TU NATURALEZA, TODA ESTA CHARLA SOBRE CAUSA Y EFECTO NO TIENE SENTIDO.

Puedo decir que estas duras palabras sólo pueden venir de Bodhidharma, no de cualquier discípulo que no pueda tener tanto valor. Sólo un Bodhidharma puede decir:

LOS BUDAS NO PRACTICAN TONTERÍAS. Es el rugido de un león. Es el rugido de un león, no la escritura de un discípulo ordinario.

UN BUDA ESTÁ LIBRE DE KARMA, LIBRE DE CAUSA Y EFECTO. DECIR QUE ALCANZA CUALQUIER COSA ES CALUMNIAR A UN BUDA.

No se trata de alcanzar nada, sólo de descubrir. Sólo abre los ojos y se ve a sí mismo.

¿QUÉ PODRÍA ALCANZAR? INCLUSO CENTRARSE EN UNA MENTE, UN PODER, UN ENTENDIMIENTO O UNA VISIÓN ES IMPOSIBLE PARA UN BUDA. UN BUDA NO ES UNILATERAL.

Por lo tanto, no puede centrarse en sí mismo. Es multidimensional, es universal. Sólo los seres unidimensionales pueden concentrarse. Tu mente ordinaria puede centrarse; puede concentrarse, pero un buda no puede concentrarse. Está tan abierto como el cielo, en todas las direcciones, en todas las dimensiones.

UN BUDA NO ES UNILATERAL. LA NATURALEZA DE SU

NO-MENTE ...el discípulo está escribiendo su MENTE, pero yo tengo que corregirle. LA NATURALEZA DE SU NO-MENTE ES BÁSICAMENTE VACÍA, NI PURA NI IMPURA. Y ya ves por qué lo corrijo, porque si es mente, no puede estar vacía. La mente siempre está llena de pensamientos; la mente no es más que un contenedor de pensamientos. Mente es otro nombre para el proceso del pensamiento. Durante el día está pensando, por la noche está soñando, pero siempre está llena de algo. Nunca está vacía.

Y la mente siempre es pura o impura. Depende del tipo de pensamientos que la atraviesen. Si estás pensando en asesinar a alguien, o si estás pensando en robar algo, o estás pensando en ayudar a alguien .... Si estás lleno de un pensamiento compasivo, un pensamiento amoroso o un pensamiento destructivo... dependerá de qué tipo de contenido haya en tu mente, y la mente nunca está vacía. Por lo tanto, será pura o impura, o ambas cosas a la vez.

Debido a que tu mente es un desastre, impureza y pureza, buenos y malos pensamientos, todos están allí como una multitud. Por lo tanto, quiero cambiar la palabra mente por no-mente. Sólo así la afirmación tendrá sentido: LA NATURALEZA DE SU no-mente ES BÁSICAMENTE VACÍA, NI PURA NI IMPURA porque la no-mente está más allá de la dualidad.

La mente nunca puede estar más allá de la dualidad. Siempre está pensando a favor o en contra, siempre está dividida y escindida, siempre es esquizofrénica; nunca es total. Una parte de ella siempre está dudando. Hagas lo que hagas, una parte de ti no estará contigo; seguirá diciendo: "No lo hagas, te arrepentirás si lo haces".

Esa es una de las causas por las que todo ser humano está sumido en la miseria. Porque hagas lo que hagas, no importa qué, la parte que no ha cooperado va a vengarse con venganza. Te dirá: "Escucha, mira, ya te lo he dicho antes, no hagas esto, pero nunca me has escuchado". Si la hubieras escuchado, entonces también la situación no habría sido diferente porque la otra parte que estaba diciendo: "Hazlo", esperará y observará su oportunidad para condenarte diciendo: "Nunca me escuchas". Siempre estás en un callejón sin salida: hagas esto o hagas lo otro, siempre te equivocas.

Sólo la no-mente puede ser sin dualidad alguna, porque está vacía. La no-mente es falta de elección. La no-mente es conciencia pura. Es sólo el cielo vacío.

UN BUDA NO OBSERVA PRECEPTOS. Esta es una gran afirmación. Debería estar escrita en letras de oro por todas partes alrededor de la tierra para que todo el mundo la entendiera.

UN BUDA NO OBSERVA PRECEPTOS.

No sigue ninguna disciplina. ¿Por qué? Porque no tiene necesidad de seguir ninguna disciplina, ningún precepto; no tiene que seguir ninguna moral por el simple hecho de que vive en plena consciencia. De su plena conciencia surge la respuesta, no de preceptos, escrituras o códigos morales. No, actúa momento a momento desde su vacío puro.

Con sólo mirar en silencio permite que todo su ser responda. Es como un espejo: refleja, no hace nada más. Sus respuestas son sus reflejos.

UN BUDA NO HACE EL BIEN NI EL MAL. UN BUDA NO ES ENÉRGICO NI PEREZOSO. UN BUDA ES ALGUIEN QUE NO HACE NADA, ALGUIEN QUE NI SIQUIERA PUEDE CONCENTRAR SU MENTE EN UN BUDA.

Aunque Dios esté delante de él, no puede concentrarse en él. Él es sólo vacío puro. No lleva ninguna tensión, porque la concentración es una tensión, enfocarse es una tensión. Está completamente relajado.

Aquí Bodhidharma llega a su altura cuando dice: UN BUDA NO ES UN BUDA.

Ahora bien, esto será muy difícil de entender para la gente, sobre todo para aquellos cuyas mentes están prejuiciadas por tantas religiones en el mundo. UN BUDA NO ES UN BUDA. Tiene que ser entendido, porque es tan significativo que si te lo pierdes, te perderás todo.

Fíjate en algunos ejemplos; quizá te ayuden. Un niño que acaba de nacer es totalmente inocente. Pero, ¿sabe o cree que es consciente de que es inocente? ¿Puede el niño inocente saber que es inocente? Si sabe que es inocente, ya no es inocente. El niño inocente es inocente sólo si no sabe que es inocente.

El buda es un renacimiento, el renacimiento de la conciencia. Alcanza una segunda infancia; nace de nuevo. Es conciencia absoluta, pero no puede ser consciente y no puede decir: "Soy conciencia absoluta". Esa afirmación hará que la conciencia sea impura. Su conciencia es como la inocencia de un niño. No puede ser consciente de sí misma. Está ahí y no queda espacio para nada más, ni siquiera para el pensamiento: "Soy un buda".

UN BUDA NO ES UN BUDA. NO PIENSE EN BUDDHAS, porque pensar en budas es absurdo. Tú ERES un buda. ¿Por qué pierdes el tiempo pensando en budas? ¿Por qué no simplemente abres los ojos y estás despierto y eres un buda? ¿Qué vas a ganar pensando en budas?

si no ves de lo que estoy hablando, nunca conocerás tu propia no-mente.

LAS PERSONAS QUE NO VEN SU NATURALEZA E IMAGINAN QUE PUEDEN PRACTICAR SIN HACER NADA TODO EL TIEMPO SON MENTIROSAS Y TONTAS.

Existe el peligro—Bodhidharma es consciente de ello—de que pueda haber gente astuta, mentirosos, tontos, que engañen a los demás, que se engañen a sí mismos. He llegado a conocer a muchos que, leyendo o escuchando declaraciones tan grandes como las de Bodhidharma, empiezan a pretender que para ellos no hay nada bueno, nada malo, que no necesitan preocuparse por discriminar entre lo correcto y lo incorrecto. Como Bodhidharma y gente como Bodhidharma declaran que eres un buda, disfrutan de la idea sin abrir los ojos. Es tan satisfactorio para el ego que no abren los ojos. No experimentan su auto-naturaleza, pero empiezan a declarar que están iluminados. Esas personas se hacen un inmenso daño a sí mismas y un inmenso daño a los demás.

He visto tanta gente que empieza a declararse iluminada y no son ni siquiera un poco más conscientes que tú. Así que estas grandes declaraciones pueden ser peligrosas. Son como las grandes alturas de los picos del Himalaya. Desde estas alturas, puedes caer y puedes destruirte a ti mismo. Estos secretos deben ser entendidos de una manera muy sincera, honesta; no deben ser usados para explotar a la gente y para aumentar tu ego.

Esta gente CAE EN ESPACIOS SIN FIN. SON COMO BORRACHOS. NO SABEN DISTINGUIR EL BIEN DEL MAL. SI PRETENDES PRACTICAR EL NO HACER NADA, TIENES QUE VER TU NATURALEZA ANTES DE PONER FIN AL PENSAMIENTO RACIONAL. ALCANZAR LA ILUMINACION

SIN VER TU NATURALEZA ES IMPOSIBLE.

Así que depende de cada individuo recordar continuamente que debe seguir siendo sincero.

De lo contrario, nadie puede impedírtelo; puedes declarar que estás iluminado pero tu vida mostrará, tus acciones mostrarán, tus ojos mostrarán, todo a tu alrededor mostrará que no estás iluminado. Y esto no te va a ayudar de ninguna manera; esto puede incluso confundir a algunas personas. Y si consigues que unas pocas personas crean en tu iluminación, lo cual siempre es posible porque el mundo está tan lleno de idiotas que cualquier idiota puede encontrar discípulos .... Y una vez que hayas encontrado unos cuantos idiotas como discípulos, entonces estarás absolutamente seguro de que debes estar iluminado; de lo contrario, ¿cómo pueden creer en ti tantas personas sabias?

OTROS COMETEN TODO TIPO DE MALDADES, ALEGANDO QUE EL KARMA NO EXISTE. SOSTIENEN ERRÓNEAMENTE QUE, PUESTO QUE TODO ESTÁ VACÍO, COMETER EL MAL NO ES MALO. TALES PERSONAS CAEN EN UN INFIERNO DE OSCURIDAD SIN FIN, SIN ESPERANZA DE LIBERACIÓN. LOS SABIOS NO TIENEN ESA CONCEPCIÓN.

Es una cuestión de gran responsabilidad individual; no hay otra responsabilidad mayor que ésta. Recuerda siempre—y no lo olvides ni por un momento—no digas nada que no seas; de lo contrario estarás cayendo en una oscuridad de la que es muy difícil salir.

"PERO SI CADA MOVIMIENTO O ESTADO NUESTRO, CUANDO SE PRESENTA, ES NO-MENTE, ¿POR QUÉ NO VEMOS ESTA NO-MENTE CUANDO MUERE EL CUERPO DE UNA PERSONA?".

la no-mente está siempre presente. SIMPLEMENTE NO LA VES.

La no-mente no es una cosa. No es una mercancía, no es un objeto. La no-mente es espacio puro. Es vacío absoluto, es silencio. No se puede oír. ¿Has pensado alguna vez en ello, cuando dices que es absolutamente silencioso? ¿Oyes el silencio? Lo único que oyes es que no hay ruido. Como no oyes ruido, concluyes que es silencio.

Como no experimentas ninguna preocupación, ninguna ansiedad, ninguna tensión, ninguna miseria, ningún sufrimiento, deduces que ese es el estado de paz y dicha. Pero estas no son cosas u objetos que puedas ver. O cuando una persona muere, no puedes ver su no-mente abandonando el cuerpo.

Recuerda de nuevo, estoy cambiando las afirmaciones -dondequiera que haya mente, estoy diciendo no-mente- porque la mente se puede ver. La ves todos los días. No hay necesidad de morir para verla; incluso mientras vives la ves. Simplemente cierra los ojos y empezarás a verla.

"PERO SI LA NO-MENTE ESTÁ PRESENTE, ¿POR QUÉ NO LA VEO?"

El discípulo plantea preguntas y trata de encontrar las respuestas de Bodhidharma.

Tal vez hizo estas preguntas ... debe haber recibido las respuestas, pero no podía entender esas respuestas. Ha interpretado esas respuestas a su manera. Bodhidharma ha dicho: LA NO-MENTE ESTÁ SIEMPRE PRESENTE. SIMPLEMENTE NO LA VES. No puedes verla porque es puro espacio, no es una cosa. No es nada; o mejor, es una no-cosa. No es visible. Pero el discípulo sigue haciendo la misma pregunta de otra forma. SI LA MENTE -si la no-mente- ESTÁ PRESENTE, ¿POR QUÉ NO LA VEO?

Parece que no ha escrito... ha olvidado, o no ha entendido la respuesta dada por Bodhidharma, porque la pregunta está ahí, pero la respuesta no está ahí. La respuesta debe haber sido: Porque tú lo ERES, así que no puedes verlo.

Puedes ver todo en el mundo excepto a ti mismo. Evidentemente, puedo coger con la mano todo lo que hay en el mundo excepto mi propia mano. Puedo ver con mis ojos todo lo que hay en el mundo excepto mis propios ojos.

No-mente es mi naturaleza.

Puedo sentirlo, puedo vivirlo, puedo saborearlo, puedo cantarlo, puedo bailarlo, pero no puedo verlo. Porque YO SOY. Algo así debió de ser la respuesta, pero no consta.

Y Bodhidharma debió esforzarse para que el discípulo entendiera la distinción. Le pregunta:

¿ALGUNA VEZ SUEÑAS?

POR SUPUESTO.

CUANDO SUEÑAS, ¿ERES TÚ?

Pero el discípulo sigue sin entenderlo. Responde: SÍ, SOY YO.

Y esto va en contra de toda la filosofía de Bodhidharma y Gautam Buda y de todos los que alguna vez han llegado a estar despiertos. La respuesta debería ser: "No, no soy yo". Porque, ¿cómo puedo ser yo los sueños? Los sueños flotan frente a mí. Los veo. Porque los veo, obviamente no soy ellos. Yo soy el vidente y ellos son lo visto. Yo soy el conocedor y ellos son lo conocido. Ellos son objetos, yo soy el sujeto. De ahí que la respuesta correcta debería ser, no "Sí, soy yo", sino "No, no soy yo".

¿Y LO QUE HACES Y DICES ES DIFERENTE DE TI?

De nuevo la misma falacia; la respuesta dada es NO, NO LO ES. No es diferente de mí - cualquier hacer o decir .... Pero es tan simple; particularmente para ti debe ser tan simple. Caminar, puedes ver que es una acción de tu cuerpo, pero tú no eres él.

No estás caminando; tu conciencia interior está exactamente donde siempre ha estado. Tanto si te quedas quieto como si caminas, siempre es lo mismo. La verdadera respuesta será: "Sí, es diferente. No soy yo. Mi acción no puede ser yo, mi hacer no puede ser yo. Siempre soy el observador detrás; siempre soy el testigo más allá".

PERO SI LO ES, ENTONCES ESTE CUERPO NO ES TU CUERPO REAL. Esa es mi corrección. Las notas en sí son todo lo contrario. Las notas continúan de la misma manera estando equivocadas. La nota es: ENTONCES ESTE CUERPO ES TU CUERPO REAL. Si no eres diferente de tus acciones, si no eres diferente de tus sueños, entonces esta es tu mente real, este es tu cuerpo real.

Pero este cuerpo no es tu verdadero cuerpo. Pronto llegará un día en que este cuerpo arderá en una pira funeraria. Pero tú no arderás. Tu conciencia habrá tomado una nueva forma... se habrá ido muy lejos.

Así que voy a ir con mis correcciones: PERO SI ES, ENTONCES ESTE CUERPO NO ES TU CUERPO REAL. Y ESTE CUERPO REAL ES TU no-mente. Y ESTA no-mente, A TRAVÉS DE KALPAS ININTERMINABLES SIN PRINCIPIO, NUNCA HA VARIADO. NUNCA HA VIVIDO O MUERTO .... Fíjate en la confusión. Si este cuerpo es real, entonces las afirmaciones posteriores no pueden ser relevantes ...A TRAVES DE KALPAS ININTERMINABLES, a traves de edades interminables, SIN COMENZAR, NUNCA HA VARIADO. NUNCA HA VIVIDO O MUERTO, APARECIDO O DESAPARECIDO, AUMENTADO O DISMINUIDO. NO ES PURO O IMPURO, BUENO O MALO, PASADO O FUTURO. NO ES VERDADERO NI FALSO. NO ES MASCULINO NI FEMENINO.

NO APARECE COMO UN MONJE O UN LAICO, UN ANCIANO O UN NOVICIO, UN SABIO O UN TONTO, UN BUDA O UN MORTAL. NO LUCHA POR LA REALIZACION NI SUFRE KARMA. NO TIENE FUERZA NI FORMA. ES COMO EL ESPACIO. NO SE PUEDE POSEER.

Estas afirmaciones sólo son posibles si se hacen mis correcciones; de lo contrario, estas afirmaciones se vuelven absolutamente imposibles porque tu cuerpo ha muerto muchas veces, ha nacido muchas veces, volverá a morir, volverá a nacer. Este cuerpo no es tu cuerpo real.

Tu cuerpo real es tu ser real—que nunca ha muerto, que nunca ha nacido, que siempre ha continuado eternamente a través de muchas formas, pero ha sido el mismo. Hay una afirmación de Gautam Buda: "Puedes saborear el océano desde cualquier lugar, desde cualquier dirección; su sabor es siempre el mismo".

Así que ya sea en este cuerpo o en otro, tu conciencia es la misma. Y este cuerpo es ciertamente masculino o femenino; sólo que tu ser no es masculino o femenino. Así que a menos que mis correcciones estén ahí, todas las afirmaciones que siguen se vuelven absolutamente irrelevantes y diametralmente opuestas a las afirmaciones que el discípulo ha escrito.

Y NO SE PUEDE PERDER. SUS MOVIMIENTOS NO PUEDEN SER BLOQUEADOS POR MONTAÑAS, RÍOS O PAREDES DE ROCA. SUS PODERES IMPARABLES PENETRAN LA MONTAÑA DE LOS CINCO SKANDHAS ... Estos cinco SKANDHAS son lo que he venido llamando los cinco elementos. SKANDHA es la palabra budista para elemento: la tierra, el aire, el agua, el fuego y el cielo.

Estos son los cinco elementos de los que está hecho tu así llamado cuerpo. Pero tu ser real está más allá de todos estos SKANDHAS ...LA MONTAÑA DE LOS CINCO SKANDHAS Y CRUZA EL RÍO DEL SAMSARA. Tu conciencia no consiste en estos cinco elementos y aunque estos cinco elementos sean montañosos, aún así no pueden impedir que tu conciencia pase más allá a tu verdadero hogar.

Ni siquiera los océanos de este SAMSARA, este mundo, pueden impedirte llegar a tu hogar definitivo. Porque el último hogar ya está dentro de ti, nada puede impedirte alcanzarlo. Ya estás allí, sólo que no eres consciente de ello.

NINGÚN KARMA PUEDE RESTRINGIR a este ser real, o a ESTE CUERPO REAL. PERO ESTA NO-MENTE ES SUTIL Y DIFÍCIL DE VER. NO ES LO MISMO QUE LA MENTE SENSUAL. todos quieren ver esta no-mente. Y LOS QUE MUEVEN SUS MANOS Y PIES POR SU LUZ SON TANTOS COMO LOS GRANOS DE ARENA A LO LARGO DEL GANGES.

Aunque no lo veas, todo el mundo lo tiene. Vives en su luz. Tu propia vida pertenece a tu no-mente.

PERO PREGÚNTALES. NO PUEDEN EXPLICARLO.

Vives, sabes que estás vivo, pero si alguien te pregunta qué es la vida o qué entiendes por vivir, no sabrás qué decir. Es como si probaras algo delicioso; conoces el sabor, pero ¿hay alguna forma de decir qué es, cómo es? La única manera es que la otra persona lo pruebe. Ninguna explicación puede ayudar.

Al hombre que nunca ha probado los dulces... no puedes explicarle lo que es la dulzura. Puedes usar toda tu elocuencia, pero no puedes explicarle algo tan simple como la dulzura. La única manera es ofrecerle dulces. Eso es lo que los maestros han estado haciendo todo el tiempo. En lugar de decirte qué es la dulzura, te la ofrecen para que la pruebes. Ellos mismos están ofreciendo su propio ser, su propia presencia para que la pruebes.

Todo el mundo tiene un buda en su interior, pero como no son conscientes, funcionan como marionetas. Este buda interior es suyo para usarlo; ¿por qué no lo ven? ¿Por qué siguen siendo como marionetas? ¿Por qué no se convierten en dueños de su propio ser? Y no es una tarea difícil, de hecho no es una tarea en absoluto. Es sólo una pequeña habilidad para tomar conciencia, sólo sacudirse y despertar. Todas las meditaciones son simplemente dispositivos para sacudirte de modo que se perturbe el profundo sueño espiritual. P.D. Ouspensky ha ofrecido y dedicado su libro, EN BUSCA DE LO MILAGROSO, a su maestro, George Gurdjieff, con palabras muy bellas:

"A George Gurdjieff, el perturbador de mi sueño". Pero esa es la única función de un maestro: de alguna manera perturbarte, de alguna manera sacudirte y despertarte.

No hay adónde ir y no hay nada que alcanzar.

Ya estás donde tienes que estar.

Buscar es el único pecado.

Buscar es la única forma de extraviarse.

Permanecer dentro de ti mismo, apartarte de todo, de toda energía, de todo rayo de energía, y concentrarlo en el centro mismo de tu ser... Gurdjieff lo llama "cristalización". Y era un hombre muy parecido a Bodhidharma. Si alguien puede ser puesto en la misma categoría que Bodhidharma, entonces Gurdjieff es el hombre. Lo que él llama cristalización de tu ser, Bodhidharma lo llama despertar de tu ser, o budeidad.

Leyendo estos sutras, he estado pensando en echar un vistazo a otros sutras antiguos, porque las mismas falacias que estoy viendo en estos sutras seguro que están ahí. No fueron escritos por personas iluminadas. Y estas confusiones, estas afirmaciones erróneas, sin ninguna intención, están haciendo un daño inmenso a todos los que los siguen; hay que corregirlas. Así que mis comentarios son más correcciones y críticas de todo lo que está confuso y equivocado. Quiero poner de manifiesto a Bodhidharma con total claridad, sin ninguna impresión dejada por estos discípulos que han escrito los sutras. Siempre ha sucedido...los evangelios de Jesús fueron escritos después de trescientos años, cuando Jesús no estaba allí para corregirlos. Y a ningún cristiano le gustaría que otro Jesús les corrigiera. Por lo demás ...estoy absolutamente dispuesto.

Los sutras de Gautam Buda se escribieron después de su muerte. Y hubo tantas disputas entre los discípulos que inmediatamente después de su muerte había treinta y dos escuelas en conflicto entre sí. Alguien decía: "Esto lo ha dicho él", o "Esto no lo ha dicho". Treinta y dos interpretaciones, contradictorias entre sí, y el pobre Gautam Buda ya no vivía y ciertamente no decía cosas que tuvieran treinta y dos interpretaciones diferentes.

No era un loco. Su significado era muy claro, pero esa claridad sólo es posible para aquellos que han ido más allá de la mente, porque la mente es confusión, y la no-mente es claridad.

El silencio de la no-mente te da la claridad. Puedes ver inmediatamente lo que está bien y lo que está mal; no es cuestión de argumentar. Leyendo estos sutras, no he tenido que pensar ni un solo momento ni dudar ni un solo instante sobre dónde está mal y dónde está bien. En el momento en que llegaba a algún lugar que estaba mal, me resultaba inmediata y absolutamente claro, sin ninguna vacilación.

Solo por ver estos sutras, he estado pensando en echar un vistazo a todas las escrituras antiguas que han sido escritas por discípulos no iluminados y corregirlas. Porque ya es tiempo —han vivido por miles de años sin ninguna corrección.

Pero la gente se obsesiona y se fanatiza tanto que no quiere ningún cambio. Por ejemplo, mis correcciones no gustarán a los budistas. Se sentirán muy dolidos -todas las líneas tienen que ser correctas-, pero no ven la cuestión de que esas líneas no han sido escritas por Bodhidharma; de lo contrario, habrían estado bien.

Han sido escritos por personas que no están iluminadas. Por lo tanto, es absolutamente seguro que va a haber falacias, confusiones, declaraciones erróneas, muchas cosas que faltan y tal vez muchas cosas añadidas por los discípulos, sólo para que sea una historia completa, un sistema completo de la filosofía. Va a ser un trabajo difícil. Va a molestar a mucha gente. He molestado a tanta gente que ya no me importa. Ya no importa. He molestado a millones de personas, a algunos millones más... ahora ya no importa en absoluto.

Las generaciones futuras del hombre nuevo se sentirán agradecidas de que al menos hubiera un hombre al que no le importara que todo el mundo se enfadara con él. Siguió discriminando entre lo que es verdad y lo que no lo es.

¿De acuerdo?

Sí, Maestro.

Así es nuestra naturaleza

AMADO MAESTRO,
EL BUDA DIJO QUE LA GENTE SE ENGAÑA. POR ESO CUANDO ACTUAN CAEN EN EL RIO DEL RENACIMIENTO SIN FIN. Y TRATANDO DE SALIR, SOLO SE HUNDEN MAS. Y TODO PORQUE NO VEN SU NATURALEZA. SI LAS PERSONAS NO ESTUVIERAN ENGAÑADAS, ¿POR QUÉ SI NO PREGUNTARÍAN SOBRE ALGO QUE TIENEN DELANTE? NINGUNO DE ELLOS ENTIENDE EL MOVIMIENTO DE SUS PROPIAS MANOS Y PIES.

EL BUDA NO SE EQUIVOCO. LOS ILUSOS NO SABEN QUIENES SON. ALGO TAN DIFÍCIL DE COMPRENDER LO CONOCE UN BUDA Y NADIE MÁS. SÓLO LOS SABIOS CONOCEN ESTA MENTE, ESTA MENTE LLAMADA DHARMA-NATURALEZA, ESTA MENTE LLAMADA LIBERACIÓN.

NI LA VIDA NI LA MUERTE PUEDEN FRENAR ESTA MENTE. NADA PUEDE.

TAMBIÉN SE LE LLAMA EL TATHAGATA IMPARABLE, EL INCOMPRENSIBLE, EL SER SAGRADO, EL INMORTAL, EL GRAN SABIO. SUS NOMBRES VARÍAN PERO NO SU ESENCIA. LOS BUDAS TAMBIÉN VARÍAN, PERO NINGUNO ABANDONA SU PROPIA MENTE.

LA CAPACIDAD DE LA MENTE ES ILIMITADA, Y SUS MANIFESTACIONES SON INAGOTABLES. VER FORMAS CON LOS OJOS, OÍR SONIDOS CON LOS OÍDOS, OLER OLORES CON LA NARIZ, DEGUSTAR SABORES CON LA LENGUA, CADA MOVIMIENTO O MODO, TODO ES TU MENTE. EN

CADA MOMENTO, DONDE LAS LENGUAS NO PUEDEN IR, ESO ES TU MENTE.

LOS SUTRAS DICEN, "LAS FORMAS DE UN TATHAGATA SON INFINITAS. Y TAMBIÉN LO ES SU CONCIENCIA". LA INTERMINABLE VARIEDAD DE FORMAS SE DEBE A LA MENTE.

SU CAPACIDAD DE DISTINGUIR LAS COSAS, CUALQUIERA QUE SEA SU MOVIMIENTO O MODO, ES LA CONCIENCIA DE LA MENTE. PERO LA MENTE NO TIENE FORMA Y SU CONCIENCIA NO TIENE LIMITE. POR ESO, SE DICE, "LAS FORMAS DE UN TATHAGATA SON INFINITAS. Y TAMBIÉN LO ES SU CONCIENCIA".

UN CUERPO MATERIAL DE LOS CUATRO ELEMENTOS ES PROBLEMÁTICO. UN CUERPO MATERIAL ESTÁ SUJETO AL NACIMIENTO Y A LA MUERTE. PERO EL CUERPO REAL EXISTE SIN EXISTIR PORQUE EL CUERPO REAL DE UN TATHAGATA NUNCA CAMBIA. LOS SUTRAS DICEN: "LA GENTE DEBE DARSE CUENTA DE QUE LA NATURALEZA BÚDICA ES ALGO QUE SIEMPRE HA TENIDO".

MAHAKASHYAPA SÓLO SE DIO CUENTA DE SU PROPIA NATURALEZA. ...LOS SUTRAS DICEN: "TODO LO QUE TIENE FORMA ES UNA ILUSIÓN". TAMBIÉN DICEN, "DONDE QUIERA QUE ESTÉS, HAY UN BUDA". TU MENTE ES EL BUDA. NO USES UN BUDA PARA ADORAR A UN BUDA.

INCLUSO SI UN BUDA O UN BODHISATTVA APARECIERA DE REPENTE ANTE TI, NO HAY NECESIDAD DE REVERENCIA. ESTA MENTE NUESTRA ESTÁ VACÍA Y NO CONTIENE TAL FORMA. LOS QUE SE AFERRAN A LAS APARIENCIAS SON DEMONIOS. SE APARTAN DEL CAMINO. ¿POR QUÉ ADORAR ILUSIONES NACIDAS DE LA MENTE? LOS QUE ADORAN NO SABEN. Y LOS QUE SABEN NO ADORAN. ADORANDO CAES BAJO EL HECHIZO DE LOS DEMONIOS. SEÑALO ESTO PORQUE ME TEMO QUE NO ERES CONSCIENTE DE ELLO. LA NATURALEZA BASICA DE UN BUDA NO TIENE ESA FORMA. TENLO EN CUENTA, AUNQUE

APAREZCA ALGO INUSUAL. NO LO ABRACES, Y NO LO TEMAS.

Y NO DUDES QUE TU MENTE ES BASICAMENTE PURA. ¿DÓNDE PODRÍA HABER LUGAR PARA SEMEJANTE FORMA? ADEMÁS, ANTE LA APARICIÓN DE ESPÍRITUS, DEMONIOS O SERES DIVINOS, NO CONCIBAS NI RESPETO NI MIEDO. TU MENTE ESTÁ BÁSICAMENTE VACÍA. TODAS LAS APARIENCIAS SON ILUSIONES. NO TE AFERRES A LAS APARIENCIAS.

Es una de las coincidencias más extrañas que Gautam Buda y Mahavira se rebelaran contra los entendidos, los eruditos, los brahmanes, los expertos, por una sola razón: que al ser entendido, simplemente encubres tu ignorancia. No la disipas de tu ser.

Es como en una noche oscura en la que no tienes ni una lámpara en casa.

Puedes tener tanta información sobre la luz como quieras, pero tu información sobre la luz no va a traer luz a la casa. La casa seguirá a oscuras.

Pero una cosa es posible: tu información puede crearte una ilusión. Puedes estar tan ocupado con la información sobre la luz que te olvides de la oscuridad. Pero la oscuridad está ahí; que la olvides o no es lo mismo.

De hecho, es mejor saber que la oscuridad está ahí y que hay que hacer algo para crear luz, para destruir la oscuridad. Saber sobre la luz no sirve de nada; se necesita luz real. La extraña coincidencia es que tanto Gautam Buda como Mahavira estaban rodeados de eruditos brahmanes. Y todo lo que han dicho ha sido recopilado por las mismas personas contra las que estuvieron hablando toda su vida.

Mahavira tenía once discípulos íntimos - todos ellos eran eruditos brahmanes de gran integridad, de gran erudición, de gran conocimiento, pero su ignorancia era igual que la de cualquier otro. La ignorancia puede adornarse con conocimiento, pero eso sólo la oculta; no la destruye. Uno tiene que descubrir su propia luz, su propio ser, su propia naturaleza. En el momento en que uno descubre su ser interior, toda la oscuridad empieza a desaparecer, porque en el centro mismo de tu ser no hay más que luz pura. Pero hay que descubrirla.

Las personas que están interesadas en el conocimiento, o interesadas en las escrituras, o interesadas en aprender de otros sabios, no están haciendo nada para llegar a su propia luz, a la fuente misma de la iluminación.

Lo mismo ocurrió con Gautam Buda. Sus discípulos más cercanos eran brahmanes y de ahí que haya surgido un gran malentendido en sus informes. Lo que han contado sobre Gautam Buda está mezclado, contaminado, corrompido por su propio conocimiento, por su propio saber. Sus mentes han entrado e interferido con el mensaje que fue dado en silencio, un mensaje que fue transmitido de corazón a corazón, de ser a ser, pero no de mente a mente.

La misma desafortunada situación ocurrió con Bodhidharma, incluso a una escala mucho mayor, porque Bodhidharma nació en la India, pero enseñaba en China. La gente que le rodeaba, que se interesó por él, era gente interesada en el conocimiento. Y ciertamente él tenía la llave de oro que abre todos los misterios de la vida. Cada una de sus palabras procede de una experiencia auténtica. Atrajo a miles de monjes, pero el problema es que esas personas atiborraron sus palabras y olvidaron la presencia fenomenal de Bodhidharma. Y ellos han escrito estos sutras. Naturalmente, hay grandes errores, pero aunque hay muchas piedras, hay unos pocos diamantes, y podemos encontrar esos diamantes.

Aunque no pudieron experimentar de la misma manera que Bodhidharma, quedaron ciertamente impresionados por su carismático ser. Al igual que las polillas acuden a la llama de una vela, vinieron desde provincias lejanas de China, sólo para sentarse a sus pies. Pero no es suficiente. Es un buen comienzo, pero no es el final del viaje. No podían olvidar sus propias mentes. Incluso mientras le escuchaban, seguían pensando sus propias cosas, seguían comparando si encajaba o no con su ideología. Interpretaban, daban nuevos significados, nuevos colores a sus palabras.

Y porque Bodhidharma no ha escrito nada .... Ningún ser iluminado ha escrito nada por la sencilla razón de que la palabra escrita es una palabra muerta.

Una palabra hablada tiene el calor, el esplendor y la presencia del maestro.

La palabra hablada es una categoría totalmente distinta de la palabra escrita. La palabra escrita es sólo un cadáver; la palabra hablada está viva, sigue respirando. Tiene un latido que la palabra escrita no puede tener. Por eso ningún hombre iluminado del mundo, en ninguna época, ha escrito nada.

Así que hay que ser muy consciente. Señalaré dónde han interferido las mentes de los discípulos que recopilan estos sutras y han destruido algo inmensamente bello. Pero a pesar de que no pudieron relatar exactamente lo que Bodhidharma decía, aquí y allá, tal vez por error, han relatado las palabras reales.

Incluso encontrar unas pocas palabras reales pronunciadas por Bodhidharma y darles de nuevo un latido, es una gran alegría. Mi comentario no es sólo un comentario; es dar vida, una resurrección, a esas hermosas palabras que han caído en manos equivocadas.

Hay que aliviarles y liberarles de esta existencia confusa y aprisionada como un cadáver.

Los sutras:

EL BUDA DIJO QUE LA GENTE SE ENGAÑA. POR ESO CUANDO ACTUAN CAEN EN EL RIO DEL RENACIMIENTO SIN FIN. Y TRATANDO DE SALIR, SOLO SE HUNDEN MAS. Y TODO PORQUE NO VEN SU NATURALEZA. SI LAS PERSONAS NO ESTUVIERAN ENGAÑADAS, ¿POR QUÉ SI NO PREGUNTARÍAN SOBRE ALGO QUE TIENEN DELANTE? NI UNO SOLO DE ELLOS ENTIENDE EL MOVIMIENTO DE SUS PROPIAS MANOS Y PIES.

EL BUDA NO SE EQUIVOCÓ. LAS PERSONAS ENGAÑADAS NO SABEN QUIENES SON.

Lo primero que hay que entender es que éstas son palabras reales de Bodhidharma, sin ninguna interferencia de las personas que han estado recopilando estas palabras.

El énfasis en estos sutras es que la gente está engañada. ¿Cuál es su engaño?

Su ilusión es que no saben quiénes son. Como no saben quiénes son, crean personalidades falsas a su alrededor... porque es imposible vivir sabiendo que no sabes quién eres; sin duda te volverías loco.

Piensa por un momento: si eres consciente de que no sabes quién eres, será un shock, una ruptura de toda tu identidad. No puedes vivir sin saber quién eres. Y si no puedes saberlo, tendrás que crear algo. Será un falso sustituto, pero te quitará la enloquecedora situación de no conocerte a ti mismo.

Pregúntale a alguien quién es y te dirá que es médico, ingeniero, profesor, cristiano, hindú, budista... .... Estas son identidades falsas. Están creando una capa falsa a tu alrededor para olvidar la enloquecedora situación de que no te conoces a ti mismo.

Te estás identificando con mil y una cosas. Eres un marido, eres una esposa... pero esa no es tu naturaleza. No naciste como marido, ni como ingeniero, ni como médico, ni como profesor. Estos son creados por ti y por la sociedad para que no te sientas continuamente en un vacío, lo cual puede ser peligroso y puede crear una locura en ti.

Y la gente no está satisfecha. Siguen haciendo la capa falsa cada vez más gruesa. Se hacen miembros de partidos políticos, se hacen miembros de religiones, se hacen miembros de clubes Rotarios, clubes de Leones; siguen creando alguna idea de quiénes son. Esto es necesario sólo para mantenerte en tu locura normal.

Uno tiene que enfrentarse a sí mismo en la más absoluta desnudez, sin todas esas ropas que se ha cubierto.

Este es el engaño, que todo el mundo está viviendo una vida que no está saliendo de su propia naturaleza, que es más como actuar que como una vida auténtica. Simplemente obsérvate a ti mismo, y verás la gran perspicacia en la muy significativa y significativa afirmación, LA GENTE ESTÁ ENGAÑADA. Es por eso que sus acciones siempre van en direcciones equivocadas. Por eso viven una vida de miseria, sufrimiento, agonía, angustia.

Cuando Bodhidharma dice que estas personas siguen cayendo en la oscuridad, está diciendo que se engañan cada vez más. Tienen que hacer la capa de su engaño lo más gruesa posible para poder permanecer inconscientes de su realidad. Y a partir de esta falsa capa, su amor se vuelve falso, su amistad se vuelve falsa, toda su vida se convierte en un drama.

Lo hacen todo, pero no surge de su espontaneidad. No proviene de su individualidad. No proviene de su propio ser. Por lo tanto, siempre están indecisos, siempre están indecisos, siempre están preguntando qué está bien y qué está mal; siempre están haciendo preguntas sobre todo.

El hombre que se conoce a sí mismo no tiene preguntas que hacerse. El hombre que se conoce a sí mismo sabe exactamente lo que hay que hacer, y no es cuestión de elegir.

Todo lo que hace, es correcto. De tu propia naturaleza, sólo surge lo correcto. Igual que de un verdadero rosal, sólo surgen rosas auténticas. Es un fenómeno natural.

Viví unos meses en Raipur y justo a mi lado vivía un profesor de matemáticas jubilado. Solía verle desde mis ventanas. Tenía una maceta con flores preciosas, y todos los días solía traer agua para regar la maceta. El primer día no hubo ningún problema, pero a medida que pasaban los días, me sorprendía que aquellas flores siguieran igual. Sus pétalos no se caían, no desaparecían como es natural en la vida: que lo viejo desaparezca para dar lugar a lo nuevo. Finalmente no pude resistir la tentación. Me acerqué a su ventana y me sorprendí. No eran flores de verdad, sino de plástico. Pero para mantener la ilusión en el vecindario de que eran de verdad, las estaba regando. Llamé a la puerta y le pregunté al viejo: "¿Qué haces? Estas flores no necesitan riego".

Me dijo: "Yo también lo sé, pero todo el vecindario no lo sabe. Tengo que regarlos, para guardar las apariencias".

Tu falsa personalidad es sólo una flor de plástico. No puede darte la plenitud, no puede darte la iluminación, no puede darte la liberación de la miseria.

No puede llevarte de la agonía al éxtasis. No puede llevarte de la oscuridad a la luz, de la muerte a la inmortalidad. Este es el engaño.

ALGO TAN DIFÍCIL DE COMPRENDER LO SABE UN BUDA Y NADIE MÁS.

Recuerda, por "buda" no se entiende ningún nombre personal. Buda' significa simplemente el despierto. Cualquiera que llegue a ser despierto, iluminado, es el buda.

Tú también eres el Buda; la única diferencia es que no eres consciente de ello. Nunca has mirado en tu interior y has encontrado allí al buda.

Tu propia fuente de vida no es otra cosa que la iluminación.

Bodhidharma está diciendo: ALGO TAN DIFÍCIL DE COMPRENDER LO SABE UN BUDA Y NADIE MÁS. Sólo sabrás que estás engañado si entras en ti mismo y encuentras tu auténtica individualidad. Entonces habrá una comparación. El hombre que nunca ha visto rosas de verdad puede quedarse con flores de plástico toda su vida, creyendo que son rosas de verdad. Para despertarle, hay que llevarle rosas de verdad para que pueda comparar y vea la diferencia. Las flores de plástico están muertas; no tienen fragancia. No han crecido; no morirán.

La verdadera flor es frágil. Por la mañana nace, baila bajo la lluvia, el viento y el sol, y al atardecer desaparece. Viene de lo desconocido y vuelve a lo desconocido. Lo mismo ocurre con nuestra vida humana.

Venimos de lo desconocido y seguimos avanzando hacia lo desconocido. Volveremos; hemos estado aquí miles de veces y estaremos aquí miles de veces. Nuestro ser esencial es inmortal, pero nuestro cuerpo, nuestra encarnación, es mortal. Nuestro marco en el que estamos, nuestras casas, el cuerpo, la mente, están hechos de cosas materiales. Se cansarán, envejecerán y morirán. Pero tu conciencia, para la que Bodhidharma utiliza la palabra "no-mente" -Gautam Buda también ha utilizado la palabra "no-mente"-, es algo que está más allá del cuerpo y de la mente, algo que está más allá de todo; esa no-mente es eterna. Se expresa y vuelve a lo desconocido.

Este movimiento de lo desconocido a lo conocido, y de lo conocido a lo desconocido, continúa por toda la eternidad, a menos que alguien se ilumine. Entonces esa es su última vida; entonces esta flor no volverá de nuevo. Esta flor que ha tomado conciencia de sí misma no necesita volver a la vida porque la vida no es más que una escuela en la que aprender. Ha aprendido la lección, ahora está más allá de las ilusiones.

Pasará por primera vez de lo conocido no a lo desconocido, sino a lo incognoscible.

Si de lo conocido pasas a lo desconocido, volverás a nacer. Pero si de lo conocido pasas a lo incognoscible, al misterio de la existencia, te conviertes en uno con el universo; no hay vuelta atrás.

SOLO LOS SABIOS CONOCEN ESTA no-mente, ESTA no-mente LLAMADA DHARMA- NATURALEZA, ESTA no-mente LLAMADA LIBERACIÓN.

Aquí la persona que ha tomado estas notas ha perdido el punto. En lugar de decir no-mente, dice mente. La mente no es su realidad última. No ha entendido a Bodhidharma y es un gran pecado tergiversar a un hombre de iluminación porque durante siglos la gente estará confundida.

NI LA VIDA NI LA MUERTE PUEDEN RESTRINGIR ESTA NO-MENTE. NADA PUEDE. TAMBIÉN SE LE LLAMA EL TATHAGATA IMPARABLE, EL INCOMPRENSIBLE, EL SER SAGRADO, EL INMORTAL, EL GRAN SABIO.

Y la persona que ha tomado estas notas ni siquiera es lo suficientemente inteligente como para ver el punto de que la mente no puede ser llamada TATHAGATA. La mente no puede llamarse LO INCOMPREHENSIBLE. La mente no puede llamarse EL SER SAGRADO, EL INMORTAL, EL GRAN SABIO.

La mente es muy ordinaria, mundana. Es útil para el trabajo diario; su función está en el mundo exterior. En el mundo interior es absolutamente inútil. Quien quiera conocer su ser interior tiene que ir más allá de la mente.

Tienen que dejar atrás la mente.

Ese es todo el proceso de la meditación.

Hay que entender la palabra TATHAGATA. El traductor no pudo encontrar ninguna palabra para traducirla; tal vez ni siquiera pudo comprender el significado de la palabra porque en Occidente y en las lenguas occidentales no existe ninguna palabra paralela.

Tathagata es un término específicamente budista. Gautam Buda predicó la filosofía de TATHATA y tathata está muy cerca de la palabra 'talidad'.

Pase lo que pase, dice Buda, tal es la naturaleza de las cosas. No hay necesidad de ser feliz, no hay necesidad de ser desgraciado, no hay necesidad de verse afectado en absoluto por nada de lo que suceda. El nacimiento ocurre, la muerte ocurre, pero tienes que permanecer en la talidad, recordando que así es como funciona la vida.

Así es la vida.

No puedes hacer nada contra ella.

Así como los ríos se mueven hacia el océano, así son. Así como el fuego es caliente, esa es su naturaleza. Así es nuestra naturaleza.

Así que pase lo que pase... alguien viene e insulta a Gautam Buda, abusa de él. Él escucha en silencio y cuando sus discípulos le preguntan: "¿Por qué permaneciste en silencio?". Buda dijo: "Esa era su forma de ser, esa era su manera de comportarse. Yo guardé silencio. No soy más santo que ese hombre, no soy más elevado que ese hombre, simplemente nuestra talidad es diferente, nuestras naturalezas difieren."

La palabra tathata es de gran profundidad. Un hombre que comprende lo que es tathata se vuelve imperturbable en cualquier situación; nada puede perturbarle, se vuelve imperturbable. Y TATHAGAT significa aquel que ha estado viviendo momento a momento en tathata. Tathagat es una de las palabras más bellas posibles en cualquier idioma: alguien que vive simplemente de acuerdo con su naturaleza, sin preocuparse por la naturaleza de los demás.

Gautam Buda solía decir: "Una vez pasaba por un bosque y me cayó encima la rama de un árbol. ¿Qué te parece? ¿Debo golpear esa rama del árbol porque me ha hecho daño, me ha herido?". La persona con la que hablaba le dijo: "No es cuestión de golpear la rama; no tenía ningún deseo de herirte, no tenía ningún deseo de caerte encima. Fue sólo un accidente natural que estuvieras bajo el árbol cuando cayó la rama".

Buda dijo: "Si alguien me insulta, también es lo mismo. Yo simplemente estaba allí y ese hombre estaba lleno de ira. Si yo no hubiera estado allí, se habría enfadado con otra persona. Era su naturaleza; seguía su naturaleza. Yo seguí mi naturaleza".

Y para estar en sintonía con tu naturaleza, ciertamente te vuelves impenetrable, imperturbable. Te vuelves tan cristalino en ti mismo que nada puede perturbarte.

SUS NOMBRES VARÍAN PERO NO SU ESENCIA. LOS BUDDHAS TAMBIÉN VARIAN, PERO NINGUNO DEJA SU PROPIA no-MENTE.

Esta es una afirmación importante que hay que comprender. LOS BUDAS TAMBIÉN VARÍAN .... Cada persona despierta tiene una singularidad propia. Esto ha creado grandes malentendidos en la gente, porque Cristo no se comporta como Gautam Buda, Mahavira no se comporta como Gautam Buda, Krishna no se comporta como Gautam Buda. Incluso Bodhidharma, un discípulo de Gautam Buda, no se comporta como Gautam Buda. Esto ha creado una gran confusión en el mundo. La gente piensa que todas estas personas no pueden estar en lo cierto.

Los budistas piensan que sólo Gautam Buda tiene razón; Cristo no puede tener razón. El malentendido surge porque piensan que todos los budas a lo largo de los tiempos van a ser iguales.

En la existencia, nada es igual.

Cada persona tiene su propia singularidad.

Y cuando se ilumina, su singularidad se vuelve aún más singular.

Se convierte en un pico del Himalaya, como Gourishankar, que se yergue distante, solitario, alcanzando las estrellas. No es como ningún otro pico del Himalaya, ni como ninguna otra montaña. Es simplemente él mismo.

Por eso he estado hablando con tantas personas despiertas. Esto se ha hecho por primera vez en toda la historia del hombre. Los hindúes han hablado de Krishna, de Rama; los budistas han hablado de Buda, de Bodhidharma; los cristianos han hablado de Cristo, de San Francisco, de Meister Eckhart. Los mahometanos han hablado de Mahoma; los sufíes han hablado de Jalaluddin Rumi, Sarmad, Al-Hillaj Mansoor. Pero nadie se ha atrevido a reunir a todos los iluminados.

Todo mi esfuerzo ha sido dejar claro al mundo que todas las personas iluminadas, por muy diferentes que sean en su comportamiento, por muy diferentes que sean en sus filosofías, por muy diferentes que sean en sus acciones, por muy diferentes que sean en sus individualidades, siguen teniendo el mismo sabor, siguen teniendo la misma no-mente. Su núcleo más íntimo es el mismo. Es la misma luz.

No te guíes por la forma de la vela. La vela puede tener cualquier forma, pero la llama de cada vela -de diferentes formas, diferentes tamaños, diferentes colores- es la misma. Aquellos que conocen la llama no se preocupan por las velas y sus formas y sus tamaños y sus colores. Lo importante no es la vela, lo importante es la llama.

La no-mente es la llama de todo ser despierto. Funciona desde su propia naturaleza, no desde su mente.

la capacidad de la no-mente es ilimitada y sus manifestaciones son inagotables. VER FORMAS CON LOS OJOS, OÍR SONIDOS CON LOS OÍDOS, SABOREAR SABORES CON LA LENGUA, CADA MOVIMIENTO O MODO, TODO ES TU no-MENTE. EN CADA MOMENTO, DONDE EL LENGUAJE NO PUEDE IR, ES TU no-mente.

Pero el relator de los dichos de Bodhidharma sigue diciendo que es tu mente. Ahora es tan estúpido, tan ilógico, tan irracional que uno no puede concebir qué clase de discípulo era éste que no podía ver una simple contradicción. El lenguaje no puede ir a la mente ...el lenguaje PERTENECE a la mente, no hay necesidad de ir. El lenguaje no puede ir a la no-mente, al silencio más allá de los pensamientos. La mente está llena de pensamientos y todos los pensamientos tienen forma de lenguaje.

LOS SUTRAS DICEN, "LAS FORMAS DE UN TATHAGATA SON INFINITAS. Y TAMBIÉN LO ES SU CONCIENCIA".

Al no comprender que las formas de los tathagatas, de los budas, de la gente, del despertar son infinitas, las religiones se han peleado por trivialidades. Por ejemplo, los jainas no aceptan a Gautam Buda como iluminado por una sencilla razón: porque aceptan a Mahavira como iluminado, y Mahavira vivió desnudo. El Buda Gautam no vivió desnudo. Sólo la ropa .... Porque Buda usó ropa, no está iluminado. Mahavira vivió desnudo; está iluminado. Y lo mismo ocurre con los eruditos budistas. No aceptan a Mahavira como iluminado porque vivió desnudo.

Nadie está dispuesto a aceptar las variedades. Quieren que los budas se produzcan casi como los coches en una cadena de montaje. Todos los coches son iguales. En las fábricas de Ford, cada minuto sale un coche Ford de la cadena de montaje, y no puedes hacer ninguna distinción entre un Ford y otro. En una hora, saldrán sesenta coches Ford y todos serán similares.

Un buda no es una máquina. Las máquinas pueden ser similares. Incluso las personas que no están iluminadas no son similares. Aquí hay cinco mil personas, y no puedes encontrar dos personas similares. Incluso los gemelos no son exactamente similares. Su madre los reconoce y poco a poco sus amigos empiezan a reconocerlos.

Aunque parecen casi iguales—pero es casi—hay ligeras diferencias incluso en los gemelos. Y estos budas no son gemelos. Cristo tiene su propio sabor, Mahavira tiene su belleza, Buda tiene su propio esplendor.

Quiero que quede en vosotros la impresión más profunda posible de que en todo el mundo, en diferentes épocas, en diferentes razas, han existido personas iluminadas. Y ya es hora de que sean reconocidas como pertenecientes a la misma categoría, aunque protegiendo su unicidad.

Tienen una cierta unidad, pero ése es su núcleo más íntimo. En la periferia, son tan únicos como se pueda concebir. Y es hermoso. Si todos los budas fueran como Jesucristo, cada uno con su cruz al hombro, el mundo sería muy pobre. Dondequiera que fueras, encontrarías a un Jesucristo cargando una cruz. O si todos los iluminados vivieran desnudos, como Mahavira, eso no sería enriquecer al mundo.

Sólo Mahavira es perfectamente bueno. Tiene su singularidad, su belleza, su grandeza, y es incomparable.

Todo ser iluminado es incomparable.

No tiene parangón con nadie.

Así es como deberían ser las cosas. El mundo no debería tener sólo rosas, debería tener todo tipo de flores, y debería tener todo tipo de fragancias. Sólo entonces la existencia se enriquece.

SU CAPACIDAD PARA DISTINGUIR LAS COSAS, CUALQUIERA QUE SEA SU MOVIMIENTO O MODO, ES LA CONCIENCIA DE LA NO-MENTE. PERO LA NO-MENTE NO TIENE FORMA Y SU CONCIENCIA NO TIENE LÍMITE. POR ESO SE DICE: "LAS FORMAS DEL TATHAGATA SON INFINITAS. Y TAMBIÉN LO ES SU CONCIENCIA".

UN CUERPO MATERIAL DE LOS CUATRO ELEMENTOS ES PROBLEMÁTICO. UN CUERPO MATERIAL ESTÁ SUJETO AL NACIMIENTO Y A LA MUERTE. PERO EL CUERPO REAL—el ser real—EXISTE SIN EXISTIR, PORQUE EL CUERPO REAL DE UN TATHAGATA NUNCA CAMBIA.

Dentro de tu supuesto cuerpo hay un ser interior, un cuerpo interior, el cuerpo de tu conciencia, el cuerpo de tu llama de conciencia. Eso nunca cambia.

LOS SUTRAS DICEN: "LA GENTE DEBE DARSE CUENTA DE QUE LA NATURALEZA BÚDICA ES ALGO QUE SIEMPRE HAN TENIDO".

Este es uno de los énfasis más importantes de Bodhidharma. Que todos tenéis -todo ser humano tiene- el mismo espacio en vuestro interior, la misma no-mente, y el mismo potencial para florecer en un florecimiento único. Nadie es pobre y nadie es rico en lo que respecta al ser interior. Siempre lo has tenido. Incluso en este mismo momento todos sois budas.

Pero nunca habéis mirado dentro de vosotros mismos, nunca lo habéis descubierto. Recuerda: budeidad, iluminación, despertar, liberación, moksha, nirvana; todas estas palabras significan lo mismo.

Cuando te iluminas, lo primero es reírte de ti mismo. Y lo segundo es tomar una buena taza de té caliente. Una buena carcajada, porque has estado buscando algo que siempre has tenido dentro de ti. Y una taza de té... estás tan cansado, tanto tiempo buscando y buscando y sin encontrar nada. Y el problema es que podrías haber estado buscando durante siglos y no habrías encontrado nada, porque el que busca es él mismo. Lo que intentas encontrar fuera en el mundo, no lo vas a encontrar porque el buscador mismo es lo buscado.

Una vez que te descubras a ti mismo, estarás simplemente asombrado—siempre has estado iluminado, sólo que no eras consciente de ello. Es como si tuvieras un diamante, un Kohinoor, en tu bolsillo, y estuvieras mendigando toda tu vida, sin saber que en tu bolsillo tienes el diamante más precioso del mundo. El día que lo descubras, te sorprenderás de que la vida te haya gastado una gran broma.

MAHAKASHYAPA SOLO REALIZO SU PROPIA NATURALEZA.

Necesitas que te recuerden esa historia. Bodhidharma no es el fundador del Zen. El verdadero fundador es Mahakashyapa. Pero como nunca habló, la gente siempre lo ha olvidado; ha caído en las sombras, pero era un hombre tremendamente hermoso, un hombre de inmensa gracia. Y cómo se convirtió en el fundador del Zen es algo que hay que recordar.

Un día, un pobre hombre de Vaishali -era zapatero- encontró en su estanque una flor de loto fuera de temporada. Estaba muy contento de poder venderla a buen precio porque no era la temporada, y era una hermosa flor de loto. Cogió la flor y, mientras se dirigía al palacio, vio que el hombre más rico de la ciudad se acercaba en su carroza de oro. Al ver la hermosa flor de loto, el hombre superrico detuvo el carruaje y preguntó a Sudas: "¿Cuánto vas a aceptar por tu inoportuna flor de loto?".

El pobre Sudas no podía concebir cuánto. Dijo: "Lo que puedas darme será suficiente para mí. Soy un hombre pobre". El hombre rico dijo: "Quizá no lo sepas, pero voy a ver a Gautam Buda, que se aloja fuera de la ciudad, en un bosquecillo de mangos, y me gustaría tener esta inoportuna flor de loto para ponerla a sus pies. Incluso él se sorprenderá con tal regalo. Te daré quinientas monedas de oro".

Sudas no podía creerlo. Nunca había soñado que llegaría a tener quinientas monedas de oro. Pero justo en ese momento se detuvo el carro del rey, y éste le dijo a Sudas: "Lo que te está dando ese rico, yo te daré cuatro veces más.

No lo vendas, espera".

Sudas no podía creer lo que estaba pasando. Quinientas monedas de oro, cuatro veces. Dos mil monedas de oro por una sola flor. Le preguntó al rey: "No lo entiendo. ¿Cuál es la razón por la que estás tan interesado?"

Pero el rico no iba a dejarse vencer tan fácilmente. Era más rico que el rey; de hecho, el rey le debía mucho dinero. Le dijo: "No está bien por tu parte. Tú eres el rey, pero ahora somos competidores. Te daré cuatro veces más de lo que te está dando el rey". Y así siguieron cuatro veces, cuatro veces ...y Sudas perdió la cuenta de cuánto dinero. El pobre tampoco sabía mucha aritmética; iba más allá de su capacidad de contar. Pero de repente comprendió una cosa. Paró a los dos hombres y les dijo: "Esperad, no voy a venderlo". Ambos se quedaron estupefactos y le dijeron: "¿Cuál es el problema? ¿Quieres más?"

Me dijo: "No sé a cuánto ha subido el precio. Y no quiero más. Simplemente no quiero venderlo por la sencilla razón de que ambos se lo vais a dar a Gautam Buda. No sé nada de él, sólo he oído su nombre. Si el hombre es tal que usted está luchando para dar cualquier cantidad de dinero, entonces no voy a perder la oportunidad. Le entregaré la flor de loto a Gautam Buda.

Que se sorprenda doblemente". De un pobre hombre, al que se le ofrecía incontable dinero .... Pero él se negó.

Sudas fue. El rey y el rico habían llegado allí antes y ya habían contado la historia: "Hemos sido sorprendidos por un zapatero; hemos sido derrotados. Se negó a venderlo a cualquier precio. Estaba dispuesto a ofrecerle todo mi tesoro". Y entonces Sudas, caminando, llegó, tocó los pies de Gautam Buda y ofreció su flor a sus pies.

Gautam Buda dijo: "Sudas, deberías haber aceptado; te estaban dando mucho dinero. Yo no puedo darte nada". Había lágrimas en los ojos de Sudas, y él dijo: "Si tan sólo puedes sostener mi flor en tu mano, es suficiente. Es mucho más grande que todo el reino. Es mucho mayor que todo el tesoro de un super-rico. Soy pobre, pero estoy perfectamente bien; me gano la vida. No necesito ser rico. Pero será un acontecimiento histórico recordado durante siglos y siglos: mientras el hombre te recuerde, Sudas será recordado y su flor será recordada. Tómalo en tus manos".

Buda tomó la flor en su mano... y era el momento de la mañana en que solía dar su sermón matutino. Todo el mundo esperaba que empezara, pero en lugar de hacerlo, se limitó a mirar la flor de loto. Pasaron los minutos, pasó una hora. La gente empezó a inquietarse y a pensar: "¿Qué ha pasado? Esta flor parece ser algo mágico que él simplemente está mirando la flor".

En ese momento Mahakashyapa, uno de los discípulos de Gautam Buda -que nunca había hablado, y que no había sido mencionado antes de esto ni después de esto, en ninguna escritura- se echó a reír. Y Gautam Buda llamó a Mahakashyapa, y le dio la flor.

Y dijo: "No es sólo la flor lo que te doy, te transmito toda mi luz, toda mi fragancia, todo mi despertar. Es una transmisión en silencio; esta flor es sólo simbólica".

Este es el principio del Zen.

La gente preguntó a Mahakashyapa: "¿Qué ha pasado? Aunque estábamos presentes y éramos testigos presenciales, no pudimos ver nada excepto la flor que te entregaron. Tocaste los pies de Gautam Buda, volviste a tu asiento y cerraste los ojos. ¿Qué ocurrió?".

Se cuenta que Mahakashyapa sólo dijo una cosa: "Pregúntale a mi maestro.

Mientras esté vivo, no tengo derecho a responder". Y Gautam Buda dijo: "Este es un nuevo comienzo, de transferir sin palabras toda mi experiencia. Sólo hay que ser receptivo". Y Mahakashyapa, con su risa, mostró su receptividad. No sabes por qué se rió. Se rió porque en ese momento, de repente, miró dentro de sí mismo y descubrió que él también es un buda. Y le ofrecí la flor como reconocimiento: 'Acepto tu despertar'". Este hombre Mahakashyapa fue el fundador del Zen—o esta situación entre Mahakashyapa y Gautam Buda es el comienzo del río del Zen. Pero Bodhidharma era un individuo tan fuerte que casi se ha convertido en el fundador, aunque llegó mil años más tarde que Mahakashyapa. Pero es inmensamente elocuente. Puede decir cosas que no se pueden decir. Puede decir lo indecible. Puede encontrar maneras y medios y dispositivos para traerte de vuelta a casa, para despertarte a tu propia naturaleza.

MAHAKASHYAPA SOLO REALIZO SU PROPIA NATURALEZA. Nada le fue dado; fue solo un reconocimiento del maestro. El maestro nunca da nada al discípulo, excepto el reconocimiento final. El discípulo ya lo tiene todo. Sólo tiene que ser engañado de alguna manera para que mire dentro de sí mismo. Todas las meditaciones son simplemente métodos arbitrarios para mirar dentro de uno mismo. Una vez que te miras a ti mismo, el maestro puede darte el reconocimiento.

...LOS SUTRAS DICEN, "TODO LO QUE TIENE FORMA ES UNA ILUSIÓN". TAMBIEN DICEN, "DONDE QUIERA QUE ESTES HAY UN BUDA".

Tú estás ahí: puede que no haya nadie más, pero dondequiera que estés, hay un buda, porque tú eres un buda. No busques por todas partes dónde está el buda. Estés donde estés, hay un buda, porque tú estás ahí.

TU NO-MENTE ES EL BUDDHA. NO UTILICES UN BUDA PARA ADORAR A UN BUDA.

De ahí que Buda no haya enseñado a adorar, porque es feo. Todos son budas: unos pocos están dormidos y otros despiertos, pero eso no supone una gran diferencia. Los que están dormidos se despertarán. Los que están despiertos han estado dormidos.

No se trata de adorar. No hay oración como tal en las enseñanzas de Buda.

INCLUSO SI UN BUDA O UN BODHISATTVA APARECIERAN DE REPENTE ANTE TI, NO HAY NECESIDAD DE REVERENCIA.

Bodhidharma dice algo que puede malinterpretarse. De hecho, todo lo que dice puede ser malinterpretado, así que tienes que estar muy alerta para no malinterpretarlo. Comprenderle es muy difícil, malinterpretarle es muy sencillo. Si consigues no malinterpretarle, existe la posibilidad de entenderle.

Cuando dice NO HAY NECESIDAD DE REVERENCIA, la frase es clara. Pero puede malinterpretarse fácilmente. Está diciendo: NO HAY NECESIDAD DE REVERENCIA. No está diciendo que no exista la posibilidad de una reverencia espontánea. No hay NECESIDAD; no es un deber. No estás obligado a reverenciar a un buda, pero todo tu ser puede sentirlo, aunque no haya necesidad. Sin ninguna necesidad, puedes sentir una gran reverencia, una gran gratitud sólo porque el buda representa tu futuro, te recuerda tu propia naturaleza.

Es un recordatorio. Es una flecha que apunta hacia ti. Así que no hay necesidad de reverencia, pero puede haber un sentimiento espontáneo de reverencia.

Incluso Mahakashyapa tocó los pies de Gautam Buda; no había necesidad. Incluso Bodhidharma, todos los días—aunque Buda había muerto mil años antes—solía inclinarse desde China, hacia la dirección del lugar donde Buda se iluminó, cerca de Bodh Gaya, junto a la orilla de un pequeño río, Niranjana.

Solía encontrar en el mapa el lugar donde Buda se había iluminado mil años antes, y tocaba la tierra en China con la cabeza.

Y está diciendo: NO HAY NECESIDAD DE REVERENCIA.

Ciertamente no hay necesidad. Pero surge una reverencia espontánea, y esa es la auténtica reverencia. Cuando lo haces por necesidad, es falso. Cuando tienes que hacerlo porque se espera de ti, entonces es hipocresía. Pero cuando se te ha dicho que no hay necesidad y aun así surge en ti, entonces tiene una autenticidad, una sinceridad, un amor, una gratitud, una verdad, una belleza propia.

ESTA NO-MENTE NUESTRA ESTÁ VACÍA Y NO CONTIENE TAL FORMA.

LOS QUE SE AFERRAN A LAS APARIENCIAS, SON DEMONIOS.

Hay que decirte que en el budismo no existen ni Dios ni el diablo. Dios y el diablo sólo pueden existir juntos. Son dos caras de la misma moneda. Dios no puede prescindir del diablo, y el diablo no puede prescindir de Dios; son socios en el mismo negocio—pero ambos son hipotéticos. Así pues, cuando Bodhidharma utiliza la palabra "diablo" se refiere simplemente a la oscuridad. Es una personalización de la oscuridad. No hay persona como diablo; no hay persona como Dios. Hay piedad y hay maldad. Son cualidades, no personas.

LOS QUE SE AFERRAN A LAS APARIENCIAS SON DEMONIOS.

Viven en la oscuridad, viven una vida de maldad.

CAEN DEL CAMINO. ¿POR QUÉ ADORAR ILUSIONES NACIDAS DE LA MENTE? LOS QUE ADORAN NO SABEN.

Estas son afirmaciones muy fuertes y muy pregnantes. LOS QUE ADORAN NO LO SABEN. Ciertamente no son conscientes de que llevan en sí mismos al propio buda.

Y LOS QUE SABEN NO ADORAN.

Así que en los templos, en las sinagogas, en las mezquitas, en las iglesias, toda esa adoración que tiene lugar es totalmente por ignorancia, por oscuridad. LOS QUE SABEN NO ADORAN: Viven una vida que en sí misma es adoración. No van a la iglesia, no van al templo. Viven una vida que es veinticuatro horas nada más que adoración. Viven una vida que no es otra cosa que oración. Viven una vida de compasión, amor y gratitud. Cada una de sus acciones muestra su iluminación.

ADORANDO CAES BAJO EL HECHIZO DE LOS DEMONIOS. SEÑALO ESTO PORQUE ME TEMO QUE USTED NO ES CONSCIENTE DE ELLO. LA NATURALEZA BASICA DE UN BUDA NO TIENE ESA FORMA. TEN ESTO EN CUENTA, AUNQUE APAREZCA ALGO INUSUAL. NO LO ACEPTES Y NO LO TEMAS. Y NO DUDES DE QUE TU NO-MENTE ES BÁSICAMENTE PURA. ¿DÓNDE PODRÍA HABER LUGAR PARA TAL FORMA? ASIMISMO, ANTE LA APARICIÓN DE ESPÍRITUS, DEMONIOS O SERES DIVINOS, NO CONCIBAS NI RESPETO NI TEMOR.

Son sólo fantasías de tu mente; son sólo alucinaciones. Hay gente que ve a Krishna, hay gente que ve a Cristo, hay gente que ve fantasmas. Hay gente, todo tipo de gente, que ve todo tipo de ilusiones.

Son creaciones de tu mente. No hay necesidad ni de respeto ni de miedo.

tu no-mente está básicamente vacía. TODAS LAS APARIENCIAS SON ILUSIONES. NO TE AFERRES A LAS APARIENCIAS.

Recuerda sólo una cosa: tu naturaleza básica es silencio absoluto, serenidad, paz, casi una nada, un vacío. Y esa es tu naturaleza búdica, es tu naturaleza despierta a su propio potencial. Ser consciente de ello es la mayor experiencia de la vida, porque te libera de la vida, del nacimiento y de la muerte. Te saca de la rueda que sigue eternamente dándote nacimiento y muerte, y todas las agonías y sufrimientos. Te lleva al mundo del éxtasis, de la dicha eterna.

Estos sutras no son sólo para tu entretenimiento. Son para tu iluminación. Y recuerda que la iluminación no va a venir de fuera. Ya está ahí. Sólo tienes que despertar. Has estado dormido durante millones de vidas. ¿Cuántas más quieres dormir? Ya es hora. De hecho, ya te has quedado dormido. Ahora sé bueno contigo mismo y despierta.

¿De acuerdo?

Sí, Maestro.

La comprensión llega a mitad de frase

AMADO MAESTRO,

SI IMAGINAS UN BUDA, UN DHARMA O UN BODHISATTVA Y CONCIBES RESPETO POR ELLOS, TE RELEGAS AL REINO DE LOS MORTALES. SI BUSCAS LA COMPRENSIÓN DIRECTA, NO TE AFERRES A NINGUNA APARIENCIA, Y LO CONSEGUIRÁS.

NO TENGO OTRO CONSEJO. ...NO TE AFERRES A LAS APARIENCIAS, Y SERÁS DE LA MISMA OPINIÓN QUE EL BUDA.

PERO ¿POR QUÉ NO DEBERÍAMOS ADORAR A LOS BUDAS Y BODHISATTVAS?

LOS DIABLOS Y DEMONIOS POSEEN EL PODER DE LA MANIFESTACIÓN. PUEDEN CREAR LA APARIENCIA DE BODHISATTVAS CON TODO TIPO DE APARIENCIAS. PERO SON FALSOS. NINGUNO DE ELLOS ES BUDA. EL BUDA ES TU PROPIA MENTE. NO DESVÍES TU ADORACIÓN.

BUDA ES SÁNSCRITO PARA LO QUE LLAMAS CONSCIENTE, MILAGROSAMENTE CONSCIENTE. RESPONDER, PERCIBIR, ARQUEAR LAS CEJAS, PESTAÑEAR, MOVER LAS MANOS Y LOS PIES, TODO ES TU NATURALEZA MILAGROSAMENTE CONSCIENTE. Y ESTA NATURALEZA ES LA MENTE.

Y LA MENTE ES EL BUDA Y EL BUDA ES EL CAMINO. Y EL CAMINO ES ZEN. PERO LA PALABRA ZEN SIGUE SIENDO UN ENIGMA. VER TU NATURALEZA ES ZEN.

AUNQUE PUEDAS EXPLICAR MILES DE SUTRAS Y SHASTRAS, A MENOS QUE VEAS TU PROPIA NATURALEZA,

LA TUYA ES LA ENSEÑANZA DE UN MORTAL, NO DE UN BUDA. EL CAMINO VERDADERO ES SUBLIME. NO PUEDE EXPRESARSE EN LENGUAJE. ¿DE QUÉ SIRVEN LAS ESCRITURAS? PERO ALGUIEN QUE VE SU PROPIA NATURALEZA ENCUENTRA EL CAMINO, AUNQUE NO PUEDA LEER UNA PALABRA .... TODO LO QUE DICE EL BUDA ES UNA EXPRESIÓN DE SU MENTE. PERO COMO SU CUERPO Y SUS EXPRESIONES SON BASICAMENTE VACIOS, NO SE PUEDE ENCONTRAR A UN BUDA EN PALABRAS. ...EL CAMINO ES BÁSICAMENTE PERFECTO. NO REQUIERE PERFECCIONAMIENTO. EL CAMINO NO TIENE FORMA NI SONIDO. ES SUTIL Y DIFICIL DE PERCIBIR.

ES COMO CUANDO BEBES AGUA. SABES LO CALIENTE O FRÍA QUE ESTÁ PERO NO PUEDES DECÍRSELO A LOS DEMÁS. DE AQUELLO QUE SÓLO UN TATHAGATA CONOCE, LOS HOMBRES Y LOS DIOSES PERMANECEN INCONSCIENTES. LA CONCIENCIA DE LOS MORTALES SE QUEDA CORTA. MIENTRAS ESTÉN APEGADOS A LAS APARIENCIAS, NO SON CONSCIENTES DE QUE SU MENTE ESTÁ VACÍA. Y AL AFERRARSE ERRÓNEAMENTE A LA APARIENCIA DE LAS COSAS, PIERDEN EL CAMINO.

SI SABES QUE TODO PROVIENE DE LA MENTE, NO TE APEGUES. UNA VEZ APEGADO, ERES INCONSCIENTE. PERO UNA VEZ QUE VES TU PROPIA NATURALEZA, TODO EL CANON SE CONVIERTE EN PROSA. SUS MILES DE SUTRAS Y SHASTRAS SOLO EQUIVALEN A UNA MENTE CLARA. LA COMPRENSIÓN LLEGA A MITAD DE FRASE. ¿DE QUÉ SIRVEN LAS DOCTRINAS?

LA VERDAD ÚLTIMA ESTÁ MÁS ALLÁ DE LAS PALABRAS. LAS DOCTRINAS SON PALABRAS.

NO SON EL CAMINO. EL CAMINO NO TIENE PALABRAS. LAS PALABRAS SON ILUSIONES. NO SON DIFERENTES DE LAS COSAS QUE APARECEN EN TUS SUEÑOS POR LA NOCHE, YA SEAN PALACIOS O CARRUAJES .... NO CONCIBAS NINGÚN DELEITE POR TALES COSAS. TODAS SON CUNAS DE

RENACIMIENTO. TEN ESTO PRESENTE CUANDO TE ACERQUES A LA MUERTE. NO TE AFERRES A LAS APARIENCIAS Y ROMPERÁS TODAS LAS BARRERAS. UN MOMENTO DE VACILACIÓN Y ESTARÁS BAJO EL HECHIZO DE LOS DEMONIOS. TU CUERPO REAL ES PURO E IMPERMEABLE. PERO DEBIDO A LOS ENGAÑOS, NO ERES CONSCIENTE DE ELLO. Y DEBIDO A ESTO, SUFRES KARMA EN VANO. DONDEQUIERA QUE ENCUENTRES DELEITE, ENCUENTRAS ESCLAVITUD. PERO UNA VEZ QUE DESPIERTAS A TU CUERPO Y MENTE ORIGINALES, YA NO ESTÁS ATADO POR LOS APEGOS.

La comprensión de Bodhidharma y su entendimiento de los secretos de la conciencia humana es tan profunda que ciertamente puede decirse que es perfecta. No se le puede añadir ni quitar nada. Habla telegráficamente, utiliza sólo las palabras más esenciales.

Verás cómo un hombre puede expresar algo que escapa a la expresión, algo que siempre se ha considerado inexpresable. Pero Bodhidharma está muy cerca de expresarlo. Si no lo entiendes, es culpa tuya.

De lo contrario, es muy difícil encontrar un maestro de la talla de Bodhidharma. En todo el pasado legendario de los maestros, Bodhidharma se mantiene muy distante, muy solo; su forma de vida, su forma de enseñar, todo es suyo. Nunca antes hubo nadie como Bodhidharma, y nunca ha habido otro después de él que pueda ser llamado exactamente igual en perspicacia, en comprensión, en profundidad. Y, sin embargo, no utiliza una jerga; no es un filósofo, ni un teólogo. Es un hombre muy sencillo. Utiliza palabras directas que se clavan como flechas en el corazón.

Todo lo que se necesita de tu parte es mantener abiertas las puertas de tu corazón. No vendrá sin ser invitado a tu interior, pero invitado seguro que llega a tu corazón.

Su receptividad va a ser, en última instancia, el factor decisivo.

En los sutras de esta tarde, salvo algunos errores de los discípulos que han tomado las notas, casi todo parece auténticamente de Bodhidharma.

SI IMAGINAS UN BUDA, UN DHARMA O UN BODHISATTVA, Y CONCIBES RESPETO POR ELLOS, TE RELEGAS AL REINO DE LOS MORTALES.

Según Bodhidharma, todo el mundo es esencialmente un buda. Pero si empiezas a imaginar budas y a adorarlos, te estás haciendo un daño tremendo. Significa que no has comprendido la enseñanza básica. No hay nadie a quien adorar, nadie a quien imaginar, porque tú mismo eres un buda.

Es por este punto que Gautam Buda niega la existencia de un solo Dios.

Su negación es tan grande que no se ha comprendido su significado. Niega a un Dios, no porque sea ateo; niega a un Dios porque respeta a cada ser vivo como un dios. Hay tantos dioses como seres vivos. Unos pocos han alcanzado la realización de lo que son, y la mayoría de las personas entre los seres vivos todavía están dormidas. No saben quiénes son, pero su ignorancia no cambia su naturaleza.

Así que el primer sutra es: SI TE IMAGINAS UN BUDA, TE RELEGAS AL REINO DE LOS MORTALES. Te degradas innecesariamente. Cada adorador en cada templo, en cada sinagoga, en cada iglesia, se está humillando a sí mismo y está humillando al dios interior. El dios interior no necesita otro dios para ser adorado. Todo lo que necesita es un despertar, una toma de conciencia, una conciencia de su propio ser.

En el momento en que uno toma conciencia de sí mismo, ya no es un mortal; se convierte en un inmortal. Siempre ha sido un inmortal, pero debido a su malentendido, se degradó a sí mismo hasta convertirse en un mortal, en alguien que va a morir. Aunque la vida que hay en ti y la conciencia que hay en ti son eternas e inmortales, sigues teniendo miedo a la muerte porque ves morir a alguien todos los días. Y la muerte de todo el mundo te recuerda tu propia muerte.

El poeta canta: "Nunca preguntes por quién doblan las campanas, las campanas doblan por ti". En los pueblos cristianos, es una antigua costumbre que cuando alguien muere, la campana de la iglesia empiece a doblar, informando a todo el pueblo, a la gente que ha ido a las granjas, o a la gente que ha ido a los huertos, o a la gente que ha ido a sus lagares, para que vuelvan; alguien ha muerto.

El poeta está diciendo: "Nunca preguntes por quién doblan las campanas, siempre doblan por ti".

Tiene una verdad que transmitirte. Cada muerte es simbólica. Demuestra que estás en la misma cola y que la cola es cada vez más corta.

Cada día estás más cerca de la muerte. De hecho, el día en que naciste no fue el día de tu nacimiento; fue el día en que empezaste a morir. Y desde entonces mueres cada día. Cada cumpleaños, tu muerte está un año más cerca.

Es un hecho absolutamente cierto que las personas mueren, los animales mueren, los árboles mueren, los pájaros mueren.

¿Cómo puedes evitar el hecho de que tú también vas a morir, quizá mañana, quizá pasado mañana? Es sólo una cuestión de tiempo.

Pero aún así, los que son conscientes de su ser saben que nadie muere.

La muerte es una ilusión.

Has visto morir a gente; ¿te has visto morir a ti mismo alguna vez? Y cuando ves morir a alguien, ¿estás viendo realmente morir a alguien? Todo lo que estás viendo, y todo lo que tu ciencia médica puede ver es que el hombre ha dejado de respirar, que su pulso ha desaparecido, que su corazón ya no late, y declaran que está muerto.

Hace sólo unos días, un hombre de la parte de Cachemira ocupada por Pakistán, engañó por tercera vez a sus amigos, a sus colegas, a su familia. A la edad de ciento treinta y cinco años, murió por tercera vez. La gente sospechaba mucho porque dos veces antes había jugado al truco; murió. Diagnosticado por los médicos como muerto, certificado como muerto, se despertó, abrió los ojos y empezó a reír. Así que cuando murió esta vez, la gente fue muy cautelosa. Los médicos eran muy cautelosos, pero había certeza de su muerte; no había duda.

Dijeron: "Quizá antes os haya engañado, pero esta vez está ciertamente muerto. Hasta donde la ciencia médica puede saber, cumple todos los requisitos de un muerto". Y en el momento en que los tres médicos firmaron el certificado, el hombre abrió los ojos, se echó a reír y dijo: "Oiga, la próxima vez que me vaya a morir, me voy a morir DE VERDAD. Sólo pensé una vez más ...."

En la parte de Cachemira ocupada por Pakistán viven las personas más longevas de India y Pakistán. Ciento veinte es muy ordinario, normal. Ciento cincuenta puedes encontrar; no es tan normal, pero aun así hay cientos de personas que han pasado los ciento cincuenta. Y hay algunos casos raros que han llegado a los ciento ochenta años y siguen siendo jóvenes; siguen trabajando en sus campos.

Y este hombre ha sido interrogado por periódicos, por periodistas de todo el mundo, porque es un hombre raro; tres veces certificado muerto y tres veces ha desafiado todos los conocimientos médicos, toda la ciencia médica. Y le preguntaron: "¿Qué ha estado haciendo? ¿Qué pasa?"

Él dijo: "Nada, porque yo no soy mi cuerpo. Lo sé; y no soy mi respiración, lo sé; y no soy mi corazón, lo sé - estoy más allá de todo esto. Simplemente me deslizo en el más allá. El corazón se detiene, el pulso se detiene, la respiración se detiene, y todos ustedes son engañados. Entonces vuelvo al cuerpo, la sangre vuelve a correr, el pulso vuelve a funcionar y el corazón vuelve a latir".

Es un hombre sencillo, un granjero. No es un yogui; nunca ha practicado nada.

Pero cuando era muy pequeño, no más de siete u ocho años, entró en contacto con un místico sufí que le dijo que la muerte es una ilusión. Y él era tan inocente que lo aceptó.

El místico sufí le dijo: "Hay una forma muy sencilla de salir de tu cuerpo.

Sólo obsérvalo desde dentro; observa el cuerpo y de repente habrá más y más distancia entre tú y tu cuerpo. Pronto el cuerpo estará a kilómetros de distancia. Observa la mente y lo mismo sucederá con la mente.

"Simplemente permanece como un observador y serás capaz de deslizarte fuera del cuerpo, fuera de la mente, fuera de toda esta personalidad. Y está bajo tu control volver. Porque te has salido, sabes cómo te has salido. Así que conoces la manera de volver. Y el camino es que, observando, te saliste... ahora deja de observar. Identifícate con el cuerpo. Di: "Yo soy el cuerpo, yo soy la mente, yo soy la respiración, yo soy el latido del corazón". Inmediatamente la distancia desaparecerá. Te acercarás y pronto volverás a entrar en el cuerpo".

Al identificarte con el cuerpo, te conviertes en el cuerpo. Entonces eres un mortal.

Luego está el miedo a la muerte. Al no identificarte con el cuerpo, sólo eres un observador, sólo eres una conciencia pura, una no-mente. Y no hay muerte, ni enfermedad, ni vejez. En lo que concierne a tu presenciar, es eterno y siempre es fresco y joven y el mismo.

La religión auténtica no te enseña a adorar. La auténtica religión te enseña a descubrir tu inmortalidad, a descubrir el dios que hay en ti. Y eso es lo que Bodhidharma está diciendo.

SI BUSCAS LA COMPRENSIÓN DIRECTA, NO TE AFERRES A NINGUNA APARIENCIA, Y LO CONSEGUIRÁS. NO TENGO OTRO CONSEJO.

Su consejo es muy sencillo, pero nunca falla. Te aconseja que no te identifiques con ninguna apariencia: el cuerpo es una apariencia, la mente es una apariencia, el mundo es una apariencia. Lo único que es absolutamente real es tu conciencia. Todo lo demás cambia. Lo que cambia es una apariencia, no te identifiques con ella. Tú eres lo divino inmutable, tú eres la divinidad inmutable. Y Bodhidharma dice: NO TENGO OTRO CONSEJO. ...NO TE AFERRES A LAS APARIENCIAS, Y SERÁS DE LA MISMA MENTE QUE EL BUDA.

El sutra dice: SERÁS DE UNA SOLA MENTE CON EL BUDA. Ese es el malentendido de la persona que ha estado tomando notas de las declaraciones de Bodhidharma. Tengo que hacer la corrección de "mente" a "no-mente".

Como mentes, nunca podréis ser uno con el buda. Intentad comprenderlo, porque es infinitamente significativo. Aquí, si todos sois mentes, entonces hay tantas personas como mentes. Pero si todos os volvéis silenciosos, sin pensamientos, entonces sólo hay una no-mente—entonces todas las distinciones desaparecen. No importa si eres hombre o mujer, niño o anciano, educado o inculto, rico o pobre.

Todas las distinciones desaparecen en el momento en que se trasciende la mente. Todas las distinciones las hace la mente. Más allá de la mente sólo hay un cielo silencioso, un espacio puro. En ese espacio puro con el buda, todos somos uno con la existencia.

Eres uno con el todo.

Yo llamo a esto unidad con el todo, la única santidad.

El discípulo pregunta a Bodhidharma: PERO ¿POR QUÉ NO DEBEMOS ADORAR A BUDDHAS Y BODHISATTVAS?

El discípulo parece tener una mente muy mediocre, porque Bodhidharma ya ha respondido. Y ahora lo que da como respuesta de Bodhidharma, niego absolutamente que pueda ser la respuesta de Bodhidharma. Es tan estúpido que Bodhidharma no puede decirlo. Así que primero leeré lo que escribe el discípulo, y luego te diré qué es exactamente lo que Bodhidharma debe haber dicho.

EL DIABLO Y LOS DEMONIOS POSEEN EL PODER DE LA MANIFESTACIÓN. PUEDEN CREAR LA APARIENCIA DE BODHISATTVAS CON TODO TIPO DE APARIENCIAS. PERO SON FALSOS. NINGUNO DE ELLOS ES BUDA. EL BUDA ES TU PROPIA MENTE. NO DESVÍES TU ADORACIÓN.

El discípulo está diciendo que se niega la adoración a un buda porque los demonios pueden hacerse pasar por budas. Si adoras, la apariencia será la del buda, y en realidad hay un diablo escondido tras la apariencia. Esta no puede ser la respuesta de Bodhidharma.

Un hombre que no cree en Dios no puede creer en los demonios. Un hombre que es capaz de negar a Dios es ciertamente capaz de negar a todos los demonios. Y su única respuesta podría haber sido la que dio en el sutra básico. Sin duda alguna, su respuesta habría sido: "No debes adorar a ningún buda porque eres un buda. Es simplemente ridículo que un buda adore a otro buda".

Me acuerdo de otro maestro zen. Debía de ser un hombre de cualidades similares a las de Bodhidharma; era un discípulo del mismo linaje. Se alojaba en un templo budista una noche de invierno; el sacerdote, sabiendo que era un gran maestro, le había permitido quedarse en el templo. Pero en mitad de la noche el sacerdote se despertó. De repente había mucha luz. Miró dentro del templo...porque su habitación estaba al lado del templo. El maestro al que había permitido quedarse en el templo estaba disfrutando quemando una hermosa estatua, una estatua de madera de Gautam Buda.

El cura estaba simplemente loco. Dijo: "¿Estás loco o qué? Has quemado la estatua de Gautam Buda". El maestro cogió su bastón y empezó a buscar algo entre las cenizas de la estatua quemada. El sacerdote le preguntó: "¿Qué buscas?". Respondió: "Busco los huesos".

Incluso el cura tuvo que reírse, aunque estaba enfadado y su estatua más bella había sido quemada. Pero dijo: "Estás realmente loco. Pero, ¿cómo puede una estatua de madera tener huesos?".

El maestro dijo: "Eso es lo que te he estado enseñando; que si no hay huesos en su interior, no es la estatua de Buda. No es Buda; es sólo madera cortada con una forma determinada. No te dejes engañar por ella. La noche es larga y hace demasiado frío y estoy muy cansado de este largo viaje. Si puedes ser de alguna ayuda... aún te quedan tres estatuas más. Una es suficiente para adorar, dos me las puedes dar. La noche es muy fría. Además soy un Buda viviente. Para un buda viviente es absolutamente correcto quemar un buda de madera para tener un poco de calor. Hace demasiado frío en este templo".

El sacerdote se asustó mucho porque aquel hombre parecía absolutamente peligroso y pensó: "Si me duermo, va a quemar todas mis estatuas". En mitad de la noche echó al maestro del templo. El maestro insistía: "Esto no está bien. Escucha, te arrepentirás de ello. Estás arrojando a un buda vivo a la oscuridad de la noche, a la fría noche de invierno. Y estás protegiendo budas de madera. ¿Estás loco o qué?"

El cura dijo: "No quiero discutirlo contigo. Sé quién está loco. Tú vete".

Por la mañana, el cura abrió la puerta para ver qué le había pasado al maestro. Estaba sentado junto al camino. Había recogido algunas flores silvestres y las había puesto en un hito. Estaba adorando: "BUDDHAM SHARANAM, GACHCHHAMI. SANGHAM SHARANAM GACHCHHAMI. DHAMMAM SHARANAM GACHCHHAMI".

El cura no podía creerlo. "Está realmente loco. Anoche quemó un buda, tan costoso"—era de madera de sándalo—"y ahora ese loco adora una piedra miliar como si fuera un buda". El sacerdote se acercó a él y le dijo: "¿Qué haces?".

El maestro dijo: "Mi oración de la mañana". El sacerdote dijo: "Pero pareces un tipo extraño. Anoche destruiste a mi buda y ahora adoras a un hito".

Me dijo: "No lo entiendes. Es sólo nuestra visualización. Si visualizas que esto es un buda, esto es un buda. Visualizaste un buda en la estatua de madera, se convirtió en un buda. Todo es un juego mental. No creo en las oraciones. Fue sólo por ti que esperé y estuve adorando el hito—sólo para mostrarte que cualquier cosa que adores, estás adorando algo equivocado, porque tú eres el buda. El adorador es el buda, no el adorado. ¿Puedo volver a entrar en el templo esta noche?".

El sacerdote dijo: "No, aunque parezcas tener razón y tal vez yo esté equivocado, no puedo seguir tu gran entendimiento... es peligroso. Sería bueno que te fueras de aquí y actuaras en otro templo. Soy un pobre sacerdote; ya has destruido a uno de mis más bellos budas; ahora no puedo—aunque me hayas convencido—no puedo permitirte entrar en el templo."

El maestro dijo: "No es una pregunta...pero puedo ver que has comprendido bien, y un dia vendras a buscarme. Puedo ver en tus ojos la luz de la comprensión, un rayo de comprensión. No me dejes entrar ...pero ya estoy dentro de ti".

Al cabo de dos años, el sacerdote tuvo que acudir al maestro para disculparse, y trajo las tres estatuas restantes, diciendo: "Puedes quemarlas cuando lo necesites. Lo he comprendido. Desde aquella noche, no he podido olvidarte ni un solo momento: tu belleza, tu gracia, tu paz, tu silencio y tu gran esfuerzo por hacerme comprender que lo que había estado haciendo era una estupidez.

Y me porté mal contigo; te eché en la noche oscura, en una noche fría.

Aún así me esperaste a la mañana siguiente, para darme otra oportunidad de entender. Y fui tan tonto que también perdí esa oportunidad.

"Pero dos años son suficientes. Me has estado persiguiendo. Ahora he venido, sabiendo perfectamente que el buda está dentro; no está en las estatuas de los templos, y las estatuas de los templos y los hitos no son diferentes."

Eso me recuerda: cuando por primera vez en la India, el gobierno británico creó las carreteras y puso los hitos, pintaron esos hitos de rojo, porque el rojo es un color muy brillante y se ve desde lejos. Sobre todo en contraste con el verdor de los campos y el bosque, parece separado. Cualquier otro color puede mezclarse, pero el rojo se ve absolutamente separado.

Los ingenieros británicos que trabajaban en las carreteras se sorprendieron de que los aldeanos empezaran a adorarlas. Pensaban que eran estatuas de Hanuman. Fue un gran problema para los ingenieros decir a aquellos aldeanos que sólo eran hitos. Pero los aldeanos insistieron: "Puede que sean hitos para ustedes, pero para nosotros están perfectamente bien. Son muy bonitos y no les hacemos ningún daño. Sólo los adoraremos".

He estado leyendo la historia... cuando se hicieron por primera vez las carreteras en la India, los ingenieros británicos se escandalizaron. No pudieron evitar que los aldeanos dijeran: "Pueden considerarlos hitos, pero ¿qué hay de malo en que los veneremos? Para nosotros no son más que estatuas de Hanuman".

La respuesta de Bodhidharma no puede ser la que el discípulo ha apuntado aquí. Su respuesta sólo puede ser: Recuerda tu propia budeidad, despierta a tu propia budeidad, y este despertar hará que tu no-mente sea una con la budeidad.

No desvíes tu adoración. Tienes que adorar a tu conciencia más íntima. Tú eres el templo, tú eres el adorador y tú eres el adorado.

BUDA ES SÁNSCRITO PARA LO QUE LLAMAS CONSCIENTE, MILAGROSAMENTE CONSCIENTE. RESPONDER, PERCIBIR, ARQUEAR LAS CEJAS, PESTAÑEAR, MOVER LAS MANOS Y LOS PIES, TODO ELLO ES TU NATURALEZA MILAGROSAMENTE CONSCIENTE. y esta naturaleza es la no-mente.

y la no-mente es el buda. Y EL BUDA ES EL CAMINO.

Y EL CAMINO ES ZEN PERO LA PALABRA ZEN SIGUE SIENDO UN ENIGMA. VER TU NATURALEZA ES ZEN.

La palabra ZEN sigue siendo un enigma porque procede de una raíz sánscrita; viene de la palabra DHYAN. Buda utilizó la lengua contemporánea de su pueblo - - lo que supuso un paso revolucionario, porque el sánscrito siempre ha sido la lengua de los eruditos. Buda llevó a cabo una revolución utilizando la lengua del pueblo, no la de los eruditos. Utilizó el pali para que todos los aldeanos pudieran entenderlo. En pali, DHYAN ha cambiado un poco de forma; se ha convertido en ZH'AN.

Y cuando Bodhidharma llegó a China, habló de ZH'AN. Pero en chino, tomó otro cambio; se convirtió en CH'AN. Y luego de China, llegó a Japón; de CH'AN se convirtió en ZEN. Lejos perdió la raíz original. Ahora en japonés no hay raíz para ZEN; la palabra es ajena al japonés. Para CH'AN no hay raíz en chino; la palabra es extranjera.

Por eso es un enigma: ¿qué es el zen? Pero si puedes volver a la raíz, las cosas se simplifican; el enigma desaparece. DHYAN significa ir más allá de la mente, ir más allá del proceso del pensamiento, entrar en el silencio, el silencio absoluto donde nada se mueve, donde nada perturba, donde todo está ausente - sólo un vacío puro. Este espacio es zen; este espacio es meditación. No hay ningún enigma al respecto.

Pero sólo en este país se encuentra la raíz del zen. El zen nació en este país; floreció en Japón. Las flores llegaron a Japón y eran un enigma, porque no podían encontrar dónde está la raíz, dónde está el árbol. Sólo podían ver las flores y la fragancia. Las raíces estaban muy lejos en este país, y es una desgracia que el DHYAN floreciera hasta el extremo en Japón, y en la India desapareciera casi por completo.

Las embajadas indias han sido informadas por el gobierno indio de que cualquier persona de cualquier país del mundo que quiera venir a la India a aprender meditación, no debe recibir ningún visado de turista.

El gobierno no sabe nada de meditación. Los políticos no pueden permitirse ser meditadores, porque la base de la meditación es no ser ambicioso, no desear nada, no alcanzar nada. Un político no puede permitirse ser meditador. Por eso, en las universidades indias no se imparte meditación, que es la mayor contribución de la India al mundo. Y las embajadas indias de todo el mundo impiden que la gente venga a la India a aprender meditación. Se les permiten visados para venir si sólo quieren ver el Taj Mahal, los templos de Khajuraho, ir de luna de miel a Cachemira, o por cualquier razón absurda, pero no para meditar.

Es uno de los desafortunados incidentes que han ocurrido en la India. La India creó a los más grandes meditadores del mundo, y de la India toda Asia aprendió la meditación. Todavía está viva en los monasterios de Japón; pero en la India no hay apoyo de ninguna fuente para la mayor contribución de la India al progreso humano. La razón es clara: la gente que está en el poder no entiende ni siquiera el ABC del silencio. Sólo conocen una mente tensa, ansiedades y preocupaciones, ambiciones, astucias, tomarse el pelo unos a otros, sabotearse mutuamente el poder. Toda su preocupación es una tremenda ambición por estar en el poder.

La meditación es totalmente diferente; no sólo diferente, sino una dimensión diametralmente opuesta. Es el camino del hombre humilde, es el camino del corazón sencillo. Es el camino de los que quieren regocijarse desapareciendo igual que una gota de rocío desaparece en el océano.

AUNQUE PUEDAS EXPLICAR MILES DE SUTRAS Y SHASTRAS, A MENOS QUE VEAS TU PROPIA NATURALEZA, LA TUYA ES LA ENSEÑANZA DE UN MORTAL.

Puede que entiendas las sagradas escrituras, puede que conozcas los VEDAS, puede que conozcas los UPANISHADS, puede que conozcas LA SANTA BIBLIA, puede que conozcas el santo CORÁN, o la santa GITA, pero si no te conoces a ti mismo, tu enseñanza no es más que una repetición, una repetición mecánica como la de un loro. Y quizás los loros sean también más inteligentes que tus expertos.

He oído hablar de un obispo que tenía dos loros, y durante años los entrenó para recitar la oración cristiana oficial. Hizo unas pequeñas cuentas de oro para los loros; éstos las sostenían y recitaban la oración, y cualquier invitado que solía venir se quedaba sencillamente asombrado. Su recitación era perfecta y parecían santos con las cuentas en las manos.

Finalmente, como le habían alabado tanto por lo que había hecho al enseñar a los loros, el obispo pensó que compraría un loro más y lo adiestraría también. Así que compró otro loro y puso a ese nuevo loro entre aquellos dos sabios, recitando la oración con sus cuentas. Cuando el obispo entró, un loro le dijo al otro: "Jorge, suelta las cuentas. Nuestras oraciones han sido escuchadas; nuestro amado nos ha alcanzado".

Era un loro hembra. Incluso los loros parecen ser más inteligentes ....

Un hombre que no se conoce a sí mismo debería avergonzarse de enseñar a los demás sólo porque conoce las escrituras. La erudición no tiene ningún significado en el auténtico mundo de la religión. Es un mundo de experiencia, no de explicaciones. El hombre que enseña según las escrituras es: ...UN MORTAL, NO UN BUDDHA. EL CAMINO VERDADERO ES SUBLIME. NO PUEDE SER EXPRESADO EN LENGUAJE. ¿DE QUÉ SIRVEN LAS ESCRITURAS? PERO ALGUIEN QUE VE SU PROPIA NATURALEZA, ENCUENTRA EL CAMINO, AUNQUE NO PUEDA LEER UNA PALABRA ....

TODO LO QUE DICE EL BUDDHA ES UNA EXPRESIÓN DE SU NO-MENTE.

PERO COMO SU CUERPO Y SUS EXPRESIONES SON BASICAMENTE VACIOS, NO SE PUEDE ENCONTRAR UN BUDA EN PALABRAS. ...EL CAMINO ES BASICAMENTE PERFECTO. NO REQUIERE PERFECCIONAMIENTO. LA VIA NO TIENE FORMA NI SONIDO. ES SUTIL Y DIFICIL DE PERCIBIR. ES COMO CUANDO BEBES AGUA. SABES LO

CALIENTE O FRÍA QUE ESTÁ, PERO NO PUEDES DECÍRSELO A LOS DEMÁS. DE LO QUE SÓLO UN TATHAGATA CONOCE, LOS HOMBRES Y LOS DIOSES PERMANECEN INCONSCIENTES. LA CONCIENCIA DE LOS MORTALES SE QUEDA CORTA.

Tienes un poco de conciencia... pero muy poca. Si se puede tener en cuenta todo tu ser, entonces nueve partes de él están en la oscuridad y en la inconsciencia. Sólo una parte de cada diez es consciente, sólo una capa muy superficial que puede ser fácilmente perturbada. Si alguien te insulta, te olvidas de la humildad, te olvidas de ser amable y te enfureces de inmediato. De repente surge tu barbarie. Sólo un pequeño rasguño y el animal empieza a mostrar su realidad desde tu mismo ser.

Tu civilización es tan superficial. Es como tu ropa; puedes dejarla caer en cualquier momento. Y todos sabéis que hay momentos en los que dejáis caer toda vuestra civilización, toda vuestra cultura, toda vuestra religión, todas vuestras grandes cualidades de las que habláis; en un segundo, desaparecen. Tu conciencia es tan pequeña.

LA CONCIENCIA DE LOS MORTALES SE QUEDA MUY CORTA. No puede alcanzar las alturas de un ser humano plenamente despierto. Por eso un buda está destinado a ser incomprendido. Lo que haga está tan lejos de ti: él está casi en una cima soleada del Himalaya y tú estás en los valles oscuros. Aunque te llegue lo que dice, ya no es lo mismo. Sólo oyes valles resonantes.

Algo de ello te llega y lo interpretas según tu propia mente.

Una noche sucedió: Gautam Buda solía decir a sus discípulos cada noche, después de su discurso: "Ahora es el momento; id y haced la última cosa necesaria. No lo olvidéis antes de iros a dormir". Su insinuación se refería a la última meditación antes de dormir. Pero una noche sucedió que había un ladrón en la congregación y también una prostituta. Cuando Buda dijo: "Ahora es el momento de que vayas y hagas la última cosa antes de irte a dormir", la prostituta pensó: "Dios mío, sabe que estoy aquí y que es el momento de mi profesión. Debo irme, date prisa".

El ladrón dijo: "Me escondo en rincones oscuros, porque nadie me conoce ..... Este hombre, puede reconocer que soy un ladrón, y lo ha reconocido. Me está diciendo: 'Ahora vete, y haz lo último, antes de irte a dormir. Ya es hora". Dios mío, este hombre es realmente extraño. Tengo que correr ahora; es tarde y es hora de terminar mi trabajo; de lo contrario no podré dormir esta noche."

Miles de sannyasins fueron a meditar. La prostituta fue a su mercado. El ladrón empezó a buscar su trabajo. Buda dijo una cosa, pero hubo diferentes interpretaciones según la mente de cada uno.

MIENTRAS ESTÁN APEGADOS A LAS APARIENCIAS, NO SON CONSCIENTES DE QUE SU NO-MENTE ESTÁ VACÍA. Y POR AFERRARSE ERRÓNEAMENTE A LA APARIENCIA DE LAS COSAS, PIERDEN EL CAMINO.

SI SABES QUE TODO VIENE DE LA NO-MENTE ...

Todo surge de la nada y vuelve a desaparecer en la nada.

Y lo ves todos los días: de una semilla surge un árbol. Cortas la semilla y ves que no hay árbol, no hay ramas, no hay follaje, no hay fragancia, no hay frutos, no hay nada, sólo vacío.

Pero de una semilla, que no es más que vacío, surge un gran árbol con gran follaje, con muchas flores, con muchos frutos y con millones de semillas. Y de cada semilla, de nuevo millones de semillas. Los científicos que estudian los árboles, la vegetación, dicen que una sola semilla puede reverdecer toda la tierra. Tiene tanto potencial que, aunque no lo veas al cortarla, no encontrarás nada allí.

Todo sale de la nada y vuelve a la nada. Por lo tanto, no hay necesidad de apego, porque el apego traerá miseria. Pronto desaparecerá. La flor que ha florecido por la mañana, al atardecer habrá desaparecido.

No te apegues; de lo contrario, por la noche habrá miseria. Entonces habrá lágrimas, entonces echarás de menos la flor. Disfruta mientras esté. Pero recuerda que ha surgido de la nada y volverá a la nada. Y lo mismo ocurre con todo, incluso con las personas.

Amas a un hombre, amas a una mujer; ¿de dónde han salido? De semillas muy pequeñas que ni siquiera pueden verse a simple vista. Si te las ponen delante, no serán más grandes que el punto final. Y no reconocerás que ese eres tú, o que un día fuiste así, que esa es tu antigua fotografía.

Un día desaparecerás en una pira funeraria... en la nada, como humo.

No te apegues a nada. Este apego te aleja de tu ser real; te centras en aquello a lo que estás apegado. Tu conciencia se pierde en las cosas, en el dinero, en la gente, en el poder. Y hay mil y una cosas, toda la espesa jungla que te rodea, en la que perderse.

Recuerda, el no-apego es el secreto para encontrarte a ti mismo, entonces la conciencia puede volverse hacia dentro porque no tienes nada exterior a lo que agarrarte. Es libre, y en esta libertad puedes conocer tu propia naturaleza. ...NO TE APEGUES. UNA VEZ APEGADO, ERES INCONSCIENTE. PERO UNA VEZ QUE VES TU PROPIA NATURALEZA, TODO EL CANON SE VUELVE MUCHO MÁS PROSAICO.

Entonces todas las escrituras son inútiles. Has visto lo más sagrado de lo sagrado; la fuente misma de los UPANISHADS, la fuente misma de los VEDAS, la fuente misma de todas las llamadas escrituras sagradas. Cuando has encontrado la fuente, ¿quién se preocupa por las escrituras? Son pura prosa, nada más.

SUS MILES DE SUTRAS Y SHASTRAS SÓLO SUMAN PARA UNA CLARA NO-MENTE. LA COMPRENSIÓN LLEGA A MITAD DE FRASE.

Es una afirmación tan hermosa. La comprensión no llega a través de las palabras, sino a través de los vacíos, en los momentos de silencio.

LA COMPRENSIÓN LLEGA A MITAD DE FRASE. ¿PARA QUÉ SIRVEN LAS DOCTRINAS?

LA VERDAD ÚLTIMA ESTÁ MÁS ALLÁ DE LAS PALABRAS. LAS DOCTRINAS SON PALABRAS.

NO SON EL CAMINO. EL CAMINO NO TIENE PALABRAS. LAS PALABRAS SON ILUSIONES. NO SON DIFERENTES DE LAS COSAS QUE APARECEN EN TUS SUEÑOS POR LA NOCHE, YA SEAN PALACIOS O CARRUAJES .... NO CONCIBAS NINGÚN DELEITE POR TALES COSAS. TODAS SON CUNAS DE RENACIMIENTO. TEN ESTO PRESENTE CUANDO TE ACERQUES A LA MUERTE. NO TE AFERRES A LAS APARIENCIAS Y ROMPERÁS TODAS LAS BARRERAS.

Esta es una gran afirmación que hay que recordar porque todo el mundo va a atravesar las puertas de la muerte algún día. Si puedes recordar que sólo eres conciencia pura -no el cuerpo, no la mente, no el corazón, no tu dinero, no tu prestigio, no tu poder, no tu casa, sino sólo conciencia pura- entonces puedes atravesar la barrera de la muerte sin rasguños. Entonces la muerte no podrá hacer mella en ti.

La muerte sólo tiene poder sobre ti si estás apegado a ella.

No tienes miedo a la muerte. La psicología básica es que tienes miedo a la muerte porque te alejará de todos tus apegos. Si fuera posible que pudieras llevarte a tu mujer y a tus hijos y tu casa y tu dinero y tu poder y todo lo que crees que te pertenece, contigo mismo cuando estés muriendo, no creo que tuvieras miedo. Te alegrarías; una gran aventura—ir con toda la caravana. Pero la muerte te lo quita todo, te deja completamente desnudo, sólo como conciencia: ....

En los UPANISHADS hay una antigua historia que siempre me ha encantado. Un gran rey llamado Yayati cumplió cien años. Ya era suficiente; había vivido enormemente. Había disfrutado de todo lo que la vida podía ofrecerle. Era uno de los reyes más grandes de su tiempo. Pero la historia es preciosa ....

La muerte vino y le dijo a Yayati: "Prepárate. Ha llegado tu hora y he venido a llevarte". Yayati vio a la Muerte, y era un gran guerrero y había ganado muchas guerras. Yayati empezó a temblar y dijo: "Pero es demasiado pronto". La Muerte dijo: "¡Demasiado pronto! Has vivido cien años. Incluso tus hijos han envejecido. Tu hijo mayor tiene ochenta años. ¿Qué más quieres?".

Yayati tenía cien hijos porque tenía cien esposas. Le pidió a la Muerte: "¿Puedes hacerme un favor? Sé que tienes que llevarte a alguien. Si puedo persuadir a uno de mis hijos, ¿puedes dejarme cien años más y llevarte a uno de mis hijos?". La Muerte dijo: "Eso está perfectamente bien si alguien está dispuesto a ir. Pero no creo que .... Si tú no estás preparado, y eres el padre y has vivido más y has disfrutado de todo, ¿por qué debería estarlo tu hijo?".

Yayati llamó a sus cien hijos. Los hijos mayores permanecieron en silencio. Había un gran silencio, nadie decía nada. Sólo uno, el hijo menor que sólo tenía dieciséis años, se levantó y dijo: "Estoy listo". Incluso la Muerte sintió pena por el chico y le dijo al joven: "Tal vez seas demasiado inocente.

¿No ves que tus noventa y nueve hermanos están absolutamente callados? Alguien tiene ochenta, alguien tiene setenta y cinco, alguien tiene setenta y ocho, alguien tiene setenta, alguien tiene sesenta—han vivido—pero todavía quieren vivir. Y tú no has vivido nada. Incluso a mí me da pena llevarte. Piénsalo otra vez".

El chico dijo: "No, sólo con ver la situación estoy completamente seguro. No te sientas triste ni apenado; voy con absoluta conciencia. Puedo ver que si mi padre no está satisfecho en cien años, ¿qué sentido tiene estar aquí? ¿Cómo puedo estar satisfecho? Estoy viendo a mis noventa y nueve hermanos; nadie está satisfecho. Entonces, ¿por qué perder el tiempo? Al menos puedo hacerle este favor a mi padre. En su vejez, que disfrute cien años más. Pero estoy acabado. Viendo la situación de que nadie está satisfecho, puedo comprender una cosa completamente: que aunque yo viva cien años, tampoco estaré satisfecho. Así que no importa si me voy hoy o después de noventa años. Tú sólo llévame".

La muerte se llevó al niño. Y después de cien años volvió. Y Yayati estaba en la misma posicion. Y dijo: "Estos cien años pasaron tan pronto. Todos mis viejos hijos han muerto, pero tengo otro regimiento. Puedo darte algún hijo. Sólo ten piedad de mí".

Duró -sigue diciendo la historia- mil años. Diez veces vino la Muerte. Y nueve veces se llevó algún hijo y Yayati vivió cien años más. La décima vez Yayati dijo: "Aunque sigo tan insatisfecho como cuando viniste por primera vez, ahora—aunque de mala gana, a regañadientes—me iré, porque no puedo seguir pidiendo favores. Es demasiado. Y una cosa me ha quedado clara: si mil años no pueden ayudarme a estar contento, ni siquiera diez mil servirán."

Es el apego. Puedes seguir viviendo, pero cuando te asalte la idea de la muerte, empezarás a temblar. Pero si no estás apegado a nada, la muerte puede llegar en este mismo momento y estarás de muy buen humor. Estarás absolutamente preparado para partir. Frente a un hombre así, la muerte es derrotada. La muerte es derrotada solo por aquellos que estan listos para morir en cualquier momento, sin ninguna reticencia. Se convierten en inmortales, se convierten en budas.

UN MOMENTO DE VACILACIÓN CUANDO LLEGUE LA MUERTE Y ESTARÁS BAJO EL HECHIZO DE LOS DEMONIOS. TU CUERPO REAL, tu ser real ES PURO E IMPERFECTO. PERO DEBIDO A LAS ILUSIONES, NO ERES CONSCIENTE DE ELLO. Y DEBIDO A ESTO, SUFRES EN VANO. DONDEQUIERA QUE

ENCUENTRES DELEITE, ENCUENTRAS ESCLAVITUD. PERO UNA VEZ QUE DESPIERTES A TU SER ORIGINAL Y A TU NO-MENTE, YA NO ESTÁS SUJETO A LAS ATAZAS.

Esta libertad es el objetivo de toda búsqueda religiosa.

Liberarse del apego es liberarse de la muerte.

Liberarse del apego es liberarse de la rueda del nacimiento y la muerte.

La liberación del apego te hace capaz de entrar en la luz universal y convertirte en uno con ella. Y ésa es la mayor bendición, el éxtasis supremo más allá del cual no existe nada más. Has vuelto a casa.

¿De acuerdo?

Sí, Maestro.

Prepárese y reclame su herencia

AMADO MAESTRO,
CUALQUIERA QUE RENUNCIE A LO TRASCENDENTE POR LO MUNDANO, EN CUALQUIERA DE SUS INNUMERABLES FORMAS, ES UN MORTAL. UN BUDA ES ALGUIEN QUE ENCUENTRA LA LIBERTAD EN LA BUENA Y EN LA MALA FORTUNA. TAL ES SU PODER, QUE EL KARMA NO PUEDE RETENERLO. NO IMPORTA EL TIPO DE KARMA, UN BUDA LO TRANSFORMA. EL CIELO Y EL INFIERNO NO SON NADA PARA ÉL. ...SI NO ESTÁS SEGURO, NO ACTÚES. UNA VEZ QUE ACTÚAS, VAGAS POR EL NACIMIENTO Y LA MUERTE Y LAMENTAS NO TENER REFUGIO ..... PARA COMPRENDER ESTA MENTE, TIENES QUE ACTUAR SIN ACTUAR. SÓLO ENTONCES VERÁS LAS COSAS DESDE LA PERSPECTIVA DE UN TATHAGATA.

PERO CUANDO EMPRENDAS EL CAMINO POR PRIMERA VEZ, TU CONCIENCIA NO ESTARÁ ENFOCADA. ES PROBABLE QUE VEAS TODO TIPO DE ESCENAS EXTRAÑAS Y ONÍRICAS. PERO NO DEBES DUDAR DE QUE TODAS ESAS ESCENAS PROVIENEN DE TU PROPIA MENTE Y DE NINGÚN OTRO LUGAR.

SI VES UNA LUZ MÁS BRILLANTE QUE EL SOL, TUS APEGOS RESTANTES LLEGARÁN REPENTINAMENTE A SU FIN Y SE REVELARÁ LA NATURALEZA DE LA REALIDAD. TAL SUCESO SIRVE DE BASE PARA LA ILUMINACION. PERO ESTO ES ALGO QUE SÓLO TÚ SABES. ...O SI, MIENTRAS CAMINAS, ESTÁS DE PIE, SENTADO O TUMBADO EN LA QUIETUD Y OSCURIDAD DE LA NOCHE, TODO APARECE COMO SI

FUERA DE DÍA, NO TE ASUSTES. ES TU PROPIA MENTE A PUNTO DE REVELARSE. ...SI VES TU NATURALEZA, NO NECESITAS LEER SUTRAS NI INVOCAR BUDAS. LA ERUDICIÓN Y EL CONOCIMIENTO NO SÓLO SON INÚTILES, SINO QUE NUBLAN TU CONCIENCIA. LAS DOCTRINAS SOLO SIRVEN PARA SEÑALAR LA MENTE. UNA VEZ QUE VES TU MENTE, ¿PARA QUÉ PRESTAR ATENCIÓN A LAS DOCTRINAS?

PARA PASAR DE MORTAL A BUDA, HAY QUE PONER FIN AL KARMA, CULTIVAR LA CONCIENCIA Y ACEPTAR LO QUE TRAE LA VIDA. ...UNA VEZ QUE LOS MORTALES VEN SU NATURALEZA, TODOS LOS APEGOS TERMINAN. LA CONCIENCIA NO ESTÁ OCULTA. PERO SOLO PUEDES ENCONTRARLA AHORA. SÓLO AHORA. SI REALMENTE QUIERES ENCONTRAR EL CAMINO, NO TE AFERRES A NADA. UNA VEZ QUE PONGAS FIN AL KARMA Y ALIMENTES TU CONCIENCIA, TODOS LOS APEGOS QUE QUEDEN LLEGARÁN A SU FIN. LA COMPRENSIÓN LLEGA DE FORMA NATURAL. NO TIENES QUE HACER NINGÚN ESFUERZO. PERO LOS FANÁTICOS NO ENTIENDEN LO QUE EL BUDA QUISO DECIR. Y CUANTO MÁS SE ESFUERZAN, MÁS SE ALEJAN DEL SIGNIFICADO DEL SABIO. TODO EL DIA INVOCAN A LOS BUDAS Y LEEN SUTRAS. PERO SIGUEN CIEGOS A SU PROPIA NATURALEZA DIVINA, Y NO ESCAPAN DE LA RUEDA.

UN BUDA ES UNA PERSONA OCIOSA. NO CORRE TRAS LA FORTUNA Y LA FAMA. ¿DE QUÉ SIRVEN ESAS COSAS AL FINAL?

Bodhidharma no divide el mundo en materia y espíritu. Está en contra de todas las divisiones. El universo es un todo orgánico. Pero parece que hay divisiones... entonces deben venir de otra parte, porque el mundo no está dividido. Vienen de tu conciencia. Si no eres consciente, eres mortal; si eres consciente, eres inmortal. Si eres inconsciente, ves el mundo como mundano, y lo que está más allá del mundo como sagrado. Pero si eres consciente, despierto, iluminado, un buda, entonces no hay nada mundano ni nada sagrado. Entonces todo es uno.

Hay que comprender profundamente esta unidad.

Las divisiones provienen de nuestra conciencia o inconsciencia; es nuestra perspectiva.

Al igual que el ciego que está de pie bajo el sol todavía está en la oscuridad ... no es que haya oscuridad fuera de él. Es una luz brillante, una hermosa mañana, los pájaros cantan alabanzas y dan la bienvenida al sol. Y las flores están abriendo sus capullos y liberando su fragancia al viento. Es una experiencia tremenda. Pero para el ciego no hay colores, ni flores, ni sol, ni luz. Si sus ojos se curan, de repente se asombrará de que el mundo de tinieblas que veía antes sea el mismo que el mundo de luz que ve ahora. La división se debía a su ceguera, no a que haya una división en la existencia misma.

En este punto, Bodhidharma tiene una enorme contribución que hacer. La mayoría de los filósofos del mundo y fundadores de religiones siempre han dividido lo mundano y lo sagrado, lo material y lo espiritual, sin saber que en el momento en que divides la existencia en material y espiritual también estás dividiendo al hombre en cuerpo y alma. Y un hombre dividido en sí mismo es una casa dividida que puede caer en cualquier momento. Un hombre dividido en sí mismo está siempre en lucha constante consigo mismo; toda su energía se gasta en luchar consigo mismo.

No puede utilizar su energía en una hermosa floración. Las primaveras van y vienen, pero él no tiene energía para producir flores. Está agotado.

Quizá los intereses creados del mundo siempre han querido que el hombre esté cansado y agotado. Es un apoyo a sus intereses creados, porque a un hombre rebosante de energía no se le puede impedir que sea un rebelde.

Un hombre cansado y agotado no puede ser provocado a ninguna rebelión contra ninguna injusticia, contra ninguna explotación. No tiene energía para ello. Vive al mínimo, cuando podría haber vivido al máximo. Pero a lo largo de los siglos se ha practicado una conspiración básica contra el hombre: dividir. Y ese es el principio fundamental de todos los gobernantes: divide y vencerás. Los predicadores religiosos, los sacerdotes, no han sido otra cosa que políticos. Todo su deseo es también dividir y gobernar.

Un individuo indiviso no puede ser esclavizado. Esta división es una especie de castración. Fíjate en la belleza de un toro: no puedes obligarle a llevar tu carro, no puedes mantenerle en el camino bajo tu control. Tiene tanto poder y tanta individualidad que elegirá su camino, irá por aquí y por allá. Y si se cruza con una novia, tu vida y tu carro corren peligro.

Pero basta con mirar a un buey, llevando tus carros, tus cargas... has destruido la belleza, la energía, la individualidad, castrando al toro. Es el mismo animal, pero ahora sin energía. Lo habéis hecho impotente, y era tan potente ....

Curiosamente, lo mismo se ha hecho con el hombre. Todas las religiones y todos los políticos del mundo han estado castrando al hombre; de lo contrario, el hombre también tendría la belleza y la grandeza y el esplendor de ser un toro, no un buey.

Un toro es una tragedia. Un toro es una condena de todos aquellos que han destruido su belleza natural, su poder, su potencialidad. Pero hacer de un toro un esclavo, era un paso necesario.

¿Por qué el hombre ha tolerado todo tipo de explotaciones, humillaciones, esclavitud? Por una sencilla razón: no tiene energía. ¿Dónde ha ido a parar su energía? Se le ha enseñado y condicionado a luchar consigo mismo. La conspiración es realmente muy inteligente. Luchando contigo mismo, te estás destruyendo.

La enseñanza singular de Bodhidharma es conocer tu auto-naturaleza, que es indivisa, que no es ni separada ni profana, que no es ni material ni espiritual—que es trascendente, trascendente a todas las divisiones, a todas las dualidades. Este trascendental en ti es tu ser real. Y tiene tanta energía, tanto poder desbordante que te trae todo tipo de bendiciones sin que se las pidas. Hace que florezcan todo tipo de flores hermosas en tu ser sin que se lo pidas. Es simplemente natural.

El hombre ha sido puesto en una situación antinatural; de ahí su miseria, su sufrimiento, su infierno. Ser antinatural es estar en el infierno, y estar en tu propia naturaleza es estar en el cielo. No hay otro infierno, no hay otro cielo.

Estos sutras son tremendamente significativos para todos aquellos que quieren conocer su propia naturaleza. Porque ésa es la sabiduría última, y a partir de ella, todas tus acciones se vuelven bellas, graciosas, buenas... sin ningún esfuerzo por tu parte, sólo naturalmente, tan naturalmente como una flor de rosa crece de un rosal. La bondad, la belleza, la gracia, la virtud... todo crece naturalmente, sin ningún esfuerzo, sin ninguna acción de tu parte, una vez que conoces tu propia naturaleza.

Este es el mayor conocimiento de toda la existencia.

CUALQUIERA QUE RENUNCIE A LO TRASCENDENTE POR LO MUNDANO, EN CUALQUIERA DE SUS MIRÍADAS DE FORMAS, ES UN MORTAL.

Abandonar lo trascendente .... Recuerda el significado de lo trascendente: aquello que trasciende todas las dualidades. Quien olvida el lenguaje de la unidad con la existencia se convierte innecesariamente en mortal. Entonces aparece la muerte... contra la vida.

Luego está el cuerpo... contra el espíritu. Entonces todo tiene su polo opuesto. Luego está el amor como polo opuesto al odio. Pero recuerda una cosa fundamental:

los polos opuestos son intercambiables. El amor puede convertirse en odio, el odio puede convertirse en amor... y todos lo saben.

La amistad puede convertirse en enemistad, y la enemistad en amistad. La felicidad puede convertirse en tristeza, y la tristeza en felicidad.

Aunque son polos opuestos, son casi como gemelos, muy cercanos. Basta un ligero cambio de circunstancias y uno desaparece... el otro estaba justo detrás.

Así que recuerda lo trascendente—la existencia pertenece a lo trascendente. No lo dividas; de lo contrario estarás continuamente torturado por la dualidad.

UN BUDA ES ALGUIEN QUE ENCUENTRA LA LIBERTAD EN LA BUENA Y EN LA MALA FORTUNA.

A un hombre consciente no le importa si tiene éxito o no, si es muy conocido o absolutamente desconocido, si es alguien poderoso o simplemente un don nadie, una nulidad. Para un hombre consciente, todas estas dualidades no importan en absoluto, porque la conciencia es el mayor tesoro.

Cuando lo tienes, no quieres nada más. No quieres ser presidente de un país, ni primer ministro de un país. Eso es para niños, para retrasados mentales, para jugar al juego.

Las personas que siguen corriendo detrás de sus ambiciones no son más inteligentes que los jugadores de fútbol. Sus juegos pueden tener nombres diferentes, pero su realidad es la misma. Y sufren continuamente. Incluso en su éxito sufren, porque entonces tienen miedo de si también van a mantener esta posición de éxito mañana. Primero sufrían porque no tenían éxito; ahora sufren porque la gente se arrastra sobre sus piernas, y todo el mundo quiere estar en su lugar.

Estar en un trono poderoso es estar en una posición de lo más cómica. Todo el mundo tira de ti hacia abajo y tienes que permanecer pegado al trono, pase lo que pase. Alguien te tira de las manos, alguien te quita la cabeza, alguien te quita las piernas... pase lo que pase, vivo o muerto, estás decidido a permanecer en el trono.

La vida de un hombre de éxito no es una vida de paz. Y si esta es la situación del éxito, puedes concebir la situación del fracaso. Si esta es la situación de los tiempos que llamas buenos, puedes comprender la situación de los tiempos que son malos.

Pero para un hombre consciente, todo es lo mismo. El éxito va y viene, el fracaso va y viene.

Permaneces intacto y distante.

Este distanciamiento, esta indiferencia, es tu naturaleza trascendental. Nada te hace ni un rasguño.

Uno de los místicos de la India, Kabir, canta una canción, JYON KI TYON DHAR DINHI CHADARIYA. "He devuelto a Dios" o a la existencia, "la ropa que me había dado para vivir en el mundo... sin ningún cambio. No la he ensuciado; ni siquiera una partícula de polvo se ha acumulado en ella. La he devuelto a sus manos exactamente tan fresca como estaba cuando me la dio". Esta es la experiencia de un hombre despierto. Vive en las noches más oscuras en el mismo silencio, en la misma paz, como vive en el día más luminoso. Nunca hace la división. Permanece siempre trascendental, permanece siempre por encima de cualquier división. Las divisiones quedan muy atrás.

TAL ES SU PODER, QUE LAS ACCIONES NO PUEDEN RETENERLO. NO IMPORTA EL TIPO DE ACCION, UN BUDA LA TRANSFORMA.

Esta afirmación tiene que calar hondo en tu corazón ....

Habrás oído la historia de la mitología griega del rey Midas, que llevaba toda su vida rezando a Dios: "Sólo concédeme un deseo: que todo lo que toque se convierta en oro". Y parece que Dios se cansó de sus continuos ruegos... porque ¿qué son tus ruegos sino ruegos?

Y un pobre Dios, y tanta gente regañona, y ha sido regañado durante millones de años—no es de extrañar que haya desaparecido o se haya suicidado o lo que sea que haya sucedido. Nadie puede tolerar tanto fastidio.

Finalmente, Dios le concedió el deseo: "Todo lo que toques se convertirá en oro".

¡Y ahora déjame en paz!"

Pero el hombre inconsciente no puede hacer nada mejor. Friedrich Nietzsche tiene razón cuando dice que si todas tus plegarias se cumplieran, estarías en el infierno más absoluto.

Tus oraciones vienen de tu inconsciencia; no sabes lo que estás pidiendo. Menos mal que Dios es sordo y nunca se responde a ninguna oración; si no, te arrepentirías... "¿Por qué he rezado...?".

Y esta era la situación del rey Midas. Nunca había pensado en todas las implicaciones de su oración de toda la vida. Mañana y tarde rezaba por una sola cosa: "No quiero nada más. Sólo una cosa sencilla: que todo lo que toque se transforme en oro".

Pero cuando se le concedió la plegaria, se dio cuenta de sus implicaciones. No podía comer porque todo lo que tocaba se convertía en oro. No podía beber porque cuando sus labios tocaban el agua, ésta se convertía en oro. Su mujer escapó, sus hijos le abandonaron, sus amigos dejaron de venir a verle. Incluso sus sirvientes permanecieron alerta. Todos sus grandes cortesanos se olvidaron de acudir a su corte. Se sentaba solo, hambriento, sediento, pero ya era demasiado tarde. Le costó toda su vida rezar para conseguir el deseo. Ahora, para anularlo, necesitaría otra vida entera.

Empezó a rezar pero no pasó nada. Murió de hambre y mató a algunas personas tocándolas. Ciertamente hizo un palacio de oro tocando su casa; todos sus muebles se volvieron de oro—¿pero cuál es el propósito de esto? Sufrió tanto como quizá nadie haya sufrido jamás, y eso que era uno de los hombres más ricos del mundo.

Habrá oído hablar de los "pulgares verdes": los jardineros los tienen. Los grandes jardineros los tienen; todo lo que tocan se vuelve verde. El rey Midas tenía dedos de oro; todo lo que tocaba se convertía en oro. Pero perdió a su mujer, perdió a sus amigos, perdió a sus cortesanos, lo perdió todo, aunque era el hombre con más éxito y el más rico.

Un hombre consciente, un buda, también tiene un poder transformador: todo lo que toca se vuelve dichoso. Le llega la miseria y encuentra en ella algo dichoso; le llega la tristeza y encuentra en ella algo inmensamente bello y silencioso. Le llega la muerte y sólo encuentra en ella inmortalidad. Todo lo que toca se transforma, porque ahora tiene la perspectiva trascendental. Y ése es el mayor poder del mundo: no el poder sobre nadie, sino simplemente tu poder intrínseco.

La noche se vuelve tan bella como el día; la muerte se convierte en una fiesta como la vida, porque el hombre de la trascendencia sabe que es eterno.

Las vidas van y vienen, las muertes vienen y van.

Permanece intacto, permanece siempre más allá.

Esta cualidad de permanecer siempre más allá es la verdadera iluminación. El cielo y el infierno no son nada para él. De ahí que una vez, cuando le preguntaron a Bodhidharma: "¿Qué dices sobre el cielo y el infierno?", respondió: "No puedo decir nada porque todo depende de ti".

El hombre se quedó perplejo: ¿cómo pueden depender el cielo y el infierno de un pobre hombre?

Bodhidharma dijo: "No hay infierno ni cielo. Dondequiera que habite un hombre consciente, allí está el cielo; y dondequiera que habite un hombre inconsciente, allí está el infierno."

Llevas tu infierno en tu inconsciencia y llevas tu cielo en la consciencia. No son lugares geográficos, son estados de tu ser.

Dormido, estás en el infierno y sufres pesadillas. Despierto, estás en el cielo y todo sufrimiento ha cesado.

EL CIELO Y EL INFIERNO NO SON NADA PARA ÉL.

Recuerdo un hermoso incidente que ocurrió en la vida de Edmund Burke, un filósofo inglés. Tenía una gran amistad con el arzobispo de Inglaterra, y el arzobispo de Inglaterra es igual al Papa. En lo que concierne a la iglesia de Inglaterra, el arzobispo es el representante de Jesucristo.

Edmund Burke y el arzobispo eran grandes amigos porque habían estudiado juntos en la universidad. Y el arzobispo solía venir a escuchar las conferencias de Edmund Burke, siempre que anunciaba conferencias. Pero Edmund Burke nunca fue a los sermones del arzobispo, ni una sola vez. Y naturalmente, el arzobispo estaba esperando: algún día ....

Finalmente, él mismo le invitó: "Este domingo tienes que venir. Sin excusas".

Y preparó el mejor sermón de su vida. Quería impresionar a Edmund Burke ...y lo miraba constantemente, porque estaba sentado en primera fila. Y el arzobispo sentía gran temor, porque no veía ni una señal en el rostro de Edmund Burke de que estuviera impresionado o conmovido. Aunque estaba gritando y golpeando la mesa y haciendo todo tipo de gimnasia para la que están entrenados los misioneros cristianos, Edmund Burke permaneció en silencio, sin decir una palabra.

Terminó el sermón y ambos se marcharon en el mismo coche. Edmund Burke seguía en silencio... el arzobispo pensaba que tal vez diría algo ahora. Llegaron a su casa y él estaba saliendo del coche, y el arzobispo no pudo contener la tentación de preguntar: "No has dicho nada sobre mi sermón. Diga CUALQUIER COSA. Aunque no haya sido bueno, al menos dilo; si no, pensaré continuamente en ello, en cuál fue tu impresión".

Edmund Burke dijo: "No fue ni bueno ni malo, fue simplemente estúpido. Hizo declaraciones tan idiotas que nunca hubiera pensado que un hombre de su inteligencia pudiera hacerlas".

Dijo: "¿Qué declaraciones idiotas?".

Edmund Burke dijo: "Usted dijo que los que creen en Jesucristo y hacen buenas obras irán al cielo. Y los que no creen en Jesucristo y hacen malas obras irán al infierno. ¿No puedes ver la idiotez en ello, la estupidez?"

El arzobispo dijo: "Aún no puedo verlo".

Edmund Burke dijo: "Entonces os lo mostraré: Si un hombre no cree en Jesucristo y hace buenas obras, ¿adónde va? Y si un hombre cree en Jesucristo y hace malas obras, ¿adónde va? ¿Son decisivas las buenas obras y las malas acciones? Entonces la creencia en Jesucristo es superflua. O si la creencia en Jesucristo es el criterio, entonces la cuestión de los actos buenos o malos es irrelevante."

El arzobispo nunca había pensado en ello. Quizá ninguna persona religiosa lo piense nunca, que un hombre puede ser absolutamente religioso sin creer en ninguna religión, que la vida de un hombre puede ser absolutamente la vida de la sabiduría y la bondad sin creer en ningún Dios, sin creer en ningún profeta, sin creer en ningún salvador. Y viceversa: Un hombre puede creer en Dios, en Jesús, y aun así su vida no será más que la vida de un animal.

El arzobispo dijo: "La cuestión es muy difícil y nunca he pensado en ello. Tendrá que darme siete días. El próximo domingo, en mi sermón, responderé. Tendrá que venir una vez más, porque me gustaría hacer mi declaración ante toda mi congregación".

Edmund Burke le dio siete días, y esos siete días fueron de gran tortura para el arzobispo. Trabajó de esta y aquella manera, pero no pudo encontrar ninguna solución. O tiene que insistir en que la creencia en Jesucristo es el criterio—entonces la virtud y el pecado, el bien y el mal no importan. Entonces toda la moral se va por el desagüe. Si dice que la moralidad es decisiva, entonces ¿por qué preocuparse por Jesucristo? Entonces Jesucristo se va por el desagüe.

Y él intentaba mantener las dos cosas juntas. No pudo dormir en siete días. Toda la noche la misma pregunta daba vueltas y vueltas en su mente. Al séptimo día, llegó a la iglesia un poco antes, porque aún no había encontrado la respuesta y pensó: "Será mejor: Debería ir antes de la hora en que la gente empieza a llegar—temprano, en la oscuridad—para rezarle al mismo Jesucristo: 'Muéstrame el camino. No encuentro ninguna salida al enigma. Cualquier cosa que decida parece equivocada, y nunca he estado tan angustiado. Ayúdame'". Pero estaba tan cansado, y llevaba siete días sin dormir, que, con sólo poner la cabeza a los pies de la estatua de Jesucristo, se durmió y tuvo un hermoso sueño:

Estaba sentado en un tren que iba muy rápido y preguntó: "¿Adónde vamos?". La gente le dijo: "¿No lo sabes? Este tren va al cielo".

Dijo: "Dios mío, tal vez ésta sea la respuesta de Jesucristo: "¡Mirad con vuestros propios ojos!"". Y el tren se detuvo en la estación donde, en palabras muy descoloridas, apenas visibles, estaba escrito "cielo" y por todas partes, parecía un desierto, un páramo.

No podía pensar que el cielo fuera así. Volvió a preguntar, pero la gente bajaba. Le dijeron: "Es el cielo". Entró en las calles... estaban tan podridas y tan sucias. Vio a unos pocos santos, tan secos y tan muertos, sentados bajo sus árboles, repitiendo continuamente: "Aleluya, aleluya".

Él les preguntó: "¿Es realmente el cielo?". Y ellos respondieron: "¿Qué creéis que hacemos aquí? Somos grandes santos y con gran austeridad hemos alcanzado el cielo."

Dijo: "Un cielo extraño ... ni una sola flor". Le preguntó a un santo, "¿Puedo saber - - está Gautam Buda en el cielo? ¿Está Sócrates aquí? ¿Está Epicuro aquí?", porque todas estas personas no creían en Dios, y obviamente no se trataba de creer en Jesucristo; habían nacido antes de Jesucristo. Y el santo dijo: "Nunca he oído hablar de gente así aquí". Pero eran personas absolutamente buenas, la esencia misma de la bondad.

Corrió a la estación y preguntó: "¿Hay también un tren que va al infierno?". Y le respondieron: "Está saliendo ahora mismo, está parado en el andén". Así que subió al tren en dirección al infierno. Y cuando el tren entró en la estación del infierno, no podía creerlo—¡esto debería haber sido el cielo! Tan verde, tantas flores y todo el mundo tan radiante, tan alegre, tanta música... como si fuera un día de fiesta.

Preguntó: "¿Se está celebrando algo?". Ellos respondieron: "No, ésta es nuestra vida cotidiana habitual. La celebración es nuestra vida". Dijo: "¿Puedo preguntar si está aquí Gautam Buda? ¿Está Sócrates? ¿Está Epicuro?"

Dijeron: "Están todos aquí. Basta con mirar en el jardín junto a la carretera: Gautam Buda está trabajando como jardinero". Desde que esta gente vino, todo cambió.

De lo contrario, el infierno solía ser igual que el cielo, pero desde que Gautam Buda, Sócrates, Heráclito, Epicuro, Mahavira, estas personas sin Dios llegaron al infierno, transformaron toda la situación.

"Ahora, el infierno es realmente el cielo. Los antiguos nombres permanecieron, pero todo ha cambiado y la vida es sólo una danza continua. Todo se ha convertido en dicha. Han traído la poesía y la música y el arte y han transformado todo el lugar".

Al ver la situación -era tan chocante- se despertó. La gente había empezado a llegar; Edmund Burke ya estaba sentado en primera fila.

El arzobispo debía de ser, al menos, un hombre sincero. Dijo: "No he podido encontrar ninguna respuesta. He rezado a Jesús... No sé si este sueño lo ha dado Jesús o lo he soñado yo mismo, pero ésta es la única respuesta que puedo darte."

Simplemente contó su sueño y dijo: "Por favor, perdónenme por hacer una afirmación estúpida. Quiero corregirla: Dondequiera que estén las personas que son auténticamente buenas, allí está el cielo. Y dondequiera que estén las personas que son básicamente malas, allí está el infierno.

Son espacios psicológicos, espirituales".

Un buda lo transforma todo. ...SI NO ESTÁS SEGURO, NO ACTÚES.

Bodhidharma está diciendo en otras palabras, actúa sólo desde la totalidad. Y este tipo de acto sólo es posible si todo tu ser es totalmente consciente y tu acción proviene de todo tu ser, no de una pequeña parte de tu ser—entonces no puede ser total y no puede ser segura. Actúa totalmente y actúa intensamente, y actúa absolutamente en conciencia y en espontaneidad. Entonces todo lo que hagas será bueno.

Si actúas en la incertidumbre -con una mente dividida, con "o lo uno o lo otro", con sólo una pequeña parte de tu mente como consciente y la mayor parte como inconsciente-, hagas lo que hagas estará mal. Puede parecer bueno, pero las apariencias no engañan.

Por ejemplo, puedes hacer un donativo a un pobre, pero no estás seguro ..... Para cualquier observador es un buen acto; has ayudado al pobre. Pero para un hombre de la perceptividad de un Bodhidharma o un Gautam Buda, has actuado desde la incertidumbre; por lo tanto, no has sido realmente compasivo con su pobreza.

Simplemente presumes de tu compasión, de tu bondad.

Simplemente estás satisfaciendo tu ego. Nadie lo verá, todo el mundo verá que estás sirviendo a los pobres. Pero tú puedes ver que sólo estás sirviendo a tu propia idea egoísta de que eres un gran servidor público. Todo el hermoso acto se ha vuelto venenoso.

UNA VEZ QUE ACTÚES SIN TENER LA CERTEZA DE TU INCIERTO, ANDARÁS POR EL NACIMIENTO Y LA MUERTE Y LAMENTARÁS NO TENER REFUGIO .... PARA COMPRENDER ESTA NO MENTE, TIENES QUE ACTUAR SIN ACTUAR.

Esto parecerá un poco ilógico, pero la filosofía basada en la meditación lo toma como lo más lógico: actuar sin actuar. Este es uno de los fundamentos de Bodhidharma que hay que comprender. Lo que yo llamo un acto espontáneo es lo mismo—de esa manera no crea en tu mente un conflicto; lo que yo llamo un acto total es lo mismo.

Cuando actúas espontáneamente, no estás actuando. La acción sale de tu fuente de vida por sí misma; es actuar sin acción. Cuando DECIDES actuar, cuando introduces tu mente, cuando introduces tus experiencias pasadas, la acción es TU acción. Tú has decidido hacerlo. Pero cuando permites que la existencia responda y tu mente ya no interfiere, estás en un estado de no-mente. En completo silencio, permites que tu naturaleza haga lo que sea espontáneo; actúas sin actuar.

Es casi como un espejo. Cuando te enfrentas a un espejo, ¿crees que el espejo piensa: "¿Debo reflejar a este tipo o no?". ¿Crees que el espejo piensa: "Este tipo parece un mafioso con gafas de sol: debo reflejarlo o no?". Alguien es guapo, alguien es feo—al espejo no le importa; no es cuestión de decidir. El espejo simplemente los refleja como su propia naturaleza, la naturaleza del espejo es reflejar. No es cuestión de decidir o juzgar. Al ver a una mujer hermosa, no la aprecia, o al ver a un hombre que parece un camello, no duda ni por un momento si reflejarlo o no.

Hay una hermosa historia sobre uno de los grandes místicos, Ashtavakra. La palabra ASHTAVAKRA significa que era el hombre más feo que se pueda concebir.

En ocho puntos de su cuerpo, era igual que un camello; nada era como debería ser.

Todo estaba mal. Sus ojos: uno miraba a la izquierda y el otro a la derecha. Sus piernas: una iba hacia aquí, la otra hacia allá. .... Era un tipo muy extraño. Es difícil imaginar cómo se las arreglaba.

Había una gran discusión espiritual en la corte del rey, Janak, y todos los grandes eruditos del país se habían reunido allí. El padre de Ashtavakra también había ido, era un erudito muy conocido y había muchas posibilidades de que ganara. Y había un gran premio para el ganador. Pero se estaba haciendo tarde y la madre de Ashtavakra le dijo: "Deberías ir y decirle a tu padre que es muy tarde y que la comida se está enfriando. Puede venir a tomar su comida y luego puede volver. Esa discusión va a continuar durante días... tantos eruditos... no va a terminar en un día".

Así que Ashtavakra entró en la corte del rey, y todos los eruditos empezaron a reírse. Nunca habían visto a un hombre tan feo - todo estaba mal.

Ashtavakra miró a todos y dijo al rey: "Creía que habías reunido a los sabios de la tierra. Pero estas personas parecen zapateros, porque no pueden ver mi ser. Sólo pueden ver mi piel, mis huesos. ¿Son zapateros o carniceros? Ciertamente no están iluminados; de lo contrario no se habrían reído. Su risa es un juicio; me están humillando a causa de este cuerpo equivocado. Pero que el cuerpo esté mal o bien no importa; lo que importa es mi conciencia."

El rey Janak quedó tan impresionado que disolvió el consejo de aquellos sabios y dijo: "Ahora ya no os necesito. Ha llegado el hombre al que quería escuchar. Quería un hombre que conociera los caminos de la percepción, de la conciencia, del ser más íntimo. Y él tiene razón... vosotros sólo sois eruditos, pero no estáis iluminados".

Un hombre iluminado no tiene juicio. Actúa sin pensar en ello. Actúa sin pensar. Por lo tanto su acción tiene una belleza y una gracia y una verdad y una bondad y una divinidad en ella. ...TIENES QUE ACTUAR SIN ACTUAR.
SÓLO ENTONCES VERÁS LAS COSAS DESDE LA PERSPECTIVA DE UN TATHAGATA.

A menos que llegues a la conciencia, a la espontaneidad, a la acción total, a la acción sin actuar, no podrás conocer la perspectiva de un hombre iluminado, su visión hacia las cosas y la vida.

Te he explicado que un TATHAGATA es un hombre que acepta todo tal como es, en su SUCIEDAD. No condena nada y no aprecia nada. El camello es perfecto como es, en su talidad, y el león es perfecto como es, en su talidad. Simplemente manifiestan su propia naturaleza.

La perspectiva de un tathagata significa aceptar a todo el mundo tal como es, sin ninguna condena, sin ningún juicio, respetando a todo el mundo tal como es, en su talidad. Un tathagata nunca interfiere en la vida de nadie, nunca traspasa tu imperativo territorial. Esta es su no violencia, este es su amor, esta es su compasión.

Pero para comprender su perspectiva, tendrás que acercarte un poco más a su ser. Tendrás que aprender a actuar sin actuar, a actuar sin que tu mente interfiera en ello, a actuar con totalidad. Y eso sólo es posible cuando todo tu ser está lleno de luz, cuando estás iluminado, cuando toda la oscuridad se ha disipado de ti.

Bodhidharma te da ahora algunos consejos. Te ha dado la meta, el tathagata, y ahora te da algunos consejos para los principiantes en el camino:

PERO CUANDO EMPRENDAS EL CAMINO POR PRIMERA VEZ, TU CONCIENCIA NO ESTARÁ ENFOCADA. Será vacilante. ES PROBABLE QUE VEAS TODO TIPO DE ESCENAS EXTRAÑAS Y ONÍRICAS. PERO NO DEBES DUDAR DE QUE TODAS ESAS ESCENAS PROVIENEN DE TU PROPIA MENTE Y DE NINGÚN OTRO LUGAR.

Así que no te apegues a ninguna escena onírica, por muy dulce que sea. Se dice que Gautam Buda dijo: "Si me encuentras en el camino, mátame inmediatamente". Se refiere a tu meditación. Si en tu meditación ves a Gautam Buda, tu mente intentará por todos los medios posibles convencerte de que has llegado -incluso Gautam Buda ha aparecido en tu conciencia, ¿ahora qué más quieres? ¡Deja de adorar a Gautam Buda!

Y tantos llamados santos del mundo sólo se han detenido en tales fenómenos oníricos. Hay santos cristianos que han visto a Cristo y han creído haber llegado, y el Cristo no es más que una proyección de su propia mente.

Ningún hindú ve nunca a Cristo; el hindú ve a Krishna, el hindú ve a Rama. Ningún cristiano ve jamás a Krishna o a Buda.

Estos son nuestros condicionamientos. La mente lleva el condicionamiento de Cristo o Krishna o Buda y cuando te vuelves un poco silencioso, el condicionamiento se presenta ante ti. Y está tan vivo que hay muchas posibilidades de que te engañes. Por lo tanto, Bodhidharma te está haciendo consciente de que cualquier cosa que suceda en el camino de tu meditación es sólo una proyección de tu mente y nada más.

Elimínalo; no importa si es Buda, Cristo o Krishna. Tienes que ir lejos; tienes que ir a un punto donde no aparezca nada, donde todas las proyecciones de la mente queden atrás.

Entonces has llegado a lo trascendental.

Entonces has llegado a tu propia naturaleza.

Pero antes de que se revele tu auto-naturaleza, una experiencia que

Bodhidharma te sugiere recordar:

SI VES UNA LUZ MÁS BRILLANTE QUE EL SOL, TUS APEGOS RESTANTES LLEGARÁN REPENTINAMENTE A SU FIN Y SE REVELARÁ LA NATURALEZA DE LA REALIDAD. TAL SUCESO SIRVE DE BASE PARA LA ILUMINACIÓN.

No es la iluminación, pero sirve de base. SI VES UNA LUZ MÁS BRILLANTE QUE EL SOL... porque la mente no puede proyectarla. La mente sólo puede proyectar lo que conoce. La mente puede proyectar el sol, pero la mente no puede proyectar un sol más brillante que nunca ha conocido. SI VES UNA LUZ MÁS BRILLANTE QUE EL SOL .... Kabir dice que en su meditación, era como si mil soles se hubieran levantado de repente a su alrededor. La luz era tan cegadora que incluso seguir mirándola daba miedo. Esto no es la iluminación, pero es el comienzo de dos cosas: el fin de todos tus apegos -como si fueran quemados por esta luz- y la creación de una base para la iluminación.

PERO ESTO ES ALGO QUE SÓLO TÚ SABES. NO PUEDES EXPLICÁRSELO A LOS DEMÁS.

Y de hecho no deberías hablar de ello con los demás porque simplemente se reirán.

Pueden hacerlo ridículo. No pueden aceptar que estés preparado para la iluminación—particularmente tú, a quien conocen perfectamente bien—y siempre se han creído más elevados que tú, más santos que tú. Debes estar engañando; estás tratando de engañar pero nadie va a ser engañado por ti.

Es mejor no hablar de ello, porque al hablar de ello, pueden destruirlo con sus comentarios, con sus críticas, con sus burlas. Pueden destruir la base misma de la iluminación. Es mejor guardarlo en lo profundo de tu corazón como un secreto. Es tan valioso que no debes sacarlo a la luz ante los demás. ...O SI, MIENTRAS CAMINAS, ESTÁS DE PIE, SENTADO O TUMBADO EN LA QUIETUD Y OSCURIDAD DE LA NOCHE, TODO APARECE COMO SI FUERA DE DÍA, NO TE ASUSTES. ES TU PROPIA no-mente a punto de revelarse.

Para cada persona, la iluminación llega por una puerta diferente. Depende de tu singularidad, de tu individualidad. Para algunos puede empezar con la aparición de un sol más brillante, o de mil soles. Para otra persona puede empezar... estás tumbado en tu cama por la noche, en la oscuridad, y de repente empiezas a ver las cosas como si fuera de día. No te asustes, no tengas miedo: es una buena señal. Creará la base de tu iluminación y destruirá todos tus apegos. ...SI VES TU NATURALEZA, NO NECESITAS LEER SUTRAS NI INVOCAR BUDAS. LA ERUDICIÓN Y EL CONOCIMIENTO NO SÓLO SON INÚTILES, SINO QUE NUBLAN TU CONCIENCIA.

No sólo son inútiles, también son perjudiciales, inmensamente perjudiciales.

las doctrinas sólo sirven para señalar la no-mente. UNA VEZ QUE VEAS TU no-MENTE, ¿POR QUÉ PRESTAR ATENCIÓN A LAS DOCTRINAS?

Ha habido muchos casos de grandes maestros que, cuando se iluminaron, lo primero que hicieron fue quemar sus escrituras—su trabajo estaba terminado. Todo su trabajo fue de alguna manera indicarte tu ser, tu auto-naturaleza. Y una vez que has visto tu propia naturaleza, todas esas doctrinas son solo basura.

PARA PASAR DE MORTAL A BUDDHA ...para pasar de la muerte a la inmortalidad, para pasar de las divisiones a la trascendencia, TIENES QUE PONER FIN a todas tus acciones. Tienes que aprender la acción sin acción.

NUTRE TU CONCIENCIA Y ACEPTA LO QUE TE TRAE LA VIDA.

Son puntos que deben recordar todos los que caminan por la senda: CULTIVA TU CONCIENCIA .... ¿Cómo se cultiva la conciencia?

No pierdas ninguna oportunidad de ser consciente: caminar, caminar con conciencia .... Puedo mover mi mano sin consciencia o con consciencia—mueve tu mano con plena consciencia, y esto traerá una gran gracia a tu mano, y una gran paz y silencio se sentirán en tu interior.

Comer, comer con conciencia. La mayoría de las veces la gente simplemente traga inconscientemente; por eso comen demasiado, porque su gusto no está satisfecho. Si comieran con conciencia, no sólo tragarían, sino que masticarían.

Los científicos afirman que, a menos que mastiques cada bocado cuarenta y ocho veces, estás cargando innecesariamente tu aparato digestivo. Y tu esperanza de vida depende de tu sistema digestivo: si se mantiene joven y vivo, puedes permanecer más tiempo en el cuerpo. Pero si te limitas a tragar, no sabes... tu sistema digestivo no tiene dientes, no puede masticar. La masticación la tienes que hacer tú en la boca; más allá de la boca no se puede masticar. Y la comida sin masticar es una carga, es una carga; daña tu sistema digestivo, daña tus intestinos. Crea todo tipo de problemas en tu estómago.

Sólo intenta un día, contar cuarenta y ocho veces—y permanecerás consciente porque tienes que contar. No puedes seguir pensando en otras cosas. Tienes que concentrarte en masticar y contar: uno, dos, tres, cuatro, hasta cuarenta y ocho, y sólo entonces podrás tragar.

Alimentar la consciencia significa hacer de todo una oportunidad para ser consciente. Así que más y más consciencia en veinticuatro horas... tomar una ducha, no sólo tomarla inconscientemente, mecánicamente. Porque siempre la tomas, ya sabes... te pones debajo de la ducha y sigues pensando en mil y una cosas.

Bajo la ducha lo único que hay que hacer es ser consciente del frescor que te llega, de la frescura que te llega. Sé plenamente consciente de ello.

Nutrir tu conciencia significa un programa de veinticuatro horas, día y noche. No es agotador; al contrario, es muy refrescante, rejuvenecedor.

Y lo segundo: Y ACEPTAR LO QUE LA VIDA TRAIGA. Eso es TATHATA - - cualquier cosa que la vida traiga. Acéptalo con agradecimiento y gratitud, porque no había necesidad de que la vida te trajera eso.

Llega una brisa fresca... ¿crees que te la has ganado? ¿Crees que te lo mereces? ¿Crees que la existencia te lo debe? Una hermosa nube pasa, una hermosa puesta de sol y todos los colores en el horizonte, un arco iris con los siete colores... acepta todo lo que la vida te trae con gratitud, con alegría, con agradecimiento. Esto, lentamente, creará en ti una profunda aceptación de todo. Y en esa profunda aceptación se esconde la trascendencia. ...UNA VEZ QUE LOS MORTALES VEN SU NATURALEZA, TODOS LOS APEGOS TERMINAN. LA CONCIENCIA NO ESTÁ OCULTA. PERO SOLO PUEDES ENCONTRARLA AHORA. SÓLO ES AHORA.

Hay que entender esta afirmación. La insistencia en el AHORA es para evitar que lo pospongas. La gente, miles de personas me han dicho durante estas tres décadas que llevo trabajando con ellos: "Empezaré a meditar". ¿Empezarás? Si has comprendido el significado de la meditación, entonces AHORA es el momento, no el aplazamiento.

Posponerlo significa simplemente que no lo has entendido. La meditación todavía no está en la parte superior de tu lista de cosas que hacer, está en algún lugar en la parte inferior. Primero vas a ganar dinero, luego tienes que casar a tu hija, luego tu hijo va a ir a la facultad de medicina, luego tienes que construir una casa, y así sucesivamente... la lista de la colada es infinita. Y al final de la misma -si Dios quiere sigues vivo... lo más probable es que no lo estés, porque la lista es demasiado larga y tu vida demasiado corta- no te quedará tiempo para meditar. La muerte llegará antes de que llegue la meditación.

De ahí el énfasis en el AHORA, porque al menos una cosa es cierta: la muerte no ha llegado, todavía no. Este es el momento en el que tienes la certeza de que estás vivo. Pero, ¿quién sabe cuál será el momento siguiente? Así que no lo pospongas ni un solo momento. Si quieres convertirte en un ser iluminado, entonces AHORA es el momento, entonces AQUÍ es el lugar.

SI REALMENTE QUIERES ENCONTRAR EL CAMINO, NO TE AFERRES A NADA.

Sin prejuicios: si realmente quieres encontrar el camino, no exijas nada. No digas que el camino tiene que cumplir estas exigencias. No conoces el camino.

Ve con humildad, no con un ego exigente; de lo contrario, nunca encontrarás el camino. Tu mente prejuiciosa nunca te permitirá ir más allá de ella. Y el camino va más allá de la mente. ...NO TE AFERRES A NADA. UNA VEZ QUE PONGAS FIN A todas tus acciones—acciones que son decididas por tu mente y no son espontáneas—Y NUTRICES TU CONCIENCIA, CUALQUIER APEGO QUE PERMANEZCA SE ACABARÁ ...por su simple comprensión como carente de sentido.

A medida que crece tu conciencia, disminuyen tus apegos. Una conciencia plena significa no tener apegos. Eso no significa que no puedas tener amigos; eso no significa que tengas que renunciar al mundo. Simplemente significa que no te apegas a la gente, que es un estado feo. Disfrutas, compartes, pero nunca dependes de nadie ni de nada; nunca te conviertes en un esclavo.

Dejar los apegos es realmente dejar toda esclavitud y dependencia de cosas y personas. Te trae una gran libertad, la única libertad auténtica.

Las libertades políticas no significan mucho, las libertades económicas no significan mucho. La única libertad real es la libertad espiritual, que se consigue soltando todos tus apegos y creando un gran pilar de fuego, de consciencia.

COMPRENDER ES ALGO NATURAL. NO TIENES QUE HACER NINGUN ESFUERZO. PERO LOS FANÁTICOS NO ENTIENDEN LO QUE EL BUDA QUISO DECIR. Y CUANTO MÁS SE ESFUERZAN, MÁS SE ALEJAN DEL SIGNIFICADO DEL SABIO. TODO EL DIA INVOCAN A LOS BUDAS Y LEEN SUTRAS. PERO SIGUEN CIEGOS A SU PROPIA NATURALEZA DIVINA, Y NO ESCAPAN DE LA RUEDA.

UN BUDDHA ES UNA PERSONA OCIOSA, porque no hace nada por su cuenta. Es una persona ociosa no porque sea perezosa, es una persona ociosa porque es espontánea. Siempre que surge una situación que necesita una respuesta, espera a que su conciencia, su propia naturaleza responda naturalmente sin ningún esfuerzo. Es un hombre sin esfuerzo, sin acción. Simplemente ha permitido que la existencia funcione a través de él.

Ya no existe.

No es más que un bambú hueco.

Un cantante puede hacer de él una flauta y cantar canciones. La única función de la flauta es no entorpecer la canción. Un buda no es más que un bambú hueco; la canción procede de la existencia misma.

UN BUDA ES UNA PERSONA OCIOSA. NO CORRE TRAS LA FORTUNA Y LA FAMA. ¿DE QUÉ SIRVEN ESAS COSAS AL FINAL?

Simplemente destruyen tu vida. Destruyen todas las oportunidades de conocerte a ti mismo. Destruyen todas las oportunidades de hacer de tu vida una gran bendición.

Estos sencillos sutras de Bodhidharma pueden traerte el mayor éxtasis que la existencia tiene preparado para ti.

Es que no estás preparado.

Prepárate y reclama tu herencia.

¿De acuerdo?

Sí, Maestro.

Todo el mundo tiene derecho a equivocarse

AMADO MAESTRO,
ENTRE LOS DIEZ MAYORES DISCÍPULOS DE SHAKYAMUNI, ANANDA FUE EL PRIMERO EN APRENDER. PERO NO CONOCÍA AL BUDA. TODO LO QUE HIZO FUE ESTUDIAR Y MEMORIZAR. LOS ARHATS NO CONOCEN AL BUDA.

TODO LO QUE CONOCEN SON MUCHAS PRÁCTICAS PARA LA REALIZACIÓN, Y QUEDAN ATRAPADOS POR LA CAUSA Y EL EFECTO. TAL ES EL KARMA DE UN MORTAL: NO ESCAPAR DEL NACIMIENTO Y LA MUERTE. AL HACER LO CONTRARIO DE LO QUE ÉL PRETENDÍA, ESAS PERSONAS BLASFEMAN CONTRA BUDA. MATARLOS NO ESTARÍA MAL. LOS SUTRAS DICEN: "PUESTO QUE LOS ICCHANTIKAS SON INCAPACES DE CREER, MATARLOS SERÍA IRREPROCHABLE, MIENTRAS QUE LAS PERSONAS QUE CREEN ALCANZAN EL ESTADO DE BUDA". ...LAS PERSONAS QUE VEN QUE SUS MENTES SON EL BUDA NO NECESITAN AFEITARSE LA CABEZA. LOS LAICOS TAMBIÉN SON BUDAS. A MENOS QUE VEAN SU NATURALEZA, LAS PERSONAS QUE SE AFEITAN LA CABEZA SON SIMPLES FANÁTICOS.

PERO COMO LOS LAICOS CASADOS NO RENUNCIAN AL SEXO, ¿CÓMO PUEDEN CONVERTIRSE EN BUDAS?

SÓLO HABLO DE VER TU NATURALEZA. NO HABLO DE SEXO SIMPLEMENTE PORQUE NO VES TU NATURALEZA. UNA VEZ QUE VES TU NATURALEZA, EL SEXO ES BASICAMENTE INMATERIAL. TERMINA JUNTO CON TU DELEITE EN EL. INCLUSO SI ALGUNOS HÁBITOS

PERMANECEN, NO PUEDEN DAÑARTE.

PORQUE TU NATURALEZA ES ESENCIALMENTE PURA. A PESAR DE MORAR EN UN CUERPO MATERIAL DE CINCO AGREGADOS, TU NATURALEZA ES BASICAMENTE PURA. NO PUEDE CORROMPERSE. ...UNA VEZ QUE DEJES DE AFERRARTE Y PERMITAS QUE LAS COSAS SEAN, SERÁS LIBRE, INCLUSO DEL NACIMIENTO Y LA MUERTE. LO TRANSFORMARÁS TODO. POSEERÁS PODERES ESPIRITUALES QUE NO PUEDEN SER OBSTRUIDOS. Y ESTARÁS EN PAZ DONDEQUIERA QUE ESTÉS. SI DUDAS DE ESTO, NUNCA VERÁS A TRAVÉS DE NADA.

ES MEJOR NO HACER NADA. UNA VEZ QUE ACTÚAS, NO PUEDES EVITAR EL CICLO DE NACIMIENTO Y MUERTE. PERO UNA VEZ QUE VES TU NATURALEZA, ERES UN BUDA, AUNQUE TRABAJES COMO CARNICERO.

PERO LOS CARNICEROS CREAN KARMA AL SACRIFICAR ANIMALES. ¿CÓMO PUEDEN SER BUDAS?

SOLO HABLO DE VER TU NATURALEZA. NO HABLO DE CREAR KARMA. INDEPENDIENTEMENTE DE LO QUE HAGAMOS, NUESTRO KARMA NO NOS AFECTA. ...EN LA INDIA, LOS VEINTISIETE PATRIARCAS SÓLO TRANSMITÍAN LA HUELLA DE LA MENTE. Y LA ÚNICA RAZÓN POR LA QUE HE VENIDO A CHINA ES PARA TRANSMITIR LA ENSEÑANZA INSTANTÁNEA DEL MAHAYANA: ESTA MENTE ES EL BUDA. NO HABLO DE PRECEPTOS, DEVOCIONES O PRÁCTICAS ASCÉTICAS ....

EL LENGUAJE Y EL COMPORTAMIENTO, LA PERCEPCIÓN Y LA CONCEPCIÓN SON FUNCIONES DE LA MENTE EN MOVIMIENTO. TODO MOVIMIENTO ES EL MOVIMIENTO DE LA MENTE .... LA MENTE NI SE MUEVE NI FUNCIONA PORQUE LA ESENCIA DE SUS FUNCIONES ES EL VACIO. Y LA VACUIDAD ES ESENCIALMENTE INMÓVIL.

DE AHÍ QUE LOS SUTRAS NOS DIGAN QUE NOS MOVAMOS SIN MOVERNOS, QUE VIAJEMOS SIN VIAJAR, QUE VEAMOS SIN VER, QUE RIAMOS SIN REÍR, QUE OIGAMOS SIN

OÍR, QUE SEPAMOS SIN SABER, QUE SEAMOS FELICES SIN SER FELICES, QUE CAMINEMOS SIN CAMINAR, QUE ESTEMOS DE PIE SIN ESTAR DE PIE. Y LOS SUTRAS DICEN: "VE MÁS ALLÁ DEL LENGUAJE. VE MÁS ALLÁ DEL PENSAMIENTO". ...PODRÍA SEGUIR, PERO ESTE BREVE SERMÓN TENDRÁ QUE BASTAR.

Las enseñanzas de Bodhidharma en estos sutras son profundamente interesantes y de gran importancia para todos los peregrinos de la verdad. Pero hay algunas afirmaciones falsas. Y por primera vez, quizá estas afirmaciones falsas no se deban a la incomprensión de los discípulos; estas afirmaciones falsas han sido hechas por el propio Bodhidharma.

Por lo tanto, antes de entrar en los sutras, me gustaría aclarar algunas cosas.

En primer lugar, las enseñanzas de Gautam Buda han creado dos tipos de buscadores: uno se llama ARHATA y el otro BODHISATTVA.

El arhata es alguien que hace todo lo posible por iluminarse y, una vez iluminado, se olvida por completo de los que aún andan a tientas en la oscuridad. No le preocupan los demás. Le basta con iluminarse.

De hecho, según los arhatas, incluso la gran idea de la compasión no es más que, de nuevo, otro tipo de apego, y tiene algún significado que hay que comprender.

La compasión también es una relación; por hermosa y grande que sea, también es una preocupación por los demás. También es un deseo. Aunque sea un buen deseo, no hay diferencia. Según los arhatas, el deseo es una esclavitud, sea bueno o malo. Las cadenas pueden ser de oro o de acero, no importa; las cadenas son cadenas. La compasión es una cadena de oro.

El arhata insiste en que nadie puede ayudar a nadie en absoluto. La idea misma de ayudar a los demás se basa en fundamentos erróneos. Sólo puedes ayudarte a ti mismo.

A la mente ordinaria se le puede ocurrir que el arhata es muy egoísta. Pero si se mira sin prejuicios, tal vez él también tenga algo inmensamente importante que declarar al mundo: Incluso ayudar al otro es una intromisión en su vida, en su estilo de vida, en su destino, en su futuro. De ahí que los arhatas no crean en ninguna compasión. Para ellos, la compasión es otro hermoso deseo de mantenerte atado al mundo de los apegos. Es otro nombre, hermoso, pero sólo un nombre para una mente deseosa.

¿Por qué debería interesarte que otra persona se ilumine? No es asunto tuyo. Todo el mundo tiene libertad absoluta para ser él mismo. El arhata insiste en la individualidad y en su libertad absoluta. Incluso por el bien, no se puede permitir que nadie interfiera en la vida de los demás.

Por lo tanto, en el momento en que se ilumina, el arhata no acepta discípulos, nunca predica, nunca ayuda de ninguna manera. Simplemente vive en su éxtasis. Si alguien por su cuenta puede beber de su pozo, él no se lo impedirá, pero no te enviará una invitación. Si vienes a él por tu propia voluntad y te sientas a su lado y bebes de su presencia, y te metes en el camino, eso es asunto tuyo. Si te desvías, él no te detendrá.

En cierto modo, éste es el mayor respeto que se ha rendido jamás a la libertad individual, hasta el extremo más lógico. Incluso si estás cayendo en una profunda oscuridad, el arhata esperará en silencio. Si su presencia puede ayudar, está bien, pero no va a mover sus manos para ayudarte, para echarte una mano, para sacarte de una zanja. Eres libre de caer en una zanja y si puedes caer en una zanja, eres absolutamente capaz de salir de ella. La idea misma de compasión es ajena a la filosofía de los arhatas.

Gautam Buda aceptó que hay unas pocas personas que se convertirán en arhatas.

Y su camino se llamará HINAYANA, "el pequeño vehículo", el pequeño barco en el que sólo una persona puede ir a la otra orilla. Él no se molesta en crear un gran barco y reunir a una multitud en un Arca de Noé y llevarlos a la otra orilla.

Simplemente va él mismo en su pequeña barca, en la que ni siquiera caben dos. Ha nacido solo en el mundo, ha vivido y muerto millones de veces solo en el mundo; solo va hacia la fuente universal.

Buda acepta y respeta el camino del arhata, pero también sabe que hay personas que tienen una inmensa compasión y que, cuando se iluminan, su primer anhelo es compartir su alegría, compartir su verdad. La compasión es su camino.

También tienen algo de verdad profunda.

A estas personas se les llama bodhisattvas. Provocan e invitan a otros a la misma experiencia. Y esperan en esta orilla el mayor tiempo posible para ayudar a todos los buscadores que están dispuestos a avanzar por el camino, y que sólo necesitan un guía; necesitan una mano amiga. El bodhisattva puede posponer su marcha a la orilla más lejana por compasión hacia los ciegos que andan a tientas en la oscuridad.

Buda tenía una percepción tan completa y vasta que aceptaba ambas cosas: que es simplemente la naturaleza de unas pocas personas ser arhatas, y también es simplemente la naturaleza de otras pocas personas ser bodhisattvas.

Y este es el punto de vista de Gautam Buda, que tal es el caso, nada se puede hacer al respecto - un arhata será un arhata y un bodhisattva será un bodhisattva. Sus naturalezas tienen destinos diferentes, aunque finalmente lleguen a la misma meta. Pero después de alcanzar la meta hay una separación de caminos.

Los arhatas no permanecen en esta orilla ni un solo momento. Están cansados, ya han estado bastante tiempo en esta rueda del SAMSARA, moviéndose a través del nacimiento y la muerte millones de veces. Ya ha sido demasiado. Están aburridos y no quieren quedarse ni un minuto más. Su barco ha llegado, e inmediatamente comienzan a moverse hacia la orilla más lejana. Esta es su naturaleza.

Y hay bodhisattvas que pueden decirle al barquero: "Espera, no hay prisa. Ya he permanecido bastante tiempo en esta orilla, en la miseria, en el sufrimiento, en la angustia, en la agonía. Ahora todo eso ha desaparecido. Estoy en la dicha absoluta, el silencio y la paz, y no veo que haya nada más en la otra orilla. Así que mientras pueda arreglármelas, estaré aquí para ayudar a la gente".

Gautam Buda es sin duda una de esas personas que pueden ver la verdad incluso en las contradicciones. Acepta ambas sin hacer que nadie se sienta inferior o superior.

Pero los bodhisattvas llaman a su camino -contra el camino de los arhatas- MAHAYANA, "el gran vehículo", el gran barco. El otro es sólo un pequeño barco.

Pobres, simplemente van solos. Y ha habido un conflicto continuo durante veinticinco siglos después de Gautam Buda, entre estos dos enfoques diferentes.

Bodhidharma pertenece a los bodhisattvas. De ahí que haga muchas afirmaciones contra los arhatas que no son ciertas.

No pertenezco ni a los arhatas ni a los bodhisattvas. No pertenezco en absoluto al camino de Gautam Buda. Tengo mi propia visión, mi propia perceptividad. Por lo tanto, no tengo ninguna obligación de estar de acuerdo con Bodhidharma en todos los puntos, y especialmente en este; ni siquiera Gautam Buda habría estado de acuerdo con él. Él sigue una línea partidista particular.

En segundo lugar, era una persona escandalosa, muy feroz. Si has visto su foto ... puedes usarla para asustar a tus hijos. Pero esa no es su verdadera imagen; él era un príncipe, el hijo de un gran rey del sur de la India, Suha Verma - era un gran imperio de los Palavas. Debió ser un hombre hermoso. Pero esas imágenes no representan sus fotografías reales. Representan su extraña personalidad, su extravagancia.

Así que puede decir algunas cosas con las que no es necesario estar de acuerdo. Dejaré claro dónde dice cosas equivocadas sólo por pertenecer al Mahayana, a un partido concreto, a una ideología concreta. Siento un inmenso respeto tanto por los arhatas como por los bodhisattvas, del mismo modo que Gautam Buda.

El primer sutra:

ENTRE LOS DIEZ MAYORES DISCÍPULOS DE SHAKYAMUNI ... Shakyamuni es uno de los nombres de Gautam Buda, porque pertenece al clan de los Shakyas; su imperio era un antiguo imperio perteneciente al clan de los Shakyas. Era una raza guerrera, que habitaba justo en la línea fronteriza de Nepal y la India. Debido al clan Shakya, se le llama Shakyamuni. MUNI significa aquel que ha alcanzado el silencio definitivo.

ENTRE LOS DIEZ MAYORES DISCÍPULOS DE SHAKYAMUNI, ANANDA FUE EL PRIMERO EN APRENDER.

Ahora, Ananda es un caso especial, y hay que entender algo sobre él.

Ananda era primo-hermano de Gautam Buda, y unos años mayor que él.

Y forma parte de la cultura oriental que el hermano mayor sea casi como un padre, aunque sea un primo-hermano mayor.

Cuando Ananda vino a Gautam Buda para ser iniciado como discípulo, le dijo: "Escucha, Siddhartha"—Siddhartha era el nombre de Gautam Buda dado por sus padres. No se dirigió a él como Gautam Buda, se dirigió a él, "Escucha, Siddhartha"—era sólo su hermano menor. "Voy a ser iniciado por ti en sannyas, en el camino. Una vez que sea tu discípulo ya no seré tu hermano mayor. Una vez que sea tu discípulo, estarás en posición de darme órdenes y yo tendré que obedecer. Ahora mismo estoy en posición de darte órdenes y tú tendrás que obedecer. Antes de que la situación cambie, quiero que se recuerden algunas condiciones".

Gautam Buda dijo: "¿Cuáles son las condiciones?".

Ananda dijo: "No son muy grandes, pero para mí significan mucho. Uno, prométeme mientras aún sea tu hermano mayor que, después de convertirme en tu discípulo, no me dirás que me aleje de ti para predicar el mensaje a las masas. No, voy a estar contigo día y noche, toda tu vida. Quiero cuidar de tu cuerpo, de tu comodidad, de tu salud. No puedes impedírmelo. Esta promesa tienes que hacerla ahora mismo, antes de que ya no esté en condiciones de decir nada".

Buda dijo: "Concedido" ...porque como hermano menor, no hay otro camino en Oriente. Tienes que aceptar, respetuosamente, a aquellos que son mayores.

Ananda dijo: "Y la segunda condición es que yo pueda hacer cualquier pregunta -relevante, irrelevante, con sentido, sin sentido- y tú no puedas decir: 'Espera, algún día lo entenderás'. Tendrás que responderme inmediatamente; no puedes intentar posponerlo. No puedes buscar excusas... 'Mañana veré'. Siempre que haga la pregunta, inmediatamente tendrás que darme la respuesta".

Gautam Buda dijo: "Concedido".

Y Ananda dijo: "Tercero, si traigo a alguien para que se reúna contigo -incluso en mitad de la noche, cuando estás dormido-, no podrás decir que no. Tendrás que conocer a la persona, sea quien sea".

Gautam Buda se rió y dijo: "Concedido".

Pero Ananda le dijo: "¿Por qué te ríes?".

Me dijo: "Eso no forma parte de las condiciones. Ahora te inicias, y entonces puedes preguntar por qué me he reído. Siempre que hagas la pregunta, la responderé—pero las tres condiciones están completas".

Ananda se convirtió en discípulo y vivió con Gautam Buda durante cuarenta y dos años ininterrumpidos, día tras día. Las primaveras iban y venían, las estaciones cambiaban, año tras año; era como una sombra para Gautam Buda.

Pero mucha gente vino después de Ananda y se convirtieron en discípulos y se iluminaron - y Ananda permaneció sin iluminación. Después de veinte años le preguntó a Gautam Buda: "¿Qué está pasando? La gente que ha venido después de mí se ha iluminado... y yo he estado tan cerca de ti. Nadie te ha escuchado más de lo que yo te he escuchado, nadie tiene la intimidad que yo tengo contigo.

¿Por qué no me ilumino?".

Gautam Buda dijo: "Ahora puedes entender por qué me reí, ¿recuerdas?

Veinte años antes, cuando me pediste, antes de la iniciación, tres condiciones, me reí. Esta fue la razón: porque tus condiciones serían una barrera. No puedes olvidar que eres mi hermano mayor. Aunque te hayas convertido en discípulo, en el fondo sabes que eres mi hermano mayor. Ese es tu ego más sutil, aunque hayas estado conmigo más que nadie y me hayas escuchado mejor que nadie. Te has vuelto tan conocedor, tan erudito, que has memorizado cada sermón que he dado. Tienes una memoria inmensa, pero no tienes experiencia propia. Puedes repetir mecánicamente todo lo que he dicho en veinte años. Pero tu ego sutil, que eres mi hermano mayor y tienes un privilegio especial de tres condiciones, está funcionando como una barrera. No te iluminarás hasta que yo muera".

Y en realidad, así es como sucedió. Después de cuarenta y dos años de iniciación, Gautam Buda murió. Y entre diez mil discípulos, Ananda fue el primero que rompió a llorar cuando Buda dijo: "Ahora quiero despedirme de todos vosotros. Mi cuerpo está viejo y cansado, y todo lo que quería decir, ya lo he dicho. Ahora quiero entrar en el descanso definitivo".

Ananda estaba sentado a su derecha y estalló como un niño pequeño, aunque era mayor que Gautam Buda. Y Gautam Buda dijo: "¿Por qué, Ananda, lloras y lloras? No estoy muriendo ignorante, estoy muriendo absolutamente realizado, iluminado - y no una iluminación ordinaria, una iluminación que nunca ha sido superada antes. Y también estoy muriendo inmensamente realizado porque nunca antes tantos discípulos de un solo maestro se habían iluminado. Voy al descanso definitivo, porque para mí no hay muerte".

Ananda dijo: "No estoy llorando por ti. Me has malinterpretado. Lloro por mí, porque durante cuarenta y dos años te he seguido como una sombra, día tras día, y aún no me he iluminado. Sigo tan inconsciente como siempre. ¿Qué será de mí cuando te hayas ido? Y no creo que en los siglos venideros vaya a conocer a nadie de tu calibre, ni que vaya a tener la oportunidad de ser tan íntimo y estar tan cerca. Me dejas en una oscuridad que parece no tener amanecer".

Gautam Buda volvió a reír, e incluso con lágrimas en los ojos, Ananda no pudo resistirse a preguntarle: "¿Por qué te ríes? Te ríes en momentos extraños".

Gautam Buda dijo: "Dentro de veinticuatro horas lo sabrás. Porque una vez que yo haya muerto, dentro de veinticuatro horas te habrás iluminado. Cuando yo muera, tú ya no serás mi hermano mayor. Una vez que yo haya muerto, tu ego sutil también desaparecerá; no puede desaparecer mientras yo esté vivo."

Y en realidad sucedió de la misma manera: en veinticuatro horas, Ananda se iluminó. No abandonó el lugar, no comió ni bebió ni se fue a dormir. Permaneció sentado allí con los ojos cerrados, bajo aquellos dos árboles saal donde Gautam Buda se había tumbado y había entrado en el sueño eterno.

Ananda permaneció en el mismo lugar con los ojos cerrados, con la absoluta determinación de que sólo abriría los ojos si se le abrían los ojos del interior. Si se ilumina, sólo entonces volverá a ver el mundo exterior con sus ojos. De lo contrario, permanecerá dentro de sí mismo.

Primero quiere ver su propia naturaleza; sólo entonces moverá sus ojos o moverá su cuerpo de este lugar. De lo contrario, morirá aquí. Con tal determinación, con tal compromiso absoluto .... La noche que había sido vista por él como sin un amanecer, terminó rápidamente, en veinticuatro horas. Estaba iluminado. Pero siguió siendo un arhata. Esa era su singularidad, ser un arhata.

La condena de Bodhidharma a Ananda en un punto es correcta, en otro punto es errónea. El dice: ANANDA FUE EL PRIMERO EN APRENDER, PERO NO CONOCIO AL BUDA. Eso es verdad.

TODO LO QUE HIZO FUE ESTUDIAR Y MEMORIZAR. Eso es verdad.

LOS ARHATS NO CONOCEN AL BUDA.

Eso es erróneo. Los arhatas se convierten ellos mismos en budas; no es cuestión de que no conozcan al Buda. Sí, como un erudito, como un gran erudito, como un hombre inmensamente estudioso y un hombre de tremenda memoria, no ha sabido cuál es la naturaleza de la iluminación, qué es la budeidad. Pero no es por ser un arhata. En el momento en que se iluminó, ENTONCES se convirtió en un arhata. La condición de arhata o bodhisattva viene después de la iluminación, no antes.

Sólo cuando te iluminas te das cuenta de cuál es tu naturaleza. ¿Hay algún deseo de compasión o ningún deseo de compasión? ¿Estás listo para dejar esta orilla inmediatamente, o vas a quedarte aquí para ayudar a algunas personas a iluminarse?

Sé que esta afirmación de que LOS ARHATAS NO CONOCEN AL BUDDHA no es culpa de la persona que ha tomado las notas. Es una afirmación de Bodhidharma, porque él es un bodhisattva y el conflicto entre bodhisattvas y arhatas tiene veinticinco siglos. Siguen condenándose unos a otros. Simplemente no pueden entender a una persona que se ilumina y no tiene compasión.

El bodhisattva no puede comprender que la iluminación es posible sin compasión y el arhata no puede comprender que un hombre iluminado todavía tiene el deseo de ayudar; todavía no se ha vuelto sin deseos. Todavía quiere interferir en el estilo de vida de los demás. Si ellos no quieren despertar, ¿quién eres tú para despertarlos? Entonces sólo muévete silenciosamente para que su sueño no se rompa... hacia el arhata que es la verdadera compasión. No quieres interferir en la vida de nadie; cada uno tiene que vivir su propia vida según su propia luz, según su propia individualidad. Y cuando le llegue el momento de iluminarse, se iluminará. No se puede obligar a nadie a iluminarse. No es algo que se pueda persuadir o seducir.

Ni el arhata puede comprender al bodhisattva, ni el bodhisattva puede comprender al arhata. Son polos diametralmente opuestos. Por eso digo que este error no es del que toma las notas, este error proviene del propio Bodhidharma; él no es un arhata.

En la actualidad, los países budistas se dividen en secciones. Por ejemplo, Japón pertenece al Mahayana, la tierra de los bodhisattvas, y Sri Lanka al Hinayana, la tierra de los arhatas. En Sri Lanka no se respeta en absoluto el Zen. Si hablas de Bodhidharma en Sri Lanka, simplemente se reirán de ti: "¡Ese hombre estaba loco!". Y si hablas de arhatas como Ananda en Japón, simplemente dirán: "Ese hombre era totalmente egoísta; toda su vida fue tan ciegamente egoísta que estuvo poniendo condiciones a Gautam Buda y cuando se iluminó, entonces simplemente desapareció, se fue a la otra orilla, a la eternidad -sin preocuparse ni por un solo momento de que hay personas que necesitan unas pocas directrices, unos pocos consejos; que son casos límite, sólo un pequeño empujón y darán el salto cuántico".

Pero si Bodhidharma no hubiera tenido prejuicios, si también hubiera sido capaz de comprender la posición del punto de vista totalmente opuesto, habría dicho: "Los expertos, la gente culta, los eruditos no conocen al Buda". Y entonces habría sido perfectamente correcto. Utilizar la palabra ARHATA simplemente no sólo es erróneo, sino que muestra una actitud muy fanática: "Sólo yo tengo razón y todos los demás están equivocados".

Me gustaría cambiar la palabra ARHATAS por expertos, eruditos, gente culta... sólo para ayudar a Bodhidharma a entrar en razón.

LOS EXPERTOS NO CONOCEN AL BUDA. TODO LO QUE CONOCEN SON MUCHAS PRÁCTICAS PARA LA REALIZACIÓN, Y QUEDAN ATRAPADOS POR LA CAUSA Y EL EFECTO. TAL ES EL KARMA DE UN MORTAL: NO ESCAPAR DEL NACIMIENTO Y LA MUERTE. AL HACER LO CONTRARIO DE LO QUE ÉL PRETENDÍA, ESAS PERSONAS BLASFEMAN DEL BUDA.

Esta afirmación puede ser cierta sobre los expertos, pero esta afirmación es absolutamente errónea sobre los arhatas. Y esto muestra su actitud fanática cuando dice, MATARLOS NO SERÍA INCORRECTO.

No puedo estar de acuerdo con él. Él está diciendo: "Matar a los arhatas no estaría mal".

Y según Gautam Buda incluso matar a una hormiga está mal y el arhata es al menos algo mejor que una hormiga.

Pero esta es su actitud fanática, y es debido a esta actitud fanática y escandalosa que su imagen ha sido representada tan ferozmente. Es cierto que no se habría molestado: si hubiera habido necesidad de matar a un arhata, habría matado.

Era un hombre de palabra; lo que dice lo dice en serio. No se puede intentar decir que es sólo simbólico. Bodhidharma no habla con símbolos, dice exactamente lo que quiere decir:

MATARLOS NO ESTARÍA MAL. LOS SUTRAS DICEN: "PUESTO QUE LOS ICCHANTIKAS SON INCAPACES DE CREER, MATARLOS NO TENDRÍA CULPA, MIENTRAS QUE LAS PERSONAS QUE CREEN ALCANZAN EL ESTADO DE BUDA".

Ahora, algo más tiene que ser entendido—esta palabra, ICCHANTIKAS. Significa personas que son unidimensionales, que sólo conocen un aspecto de la verdad.

Y lo opuesto a los icchantikas son personas como Mahavira y los tirthankaras jaina; se les llama ANICCHANTIKAS, personas que miran desde todos los aspectos de la verdad. Mahavira estaba tan profundamente arraigado en la actitud de ser multidimensional que fue el primer hombre en toda la historia de la humanidad que introdujo la teoría de la relatividad.

Occidente tardó veinticinco siglos.

Sólo Albert Einstein, a través de un camino muy diferente como científico, trajo el mismo mensaje, la misma filosofía de la teoría de la relatividad. Mahavira dice que cualquier cosa que digas es sólo relativa. Él estaba tan metido en su teoría de la relatividad que nunca hizo una sola afirmación sobre nada—porque cualquier afirmación sólo mostrará un aspecto. ¿Qué pasa con otros aspectos?

Descubrió que cada verdad tiene siete aspectos. Así que si le haces una pregunta, te responderá con siete respuestas, y esas siete respuestas se contradirán entre sí. Volverás del encuentro con Mahavira más confundido de lo que nunca has estado - y él era la persona más clara que jamás haya pisado la tierra. Pero su enfoque era multidimensional.

Por ejemplo, si preguntas a Mahavira: "¿Qué piensas de Dios?" ...en primer lugar, él nunca empezaba sus declaraciones sin la palabra "quizás". Cada declaración comienza con "tal vez", porque estar seguro es ser un fanático.

"Quizás" te mantiene abierto: el otro también puede tener razón, lo contrario también puede tener razón. El "quizás" no cierra la puerta, sino que te mantiene alerta y atento a otras posibilidades.

Preguntas por Dios: los cristianos son icchantikas; dirán: "Sí, hay un Dios y sólo un Dios". Si preguntas a los mahometanos, dirán que sólo hay un Dios. Estos son icchantikas. Creen de una manera que sólo puede llamarse unidimensional. No miran otras posibilidades—tienen miedo de mirar otras posibilidades. Por eso tienen un Dios y un profeta, ni siquiera dos profetas para los mahometanos, porque hay peligro: si tomas dos profetas, pueden contradecirse, pueden decir algo, pueden no estar de acuerdo el uno con el otro. Habrá problemas.

Es mejor quedarse con un solo profeta, un solo Dios, una sola escritura sagrada. Estas son personas que tienen miedo de una realidad multidimensional.

En contra están personas como Mahavira, que se van al otro extremo: no dicen nada de forma absoluta, siempre lo afirman todo de forma relativa.

Preguntas por Dios y Mahavira tiene siete afirmaciones y no puedes averiguar si Dios existe o no.

De esas siete afirmaciones, la primera es:

"Quizás Dios lo sea... pero PERO. Yo no puedo ser absoluto; tú tampoco. Hay una posibilidad". Una afirmación relativa—"Quizás hay un Dios".

Esta es su primera declaración.

Su segunda afirmación: "Quizá no exista Dios, porque ¿quién sabe?—hay muchas posibilidades de que el ateo tenga razón. Nadie lo ha visto nunca. Así que todo lo que podemos decir es, tal vez no hay Dios".

Pero después de oír estas dos afirmaciones: "Quizá exista Dios, quizá no exista Dios...", uno se pregunta: ¿entonces en qué voy a creer? De ahí viene su tercera afirmación: "Tal vez ambas cosas sean verdad". Pero, naturalmente, uno va a preguntar: "¿Cómo pueden ser ambas verdaderas?".

Luego viene su cuarta afirmación: "Quizá ambas cosas no sean ciertas". Y así sigue—siete afirmaciones—y estarás tan confundido... "¡Quizás no era correcto hacer la pregunta! Antes estaba mejor". Es debido a este enfoque multidimensional y relativo que Mahavira no pudo conseguir muchos seguidores. Puede haber muy pocos locos a los que no les importe lo que signifique, que simplemente se enamoren de la personalidad de Mahavira. Es un hombre hermoso, de inmensa presencia y grandeza, por lo que unos pocos locos pueden enamorarse de él. No les importa lo que dice. Sólo les importa lo que él es: "No te preocupes por lo que dice; sólo mira su belleza, su luz, sus ojos con tanta grandeza y profundidad, y toda su vida como una canción, como un éxtasis. No te preocupes por lo que dice; no es asunto nuestro. El HOMBRE tiene razón. Sus declaraciones pueden ser correctas, pueden no serlo. Él mismo dice 'tal vez'". Pero las declaraciones de Bodhidharma que: COMO LOS ICCHANTIKAS SON INCAPACES DE CREER, MATARLOS SERÍA INJUSTO, MIENTRAS QUE LAS PERSONAS QUE CREEN ALCANZAN EL ESTADO DE BUDDHAHOOD ...no puedo apoyar esta afirmación.

Icchantikas, las personas que creen en lo absoluto de la verdad tienen derecho a existir y a vivir según su luz, al igual que las personas que creen en una percepción relativa de la verdad tienen derecho a vivir y a vivir según su propia visión. Todo el mundo tiene derecho a vivir según su propia experiencia y a encontrar su camino. Nadie tiene derecho a matar a nadie.

Pero Bodhidharma es, en cierto modo, muy sincero. Simplemente dice lo que siente sinceramente. No se puede dudar de su sinceridad; se puede negar su declaración, pero no se puede negar su intención. Los cristianos han estado matando mahometanos, judíos; los mahometanos han estado matando hindúes; los hindúes han estado matando budistas.

Aunque nadie dice "Ve y mata a los que no creen en tu filosofía", eso es lo que ha estado ocurriendo en todo el mundo. Al menos Bodhidharma es sincero. Él nunca ha matado a nadie, pero está diciendo su actitud en términos claros, que su comprensión es tan valiosa para él, tan verdadera, que incluso si una persona que no sigue su comprensión tiene que ser asesinada, es irreprochable. Aunque nunca ha matado a nadie...tiene una manera feroz de hablar, de vivir, pero tiene un corazon muy blando.

Pero las religiones han actuado sin decirlo. No se puede decir que ninguna religión del mundo se haya comportado con amor y respeto hacia los demás. Todas las religiones piensan que son las únicas correctas; que tienen el monopolio de la verdad y que todos los demás están equivocados.

Mi opinión es que todo el mundo tiene derecho a tener razón o a equivocarse. Y si alguien decide equivocarse, hay que respetarle y quererle. Es su decisión, y si quiere vivir su decisión, no es asunto de nadie interferir en su vida y en su filosofía. ...LAS PERSONAS QUE VEN QUE SUS NO-MINDS SON EL BUDDHA NO NECESITAN AFILARSE LA

CABEZA.

En esto estoy totalmente de acuerdo con Bodhidharma. Si ves tu naturaleza, entonces no hay necesidad de hacer ninguna estupidez: afeitarte la cabeza o estar desnudo o pararte sobre tu cabeza o hacer todo tipo de contorsiones de tu cuerpo que son buenas en un circo pero no en la búsqueda de la verdad, en la búsqueda de tu propia naturaleza, en la búsqueda de Dios.

LOS LAICOS TAMBIÉN SON BUDAS.

En esto puedo estar absolutamente de acuerdo con Bodhidharma. No es sólo para los monjes encontrar la verdad. Incluso un laico, si encuentra un poco de tiempo para estar en silencio y meditar y descubre su propia naturaleza en su propia casa, en el mercado, se convertirá en buda. No hay ningún problema en que tenga que estar en un monasterio o en que tenga que renunciar al mundo. Yo también insisto en que nadie tiene que renunciar al mundo.

El mundo no es el problema, el problema es tu inconsciencia. Renuncia a tu inconsciencia, no te preocupes por el mundo. ¿Qué puede hacerte el mundo?

Puedes vivir en un palacio, el palacio no puede impedir tu iluminación. Puedes vivir en la pobreza absoluta, la pobreza no puede ayudar a tu iluminación. En la pobreza o en la riqueza, en la choza de un pobre o en un palacio, lo básico es tu meditación, tu conciencia. Dondequiera que ocurra, te iluminarás. No tienes que renunciar a nada.

Es absolutamente cierto:

LOS LAICOS TAMBIÉN SON BUDAS. A MENOS QUE VEAN SU NATURALEZA, LAS PERSONAS QUE SE AFEITAN LA CABEZA SON SIMPLES FANÁTICOS.

Hay que entender que el propio Bodhidharma está haciendo declaraciones que son declaraciones de un fanático—pero siempre es fácil ver una pequeña paja en el ojo ajeno, y es muy difícil ver incluso un camello en tu propio ojo.

La gente nunca piensa en sus propias afirmaciones, en su propio comportamiento, en su propia vida. Siempre están mirando a los demás -son muy hábiles y elocuentes a la hora de encontrar lo que está mal en otra persona- y puede que ellos mismos estén cargando con miles de males y permanezcan completamente inconscientes. Pero así es la naturaleza humana, así es la fragilidad humana.

El discípulo pregunta a Bodhidharma: PERO COMO LOS LAICOS CASADOS NO DEJAN EL SEXO, ¿CÓMO PUEDEN LLEGAR A SER BUDDHAS?

Y aquí puedo apoyar a Bodhidharma con todo mi ser. Lo que dice es de tremenda importancia, porque lo decía hace mil cuatrocientos años.

Sigmund Freud no había nacido aún; Alfred Adler estaba todavía muy lejos en el futuro; Havelock Ellis o Carl Gustav Jung o Assagioli o Masters y Johnson - personas que han estado trabajando profundamente en el estudio de la sexualidad del hombre no habían llegado a existir todavía. Pero lo que dice Bodhidharma es tan luminoso, tan grandioso y tan grandioso que incluso esta simple afirmación podría haberlo convertido en un pionero.

Dice: SÓLO HABLO DE VER TU NATURALEZA. NO HABLO DE SEXO SIMPLEMENTE PORQUE NO VES TU NATURALEZA. UNA VEZ QUE VES TU NATURALEZA, EL SEXO ES BASICAMENTE INMATERIAL.

Esta es una gran visión, y de un hombre que fue considerado uno de los mayores santos del budismo. En el momento en que te iluminas, el sexo es inmaterial. Es la misma materia de la que están hechos los sueños; desaparecerá por sí mismo. No tienes que reprimirlo, no tienes que ir contra él.

TERMINA JUNTO CON TU DELEITE EN ÉL. A medida que maduras en tu meditación, el sexo se vuelve cada vez menos interesante. El día en que te sintonices plenamente con la existencia, el sexo desaparecerá como una gota de rocío bajo el sol de la mañana.

Y a menos que el sexo desaparezca por sí mismo, es muy peligroso dejarlo caer, forzarlo, porque entonces crearás todo tipo de perversiones. Y todas las religiones del mundo han creado seres humanos pervertidos: homosexualidad, lesbianismo, sodomía... y la gente sigue inventando expresiones extrañas y pervertidas para su energía sexual porque su religión condena el sexo.

El sexo es algo natural, biológico. A menos que trasciendas tu biología, a menos que trasciendas tu cuerpo, a menos que te sintonices con algo más allá de la mente, el sexo va a permanecer ahí de una forma u otra. Y si va a seguir ahí, es mejor que siga siendo natural, biológico, porque el sexo pervertido está empeorando. El sexo natural puede ser sublimado, el pervertido es más difícil de transformar.

Nunca he oído hablar de ningún homosexual que se haya iluminado, nunca he oído hablar de ningún impotente que se haya iluminado. Esto no puede ser sólo una coincidencia. De hecho, el hombre impotente debería iluminarse antes que nadie, ¡porque es un célibe nato! Todos los demás célibes son sólo pésimos célibes, goteando de aquí, goteando de allá—la persona impotente está absolutamente segura de ser célibe. Pero la persona impotente nunca se ha iluminado.

De hecho, es la propia energía sexual la que se transforma en tu iluminación.

Porque el hombre impotente no tiene energía sexual, está en la peor condición; no puede ir más alto, no tiene la energía para volar como un águila a través del sol.

No puede convertirse en un Gautam Buda o un Bodhidharma.

Bodhidharma está diciendo que el sexo es inmaterial; lo importante es conocer tu propia naturaleza, conocer tu ser. Y entonces todo lo que se necesita sucederá por sí mismo.

AUNQUE PERMANEZCAN ALGUNOS HÁBITOS, NO PUEDEN PERJUDICARTE.

Esta es una afirmación muy significativa de un hombre iluminado. AUNQUE ALGUNOS HÁBITOS PERMANEZCAN, NO PUEDEN DAÑARTE.

Por ejemplo, si sigues fumando... no veo que un hombre iluminado pueda ser perturbado de ninguna manera por fumar. La iluminación que se perturba por fumar o beber té o café no tendrá mucho valor. Tus pequeños hábitos—jugar a las cartas ...no veo que haya ninguna posibilidad de que pueda dañar tu iluminación.

Bodhidharma es aquí inmensamente compasivo y comprensivo: PORQUE TU NATURALEZA ES ESENCIALMENTE PURA.

Lo que hagas no hace ninguna diferencia. Una vez que conoces tu naturaleza pura esencial, todo te está permitido. Entonces eres capaz de decidir por ti mismo lo que está bien y lo que está mal. Por eso ha habido tantos problemas, tantas dificultades para entenderse. Pequeñas diferencias de hábitos se han convertido en grandes barreras para el entendimiento.

Mahoma solía comer por la noche. De hecho, los mahometanos ayunan durante el día y comen por la noche. En sus días religiosos, todo el día ayunan desde el amanecer hasta el atardecer y por la noche tienen un buen banquete. Ahora, los Jainas no pueden entender eso en absoluto. Durante el día puedes comer, ¿pero por la noche? ¿Y eso también en un día religioso?

Cuando los jainas ayunan no comen durante días, e incluso el agua sólo la beben durante el día, no por la noche. Naturalmente, piensan que los mahometanos están haciendo algo mal. Pero no conocen la situación en la que vivió Mahoma, en la que nació el mahometismo. Es una religión del desierto, donde el día es tan caluroso que es más fácil ayunar durante el día. Es más fácil festejar durante la noche, cuando las cosas se enfrían y el cielo se llena de estrellas y el desierto se convierte en un lugar hermoso y silencioso. Durante el día hace un calor abrasador.

Ramakrishna continuó comiendo pescado. Ahora, los Jainas no pueden aceptar a Ramakrishna como iluminado. ¿Puede un hombre iluminado comer pescado? Pero si entiendes la declaración de Bodhidharma, puedes perdonar a Ramakrishna ...sólo un viejo hábito, sólo por vivir en Bengala donde el arroz y el pescado son el único alimento. Desde su infancia ha estado comiendo arroz y pescado, y todos los demás lo comen también. Incluso cuando se iluminó, el viejo hábito continuó. Se vuelve inmaterial.

En todo este mundo, las situaciones son diferentes, los climas son diferentes. Hay climas fríos en los que el alcohol puede ser una necesidad esencial. Por ejemplo, en la Unión Soviética puede ser imposible incluso para una persona ilustrada no beber vodka.

Hace tanto frío que se te hiela hasta la sangre: hace falta un poco de calor.

Un hombre verdaderamente religioso es muy comprensivo—comprensivo de las diferentes personas, de las diferentes condiciones, de las diferentes situaciones geográficas, de los diferentes climas, de las diferentes edades, de los diferentes patrones, de los diferentes hábitos. Y las pequeñas cosas no pueden perturbar una gran experiencia como la iluminación.

A PESAR DE HABITAR EN UN CUERPO INMATERIAL DE CINCO AGREGADOS, TU NATURALEZA ES BÁSICAMENTE

PURA. NO PUEDE CORROMPERSE.

Nada puede corromper tu conciencia. Es intrínsecamente incorruptible.

...UNA VEZ QUE DEJES DE AFERRARTE Y PERMITAS QUE LAS COSAS SEAN, SERÁS LIBRE, INCLUSO DEL NACIMIENTO Y LA MUERTE. LO TRANSFORMARÁS TODO.

POSEERÁS PODERES ESPIRITUALES QUE NO PODRÁN SER OBSTRUIDOS. Y ESTARÁS EN PAZ DONDEQUIERA QUE ESTÉS. SI DUDAS DE ESTO, NUNCA VERÁS A TRAVÉS DE NADA. ES MEJOR QUE NO HAGAS NADA. UNA VEZ QUE ACTÚAS, NO PUEDES EVITAR EL CICLO DE NACIMIENTO Y MUERTE. PERO UNA VEZ QUE VES TU NATURALEZA, ERES UN BUDA, AUNQUE TRABAJES COMO CARNICERO.

De hecho, ha sucedido: En Japón, un carnicero se iluminó. Era el carnicero del emperador, y cuando se iluminó, hasta el emperador vino a presentarle sus respetos. El emperador no podía creerlo, porque había visto al carnicero cortando animales justo detrás de su palacio... y le preguntó: "¿Qué pasa con mi cocina? Te has iluminado, obviamente no vas a hacer tu antigua profesión".

El maestro se rió. Dijo: "No, continuaré. Ahora puedo descuartizar animales con más compasión, con más amor, con más gracia. Y, de todos modos, los descuartizará otra persona, que no será tan compasiva como yo, que no tendrá tanta gracia con ellos como yo. Cuando van a ser descuartizados, ¿qué más da?

"Y en cuanto a mi iluminación, permanece incorrupta en cualquier situación. Mi cielo interior no puede volver a nublarse. He llegado a un punto del que no se puede retroceder. Así que no te preocupes; volveré mañana, a mi profesión". Y siguió vivo durante casi veinte años después de su iluminación. Por la mañana se dedicaba a matar animales y por la tarde enseñaba a sus discípulos la iluminación.

Y no sólo se iluminó él, sino también algunos de sus discípulos.

Bodhidharma tiene razón: si comprendes que eres un buda, si ves tu naturaleza, entonces aunque trabajes como carnicero es inmaterial.

Preguntó el discípulo: PERO LOS CARNICEROS CREAN KARMA AL SACRIFICAR ANIMALES. ¿CÓMO PUEDEN SER

BUDAS?

SOLO HABLO DE VER TU NATURALEZA. NO HABLO DE CREAR KARMA. INDEPENDIENTEMENTE DE LO QUE HAGAMOS, NUESTRO KARMA NO NOS AFECTA.

Una vez que te conoces a ti mismo, nada tiene poder sobre ti. Tu libertad es absolutamente incorruptible. No puedes hacer nada que pueda ir en contra de tu libertad. ...EN LA INDIA, LOS VEINTISIETE PATRIARCAS SÓLO TRANSMITIERON LA IMPRESIÓN DE LA NO-MENTE. Y LA ÚNICA RAZÓN POR LA QUE HE VENIDO A CHINA ES PARA TRANSMITIR LA ENSEÑANZA INSTANTÁNEA DEL MAHAYANA: ESTA NO-MENTE ES EL BUDDHA. NO HABLO DE PRECEPTOS, DEVOCIONES O PRÁCTICAS ASCÉTICAS ....

EL LENGUAJE Y EL COMPORTAMIENTO, LA PERCEPCIÓN Y LA CONCEPCIÓN SON FUNCIONES DE LA MENTE EN MOVIMIENTO. TODO MOVIMIENTO ES EL MOVIMIENTO DE LA MENTE .... LA NO-MENTE NI SE MUEVE NI FUNCIONA. PORQUE LA ESENCIA DE SU FUNCIÓN ES EL VACÍO, Y EL VACÍO ES ESENCIALMENTE INMÓVIL.

DE AHÍ QUE LOS SUTRAS NOS DIGAN QUE NOS MOVAMOS SIN MOVERNOS, QUE VIAJEMOS SIN VIAJAR, QUE VEAMOS SIN VER, QUE RIAMOS SIN REÍR, QUE OIGAMOS SIN OÍR, QUE SEPAMOS SIN SABER, QUE SEAMOS FELICES SIN SER FELICES, QUE CAMINEMOS SIN CAMINAR, QUE ESTEMOS DE PIE SIN ESTAR DE PIE. Y LOS SUTRAS DICEN: "VE MÁS ALLÁ DEL LENGUAJE. VE MÁS ALLÁ DEL PENSAMIENTO". ... PODRÍA SEGUIR, PERO ESTE BREVE SERMÓN TENDRÁ QUE BASTAR.

Esta afirmación parece difícil—CAMINAR SIN CAMINAR, OÍR SIN OÍR, HABLAR SIN HABLAR—pero no es difícil en absoluto, sólo un poco de comprensión .... Si hablas espontáneamente, sin preparación, sin saber qué palabra vas a pronunciar, estás hablando sin hablar. La acción espontánea es sin ninguna actividad de tu parte. Simplemente permites que la existencia cante su propia canción.

Por ejemplo, ahora mismo estoy hablando sin hablar. Simplemente estoy permitiendo que todo mi ser responda a los sutras de Bodhidharma, sin saber en absoluto cuál va a ser mi siguiente palabra. Igual que tú lo oyes, yo también lo oigo. Igual que tú estás sentado ahí, yo también estoy sentado ahí. Esta silla está vacía. Hay una forma de hablar cuando te preparas, cuando no hablas con tu responsabilidad de momento a momento, sino que simplemente repites como un loro algo que has ensayado, que has estado practicando.

Todas las acciones que se enumeran aquí y muchas más en tu vida, puedes hacerlas de dos maneras. Una es fuera de la conciencia, en el momento presente, sin preparación, espontáneamente, permitiendo que la existencia te posea, hable a través de ti o actúe a través de ti. Entonces estás absolutamente fuera de la trampa de tus acciones o tus palabras. Sólo eres un observador. No actúas, simplemente observas lo que sucede.

Esta vigilancia, este testimonio, es el secreto último de crear una vida religiosa, de crear una vida de trascendencia, una vida de espiritualidad, de iluminación, de budeidad.

¿De acuerdo?

Sí, Maestro.

Los muertos no sangran

AMADO MAESTRO,
SERMÓN DEL DESPERTAR DE BODHIDHARMA.

LA ESENCIA DEL CAMINO ES EL DESAPEGO Y LA META DE QUIENES LO PRACTICAN ES LIBERARSE DE LAS APARIENCIAS. LOS SUTRAS DICEN: "EL DESAPEGO ES LA ILUMINACIÓN PORQUE NIEGA LAS APARIENCIAS". ...LOS TRES REINOS SON LA AVARICIA, LA IRA Y EL ENGAÑO. SALIR DE LOS TRES REINOS SIGNIFICA VOLVER DE LA CODICIA, LA IRA Y EL ENGAÑO A LA MORTALIDAD, LA MEDITACIÓN Y LA SABIDURÍA. LOS SUTRAS DICEN: "LOS BUDAS SÓLO SE HAN CONVERTIDO EN BUDAS MIENTRAS VIVÍAN CON LOS TRES VENENOS Y SE ALIMENTABAN DEL DHARMA PURO". LOS TRES VENENOS SON LA AVARICIA, LA IRA Y EL ENGAÑO ....

EL GRAN VEHÍCULO ES EL MAYOR DE TODOS LOS VEHÍCULOS. ES EL VEHÍCULO DE LOS BODHISATTVAS, QUE USAN TODO SIN USAR NADA, Y QUE VIAJAN TODO EL DÍA SIN VIAJAR. TAL ES EL VEHÍCULO DE LOS BUDAS. LOS SUTRAS DICEN: "NINGÚN VEHÍCULO ES EL VEHÍCULO DE LOS BUDAS". LOS SUTRAS DICEN: "LA CUEVA DE LOS CINCO AGREGADOS ES LA SALA DEL ZEN, LA APERTURA DEL OJO INTERIOR ES LA PUERTA DEL GRAN VEHÍCULO". ¿QUÉ PUEDE SER MÁS CLARO?

NO PENSAR EN NADA ES ZEN. UNA VEZ QUE SABES ESTO, CAMINAR, ESTAR DE PIE, SENTADO O TUMBADO, TODO LO QUE HACES ES ZEN. SABER QUE LA MENTE ESTÁ VACÍA ES VER AL BUDA.

LOS BUDAS DE LAS DIEZ DIRECCIONES NO TIENEN MENTE. VER LA AUSENCIA DE MENTE ES VER AL BUDA.

RENUNCIAR A TI MISMO SIN REMORDIMIENTOS ES LA MAYOR CARIDAD.

TRASCENDER EL MOVIMIENTO Y LA QUIETUD ES LA MEDITACIÓN MÁS ELEVADA.

LOS MORTALES SE MANTIENEN EN MOVIMIENTO MIENTRAS QUE LOS ARHATS PERMANECEN QUIETOS. PERO LA MEDITACIÓN MÁS ELEVADA SUPERA TANTO A LA DE LOS MORTALES COMO A LA DE LOS ARHATS.

LAS PERSONAS QUE ALCANZAN TAL COMPRENSIÓN SE LIBERAN DE TODAS LAS APARIENCIAS SIN ESFUERZO Y CURAN TODAS LAS ENFERMEDADES SIN TRATAMIENTO. TAL ES EL PODER DEL GRAN ZEN.

Bodhidharma es más claro y transparente que cualquier otro iluminado.

Pero la experiencia de la iluminación es tal que aún puedes cometer errores.

Esto es algo que hay que comprender. La gente suele pensar que el hombre iluminado no puede cometer errores. Esa es su expectativa, pero no es fiel a la realidad.

Lo mismo ha sido la expectativa de otras religiones, que sus profetas no pueden cometer errores. Aunque el CORÁN está lleno de errores, los mahometanos no están dispuestos a aceptar que su profeta Mahoma pueda cometer ningún error. LA BIBLIA está tan llena de errores, pero aún así los papas siguen declarando durante veinte siglos continuamente que son infalibles. Y su falibilidad es tan evidente.

Sólo como ejemplo, Juana de Arco fue declarada bruja por el Papa de la época.

Y el Papa definió a una bruja -que no es el significado de la palabra "bruja"- como alguien que tiene relaciones sexuales con el diablo. El significado de la palabra "bruja" es una mujer sabia. Y siempre ha sido así hasta la Edad Media, cuando los papas empezaron a declarar que las mujeres sabias estaban en manos del diablo. Era fácil; primero torturaban a esas mujeres hasta tal punto que se hacía insoportable. Día tras día las torturaban.

Finalmente, la mujer tuvo que aceptar que sí, que era una bruja. Era la única manera de evitar que la torturaran. Y una vez que aceptó y confesó que era una bruja, tuvo que ir al tribunal -un tribunal especial nombrado por el Papa- para declarar que había estado teniendo relaciones sexuales con el diablo, lo cual es una tontería, porque nunca antes se había sabido, y nunca después -nadie ha visto al diablo. Y estas pobres mujeres estaban teniendo relaciones con el diablo, y tuvieron que describir todo el feo asunto con todo detalle. Y una vez que confesaron, el tribunal ordenó que fueran quemadas vivas. Miles de mujeres en Europa estaban en peligro y miles ya habían sido quemadas vivas.

Juana de Arco luchó por la libertad de su país. Era una joven de enorme coraje y consiguió la libertad para su país. De ahí que hubiera un inmenso respeto por Juana de Arco. Y el celoso Papa no podía permitir que dejaran en paz a Juana de Arco. Se convirtió en una competición: ¿quién es más respetable, Juana de Arco o el Papa? La manera más fácil era declararla bruja. La declaró bruja y torturaron a la pobre joven hasta que finalmente tuvo que aceptar.

No había salida y fue quemada viva.

Pero esto creó un resultado muy diferente al esperado por el Papa. Cayó más a los ojos de la gente, y Juana de Arco se convirtió en una mártir. Fue más amada, ganó más simpatía. La gente casi comenzó a adorarla. Así que después de trescientos años otro papa se dio cuenta de que había sido un error por parte del papa anterior. Había creado innecesariamente una mártir; debería haber tenido más cuidado. Era fácil destruir a una mujer corriente, pero destruir a una mujer como Juana de Arco... no había sido lo bastante precavido.

Al cabo de trescientos años, otro Papa declaró que Juana de Arco no era una bruja, sino una santa, y sus huesos fueron sacados de la tumba y venerados. Se hizo un gran memorial, porque ahora se había convertido en "Santa Juana de Arco". Como puedes ver, al menos uno de los papas era falible—muy probablemente ambos. Pero una cosa es cierta: ambos no pueden estar en lo correcto. Y los papas no son iluminados; no saben nada de iluminación.

Oriente lleva diez mil años muy preocupado por el fenómeno de la iluminación. Ciertamente te aporta una gran luz, una gran claridad, un gran éxtasis y la sensación de inmortalidad. Pero aunque te aporte tanto, la existencia es tan vasta que tu iluminación no es más que una gota de rocío en el océano de la existencia.

Por muy transparente y claro que sea tu entendimiento, siempre existe la posibilidad de cometer errores. Y esto ha sido reconocido por Oriente.

Incluso se dice que Gautam Buda dijo que la existencia es tan vasta, tan infinita en todas sus dimensiones, que incluso un hombre iluminado puede cometer errores. Esto es verdadera religiosidad y humildad.

La idea de la infalibilidad no es más que feo ego.

Por eso, cuando digo que Bodhidharma no ha entendido nada, no me malinterpretes. No empieces a pensar que Bodhidharma no está iluminado. No hay contradicción. Está iluminado, es uno de los mayores iluminados de la Tierra. Pero la iluminación te hace florecer, brotar con toda tu potencialidad convertida en realidad; no significa que te vuelvas incapaz de cometer ningún error.

De hecho, el hombre iluminado se vuelve tan humilde que si le señalas sus errores los acepta. Está tan desprendido de su propia personalidad, que no importa. No tiene ego; no se siente herido. Y acepta que hay posibilidades en las que puede volverse demasiado unilateral, puede inclinarse en esta existencia multidimensional más hacia ciertas dimensiones, puede volverse reacio a las dimensiones que están en contra de sus propias experiencias y sentimientos. La existencia contiene todas las contradicciones, e incluso en el punto más alto de la iluminación es muy difícil contener las contradicciones.

El hombre, al fin y al cabo, es el hombre, dormido o despierto. Es muy difícil concebir que las contradicciones existan juntas, no como contradicciones, sino como complementariedades.

Lo más fácil parece ser elegir un bando e ir en contra del otro. Pero eso no significa que la iluminación no sea completa; simplemente significa que incluso un iluminado puede tener una parcialidad. Y es debido a la inmensidad del universo.

Cuando le preguntaron a Gautam Buda .... Era contemporáneo de Mahavira, y los seguidores de Mahavira decían de Mahavira que conoce el pasado, el presente y el futuro; que conoce todo lo que ha sido, lo que es y lo que será.

Lo estaban convirtiendo en sinónimo de la idea de Dios: omnipotente, omnisciente, omnipresente. Y vale la pena recordar que Gautam Buda se rió. Dijo: "He oído una vez que Mahavira estaba mendigando ante una casa en la que no vivía nadie desde hacía mucho tiempo, y no había nadie dentro de la casa.

Y la gente dice que lo sabe todo del pasado, del presente, del futuro, ¡y no sabe que está delante de una casa y no hay nadie en la casa!".

Y Gautam Buda bromeó sobre Mahavira diciendo que una vez había oído que Mahavira estaba caminando temprano por la mañana ..... Era un verano caluroso, así que se puso en marcha muy temprano, antes del amanecer, y pisó la cola de un perro. Cuando el perro empezó a ladrar, se dio cuenta de que había un perro. La oscuridad estaba allí .... Este hombre conoce el pasado, el presente y el futuro y no sabe que la cola de un perro está bajo su pie. Y ciertamente estoy de acuerdo con Gautam Buda.

Mahavira nunca afirmó esto - fue la afirmación de sus discípulos. La gente como Mahavira no afirma nada. Los discípulos de Gautam Buda le preguntaron: "¿Cuál es tu postura acerca de conocer el pasado, el presente y el futuro?". Y la humildad de Gautam Buda es tan grande que dijo: "No soy omnipotente ni omnisciente ni omnipresente. Tengo una visión clara, pero comparada con la inmensidad de la existencia es un fenómeno muy pequeño.

"Sí, puedo saber sobre el pasado si me concentro en el pasado; puedo saber sobre el futuro si me concentro en el futuro; puedo saber sobre el presente si me concentro en el presente. Pero la concentración se vuelve imposible cuando uno se ilumina, porque concentrarse es otro nombre para la concentración. Esa es una cualidad de la mente, y la iluminación es la cualidad de la no-mente". La no-mente no puede concentrarse. No puede tener límites.

Así que existe la posibilidad de que a veces un iluminado cometa errores sutiles, pero eso no va en contra de su iluminación. Quería aclarártelo porque en los sutras de hoy dice cosas que son correctas para un bodhisattva, porque no conoce el camino de los arhatas, pero se equivoca. Más bien debería haber dicho: "No conozco las experiencias de los arhatas porque no soy un arhata". Está presumiendo del MAHAYANA, el "Gran

Vehículo". Y en cierto modo está condenando el HINAYANA, el "Pequeño Vehículo" de los ARHATAS.

No voy a estar de acuerdo con eso porque no soy parte de ningún grupo. Esto hace que mi trabajo sea, por un lado, sencillo y, por otro, muy difícil: sencillo porque puedo ver desde lejos las dos caras de la moneda, cosa que la gente que está implicada no puede ver.

Pero, por otro lado, dificulta mi trabajo porque empieza a tomar una multidimensionalidad, y a veces tengo que hablar en contra de las personas a las que he amado inmensamente.

Pero el amor no es una cualidad superior a la verdad.

Cuando se trata de decidir entre tu amor y tu verdad, la verdad tiene que ser el factor decisivo.

Los sutras:

LA ESENCIA DEL CAMINO ES EL DESAPEGO.

Es verdad. Todas nuestras miserias no son más que apego. Toda nuestra ignorancia y oscuridad es una extraña combinación de mil y un apegos. Y estamos apegados a cosas que nos serán arrebatadas en el momento de la muerte, o incluso antes. Puedes estar muy apegado al dinero, pero puedes arruinarte mañana. Puedes estar muy apegado a tu poder y a tu posición, a tu presidencia, a tu cargo de primer ministro, pero son como pompas de jabón. Hoy están aquí, mañana no quedará ni rastro.

Sucedió antes de la revolución rusa, el primer ministro de Rusia era Kerensky. Durante la época del caos de la revolución, cuando el zar y toda su familia fueron masacrados - diecinueve personas en total - los revolucionarios fueron tan vengativos que no dejaron ni un bebé de seis meses. No querían que quedara rastro alguno de la familia de los zares en el mundo. Pero Kerensky escapó a tiempo. Murió en 1960, y durante medio siglo nadie supo qué había sido de Kerensky. Era tendero, regentaba una tienda de ultramarinos en Nueva York, disfrazado.

El imperio ruso fue uno de los mayores imperios que han existido, extendiéndose de un continente a otro continente. Y el primer ministro, que ha tenido un gran poder, un día se convierte en el propietario de una tienda de comestibles en Nueva York, y tiene tanto miedo que cambia de nombre, cambia de identidad. Sólo cuando muere se descubre en sus papeles y en sus diarios que era Kerensky, el desaparecido primer ministro de los zares.

Todas nuestras posiciones, todos nuestros poderes, nuestro dinero, nuestro prestigio, respetabilidad, son todos pompas de jabón. Y ciertamente, LA ESENCIA DEL CAMINO ES EL DESAPEGO. No te apegues a las pompas de jabón; de lo contrario estarás continuamente en la miseria y la agonía. A esas pompas de jabón no les importa que estés apegado a ellas; siguen estallando y desapareciendo en el aire y dejándote atrás con el corazón herido, con un fracaso, con una profunda destrucción de tu ego. Te vuelven agrio, amargado, irritado, frustrado. Hacen de tu vida un infierno.

Comprender que la vida está hecha de la misma materia de la que están hechos los sueños es la esencia del camino. Desapego: vive en el mundo pero no seas del mundo. Vive en el mundo pero no dejes que el mundo viva dentro de ti. Recuerda que todo es un hermoso sueño, porque todo está cambiando y desapareciendo.

No te aferres a nada.

El aferramiento es la causa de que seamos inconscientes.

Si empiezas a desapegarte, se producirá una tremenda liberación de energía en tu interior.

Y esa energía que estaba implicada en aferrarse a las cosas traerá un nuevo amanecer a tu ser, una nueva luz, una nueva comprensión, un tremendo desahogo—no hay posibilidad de ninguna miseria, agonía, angustia.

Por el contrario, cuando todas estas cosas desaparecen te encuentras sereno, tranquilo y sosegado, en una sutil alegría. Hay una risa en tu ser. Eso es lo que dice Bodhidharma, que un buda ríe sin reír. Nadie ha visto ninguna estatua de Buda riendo—no hay necesidad de que se ría; todo su ser está sintiendo la risa.

Tienes que comprender la psicología de la risa. Te ríes muy fácilmente, pero tu risa tiene una cualidad diferente a la risa del buda. Te ríes porque tu vida es tan miserable que cualquier momento, cualquier incidente que parezca ridículo te ayuda a olvidar tu miseria por un momento. Todas tus tensiones desaparecen y se produce la risa. De ahí que la risa sea un gran fenómeno relajante. Es tremendamente saludable. En un segundo te lleva más allá de todas tus tensiones, pero sólo por un momento... y vuelves de nuevo a tu oscura cueva.

Un buda ríe sin reír porque no tiene tensiones. No acumula la energía en tensiones que pueden estallar en risa. Y sabe que la vida es ridícula. Aqui la gente esta haciendo cosas que son risibles.

La risa se convierte en algo arraigado en las células mismas de su ser; no se le escapa sólo a los labios. Su lucidez le hace ver cosas que quizá a ti se te escapan.

He oído que ...una mujer le dijo de repente al hombre que estaba en la cama con ella: "¡Levántate, rápido! He oído el ruido del coche de mi marido, que está tan podrido que se oye a un kilómetro de distancia. Acaba de frenar en la entrada. ¡Levántate!"

El hombre se levantó y dijo: "Pero, ¿adónde voy a ir?".

Ella le dijo: "¡Salta por la ventana!". Afortunadamente no era un edificio de sesenta pisos -era sólo la planta baja-, así que saltó. Estaba desnudo y llovía. Afortunadamente, pasaba por allí un grupo de corredores, así que se unió a ellos, pues no encontraba otro modo; de lo contrario, de pie y desnudo, le habrían pillado.

Se mezcló con las dos docenas de corredores, y en la oscuridad de la madrugada se las arregló bien. Sólo un corredor a su lado vio que aquel hombre parecía desnudo. No pudo resistir la tentación. Le preguntó: "¿Siempre corre desnudo?".

El hombre respondió: "Sí". Entonces, a medida que la oscuridad iba desapareciendo y surgía un poco de luz, el corredor reconoció que el hombre desnudo no era otro que el obispo. Y en esa pequeña luz vio que no sólo estaba desnudo, sino que llevaba un preservativo.

Me dijo: "Padre, ¿siempre lleva preservativo cuando hace footing?".

El obispo dijo: "No, no siempre; sólo cuando llueve".

Cuanto más atento estés, más comedia te parecerá la vida. Suceden tantas cosas a tu alrededor: tanta estupidez, tanta ridiculez. Pero un buda no se ríe porque veinticuatro horas al día, en su claridad y visión transparente, cada célula de su ser está riendo. No hay necesidad de reír en voz alta - silenciosamente está riendo. Eso es reír sin reír.

Si te desapegas podrás ver cómo la gente está apegada a trivialidades, y cuánto están sufriendo. Y te reirás de ti mismo porque antes también estabas en el mismo barco. El desapego es ciertamente la esencia del camino...Y LA META DE QUIENES LO PRACTICAN ES LIBERARSE DE LAS APARIENCIAS.

Lo que ves en el mundo no es la realidad, sino sólo una apariencia. Detrás de la apariencia, de la máscara, está la realidad. Para conocer la realidad tienes que liberarte de las apariencias. Y todos tus apegos te lo impiden; te apegas a la máscara. Rara vez crecemos y maduramos. Nos limitamos a cambiar de juguetes. Seguimos siendo niños; seguimos cambiando nuestros ositos de peluche.

Seguro que has visto en estaciones de tren, en aeropuertos, a niños pequeños arrastrando consigo sus ositos de peluche, feos, sucios, pero para ellos son muy imprescindibles. Sin ellos no pueden dormir; el osito es su compañero. Se harán mayores y dejarán el osito, pero sólo lo dejarán cuando hayan encontrado otro. No importa la forma del osito: puede ser dinero.

que conocía en mi pueblo... y nunca he olvidado a ese hombre y creo que nunca lo olvidaré. Era orfebre, pero muy rico, y tenía una forma de hablar que daba risa. Tartamudeaba continuamente y estaba apegado a una idea extraña y solía alardear de ella: "A menos que tenga cien rupias en el bolsillo no orino". Era famoso en todo el pueblo. Qué gran idea: tiene que tener cien rupias en el bolsillo, ¡sólo así puede orinar! Estaba mostrando su riqueza, pero de una manera extraña; no creo que nadie haya tenido nunca esa idea, era tan original. Pero era divertidísimo.

En aquella época no había billetes, así que llevaba cien rupias en monedas de oro, un gran peso en los bolsillos. Y la gente solía preguntarle: "¿Adónde vas? ¿Has contado tus rupias?—Porque si tienes noventa y nueve y de repente te entran ganas de ir al urinario, te quedas atascado. E inmediatamente contaba su dinero y decía: "No hay problema. Cien rupias son imprescindibles. Sin ellas no puedo hacer ni siquiera una cosa tan pequeña como mear... ¿qué decir de las grandes cosas?". Ese era su osito de peluche. Solía dormir con esas cien rupias.

Puede que no seas consciente -porque no eres consciente-, pero si miras un poco, puedes encontrar cuál es tu osito de peluche.

Todas las apariencias del mundo te impiden conocer la realidad del mundo y de tu propio ser. Lo que aparece no es la realidad. La realidad se oculta tras las apariencias, y a menos que te sintonices con la realidad, esas apariencias que no son más que sueños te torturarán continuamente.

Y todo el mundo siente la agonía, la miseria, pero sigue viviéndola porque parece que no hay forma de abandonarla.

Bodhidharma te está indicando el camino, y es el camino esencial de todas las religiones: el desapego, la liberación de las apariencias.

LOS SUTRAS DICEN: "EL DESAPEGO ES LA ILUMINACIÓN PORQUE NIEGA LAS APARIENCIAS". ...LOS TRES REINOS SON LA CODICIA, LA IRA Y LA ILUSIÓN.

Tienes que vigilar estos tres reinos porque estas son las barreras, las tres barreras para tu iluminación.

Bodhidharma es muy breve, condensado; no entra en discusiones filosóficas, simplemente expone el hecho. Y esa es su belleza. Ha reducido toda la religión y el camino para salir de ella a muy pocas palabras.

La codicia es tu agresión.

Es el deseo siempre de más.

Nunca se detiene; sigue pidiendo más. Y como sigue pidiendo más, siempre te sientes desgraciado. Tengas lo que tengas, no puedes disfrutarlo porque no tienes más. Para cuando tienes más, tu codicia se te ha adelantado. Siempre va por delante de ti pidiendo más.

Solía alojarme en Calcuta, en casa de una familia muy rica, y el marido y la mujer solían venir a recogerme al aeropuerto. El marido era siempre una persona muy alegre, pero una vez descubrí que estaba muy triste... conduciendo el coche, pero muy triste.

Le pregunté a su mujer: "¿Qué pasa?".—porque él siempre había estado charlando y siempre estaba alegre. La mujer se rió y el marido la miró muy serio, muy enfadado.

La esposa dijo: "Me lo pides, así que te digo que toda la responsabilidad es tuya. Que no me miren como si estuviera cometiendo un pecado". Y riéndose me dijo: "Está triste porque ha perdido cinco lakh de rupias".

Le dije: "¿Pero tú te estás riendo y tu marido ha perdido cinco lakh de rupias?".

Ella dijo: "Me río porque, de hecho, ha ganado cinco lakh de rupias, pero esperaba diez lakhs, y el problema es que no puede entender que ha ganado cinco lakhs con un negocio. Está triste porque contaba con diez lakhs. ¿Qué pasa con los cinco lakhs restantes? Así que, aunque ha ganado lo suficiente, no está contento".

Su miseria es que ha perdido cinco lakhs... y no ha perdido ni un paisa. Le pregunté al hombre: "¿Cuál es el problema?".

En cierto modo tiene razón, pero estoy muy triste. Diez lakhs eran absolutamente seguros en el negocio. Era posible incluso más, pero sólo aparecieron cinco lakhs, y no puedo olvidar las cinco lakhs que he perdido".

¿Ahora puedes pensar que un hombre que piensa en términos de expectativas puede ser feliz, alegre? Sus expectativas son siempre más de lo que permite la realidad.

De ahí que siempre haya un sentimiento de fracaso. Siempre hay una tristeza acechando en algún lugar de tu ser.

La codicia es una actitud agresiva ante la existencia: acapara todo lo que puedas y sigue acaparando más y más y más. Desperdicia toda tu vida y toda tu inteligencia en agarrar más y más y ¿qué sentido tiene? La muerte no llegará tarde, ni siquiera un minuto. Siempre llega en el momento justo, y todo lo que has agarrado y por lo que has malgastado tu vida, tendrás que dejarlo aquí.

Bodhidharma ha dicho: Un hombre era tan codicioso que cuando su esposa estaba casi moribunda, sus amigos le dijeron: "Es hora... de que llames a un médico".

Pero dijo: "Cuesta demasiado".

Me dijeron: "Va a ser muy feo, inhumano. ¡Tu mujer se está muriendo y estás pensando en pagar unos honorarios al médico!".

Dijo: "Las esposas no cuentan mucho. Si ella muere puedo volver a casarme. Y la muerte y la vida no están en manos del hombre, las decide el destino. Si va a morir, morirá, llame o no al médico. ¿Por qué gastar dinero? Si va a vivir, vivirá. En cualquier caso, un médico es absolutamente innecesario".

Los amigos dijeron: "Nunca habíamos pensado que fueras tan avaricioso. Siempre hemos oído que eres avaricioso... ¡pero tanto! ¿Crees que te llevarás todo tu dinero cuando mueras?".

Dijo: "Por supuesto. Tengo un plan". No podían creerle.

Dijeron: "¿Qué plan?".

Dijo: "Antes de morir cogeré todo el dinero en un bote, me adentraré en el océano y saltaré con todo mi dinero, al océano".

Los amigos no daban crédito a lo que oían. Dijeron: "¿Estás loco o qué?

Aún así tu dinero se quedará en el océano y tendrás que irte solo". Al menos le quedaría la satisfacción de que nadie más disfrutaba de su dinero.

Encontrarás todo tipo de gente codiciosa y encontrarás todo tipo de codicia dentro de ti. Y cuando la codicia no se satisface, surge la ira, surge la frustración.

Te enfadas con el mundo, te enfadas contigo mismo, te enfadas con todo el mundo.

Se puede ver en todas las personas mayores. ¿Por qué están tan irritados? ¿Por qué es tan difícil soportarlos? Son personas frustradas; han malgastado su vida en conseguir más y más. Pero el más nunca está satisfecho. Ahora se sienten enfadados con la vida, así que cualquier excusa es suficiente y se enfadarán. La codicia es la causa raíz y cuando no se satisface, te deja con una gran ira, frustración, irritación, fracaso.

Y en tu ira, frustración y fracaso surge una tercera cosa: la ilusión.

La ilusión es un consuelo. El engaño es una forma de mantener la calma.

Cuando Pandit Jawaharlal Nehru era primer ministro de la India, había al menos diez personas que se creían Pandit Jawaharlal Nehru. Al menos a una la conocía personalmente porque vivía en un distrito cercano y yo solía ir a esa ciudad a dar conferencias en sus colegios. Me encantaba ese hombre porque vestía exactamente igual que Jawaharlal Nehru: con la gorra de Gandhi, con el khadi tejido a mano, con una chaqueta de Jawahar. Y hablaba como Jawaharlal.

Era el hazmerreír, pero nunca le importó. Me decía: "Esta gente es idiota". Y solía enviar telegramas si iba a visitar un hermoso lugar que estaba cerca, Kanhakisli, un hermoso bosque con miles de ciervos. Simplemente enviaba un telegrama—"Pandit Jawaharlal Nehru está llegando"—al recaudador de ese distrito, firmado por el secretario de Jawaharlal.

Y engañó a la gente muchas veces. Las casas de los circuitos se vaciaban, se limpiaban... ¡Viene Pandit Jawaharlal Nehru! Y más tarde se darían cuenta de que este hombre es falso. Finalmente fue puesto en un manicomio.

No era un fenómeno nuevo. En Inglaterra, cuando Winston Churchill estaba vivo, había al menos otros tres Winston Churchills en Inglaterra, que creían absolutamente que eran Winston Churchill.

Hay constancia de un caso en la vida de Kalif Omar. Le trajeron a un hombre que declaraba haber venido de Dios con un nuevo mensaje: "Ahora el mensaje que trajo Mahoma está anticuado. Ya es hora, porque han pasado casi mil años. Todo ha cambiado y Dios me ha enviado como su profeta con un nuevo mensaje".

Los mahometanos son muy fanáticos. Omar ordenó que este hombre fuera torturado durante siete días. "Átenlo a una columna, desnudo, golpéenlo y no le den nada de comer. Y después de siete días vendré a ver".

Así que, al cabo de siete días, fue allí. El hombre estaba casi moribundo; había corrido mucha sangre, porque lo golpeaban continuamente, y sin darle de comer. Omar le dijo: "¿Qué piensas ahora? ¿Has cambiado de opinión o no?"

El hombre se rió y dijo: "¿He cambiado de opinión? Cuando me alejaba de Dios, me dijo: 'Recuerda, mis profetas siempre son torturados'. Tu tortura ha demostrado perfectamente que yo soy el profeta".

En ese mismo momento, otro hombre, que llevaba casi un mes atado a otro pilar porque declaraba que él mismo era Dios, gritó a Omar: "No escuches a ese idiota. Nunca he enviado a ningún profeta después de Mahoma.

Mahoma es mi único profeta y este hombre es un tramposo".

¿Qué decir de estas personas? Y no son excepciones. Todo el mundo tiene algún tipo de ilusión. Todo el mundo piensa cosas que no son. Pero estas ilusiones son útiles como un sistema de lubricación. Ayuda a tu vida de alguna manera a seguir adelante.

Grandes consuelos: si no puedes convertirte en primer ministro, al menos puedes hacerte la ilusión de que lo eres. Si no puedes CONVERTIRTE en el hombre más rico, puedes seguir creyendo que LO ERES. Puedes hacer que tus ilusiones sean tan sólidas que nadie pueda cambiarlas.

Llevaron a un loco al psiquiatra. Su locura era muy especial; su locura consistía en que había estado pensando que había muerto. Así que cuando su familia le decía que fuera a la tienda, que atendiera la tienda, él decía: "No lo entendéis. Los muertos no van a la tienda. No atienden tiendas".

Se esforzaban por todos los medios en persuadirle de que estaba perfectamente vivo, y él decía: "¿Cómo voy a creeros si sé que estoy muerto?".

Finalmente lo llevaron al psiquiatra y éste dijo: "No se preocupe. Yo le curaré". Y le preguntó al loco: "¿Crees que los muertos sangran?".

El loco dijo: "No, los muertos nunca sangran".

Entonces el psiquiatra dijo: "Hay que hacer un experimento sencillo". Y cogió su cuchillo y cortó un poquito el dedo del muerto, y la sangre salió corriendo. La familia estaba muy contenta de que aquel hombre, en un minuto, hubiera cambiado toda la situación. Pero nunca supieron que los delirios no se disipan tan fácilmente.

El loco se rió. El psiquiatra dijo: "Esa sangre demuestra que no estás muerto".

Dijo: "No, esa sangre demuestra que el proverbio de que 'los muertos no sangran' es falso; sí sangran. Yo soy la prueba. ¿Qué puedes hacer ahora? El proverbio es falso y yo soy la prueba de que es falso. Los muertos sangran".

Los delirios se instalan tan profundamente en ti, y la razón de esos delirios es que vivir continuamente en la frustración es una tarea difícil. Empiezas a creer en cosas que no tienes. Deberías mirar dentro de tu propia mente para ver cuántas cosas son sólo ilusiones.

Bodhidharma dice que estos TRES REALES SON LA AVARICIA, LA IRA Y EL ENGAÑO. SALIR DE LOS TRES REINOS SIGNIFICA VOLVER DE LA AVARICIA, LA IRA Y EL ENGAÑO A LA MORALIDAD, LA MEDITACIÓN Y LA SABIDURÍA. De hecho, la moral, la meditación y la sabiduría no son tres cosas, sino sólo tres nombres.

Lo mismo ocurre con la meditación. Por un lado trae moralidad a tu vida; por otro lado trae sabiduría a tu vida. Pero no puedes hacer nada para alcanzar la sabiduría directamente; tampoco puedes hacer nada para ser moral directamente. Pero puedes hacer algo para meditar; puedes meditar directamente, y tanto la moralidad como la sabiduría son subproductos. La moralidad estará en tus acciones y la sabiduría será tu inteligencia, tu conciencia, tu iluminación final.

LOS SUTRAS DICEN: "LOS BUDAS SÓLO SE HAN CONVERTIDO EN BUDAS MIENTRAS VIVÍAN CON LOS TRES VENENOS Y SE ALIMENTABAN DEL DHARMA PURO".

Bodhidharma está diciendo que no nos preocupemos por los tres venenos de la avaricia, la ira y el engaño. Incluso los budas han vivido la misma experiencia por la que estáis pasando todos vosotros; pero como empezaron a nutrirse a través de la meditación y empezaron a ser conscientes de su propia naturaleza, todos estos venenos desaparecieron. Han encontrado el antídoto.

La meditación es el antídoto contra todos los venenos de tu vida.

Es el alimento de tu auténtica naturaleza.

LOS TRES VENENOS SON LA CODICIA, LA IRA Y EL ENGAÑO. EL GRAN VEHÍCULO ES EL MAYOR DE TODOS LOS VEHÍCULOS.

Esto lo llamo un prejuicio. Insiste y subraya continuamente que el Mahayana, EL GRAN VEHÍCULO, ES EL MÁS GRANDE DE TODOS LOS VEHÍCULOS. ES EL MEDIO DE TRANSPORTE DE LOS BODHISATTVAS, QUE USAN TODO SIN USAR NADA. Y QUE VIAJAN TODO EL DÍA SIN VIAJAR. TAL ES EL VEHÍCULO DE LOS BUDAS. LOS SUTRAS DICEN: "NINGÚN VEHÍCULO ES EL VEHÍCULO DE LOS BUDAS".

A una mente normal y lógica, a cualquiera que mire la vida con racionalidad, esto le parecerá una afirmación muy absurda. Primero dice: EL GRAN VEHÍCULO ES EL MÁS GRANDE DE TODOS LOS VEHÍCULOS. ES EL VEHÍCULO DE LOS BODHISATTVAS, QUE UTILIZAN TODO SIN UTILIZAR NADA, Y QUE VIAJAN TODO EL DÍA SIN VIAJAR. TAL ES EL VEHÍCULO DE LOS BUDAS.

Y entonces, LOS SUTRAS DICEN: "NINGÚN VEHÍCULO ES EL VEHÍCULO DE LOS BUDDHAS".

Es lo mismo que su otra afirmación. Caminar sin caminar, actuar sin actuar, hablar sin hablar... así que no hay contradicción. Él está usando la misma expresión para "vehículo"—el vehículo más grande es un "no-vehículo".

LOS SUTRAS DICEN: "LA CUEVA DE LOS CINCO AGREGADOS ES LA SALA DEL ZEN".

Los cinco agregados son los cinco elementos de los que está hecho el cuerpo: tierra, aire, fuego, agua y cielo. Estos cinco son los agregados - SKANDHAS - elementos de los que está hecho tu cuerpo. Justo detrás de estos cinco elementos se esconde tu tesoro, EL SALÓN DEL ZEN. Justo dentro del templo hecho por estos cinco elementos, está el fuego de tu conciencia.

Este cuerpo es un templo, y tu conciencia es el dios del templo.

"LA APERTURA DEL OJO INTERIOR ES LA PUERTA DEL GRAN VEHÍCULO". ¿QUÉ PUEDE SER MÁS CLARO?

A medida que te vuelves más y más consciente, empiezas a tener un tercer ojo. Estos dos ojos miran hacia fuera; ese tercer ojo mira hacia dentro.

Y verte a ti mismo es la mayor experiencia, porque una vez que has visto tu belleza, entonces todas las bellezas del mundo exterior se desvanecen.

Una vez que has visto tu pureza, entonces todo lo de fuera se contamina.

Una vez que hayas visto tu esplendor interior, entonces incluso un hermoso amanecer, o una gran puesta de sol, o un cielo nocturno lleno de estrellas, no son nada comparados con el esplendor de tu ser. Tú eres el pico más alto de la evolución, de la luz, de la conciencia.

NO PENSAR EN NADA ES ZEN.

Lo que se entiende por meditación es estar en silencio sin pensar en nada.

UNA VEZ QUE SEPAS ESTO, ANDANDO, DE PIE, SENTADO O TUMBADO, TODO LO QUE HAGAS SERÁ ZEN.

Es una afirmación significativa. Quizá no haya ninguna otra religión que haya hecho de toda su vida, veinticuatro horas al día, una experiencia meditativa. El Zen no cree en meditar una hora por la mañana o una hora por la noche. No hace de la meditación un acto separado, particular. Quiere que la meditación se convierta en una cualidad de tu ser.

No importa lo que estés haciendo: caminando, sentado, de pie, tumbado, cortando leña, sacando agua del pozo. Lo que sea que estés haciendo, lo estás haciendo tan silenciosamente, tan pacíficamente, sin ninguna agitación de pensamientos en tu mente.

Entonces toda tu vida se ha convertido en meditación. Te acuestas en silencio, te despiertas en silencio, y un día te darás cuenta de que también duermes en silencio: a medida que desaparecen los pensamientos, también desaparecen los sueños. Entonces el círculo se completa.

Para el Zen, la meditación tiene que ser un asunto de veinticuatro horas. No es un acto extra que tengas que hacer. No es una religión dominical: durante seis días haz todo lo que quieras, pero al menos el séptimo día, el domingo, ve a la iglesia durante una hora y serás un gran cristiano. Es absolutamente ilógico y absurdo. Solo ir a la iglesia por una hora, y luego vivir tu vida mundana con avaricia, con ira, con engaño, no te va a transformar. Y ningun Jesus puede salvarte.

Mi gente de la comuna hizo una pequeña pancarta para los coches. Decía: "Jesús salva, Moisés invierte, el Maestro gasta". Me gusta eso. ¿Qué sentido tiene ahorrar? Jesús parece ser como un banquero. Y por supuesto, Moisés invierte. Para Moisés, todo es negocio. Y para mí, ciertamente, todo va a ser quitado. Antes de que te lo quiten, úsalo, gástalo, disfrútalo. ¿Por qué esperar a que la muerte te lo arrebate?

Ciertamente, tiene toda la razón. Una religión de una hora, o incluso un mahometano que rece cinco veces al día, no va a servir de nada.

La religión tiene que convertirse en algo parecido a los latidos de tu corazón.

La meditación tiene que convertirse en algo parecido a tu respiración. Hagas lo que hagas, estás respirando; no es una acción separada. Y sólo entonces estarás saturado, en cada fibra de tu ser, de meditación.

SABER QUE LA MENTE ESTÁ VACÍA ES VER AL BUDA. LOS BUDAS DE LAS DIEZ DIRECCIONES NO TIENEN MENTE. NO VER LA MENTE ES VER AL BUDA.

Ahora puedes ver por qué he estado insistiendo en que el discípulo estaba tomando notas equivocadas. Esta es la afirmación correcta, de Bodhidharma. Los budas no tienen mente.

NO VER LA MENTE ES VER AL BUDA.

Pero es muy extraño que estos sutras hayan existido durante mil años y nadie haya visto la contradicción. Tal vez las personas religiosas son tan ciegas, tan creyentes, que no verán ninguna contradicción, aunque esté ahí—tan aparente.

RENUNCIAR A TI MISMO SIN REMORDIMIENTOS ES LA MAYOR CARIDAD.

Pero la constitución india no cree en ello. La constitución india cree en la caridad según la idea cristiana. Es una constitución muy extraña. Es una mezcolanza.

En hindi lo llamamos KHICHRI, humbug. Lo que han hecho las personas que hicieron la constitución ...han recopilado todas las constituciones del mundo, y han tomado bellos pasajes de cada constitución, sin saber que esos bellos pasajes estaban vivos en un contexto determinado, en SU constitución.

Cuando los sacas, se convierten en muertos.

La constitución india es la constitución más muerta del mundo, porque todo ha sido tomado y prestado de otras. No es un crecimiento, es simplemente una combinación. Toma todo lo bueno... los ojos de alguien son buenos, sácalos; las orejas de alguien son realmente hermosas, sácalas; el bigote de alguien... sácalo.

Puedes hacer un hombre cogiendo cosas bonitas de todas partes: los ojos de Cleopatra y la nariz de Amrapali, el cuerpo de Alejandro Magno y la mente de Albert Einstein. Pero recuerda que, aunque hayas tomado las mejores partes de las mejores personas, sólo habrás reunido un cadáver: no tendrá vida.

Lo que Bodhidharma dice sobre la caridad .... Llevamos casi diez años luchando con el gobierno indio y los tribunales indios, porque su concepción de la caridad es muy pobre, muy limitada. Dar a los pobres, hacer hospitales, hacer escuelas... eso es caridad. No hay nada sublime en su idea de la caridad. La única declaración de Bodhidharma es mucho más significativa. El dice: RENUNCIAR A TI MISMO SIN REMORDIMIENTOS ES LA MAYOR CARIDAD. ¿Entregarte a quién? Al universo.

No seas una entidad separada. Déjate caer en el océano de la existencia y conviértete en uno con ella. Esta es la mayor caridad. ¿Qué más puedes dar? Viniste al mundo con las manos vacías y te irás del mundo con las manos vacías.

Todo lo que tienes no es tuyo. Tu casa no es más que un caravasar.

Tu dinero no es tuyo; lo has explotado. Tu tierra no es tu tierra; siempre estuvo ahí antes de que llegaras y seguirá ahí después de que te hayas ido.

¿Qué es tuyo? Sólo puedes dar lo que es tuyo, no puedes dar lo que no es tuyo. No puedes dar todas las estrellas a los pobres; no puedes dar el sol a los pobres; no puedes dar la luna a los pobres. En primer lugar, no te pertenece.

Todo lo que puedes aportar es tu propio ser. Por lo tanto, Bodhidharma tiene toda la razón al afirmar que sólo hay una caridad y es la de entregarse sin remordimientos, de hecho con gran alegría y regocijo, a la existencia.

Conviértete en parte del todo.

TRASCENDER EL MOVIMIENTO Y LA QUIETUD ES LA MEDITACIÓN MÁS ELEVADA.

Tanto si estás sentado en silencio como si caminas en silencio, tienes que trascender toda forma, movimiento y quietud, acción e inacción, día y noche, vida y muerte. Trasciende todo, y tendrás la fragancia más elevada de la meditación en ti.

LOS MORTALES SIGUEN MOVIÉNDOSE -y de nuevo llega a su prejuicio-, MIENTRAS QUE LOS ARHATS PERMANECEN FIJOS. PERO LA MEDITACION MAS ELEVADA SUPERA TANTO A LA DE LOS MORTALES COMO A LA DE LOS ARHATS.

No sabe nada de los arhatas. Los arhatas no dicen nada, pero también han trascendido el movimiento y la quietud. El hecho de que no digan nada no significa que no hayan trascendido. De hecho, su trascendencia es tan grande que no se puede decir ni transmitir con palabras. Así que no voy a estar de acuerdo con Bodhidharma. Él tiene que perdonarme. Con toda disculpa, quiero decirle que su comprensión sobre los arhatas es absolutamente nula. En lugar de arhatas, debería haber usado la palabra "ascetas".

Los mortales y los ascetas no conocen este trascender.

LAS PERSONAS QUE ALCANZAN TAL COMPRENSIÓN SE LIBERAN DE TODAS LAS APARIENCIAS SIN ESFUERZO Y CURAN TODAS LAS ENFERMEDADES SIN TRATAMIENTO. TAL ES EL PODER DEL GRAN ZEN.

Tal es el poder de la gran meditación. Tal es el poder de conocerte a ti mismo.

Todas las enfermedades desaparecen; enfermedades del espíritu, todas las heridas se curan de repente—heridas del espíritu. Y todas las apariencias, los engaños, la codicia y la ira ya no se encuentran, ni siquiera sus huellas. Tal es el poder del conocimiento de uno mismo en la meditación profunda.

Tiene toda la razón en todo, excepto en lo que dice sobre los arhatas. Eso hay que cambiarlo. De hecho, no estoy en contra de Bodhidharma, le estoy haciendo un gran favor. Estoy eliminando sus errores; lo estoy haciendo casi infalible. Su prejuicio contra los arhatas le arrastra desde la gran cima iluminada por el sol que es su hogar.

Si te encuentras con Bodhidharma en algún lugar, en alguna vida, sólo recuérdale que se necesitan algunas correcciones. Y ciertamente él no puede hacerme temer con sus grandes ojos. Yo también puedo asustarle con mis grandes ojos.

¿De acuerdo?

Sí, Maestro.

No estar en la mente lo es todo

MADO MAESTRO,

UTILIZAR LA MENTE PARA BUSCAR LA REALIDAD ES ENGAÑO. NO UTILIZAR LA MENTE PARA BUSCAR LA REALIDAD ES CONCIENCIA. LIBERARSE DE LAS PALABRAS ES LA LIBERACIÓN. PERMANECER IMPOLUTO POR EL POLVO DE LA SENSACIÓN ES GUARDAR EL DHARMA. TRASCENDER LA VIDA Y LA MUERTE ES ABANDONAR EL HOGAR. NO SUFRIR OTRA EXISTENCIA ES ALCANZAR EL CAMINO. NO CREAR ILUSIONES ES LA ILUMINACIÓN.

NO INCURRIR EN LA IGNORANCIA ES SABIDURÍA. NO AFLIGIRSE ES EL NIRVANA. Y NINGUNA APARIENCIA DE LA MENTE ES LA OTRA ORILLA.

A LA LUZ DEL DHARMA IMPARCIAL, LOS MORTALES NO SE DIFERENCIAN DE LOS SABIOS. LOS SUTRAS DICEN QUE EL DHARMA IMPARCIAL ES ALGO QUE LOS MORTALES NO PUEDEN PENETRAR Y LOS SABIOS NO PUEDEN PRACTICAR. EL DHARMA IMPARCIAL SÓLO LO PRACTICAN LOS GRANDES BODHISATTVAS Y BUDAS. CONSIDERAR QUE LA VIDA ES DIFERENTE DE LA MUERTE O QUE EL MOVIMIENTO ES DIFERENTE DE LA QUIETUD ES SER PARCIAL. SER IMPARCIAL SIGNIFICA CONSIDERAR QUE EL SUFRIMIENTO NO ES DIFERENTE DEL NIRVANA, PORQUE LA NATURALEZA DE AMBOS ES LA VACUIDAD. AL IMAGINAR QUE ESTÁN PONIENDO FIN AL SUFRIMIENTO Y ENTRANDO EN EL NIRVANA, LOS ARHATAS ACABAN ATRAPADOS POR EL NIRVANA. PERO LOS BODHISATTVAS SABEN QUE EL SUFRIMIENTO ES ESENCIALMENTE VACÍO. Y

PERMANECIENDO EN LA VACUIDAD, PERMANECEN EN EL NIRVANA. NIRVANA SIGNIFICA NO NACIMIENTO Y NO MUERTE. ESTÁ MÁS ALLÁ DEL NACIMIENTO Y DE LA MUERTE Y MÁS ALLÁ DEL NIRVANA. CUANDO LA MENTE DEJA DE MOVERSE, ENTRA EN EL NIRVANA. EL NIRVANA ES UNA MENTE VACÍA.

...UN LUGAR DESHABITADO ES AQUEL QUE CARECE DE CODICIA, IRA O ENGAÑO. ...QUIEN SABE QUE LA MENTE ES UNA FICCIÓN Y CARECE DE TODO LO REAL, SABE QUE SU PROPIA MENTE NI EXISTE NI NO EXISTE. LOS MORTALES SIGUEN CREANDO LA MENTE, AFIRMANDO QUE EXISTE. Y LOS ARHATS SIGUEN NEGANDO LA MENTE, AFIRMANDO QUE NO EXISTE. PERO LOS BODHISATTVAS Y LOS BUDAS NI CREAN NI NIEGAN LA MENTE. ESTO ES LO QUE SIGNIFICA LA MENTE QUE NI EXISTE NI NO EXISTE. LA MENTE QUE NI EXISTE NI NO EXISTE SE LLAMA EL CAMINO DEL MEDIO ....

CUANDO LA MENTE NO SE AGITA EN EL INTERIOR, EL MUNDO NO SURGE EN EL EXTERIOR. CUANDO EL MUNDO Y LA MENTE SON AMBOS TRANSPARENTES, ESTA ES LA VERDADERA VISIÓN. Y TAL ENTENDIMIENTO ES EL VERDADERO ENTENDIMIENTO.

Estos sutras de Bodhidharma son oro puro excepto en un punto: dondequiera que menciona a los arhatas de repente se vuelve absolutamente ciego. Su concepción sobre los arhatas es el único defecto que no puede abandonar. Le recordaré siempre que cae por debajo de la sabiduría última y se apega a su opinión. Es sumamente sorprendente que un hombre del calibre de Bodhidharma pueda comportarse como cualquier ignorante en determinadas situaciones. Pero esto nos recuerda la fragilidad del ser humano y puede serte útil para no apegarte demasiado a tus opiniones, porque toda opinión te va a volver ciego, ciego ante la opinión contraria.

Un hombre de entendimiento puro está disponible para todas las contradicciones sin ninguna elección. Permanece sin elección, sólo consciente en silencio, sabiendo que son contradicciones pero que, en última instancia, se encuentran en algún lugar. La vida se encuentra con la muerte, el día con la noche, el amor con el odio, el sí con el no. Para el hombre que está más allá de toda opinión, el sí es parcial, igual que el no es parcial. De hecho, cuando ambos se encuentran y se funden el uno en el otro, cuando el sí ya no es sí, y el no ya no es no, cuando es absolutamente indefinible porque donde el sí y el no se encuentran, está yendo más allá de lo concebible—esta es la trascendencia—yendo más allá de la mente.

Pero incluso personas como Bodhidharma tienen ciertos puntos ciegos. Es algo parecido a lo que dicen los científicos: al menos el diez por ciento de las personas del mundo son daltónicas aunque no sean conscientes de ello. Es un gran porcentaje; significa que de cada diez personas, una será daltónica. Y por daltónico se entiende que la persona no puede ver un determinado color en absoluto.

Pocas veces llega uno a descubrir su daltonismo. Ocurrió en la vida de George Bernard Shaw. Durante sesenta años no fue consciente de que era daltónico. En su sexagésimo cumpleaños, un amigo le regaló un traje precioso, pero debió de olvidarse de enviarle una corbata a juego con el traje. A Bernard Shaw le encantó el traje y le dijo a su secretaria que debían ir inmediatamente a buscar una corbata a juego, "porque esta noche vendrán muchos amigos a celebrar mi cumpleaños y me gustaría utilizar este traje para la velada".

Fueron a la tienda donde había corbatas de la mejor calidad y él miró muchas corbatas y finalmente eligió una. El tendero se sorprendió, su secretaria también; no podían creer lo que estaba haciendo. El traje era verde y él había elegido una corbata amarilla. Al mismo tiempo, la secretaria y el tendero le dijeron: "Va a quedar muy raro. Has elegido un color muy extraño. Con el verde, este amarillo no quedará bien".

George Bernard Shaw dijo: "¿Qué quieres decir? Son del mismo color". No tenía ojo para el amarillo; el amarillo le parecía verde. No podía ver el amarillo en absoluto. Pero era sólo una coincidencia. Puede que millones de personas vivan y mueran sin saber que son daltónicas. Si no se hubiera dado esta circunstancia, George Bernard Shaw habría muerto -sesenta años había vivido, cuarenta años más podría haber vivido, podría haber llegado al siglo entero- y habría seguido sin ser consciente de que tenía un cierto punto ciego en los ojos.

A las personas les ocurre algo parecido. Aunque tengan una gran conciencia, hay puntos en los que están ciegos, y a menos que estos puntos ciegos desaparezcan, la iluminación de un hombre no puede llamarse perfecta. Sigue siendo imperfecta, incompleta. Y lo sorprendente es que cuando Bodhidharma habla de grandes cosas es tan preciso, tan impecablemente perfecto, pero en unos pocos puntos simplemente se olvida de todo y cae en un estado mental ordinario en el que la gente se vuelve opinante, prejuiciosa.

Tienes que recordarle y aprender un secreto de él, para que esto no te ocurra a ti.

El sutra:

UTILIZAR LA MENTE PARA BUSCAR LA REALIDAD ES UN ENGAÑO.

Y eso lo han hecho todos los filósofos y todos los teólogos. Los grandes pensadores no hacen más que juegos de palabras.

UTILIZAR LA MENTE PARA BUSCAR LA REALIDAD ES UN ENGAÑO. La mente no puede conocer la realidad. Es algo así como: si quieres oír música con los ojos, no podrás, porque los ojos no están hechos para oír. O si quieres ver la luz a través de los oídos, no podrás, porque los oídos no están hechos para ver la luz. Los oídos están hechos para el sonido, los ojos para la luz. Cada uno tiene una determinada dimensión de funcionamiento.

El funcionamiento de la mente es crear pensamientos, sueños, imaginaciones, ilusiones, alucinaciones, espejismos de todo tipo. Su función no es encontrar la realidad.

NO USAR LA MENTE PARA BUSCAR LA REALIDAD ES CONCIENCIA.

No utilizar la mente es la manera de encontrar la realidad. Volviéndose completamente silencioso, sin ningún pensamiento, sólo una pizarra limpia, una tabula rasa—en esa claridad, en esa perceptividad, uno llega a conocer lo que es real, tanto dentro como fuera, porque la realidad es una.

Es la mente la que lo divide en dentro y fuera. Cuando la mente se retira, la división desaparece. Entonces tú eres la realidad; entonces, incluso la estrella más lejana está conectada contigo e incluso la brizna de hierba más pequeña está conectada contigo. Todo es una sola existencia. De repente ya no estás separado, has caído en el todo. Todos los muros han desaparecido entre tú y la existencia.

Esta experiencia en los UPANISHADS, los videntes la han declarado como AHAM BRAHMASMI—Yo soy Dios. No fue por ego, fue por total humildad. ¿Pero qué se puede hacer? En el momento en que la mente desaparece, eres uno con el todo. Hay que decirlo.

LIBERARSE DE LAS PALABRAS ES LA LIBERACIÓN.

En una pequeña declaración hay escrituras ocultas. Es un hombre sencillo; no utiliza jerga erudita, grandes palabras. Simplemente expone con palabras sencillas y ordinarias la extraordinaria verdad y la experiencia última.

LIBERARSE DE LAS PALABRAS ES LIBERACIÓN ...no liberarte del mundo, no liberarte de tu mujer o de tu marido, no liberarte de tu dinero o de tu casa, sino liberarte de las palabras.

Y ciertamente tu mundo real no son más que palabras.

¿Qué es una esposa sino una palabra? Antes no era tu esposa; de repente, un día, un sacerdote estúpido empieza a cantar mantras que no entiende, y los que se casan tampoco saben lo que significa todo el ritual que se está llevando a cabo.

Una sannyasin se casó hace unos días y me contaba que el cura la sorprendió. El ritual iba a durar una hora y media, pero su marido le dio cinco rupias al sacerdote y le dijo que fuera rápido. Todo el ritual fue muy rápido; el sacerdote empezó a cantar muy deprisa y terminó todo en quince minutos. Y en esos quince minutos estaban incluidos todos esos momentos en los que el fotógrafo decía: "¡Un momento!". Y el sacerdote se detenía para que le hicieran la fotografía y, cuando se la hacían, volvía a empezar el ritual. ¿Qué es una esposa o qué es un marido sino un juego de palabras?

Vienes al mundo sin ninguna posesión y te vas del mundo sin ninguna posesión. Un día todo se vuelve como un sueño que habías visto una vez. En el momento de tu muerte puedes recordar todas esas cosas como si las hubieras visto en un sueño. En el momento en que sucedieron eran tan reales, pero en el momento de la muerte todo se volverá irreal—sólo palabras en la mente.

La verdadera renuncia no es al mundo. No tiene sentido renunciar al mundo y escapar al Himalaya o a los monasterios. Lo real es abandonar las palabras de tu mente para convertirte en un observador silencioso, en un testigo puro. Y esto es lo que Bodhidharma llama liberación.

PERMANECER IMPOLUTO POR EL POLVO DE LAS SENSACIONES ES CUSTODIAR EL DHARMA.

Todo lo que se necesita de ti para ser auténticamente religioso, es estar en guardia para que no te dejes llevar por emociones, sentimientos, estados de ánimo; que permanezcas por encima y más allá de cualquier estrategia de la mente para derribarte. Ser consciente y estar alerta es todo lo que se necesita para ser auténticamente religioso.

No tienes que ir a ninguna iglesia ni a ninguna sinagoga ni a ningún templo. Simplemente tienes que ir a tu interior y estar alerta.

TRASCENDER LA VIDA Y LA MUERTE ES ABANDONAR EL HOGAR.

Me gustaría añadir dos palabras a este sutra, de lo contrario este sutra puede ser engañoso. Me gustaría decir: TRANSCENDER LA VIDA Y LA MUERTE ES ABANDONAR ESTE MUNDO, no el hogar, porque tu verdadero hogar está donde vas. Este mundo no es tu verdadero hogar. Es sólo un supuesto hogar. Es sólo un consuelo llamarlo hogar.

Te he contado la historia de un místico sufí. Una noche, en Bagdad, el rey oyó que alguien caminaba por el tejado de su palacio. Gritó: "¿Quién está ahí? ¿Y qué haces ahí?".

El hombre no era un ladrón. Sin ningún miedo le dijo: "No grites, que puedes perturbar el sueño de los demás. No es asunto tuyo. Estoy buscando mi camello. Mi camello se ha perdido y es hora de que te vayas a dormir".

El rey no podía creer qué clase de loco podía estar en el tejado de un palacio buscando su camello. Llamó a los guardias, que lo buscaron por todas partes, pero no lo encontraron. Al día siguiente, cuando estaba sentado en su patio, volvió a oír la misma voz; la reconoció.

El rey dijo inmediatamente: "Haced entrar a ese hombre", porque estaba discutiendo con el guardia de la puerta que quería quedarse en el caravasar.

Y el guardia le dijo: "Te vas a meter en problemas innecesariamente. Esto es el palacio del rey; no es un caravasar".

El hombre dijo: "Sé que es un caravasar y que tú sólo eres un guardia. No me molestes. Déjame entrar. Quiero discutir el asunto con el rey en persona. Si puedo convencerle de que esto es un caravasar, me quedaré. Si puede convencerme de que no es un caravasar, entonces por supuesto que me iré. Pero no te escucharé a ti, que no eres más que un guardia".

Y justo en ese momento llegó el mensaje desde el interior: "No detengan a ese hombre. Lo estamos buscando; tráelo".

Llamaron al místico sufí y el rey le dijo: "Pareces un tipo muy extraño. Reconozco tu voz. Eras el hombre en el tejado buscando tu camello y ahora llamas a mi casa, mi hogar, un caravanserai".

El hombre se rió y dijo: "Usted parece ser un hombre comprensivo. Es posible hablar con usted. Sí, era yo quien buscaba el camello en el tejado del palacio. No piense que estoy loco. Si puedes buscar la dicha sentado en un trono de oro, si puedes buscar a Dios mientras conquistas, masacras y quemas continuamente a seres humanos vivos, ¿qué hay de malo en buscar un camello en el tejado del palacio? Dímelo tú.

"Si yo soy incoherente tú tampoco lo eres. Y qué derecho tienes a llamar a este lugar tu hogar, porque yo he estado aquí antes y en el mismo trono de oro he visto sentado a otro hombre. Era igual que tú... un poco mayor".

El rey dijo: "Era mi padre. Ahora está muerto". Y el místico dijo: "Estuve aquí incluso antes de eso y encontré a otro hombre. También se parecía un poco a ti, pero era muy viejo". El rey dijo: "Tienes razón, era mi abuelo". Y el místico dijo: "¿Qué fue de él?". El rey respondió: "Ha muerto".

Y el místico dijo: "¿Cuándo vas a morir? Ellos también creían que éste era su hogar. He discutido con tu abuelo. Ahora el pobre está en la tumba. He discutido con tu padre; ese pobre hombre también está en la tumba. Ahora estoy discutiendo contigo y algún día volveré y estaré discutiendo con tu hijo y tú estarás en una tumba. Entonces, ¿qué clase de casa es esta donde la gente se va cambiando? Es un caravasar. Es sólo una estancia de una noche, y luego uno tiene que irse".

El rey se escandalizó, pero guardó silencio. Toda la corte guardó silencio. El hombre tenía razón. Y el místico finalmente dijo: "Si realmente quieres saber dónde está tu hogar, ve al cementerio donde finalmente tendrás que asentarte, donde está tu abuelo, donde está tu padre. Ese es el verdadero lugar que puedes llamar tu hogar, pero no este palacio. Aquí me voy a quedar como si fuera un caravasar".

El rey no era un hombre corriente. Se levantó y le dijo al místico: "Perdóname, estaba equivocado. Tienes razón. Puedes quedarte todo el tiempo que quieras. Me voy en busca de mi verdadero hogar. Este no es mi verdadero hogar".

Este mundo es sólo un caravasar.

En el sutra dice: TRASCENDER LA VIDA Y LA MUERTE ES DEJAR EL HOGAR. A mí me gustaría: TRASCENDER LA VIDA Y LA MUERTE ES IRSE A CASA—irse del mundo, irse a casa, al verdadero hogar desde donde no tendrás que volver a ir a ninguna otra parte—que será tu refugio eterno, último y absoluto.

NO SUFRIR OTRA EXISTENCIA ES ALCANZAR EL CAMINO. NO CREAR ILUSIONES ES LA ILUMINACION.

Reducido a una sola afirmación: No estar en la mente lo es todo—liberación, encontrar el verdadero hogar, iluminación, encontrar el camino.

NO CAER EN LA IGNORANCIA ES SABIDURÍA.

Esta afirmación es un poco extraña porque la gente no se dedica a la ignorancia.

Nadie quiere ser ignorante; ¿por qué debería dedicarse a la ignorancia? Por eso me gustaría cambiarla, aunque el significado seguirá siendo el mismo. La palabra no será ignorancia, la palabra será: NO INVOLUCRARSE EN EL CONOCIMIENTO ES SABIDURÍA.

Involucrarse en el conocimiento es en realidad ocultar tu ignorancia. Eso es realmente dedicarse, entregarse a la ignorancia. Pero en apariencia te dedicas a ser más sabio, más erudito, más erudito: un erudito, un experto. Y estar tan involucrado en el conocimiento es una barrera para la sabiduría. La sabiduría llega a aquellos que son inocentes de todo conocimiento.

En el momento en que abandonas todo conocimiento también has abandonado toda ignorancia. Existen juntos como las dos caras de una moneda. Y entonces lo que queda es pura inocencia.

NO AFLICARSE ES EL NIRVANA ...no afligirse—por ningún sufrimiento, por ninguna angustia, por ninguna ira, por ninguna codicia—no afligirse es el nirvana. Has llegado al hogar. El nombre del hogar es nirvana. ...Y NINGUNA APARIENCIA DE LA MENTE ES LA OTRA ORILLA.

Cuando la mente desaparece, con la mente todo este mundo desaparece. Con la mente, desaparece toda esta ignorancia, todo este conocimiento, todas estas pesadillas de la vida. La mente es la creadora de todo este drama que sigues viendo.

Una vez que la mente desaparece, la otra orilla aparece inmediatamente, acercándose cada vez más.

La otra orilla es tu verdadero hogar.

La otra orilla es tu inmortalidad, tu eternidad.

Esta orilla está formada por la muerte, la enfermedad, la vejez y todo tipo de miserias. La otra orilla es la esperanza, la esperanza de ser liberado, la esperanza de ser salvado, la esperanza de ser redimido de la pesadilla en la que todos vivimos. Y el secreto es simple: no ser una mente, sino sólo ser una conciencia pura, una conciencia sin pensamientos, un cielo sin nubes.

A LA LUZ DEL DHARMA IMPARCIAL, LOS MORTALES NO SE DIFERENCIAN DE LOS SABIOS. LOS SUTRAS DICEN QUE EL DHARMA IMPARCIAL ES ALGO QUE LOS MORTALES NO PUEDEN PENETRAR Y QUE LOS SABIOS NO PUEDEN PRACTICAR. EL DHARMA IMPARCIAL SÓLO LO PRACTICAN LOS GRANDES BODHISATTVAS Y BUDAS.

Pero no incluye a los arhatas. Ése es su punto ciego. Aunque Bodhidharma tiene unos ojos muy grandes, no puede ver una cosa muy sencilla: los grandes arhatas pertenecen a la misma categoría que los grandes bodhisattvas y los budas.

CONSIDERAR QUE LA VIDA ES DIFERENTE DE LA MUERTE O QUE EL MOVIMIENTO ES DIFERENTE DE LA QUIETUD ES SER PARCIAL. SER IMPARCIAL SIGNIFICA CONSIDERAR QUE EL SUFRIMIENTO NO DIFIERE DEL NIRVANA PORQUE LA NATURALEZA DE AMBOS ES LA VACUIDAD. AL IMAGINAR QUE ESTÁN PONIENDO FIN AL SUFRIMIENTO Y ENTRANDO EN EL NIRVANA, LOS ARHATAS ACABAN ATRAPADOS POR EL NIRVANA.

Eso es absolutamente erróneo. Los arhatas alcanzan la misma altura que los bodhisattvas. Sus caminos son diferentes, pero se puede llegar a la cima de la montaña por caminos diferentes. Podría haber dicho que los llamados sabios y santos acaban atrapados por el nirvana, pero no los arhatas. Los arhatas son budas tan auténticos como los bodhisattvas. Su única diferencia es que los arhatas no se preocupan por nadie más—que tienen que ser ayudados, que tienen que ser apoyados para su iluminación. Los arhatas se preocupan simplemente de su propia iluminación. Los bodhisattvas también se preocupan por la iluminación de los demás. Esa es la única diferencia. Por lo demás, su experiencia es la misma, su altura es la misma, su posición tiene la misma ultimidad.

Pero hay muchos supuestos sabios y santos que no son ni arhatas ni bodhisattvas, que han practicado disciplinas ascéticas, que se han torturado a sí mismos, que han hecho todo lo que está dentro de la capacidad del hombre para hacer, pero todo está siendo hecho por su mente. Eso marca la diferencia. No ha sido un crecimiento espontáneo y natural; lo han forzado. Lo han gestionado, disciplinado, practicado. Siempre hacen lo correcto, pero su hacer lo correcto no es espontáneo. Está deliberadamente pensado. Sopesan continuamente los pros y los contras, lo que está bien y lo que está mal. Siempre consultan las escrituras: qué está bien y qué está mal. No tienen su propia perspicacia.

Yo los llamo los llamados santos y sabios. Parecen casi budas, pero en el fondo hay una gran oscuridad. Su propia naturaleza aún no se ha realizado. No han alcanzado el SAMADHI. Todavía vagan en la mente desconcertante y sus millones de caminos. Sus grandes prácticas, su ascetismo, sus disciplinas, no son más que la proyección de su mente.

Así que puede decirse que los llamados santos y sabios acaban atrapados por el nirvana.

Todo su deseo es iluminarse. Pero ese es el problema: no puedes desear ser iluminado. El deseo es la barrera. Puedes iluminarte, pero no puedes desear iluminarte. En el momento en que deseas, estás atrapado. Estás atrapado por tu propio deseo.

No puedes hacer de la iluminación un objeto de tu codicia.

No puedes convertirlo en objeto de tu ambición.

Y ahí es donde entran los llamados sabios y santos. Han hecho de la iluminación, la liberación, moksha, nirvana, una meta, un logro. Entonces se convierte en un viaje del ego. Están atrapados, gravemente atrapados.

El Nirvana tiene que florecer dentro de ti. Cuando hayas abandonado la mente con todo su deseo, con todas sus ambiciones, con todo su programa de logros, cuando hayas abandonado toda tu mente llena de codicia .... No importa si la codicia se refiere al dinero o a la iluminación.

La mente puede seguir cambiando de objeto en objeto. Pero sigue siendo la misma mente llena de codicia. En el momento en que la mente se abandona por completo, de repente descubres que la iluminación no es un objetivo. Es tu propia naturaleza. De repente las flores de loto abren sus pétalos y te llenas de fragancia. Y esta fragancia no es diferente en los arhatas o en los bodhisattvas. Ambos son budas; ambos son personas iluminadas.

Como no pertenezco a ninguna religión, no pertenezco a ninguna secta en particular -simplemente no pertenezco a nadie, sólo pertenezco a mí mismo-, puedo ver claramente dónde se queda atrapada la gente en sus propias ideologías. Incluso un hombre como Bodhidharma no puede tolerar la idea de que los arhatas son lo mismo que los bodhisattvas. Él pertenece a la categoría de los bodhisattvas.

Y no es sólo su caso. Ha habido arhatas que condenan a los bodhisattvas de la misma manera. Pero para mí no importa si alguien es de una categoría o de otra. Puedo ser absolutamente imparcial. Y mi imparcialidad ha sido mi problema porque digo las cosas sin preocuparme de a quién van a complacer mis afirmaciones o a quién van a disgustar.

Es un mundo muy extraño. Si digo algo que te agrada, lo olvidarás. Pero si digo algo que te desagrada, no lo olvidarás y no me perdonarás.

He dicho cosas sobre Jesús que ningún cristiano ha dicho jamás. He apreciado al hombre más que ningún cristiano en dos mil años. Pero cuando critiqué algunas cosas sobre Jesús, inmediatamente todo el mundo cristiano se volvió contra mí. Se callaban cuando yo decía y apreciaba grandes afirmaciones de Jesús. Estaban contentos, pero nadie dijo ni una sola palabra. Pero cuando critiqué algunas cosas, todo el mundo cristiano, es decir, casi la mitad del mundo, se volvió inmediatamente contra mí para destruir mi movimiento.

Mis libros han sido prohibidos por el Papa. Algunas asociaciones cristianas han publicado mis libros sobre Jesús, pero cuando he criticado a Jesús incluso han quemado mis libros en los que he alabado a Jesús.

La gente es muy susceptible. Si aprecias algo no te dirán nada.

Simplemente disfrutarán del hecho de que su mente sea apreciada. No es una cuestión de Jesús; es una cuestión de una mente cristiana. Pero cuando digo algo que veo claramente que está mal en Jesús, entonces hiere la mente cristiana.

Por ejemplo, estoy diciendo algunas cosas en contra de Bodhidharma, pero estoy diciendo muchas más cosas a su favor... serán olvidadas. Pero lo que digo en su contra... los países que pertenecen al budismo Mahayana se molestarán de inmediato.

Toda mi vida, el trabajo de toda mi vida ha sido cómo influir en la gente y crear enemigos.

Otra vez: PERO LOS BODHISATTVAS SABEN QUE EL SUFRIMIENTO ES ESENCIALMENTE VACÍO. Y PERMANECIENDO EN LA VACUIDAD PERMANECEN EN EL NIRVANA.

NIRVANA SIGNIFICA NO NACIMIENTO Y NO MUERTE. ESTÁ MÁS ALLÁ DEL NACIMIENTO Y DE LA MUERTE Y MÁS ALLÁ DEL NIRVANA.

Pero esto sólo se dice de los bodhisattvas, no de los arhatas. Me gustaría dejar claro que se refiere tanto a los arhatas como a los bodhisattvas.

CUANDO LA MENTE DEJA DE MOVERSE ENTRA EN EL NIRVANA. EL NIRVANA ES UNA MENTE VACÍA.

La mente vacía puede malinterpretarse. Yo sugeriría que es mejor llamarla "no-mente", porque la mente nunca está vacía. En el momento en que la mente está vacía, ya no existe. La mente vacía es un uso contradictorio de las palabras, una contradicción en los términos.

No hay nada como una mente vacía; la mente es siempre procesos de pensamiento. Siempre es un tráfico de pensamientos, emociones, sueños, imaginaciones.

Cuando la mente está vacía, no hay mente. Es mejor utilizar la palabra "no-mente" que utilizar la palabra mente "vacía". La mente vacía puede ser engañosa. La gente puede empezar a pensar que todo lo que tiene que hacer es vaciar la mente.

Y no puedes vaciar la mente aunque sigas trabajando eternamente. Tienes que vaciarla... al por mayor. No puedes ir vaciándola por partes, porque aquí la estarás vaciando, y desde todas las direcciones, seguirán entrando cosas en ella.

No se puede vaciar la mente.

O te aferras a ella o simplemente la abandonas.

No hay término medio.

UN LUGAR DESHABITADO ES UNO SIN CODICIA, IRA O

ENGAÑO.

QUIEN SABE QUE LA MENTE ES UNA FICCIÓN Y CARECE DE TODO LO REAL, SABE QUE SU PROPIA MENTE NI EXISTE NI NO EXISTE. LOS MORTALES SIGUEN CREANDO LA MENTE, AFIRMANDO QUE EXISTE. Y LOS ARHATAS SIGUEN NEGANDO LA MENTE, AFIRMANDO QUE NO EXISTE. PERO LOS BODHISATTVAS Y LOS BUDAS NI CREAN NI NIEGAN LA MENTE. ESTO ES LO QUE SIGNIFICA LA MENTE QUE NI EXISTE NI NO EXISTE. LA MENTE QUE NI EXISTE NI NO EXISTE SE LLAMA EL CAMINO DEL MEDIO.

Nunca puede olvidarse de condenar a los arhatas. Parece como si algo le hiriera constantemente. La situación vuelve a ser la misma: en lugar de arhatas, debería haber dicho que los llamados sabios y santos siguen negando la mente. Pero los bodhisattvas, los arhatas y los budas ni crean ni niegan la mente. Simplemente van más allá de ella; no luchan con ella, porque luchar con la mente es darle realidad, reconocer su poder. No hay necesidad de luchar. Basta con ser testigo.

Sin luchar, sólo siendo testigo, la mente desaparece.

Ante el fuego del testimonio, no hay posibilidad de que la mente permanezca en ti ni un solo segundo. Crea el fuego del testimonio, crea la llama de la consciencia. Esto lo hacen los arhatas, los bodhisattvas y los budas sin distinción alguna.

CUANDO TU MENTE NO SE AGITA DENTRO, EL MUNDO NO SURGE FUERA.

Es una afirmación hermosa, inmensamente pregnante. Está diciendo que el mundo exterior no es más que tu proyección. Cuando tu mente se agita dentro, el mundo se crea fuera.

Una vez sucedió que un poeta alemán, Heinrich Heine, se perdió en el bosque. Había ido de caza, pero se perdió y perdió a su compañero. Durante tres días no se cruzó con ningún ser humano. Estaba completamente cansado, hambriento y continuamente preocupado por los animales salvajes.

Por la noche se subía a un árbol para protegerse de algún modo de los animales salvajes. La tercera noche era de luna llena y estaba sentado en un árbol.

Tres días de hambre y cansancio... no había dormido. Y vio la hermosa luna. Había escrito tantos hermosos poemas sobre la luna, pero este día era diferente porque su mente estaba en otra situación.

En lugar de ver la luna, vio una barra de pan moviéndose en el cielo. En su diario escribió: "No podía creer lo que veían mis ojos. Siempre he visto el rostro de mi amada en la luna. Nunca había pensado que una barra de pan...".

Pero un hombre que lleva hambriento tres días... su mente proyecta una cosa, y es comida. La luna desapareció y una hogaza de pan flotaba en el cielo.

Lo que ves no es lo que hay.

Lo que ves es lo que proyecta tu mente.

Os he contado una historia sobre Mulla Nasruddin. Tenía una hermosa casa en las montañas y contrató a una de las mujeres más feas posibles para cuidar de la casa. Todos sus amigos le preguntaron: "Mulla, debe haber alguna razón... ¿por qué has elegido a la mujer más fea?". Mulla respondió: "Hay una razón. Y cuando llegue el momento, os la contaré".

Y esto creó aún más tentación de saber. Y una y otra vez preguntaban. Se convirtió en una tentación continua para ellos preguntar por la mujer fea. Mulla solía ir a la montaña de vez en cuando para descansar, y decía a sus amigos: "Me voy tres semanas", y volvía en una semana.

Y le preguntaban: "¿Te fuiste tres semanas...?". Y él respondía: "Sí, fui tres semanas, pero pasó algo y tuve que volver".

Y esto sucedía una y otra vez. Se iba seis semanas y a las dos volvía. Finalmente le dijeron: "Estás creando un misterio. Mantienes a esa mujer fea allí, vas tres semanas, vuelves en una semana. Nunca cumples tu palabra".

Mulla dijo: "Es mejor que ahora te diga la verdad. La verdad es que me he quedado con esa mujer fea por una razón en particular. Y la razón es que cuando voy a la casa de la montaña, la mujer me parece fea. Es tan repulsiva, no sólo fea. Pero sin otra mujer, después de siete u ocho días, no parece tan repulsiva. Después de dos semanas, ni siquiera parece fea. Después de cuatro semanas, empieza a parecer incluso hermosa. Ese es el momento en que me voy - ahora el peligro está cerca. Siempre que esa mujer empiece a estar guapa, ese es el momento de abandonar inmediatamente las montañas porque ahora hay peligro".

La mente ha empezado a crear su propia realidad. Ahora no le importa en absoluto lo que es realmente un hecho; ahora está creando su propia ficción. Como no ha estado con una mujer durante cuatro semanas, tiene cierta hambre, hambre biológica, y esa hambre está creando una barra de pan.

No es casual que la gente llame a la mujer hermosa "plato", "plato delicioso". ¿Por qué una mujer, una mujer hermosa, en casi todos los idiomas, se llama "plato hermoso"?

Quizá porque, al igual que la comida es un hambre y es biológica, el sexo es un hambre y es biológico. Ambas son hambres diferentes, pero ambas son hambres. El mundo que ves a tu alrededor es sobre todo una proyección de tu mente. Cuando la mente desaparezca por completo, verás un mundo totalmente diferente. Cuando desaparezcan todas las proyecciones, sólo quedará lo real, lo objetivamente real.

Y con lo objetivamente real, no hay apego. El apego surge sólo con tu mente proyectiva.

CUANDO LA MENTE NO SE AGITA EN EL INTERIOR, EL MUNDO NO SURGE EN EL EXTERIOR. CUANDO EL MUNDO Y LA MENTE SON AMBOS TRANSPARENTES, ESTA ES LA VERDADERA VISIÓN. Y TAL ENTENDIMIENTO ES EL VERDADERO ENTENDIMIENTO.

Bodhidharma tiene razón en todos los puntos básicos, y debe ser comprendido tan profundamente como sea posible, porque puede ayudarte tremendamente en el camino —pero recuerda sus puntos ciegos.

Evita esos puntos ciegos, porque esos puntos ciegos hacen que su grandeza sea un poco menor de lo que habría sido sin ellos. Hacen que su sabiduría esté un poco manchada, un poco dañada. Ya no es impecable; ya no es absoluta y perfecta.

Le falta algo; tiene prejuicios. Se ha unido a un partido.

Un hombre de verdadero entendimiento permanece solo; no se une a ningún partido, a ninguna organización, a ninguna iglesia, a ninguna religión. Está disponible para cualquier forma de entendimiento, pero permanece imparcial. Para mí, esta imparcialidad es uno de los fundamentos de la religión.

Un cristiano no es religioso sólo por ser cristiano. Un hindú no es religioso por formar parte de una doctrina organizada. Un jaina no es religioso porque haya elegido una determinada línea partidista.

Un hombre auténticamente religioso es individual.

Está solo, y en su soledad hay una gran belleza, un gran esplendor.

Te enseño esa soledad. Te enseño la belleza, la grandeza y la fragancia de la soledad.

En tu soledad alcanzarás las alturas del Everest. En tu soledad podrás tocar la estrella más lejana. En tu soledad florecerás con todo tu potencial.

Nunca te conviertas en un creyente, nunca te conviertas en un seguidor, nunca formes parte de ninguna organización. Permanece auténticamente fiel a ti mismo. No te traiciones a ti mismo.

¿De acuerdo?

Sí, Maestro.

La mente es el mayor enemigo del hombre

A MADO MAESTRO,
LOS SUTRAS DICEN: "NO DESPRENDERSE DE LA SABIDURÍA ES ESTUPIDEZ". CUANDO LA MENTE NO EXISTE, LA COMPRENSIÓN Y LA NO COMPRENSIÓN SON AMBAS VERDADERAS. CUANDO LA MENTE EXISTE, LA COMPRENSIÓN Y LA NO COMPRENSIÓN SON AMBAS FALSAS.

CUANDO ENTIENDES, LA REALIDAD DEPENDE DE TI. CUANDO NO ENTIENDES, DEPENDES DE LA REALIDAD.

CUANDO LA REALIDAD DEPENDE DE TI, LO QUE NO ES REAL SE CONVIERTE EN REAL. CUANDO DEPENDES DE LA REALIDAD, LO QUE ES REAL SE CONVIERTE EN FALSO. CUANDO DEPENDES DE LA REALIDAD, TODO ES FALSO. CUANDO LA REALIDAD DEPENDE DE TI, TODO ES VERDAD

....

ASÍ, EL SABIO NO UTILIZA SU MENTE PARA BUSCAR LA REALIDAD, NI LA REALIDAD PARA BUSCAR SU MENTE, NI SU MENTE PARA BUSCAR SU MENTE, NI LA REALIDAD PARA BUSCAR LA REALIDAD. SU MENTE NO DA LUGAR A LA REALIDAD. Y LA REALIDAD NO DA LUGAR A SU MENTE. Y DEBIDO A QUE TANTO SU MENTE COMO LA REALIDAD ESTAN QUIETAS, EL SIEMPRE ESTA EN SAMADHI.

...LOS SUTRAS DICEN: "NADA TIENE NATURALEZA PROPIA". ACTÚA. NO CUESTIONES. CUANDO CUESTIONAS, TE EQUIVOCAS. CUANDO ESTÁS ENGAÑADO, LOS SEIS SENTIDOS Y LAS CINCO SOMBRAS SON CONSTRUCCIONES DE SUFRIMIENTO Y MORTALIDAD. CUANDO DESPIERTAS,

LOS SEIS SENTIDOS Y LAS CINCO SOMBRAS SON CONSTRUCCIONES DE NIRVANA E INMORTALIDAD.

ALGUIEN QUE BUSCA EL CAMINO NO MIRA MÁS ALLÁ DE SÍ MISMO. SABE QUE LA MENTE ES EL CAMINO. PERO CUANDO ENCUENTRA LA MENTE, NO ENCUENTRA NADA. Y CUANDO ENCUENTRA EL CAMINO, NO ENCUENTRA NADA. SI CREES QUE PUEDES USAR LA MENTE PARA ENCONTRAR EL CAMINO, TE ENGAÑAS. CUANDO ESTÁS ENGAÑADO, LA BUDEIDAD EXISTE.

CUANDO ERES CONSCIENTE, NO EXISTE. PORQUE LA CONCIENCIA ES LA BUDEIDAD. ...NO ODIES LA VIDA Y LA MUERTE NI AMES LA VIDA Y LA MUERTE. MANTÉN CADA PENSAMIENTO LIBRE DE ENGAÑO, Y EN LA VIDA SERÁS TESTIGO DEL COMIENZO DEL NIRVANA, Y EN LA MUERTE EXPERIMENTARÁS LA SEGURIDAD DE NO RENACER.

VER LA FORMA PERO NO SER CORROMPIDO POR LA FORMA U OÍR EL SONIDO PERO NO SER CORROMPIDO POR EL SONIDO ES LA LIBERACIÓN. LOS OJOS QUE NO ESTAN APEGADOS A LA FORMA SON LAS PUERTAS DEL ZEN. LOS OÍDOS QUE NO ESTÁN APEGADOS AL SONIDO TAMBIÉN SON LAS PUERTAS DEL ZEN. EN RESUMEN, QUIENES PERCIBEN LA EXISTENCIA DE LOS FENÓMENOS Y PERMANECEN DESAPEGADOS ESTÁN LIBERADOS ....

CUANDO LOS DELIRIOS ESTÁN AUSENTES, LA MENTE ES LA TIERRA DE LOS BUDAS.

CUANDO LOS DELIRIOS ESTÁN PRESENTES, LA MENTE ES UN INFIERNO.

La comprensión de las enseñanzas de Bodhidharma será más fácil si se entienden algunos puntos. El primero es la hipótesis de la reencarnación. Todas las religiones nacidas fuera de la India creen en una sola vida. Las religiones nacidas en la India difieren en todos los puntos, pero no en la reencarnación. Todas insisten en que no tienes una sola vida. Has tenido miles de vidas antes y seguirás teniendo vidas una y otra vez hasta que te des cuenta de tu propia naturaleza.

La vida es sólo una escuela y, a menos que aprendas la iluminación, seguirás moviéndote en el círculo de la vida y la muerte. Esto es algo muy esencial.

Si sólo hay una vida de setenta años de media, entonces no te queda mucho tiempo para la meditación, para la exploración de tu ser... buscando el camino.

Setenta años es un lapso tan pequeño que un tercio se desperdicia durmiendo; un tercio se desperdicia educándote para ganarte la vida. Y el tercio restante, lo desperdicias de muchas maneras porque no sabes qué hacer con él.

He visto a gente jugando a las cartas o al ajedrez y les he preguntado: "¿No encuentras nada mejor que hacer?". Y su respuesta ha sido siempre la misma... están matando el tiempo. Tal es la inconsciencia del hombre.

No tienes mucho tiempo.

No puedes permitirte matar el tiempo.

Además, el tiempo te está matando; no puedes matar al tiempo. A cada momento, el tiempo acerca más y más tu muerte.

Si cuentas todas tus actividades .... Afeitarte la barba dos veces al día—¡cuánto tiempo le dedicas! Escuchar la radio o ver la televisión—cuánto tiempo pierdes en ello. Una encuesta americana muestra que cada americano pierde siete horas y media cada día viendo la televisión. Es decir, pasa un tercio de su vida sentado, pegado a la silla, viendo todo tipo de tonterías.

¿Cuánto tiempo pierdes fumando cigarrillos, puros? Hay gente que fuma en cadena .... ¡Cuánto tiempo pierdes leyendo periódicos que nunca traen noticias! Todo lo que traen es simplemente enfermizo: asesinatos, violaciones, suicidios, guerras. Te hacen creer que así es el mundo y así es nuestra vida.

Te liberan de tu responsabilidad. Te convencen de que el mundo entero es así. Nada está mal, todo el mundo lo hace ....

Nunca te traen noticias de que alguien se haya iluminado. Tal vez eso no sea noticia. Alguien está entrando en los reinos más profundos de la meditación - tal vez eso no es noticia. Alguien se ha vuelto calmado y tranquilo y ha ido más allá de la ira, la codicia, la agonía. Eso no es noticia.

Una vez le preguntaron a Bernard Shaw: "¿Qué es una noticia?". Respondió: "Cuando un perro muerde a un hombre, no es noticia. Cuando un hombre muerde a un perro, es noticia".

¡Cuánto tiempo pierdes leyendo sobre cuántos hombres muerden a los perros! Si cuentas con cuidado, te sorprenderá que no tengas, en tus setenta años de vida, ni siquiera siete minutos para ti. Es una situación tan idiota.

Y como sólo hay una vida, hay una gran velocidad. ¿Por qué Occidente se ha vuelto tan adicto a la velocidad? La idea de una sola vida que dan el judaísmo, el cristianismo y el islamismo ha hecho que la gente se vuelva veloz. Siempre están corriendo, porque el tiempo apremia y hay muchas ambiciones que cumplir. Tienen que convertirse en el hombre más rico, tienen que alcanzar un gran poder, tienen que convertirse en una celebridad. Tienen que hacer mil y una cosas y la vida es tan corta. La única manera es hacerlo todo lo más rápido posible.

La mayoría de las amas de casa de Occidente no saben lo que es cocinar. La mejor ama de casa es la que sabe abrir latas. Todo tiene que hacerse deprisa y corriendo. ¿Por qué preocuparse por cocinar?

Nadie está en estado de quietud; no puede estarlo. Parece una pérdida de tiempo.

Sentarse en silencio, sin hacer nada, es la base de la meditación. En Occidente, la meditación no es posible por la sencilla razón de que una vida es demasiado corta.

Y la muerte llega demasiado rápido. No te da tiempo suficiente.

El concepto oriental se ocupa de tu crecimiento espiritual. La hipótesis de la reencarnación, un ciclo eterno continuo de nacimiento y renacimiento, te da tiempo suficiente. Puedes sentarte en silencio durante horas; no hay prisa. No hay necesidad de apresurarse. Dispones de una eternidad, no sólo de setenta años.

Occidente es muy pobre. Sólo tienen setenta años para cada persona. Oriente puede parecer pobre desde fuera, pero su disposición interior es muy rica. Eternidad detrás—eternidad delante.

En segundo lugar, una sola vida no basta para aburrirse. Setenta años pasan tan rápido que el aburrimiento no es posible. Pero vida tras vida, corriendo tras el dinero. Vida tras vida, corriendo tras el poder. Vida tras vida, corriendo tras hombres o mujeres. A medida que te das cuenta de esta larga serie de las mismas estupideces—en las que has tenido éxito muchas veces, pero no has ganado nada ....

Cada vida tienes que empezar de nuevo desde A,B,C. Solo visualiza millones de vidas detrás de ti .... Has amado a tantas mujeres y le has dicho a cada mujer: "Te amaré por siempre jamás". Y le has dicho a cada mujer: "Eres la mujer más hermosa del mundo". Y has estado diciendo eso durante millones de vidas a millones de mujeres, a millones de hombres. Es agotador... sólo la idea.

Te aporta cierta madurez que ya es hora de dejar de ser infantil. Llevas tanto tiempo jugando a estos juegos que ya es hora de madurar; de hacer otra cosa que nunca antes has hecho.

La meditación encaja perfectamente en la visión oriental de la vida. Es lo único que no habéis hecho nunca. Habéis ganado dinero, os habéis hecho ricos, habéis estado en política, os habéis convertido en ministros y primeros ministros y presidentes. Os habéis convertido en grandes celebridades. Habéis hecho de todo, porque en tantas vidas hubo tantas oportunidades... tanto tiempo.

Y una vez que lo entiendas ...que sigas haciendo las mismas cosas, una y otra y otra vez. Es bueno cometer un error una vez, pero seguir cometiendo el mismo error una y otra vez demuestra tu estupidez.

Y hay una gran y urgente necesidad de hacer algo que nunca has hecho antes: una búsqueda de tu propio yo. Has corrido detrás de todo lo que hay en el mundo y no te ha llevado a ninguna parte. Todos los caminos del mundo dan vueltas y vueltas; nunca llegan a ninguna meta. No tienen meta.

Visualizando esta larga perspectiva, uno se harta de repente de toda la acción; amoríos, peleas, ira, codicia, celos. Y uno empieza a pensar por primera vez: "Ahora debería encontrar una nueva dimensión en la que no esté corriendo detrás de nadie; en la que vuelva a casa. Me he ido demasiado lejos en estos millones de vidas".

Este es el fundamento de la sabiduría oriental. Crea un gran aburrimiento con la vida, la muerte y el continuo círculo vicioso. Ese es el significado original de la palabra SAMSARA; significa la rueda que sigue moviéndose, una y otra vez; no conoce parada. Puedes saltar fuera de ella, pero estás aferrado a ella.

Este es el dispositivo básico para que recuperes el sentido.

Ya has tonteado bastante.

Ahora déjalo, y haz algo que has estado evitando durante siglos, que has estado posponiendo para mañana.

Estos son sutras muy hermosos. En Oriente la gente nunca ha hablado a menos que haya entendido. Es la mayor deshonestidad, el mayor crimen hablar, ya sea a favor o en contra de algo que no conoces.

En Oriente, incluso las personas que han conocido -que han llegado al florecimiento último de su ser- muchas de ellas no han hablado porque no eran capaces de encontrar las palabras adecuadas. No eran elocuentes, por lo que decidieron permanecer en silencio. Es mejor callar que dar ideas equivocadas a la gente. Son muy pocos los que han hablado. Y han hablado sólo cuando estaban absolutamente seguros de que lo que decían podría ayudar a millones de personas a lo largo de los siglos.

Oriente nunca se ha interesado por el diario. Se ha interesado por afirmaciones que tienen la cualidad de la eternidad, que seguirán siendo válidas en todas las épocas, en todos los tiempos. Mientras el hombre permanezca en la tierra, la validez de estas afirmaciones no será cuestionada.

Un periódico se vuelve inútil por la tarde. En Occidente, hay ediciones de mañana y ediciones de tarde, porque por la tarde, la edición de la mañana se ha vuelto inútil. Ediciones vespertinas, porque por la noche la edición de la tarde se ha vuelto inútil. Ediciones nocturnas, porque por la noche la edición vespertina se ha vuelto inútil.

Estos sutras seguirán siendo tan frescos y jóvenes como cuando se pronunciaron por primera vez, pero sólo para quienes puedan experimentar lo que contienen.

Por lo demás, es mucha prosa. Una vez que lo experimentas, la prosa empieza a convertirse en poesía. Las palabras se convierten en silencio. Las afirmaciones resultan ser sólo dispositivos para darte la sensación de una eterna danza de la existencia.

Ningún libro occidental, y he pasado por todos los filósofos y todos los teólogos -fue un viaje tedioso-, ningún libro occidental tiene nada paralelo a los sutras orientales porque sólo son cosas de la mente. Los sutras orientales tienen una diferencia cualitativa. No tienen nada que ver con la mente. Tienen algo que ver con tu ser más íntimo y sus experiencias de dicha, éxtasis, la alegría universal que impregna esta vasta existencia. Sólo el hombre se lo está perdiendo. Y el hombre se lo pierde debido a su ignorancia.

Los árboles no lo echan de menos porque son inocentes. Los océanos no lo echan de menos. No falta en las montañas. A las estrellas no les falta. Son absolutamente inocentes, no están atrapados en el conocimiento.

El primer sutra de Bodhidharma dice:

"NO DESPRENDERSE DE LA SABIDURÍA ES UNA ESTUPIDEZ".

Tu supuesta sabiduría es prestada. No es sabiduría en absoluto; en cambio, siendo sabio, eres de otra manera. Sigues repitiendo cosas que no entiendes; cosas que no han crecido en tu propio ser, cosas que son absolutamente ajenas a tu propia existencia, a tu propia vida. Habéis estado recogiendo, como niños pequeños, conchas de mar en la playa y pensando que estáis creando un gran tesoro. Sí, es posible engañar a los demás y engañarse a uno mismo.

Uno de mis profesores se doctoró con una extraña tesis en la Universidad de Londres, muy prestigiosa. Su tema eran las formas del crecimiento de la conciencia. Yo era su alumno. Me presentó su libro cuando se publicó y me dijo: "Me gustaría mucho conocer tu opinión".

Le dije: "No tengo que leer el libro. Te conozco".

Me dijo: "¿Qué quieres decir?".

Le dije: "Yo simplemente sé, que usted no sabe nada acerca de cualquier crecimiento de la conciencia. Así que todo lo que has escrito en este libro es prestado. Te has engañado a ti mismo, has engañado a los profesores de la Universidad de Londres que lo han examinado, y ahora que has publicado el libro, millones lo leerán y se engañarán. En vez de presentarme el libro sobre la conciencia, muestre algo de conciencia".

Estaba muy conmocionado y sabía que lo que yo decía era cierto. Era un borracho. No podía vivir sin beber alcohol todas las noches.

Le dije: "Deja esta adicción con la inconsciencia, porque el alcohol no hace más que crear más inconsciencia. Y tienes el descaro de escribir una tesis sobre el tema de la conciencia".

Pero era un hombre muy culto; sabía muchos idiomas. Había reunido material sentado en la biblioteca y había conseguido escribir una tesis muy hermosa. Pero yo le dije: "No la leeré porque es simplemente el trabajo de un oficinista.

Cualquiera que tenga un poco de inteligencia podría haber tomado la información de las muchas fuentes disponibles y haberla recopilado. Leeré tu libro, sólo cuando me muestres, algo como una conciencia creciente en ti".

Le devolví el libro. Me dijo: "Tengo suerte de que no hayas sido examinador de mi libro. De lo contrario, nunca habría conseguido el doctorado".

Le dije: "Entre tú y yo, nunca lo conseguirás. Puedes engañar al mundo, pero no a ti mismo".

La gente va acumulando conocimiento y se confunde y empieza a pensar que este conocimiento es sabiduría. El conocimiento no es sabiduría.

La sabiduría viene a través de tu crecimiento de conciencia, y el conocimiento viene a través de la recopilación de las escrituras, de la gente erudita, y haciendo algún tipo de sistema. Pero tú sigues siendo el mismo; no sufres ninguna transformación.

De ahí, el primer sutra: NO SOLTAR LA SABIDURÍA ES ESTUPIDEZ. Simplemente suelta tu sabiduría y con tu sabiduría desaparecida, tu estupidez también desaparecerá. Si te aferras a tu conocimiento, que crees que es sabiduría, seguirás siendo estúpido para siempre.

CUANDO LA MENTE NO EXISTE COMPRENDER Y NO COMPRENDER SON AMBAS VERDADES.

En el momento en que la mente está en silencio, sin funcionar, todo es verdad. Es la mente la que distorsiona todo y hace que todo sea falso. El conocimiento llega a través de la mente, y la sabiduría llega cuando no hay mente. Ésta es una distinción que no han hecho los grandes filósofos del mundo, excepto los místicos de Oriente.

Los diccionarios dirán que la sabiduría es conocimiento, pero la realidad actual y la experiencia de la misma, no es un diccionario. Distingue claramente que conocimiento y sabiduría no son sólo, no son sinónimos, son antagónicos. Si tu mente está llena de conocimiento seguirás siendo imprudente, estúpido.

Y si dejas caer tu mente y vas más allá de ella, entras en el mundo de la sabiduría, en el mundo del despertar. En ese despertar todo es verdad.

Porque eres auténtico, todo es auténtico porque TÚ eres auténtico.

En la mente eres falso, eres falso. Por eso todo lo que pasa por la mente se convierte en falsedad, en hipocresía.

La mente es el mayor enemigo del hombre.

CUANDO LA MENTE EXISTE, COMPRENDER Y NO COMPRENDER SON AMBOS FALSOS.

CUANDO LO ENTIENDES, LA REALIDAD DEPENDE DE TI.

Se trata de una afirmación tan pregnante que deberías intentar sentirla, no sólo oírla:

CUANDO COMPRENDES, LA REALIDAD DEPENDE DE TI. ¿Y cuándo comprendes? Cuando la mente se aparta y tu ser encuentra la realidad directamente, sin el mediador, la mente, entonces la realidad depende de ti. Te has elevado por encima de la realidad. Te has elevado a la realidad última. De lo contrario, la realidad es una realidad relativa.

CUANDO NO ENTIENDES DEPENDES DE LA REALIDAD.

Cuando no entiendes—cuando estás en la mente—eres una víctima de esta realidad mundana que ves a tu alrededor. El dinero te engaña, el poder te engaña, el prestigio te engaña, cualquier cosa...

Vives en tantos malentendidos que si vienes a ver, te sorprenderás de lo articulado que eres creando falsedades.

Todo lo que pasa por la mente, es casi como si hubieras cogido un bastón recto y lo hubieras metido en el agua. De repente verás que el bastón ya no está recto. Se ha doblado en el lugar donde está en el agua porque el agua funciona de manera diferente. Lo sacas y vuelve a estar recto. Si lo vuelves a meter en el agua, pierde su rectitud. Lo mismo ocurre con la mente.

La mente sólo tiene una capacidad: falsificar las cosas.

Por desgracia, sólo nos educan como mentes. Y si el mundo vive en la hipocresía, en la miseria, en la angustia, no es una sorpresa. Si el mundo sigue luchando y matando y sigue preparándose para un suicidio global, no es una sorpresa. La mente no puede hacer otra cosa. Lo envenena todo.

Todo el mensaje es ir más allá de la mente y entonces todo está claro como el cristal. Entonces no te haces preguntas. Simplemente actúas desde tu claridad, desde tu visión transparente. Y cada uno de tus actos tiene una belleza... una tremenda belleza propia. Tiene una gracia. Y tiene un poder de bendiciones para derramar sobre el mundo entero.

CUANDO LA REALIDAD DEPENDE DE TI, LO QUE NO ES REAL SE CONVIERTE EN REAL.

Ahora mismo, es una situación extraña. Todo lo que es real, no lo es. Y todo lo que es real, es irreal. ¿Has pensado alguna vez: ¿Es tu alma una realidad para ti? No es una realidad para ti. Sólo has oído hablar de ella, pero no tienes ninguna experiencia de ella.

Pero miles de cosas falsas son reales. Una estatua de piedra en el templo es real para ti.

Tu propia conciencia es irreal. Tu propia naturaleza de Buda es irreal. Y una estatua de mármol es real para ti. Ante lo falso, te inclinas, adoras lo falso sin saber lo que estás haciendo. Te estás insultando a ti mismo y estás insultando a todos los budas del pasado, del presente y del futuro.

Eres un buda. No tienes que adorar. No hay nadie más alto que tú; no hay nadie más bajo que tú. No tienes que adorar a nadie y no tienes que aceptar la adoración de nadie. Toda esta existencia es igualmente divina.

CUANDO DEPENDES DE LA REALIDAD, LO QUE ES REAL SE CONVIERTE EN FALSO. CUANDO DEPENDES DE LA REALIDAD, TODO ES FALSO.

Todo lo que has conocido hasta ahora, como real ....

Lo he oído: En una gran ciudad, un hombre tenía el mejor palacio. La gente solía venir a verlo. Era un milagro de la arquitectura. Pero una noche, de repente, se incendió. El hombre había ido a casa de un amigo. Alguien le informó: "¿Qué estás haciendo? Tu palacio está ardiendo". Echó a correr; nada podía resultarle más chocante.

Sin que se diera cuenta, las lágrimas corrían por sus ojos. Su cosa más preciada, su mayor apego estaba siendo destruido ante sus ojos y nada podía hacerse. El fuego había ido demasiado lejos.

En ese momento, su hijo menor vino corriendo hacia él y le dijo: "Padre, no te preocupes. Ayer vendí la casa. El rey no paraba de decir que le daba vergüenza que tú tuvieras un palacio mejor. Al final decidí venderla... y él estaba dispuesto a dar cualquier precio".

De repente, las lágrimas se secaron y el hombre empezó a sonreír. Nada había cambiado. La casa ardía, pero ya no era suya. Entonces, ¿a quién le importaba? Así que no era la casa lo que le dolía, era el ego, SU casa. Entonces llegó su hijo menor y le dijo: "Padre, ¿qué haces aquí? Aunque habíamos acordado vender el palacio, aún no se ha redactado la escritura de venta. Y, por supuesto, el rey no va a pagar el dinero. Tengo la sospecha de que él está detrás del incendio".

Y de nuevo empezaron a brotar las lágrimas. Y la situación era la misma; nada había cambiado. Sólo había cambiado la idea; la casa pasó a ser suya, entonces hubo una gran miseria. La casa ya no era suya, toda la miseria desapareció.

Y entonces llegó el rey en persona en su carro y dijo: "No tienes por qué preocuparte. Soy un hombre de palabra. Si lo he comprado, lo he comprado. No se ha escrito ninguna escritura de compraventa, no se ha adelantado ningún dinero, pero como ayer lo acordamos verbalmente, es suficiente. Es MI casa la que está ardiendo. No debes preocuparte".

Y de repente, en lugar de lágrimas, el hombre sonreía.

CUANDO LA REALIDAD DEPENDE DE TI, TODO ES VERDAD.

ASÍ, EL SABIO NO UTILIZA SU MENTE PARA BUSCAR LA REALIDAD, NI LA REALIDAD PARA BUSCAR SU MENTE, NI SU MENTE PARA BUSCAR SU MENTE, NI LA REALIDAD PARA BUSCAR LA REALIDAD.

Es un círculo vicioso: la mente y la realidad, la mente y el mundo. La mente crea un mundo determinado que no es más que tu proyección. Y luego, esa cierta proyección crea tu mente. Y así, este círculo vicioso sigue apoyando al otro; tu mente apoya tus proyecciones, tus proyecciones apoyan tu mente. Y sigues viviendo en una alucinación.

ASÍ, EL SABIO NO UTILIZA SU MENTE PARA BUSCAR LA REALIDAD, NI LA REALIDAD PARA BUSCAR SU MENTE, NI SU MENTE PARA BUSCAR SU MENTE, NI LA REALIDAD PARA BUSCAR LA REALIDAD. SU MENTE NO DA LUGAR A LA REALIDAD. Y LA REALIDAD NO DA LUGAR A SU MENTE. Y DEBIDO A QUE TANTO SU MENTE COMO LA REALIDAD ESTAN QUIETAS, EL SIEMPRE ESTA EN SAMADHI.

Esta es una hermosa definición de samadhi. Cuando la mente está quieta y la realidad está quieta—cuando estás fuera del círculo vicioso—todo es silencio, profundo silencio.

Hay que entender la palabra SAMADHI. Significa llegar a un estado de equilibrio absoluto, llegar a un estado de equilibrio absoluto. La palabra viene del sánscrito. Y el sánscrito es una de las lenguas del mundo que tiene palabras con un significado profundo. No sólo con significado de diccionario, sino con significado existencial. Otras lenguas sólo tienen significados de diccionario.

El sánscrito es la única lengua en todo el mundo que fue creada por personas iluminadas. Es una lengua creada. Nunca ha sido una lengua del pueblo. No hubo ningún momento en el que todo el país hablara sánscrito. Todas las demás lenguas del mundo han sido utilizadas por la gente en algún momento.

Muchas se han convertido en lenguas muertas, como el latín o el hebreo o el pali o el prakrit.

Muchas lenguas que antes eran lenguas vivas, se han convertido en lenguas muertas. Pero el sánscrito nunca ha sido una lengua del pueblo.

Se trata de un fenómeno muy extraño. Ha sido el lenguaje de los iluminados, de ahí que cada palabra tenga dos significados; uno, el del diccionario para el erudito y otro, el existencial para los que buscan la verdad.

El sánscrito tiene dos palabras VYADI y SAMADHI. VYADI significa "enfermedad del alma" y SAMADHI significa "salud y plenitud del alma". Pero se trata de significados existenciales. Un hombre que no ha experimentado el samadhi está espiritualmente enfermo.

Puede estar en buena forma física, pero no en buena forma espiritual. Es posible que un hombre esté físicamente enfermo, pero puede alcanzar el samadhi. Incluso en el último momento de tu vida, puedes alcanzar el samadhi. Tu ser espiritual llega en toda su salud, su integridad. Incluso si por un solo momento has conocido el samadhi, has conocido el mayor secreto de la existencia.

No existe ninguna palabra en ningún idioma que sea sinónimo de samadhi. Sólo una palabra en japonés se le acerca un poco, pero no es sinónimo. Esa palabra es SATORI. Y desafortunadamente, los japoneses se han detenido en satori pensando que es samadhi.

El satori es sólo un atisbo del samadhi, un atisbo lejano. Por ejemplo, puedes ver los picos del Himalaya desde cientos de kilómetros de distancia, pero ver el pico cuando estás sentado en él, es una experiencia totalmente diferente. El satori es sólo una visión lejana del samadhi; un vislumbre, hermoso en sí mismo, pero no equivalente al samadhi.

Samadhi es tu propia naturaleza en su absoluta claridad, en su absoluta pureza, en su absoluta consciencia.

Samadhi es tu verdadero hogar.

Y las personas que no conocen el samadhi vagan sin hogar. Son gente sin hogar, gente sin raíces y toda su vida no es más que una tragedia. El samadhi te da raíces en la existencia y te abre las puertas de tu hogar. Samadhi es la actualización definitiva de tu potencial.

Y el camino al samadhi es simple. Suelta la mente—ve más allá de la mente y entrarás en samadhi. La mente es la única barrera y extrañamente estamos continuamente educando a la mente para que se vuelva más y más poderosa. Todos nuestros sistemas educativos alrededor del mundo, están cuidando la mente—tu enemigo, haciéndola más fuerte, más informativa, más conocedora.

En un mundo más inteligente, la meditación debería ser absolutamente obligatoria en todas las escuelas, en todos los colegios, en todas las universidades. Y a menos que una persona pruebe el samadhi, no se le permitirá salir de la universidad. No se le darán los certificados para salir.

Y si podemos hacer de la meditación una parte intrínseca de todos los sistemas educativos, entonces naturalmente estas personas van a ser políticos, estas personas van a ser hombres de negocios, estas personas van a ser industriales, estas personas van a ser músicos, estas personas van a ser pintores, actores, bailarines. Pero todos tendrán algo en común: su experiencia de la meditación. Y ese será el elemento común que unirá a toda la humanidad en un todo.

Un hombre de meditación funciona de manera diferente. No importa la profesión que elija. Aportará a su profesión alguna cualidad de sacralidad. Puede estar haciendo zapatos, o puede estar limpiando las carreteras, pero traerá a su trabajo alguna cualidad, alguna gracia, alguna belleza, que no es posible sin samadhi.

Podemos llenar el mundo entero de gente extasiada. Sólo hay que aceptar una cosa sencilla .... No importa si vas a ser médico, ingeniero o científico, o lo que sea que vayas a ser. La meditación debería ser la base de toda profesión, de toda dimensión de la educación.

Las guerras desaparecerán por sí solas. No tendrás que protestar contra las armas nucleares. La población empezará a disminuir por sí sola, porque un hombre de meditación funciona con conciencia. Si ve que el mundo está superpoblado, no puede tener hijos. Nadie tiene que decírselo. ¿Por qué debería traer a sus hijos a un mundo que cada día va hacia el desastre? ¿Quién quiere que sus hijos sufran una tercera guerra mundial? ¿Quién quiere que sus hijos mueran de hambre en las calles?

La meditación es la única cura para todas las enfermedades a las que el hombre es propenso; una única medicina. Y debo recordarles que la palabra meditación y medicina provienen de la misma raíz. Medicina para el cuerpo y meditación para el alma.

Ambos traen salud. ...LOS SUTRAS DICEN: "NADA TIENE NATURALEZA PROPIA".

Esta es una de las mayores contribuciones de Gautam Buda y de sus discípulos, como Bodhidharma. NADA TIENE NATURALEZA PROPIA.

Significa que tu conciencia es un espacio puro. No tiene atributos. Está completamente vacía, pero llena - llena de alegría, llena de luz, llena de fragancia - pero completamente vacía.

No existe una naturaleza propia que haga a las personas diferentes. En el momento en que estés en samadhi, verás que los árboles también están en samadhi. Las montañas están en samadhi.

Las estrellas están en samadhi. Toda la existencia está en samadhi. Sólo tú te has extraviado. Has vuelto, fusionado y fundido en la totalidad del universo.

"NADA TIENE NATURALEZA PROPIA". ACTÚA. NO CUESTIONES.

Bodhidharma no es un filósofo y no está interesado en ningún tipo de filosofar. Es un simple hombre de acción. Él dice, ACTÚA. NO PREGUNTES... porque las preguntas no llevan a ninguna parte. Cada respuesta creará diez preguntas más.

Y puedes seguir preguntando, vida tras vida, y no podrás encontrar la respuesta ...ACT.

CUANDO CUESTIONAS, TE EQUIVOCAS.

No importa la pregunta que hagas. CUANDO CUESTIONAS, TE

EQUIVOCAS. Y cuando no cuestionas y actúas en silencio, el samadhi no está lejos. Las preguntas vienen de la mente y cualesquiera que sean las respuestas, tu mente se regocija en volverse más y más conocedora. Se vuelve más y más poderosa. Bodhidharma dijo: "Por favor, no preguntes nada. Si quieres saber la respuesta, no hagas la pregunta. Actúa".

Actúa, trasciende la mente y descubrirás que TÚ eres la respuesta. Tu propio ser es la respuesta.

CUANDO ESTÁS ENGAÑADO, LOS SEIS SENTIDOS Y LAS CINCO SOMBRAS SON CONSTRUCCIONES DE SUFRIMIENTO Y MORTALIDAD.

Tiene una gran perspicacia para decir cosas tremendamente significativas en pequeños sutras.

Está diciendo que cuando estás engañado, cuando estás en la mente en otras palabras, entonces los cinco elementos crean el mundo y tus seis sentidos.

Es algo muy extraño, porque sólo en este siglo la ciencia ha descubierto el sexto sentido. Por lo demás, todas las escrituras antiguas hablan de cinco sentidos. Sólo Bodhidharma habla de seis sentidos. Y el sexto sentido es tal, que es un milagro que él lo conociera. Acaba de ser descubierto.

Está dentro de la oreja. El oído siempre se ha aceptado como uno de los cinco sentidos, pero no sabíamos que dentro del oído hay dos sentidos. Uno es el sentido del oído y el otro es el sentido del equilibrio. Si te golpean con fuerza en la oreja, perderás inmediatamente el equilibrio. Cuando ves a un borracho volver a casa por la noche, no puedes creer cómo se las arregla. Ha perdido todo el control y todo el equilibrio porque el alcohol afecta al sexto sentido. Todas las drogas afectan al sexto sentido e inmediatamente pierdes el equilibrio.

Un borracho llegó a casa a altas horas de la noche e intentaba abrir la cerradura. Pero le temblaba la mano y le temblaba la cerradura; le temblaba la otra mano y no conseguía introducir la llave en la cerradura. Ambas temblaban. Dijo: "Dios mío, ¿qué está pasando? Debe de ser un terremoto. Todo está temblando".

Un policía que le observaba desde la carretera sintió compasión por él. Era un buen hombre, pero había caído en malas compañías... como tú. Todos ustedes son hombres buenos que han caído en malas compañías.

Pronto caminaréis como un borracho. El policía se le acercó y le dijo: "¿Puedo ayudarle?". Él dijo: "Sí, sería muy amable de su parte, si pudiera sostener la casa un momento para que yo pueda meter mi llave en el agujero. Sujete la casa. Parece que hay un gran terremoto".

Es muy extraño porque ese sexto sentido está oculto dentro del oído. De ahí que nadie haya hablado nunca de él porque nadie era consciente de él. Sólo en este siglo, los cirujanos se dieron cuenta de que en el oído también hay otro sentido que mantiene el equilibrio del cuerpo.

Pero Bodhidharma dice que los seis sentidos y las cinco sombras SON CONSTRUCCIONES DE SUFRIMIENTO Y MORTALIDAD. Cuando estás engañado, cuando estás en la mente, los cinco elementos y los seis sentidos de tu cuerpo crean para ti, sufrimiento, muerte y nada más.

Pero: CUANDO DESPIERTES, es decir, cuando vas más allá de la mente, LOS SEIS SENTIDOS Y LAS CINCO SOMBRAS SON CONSTRUCCIONES DE NIRVANA E INMORTALIDAD.

Todo es lo mismo: los mismos seis sentidos y los mismos cinco agregados, los elementos que constituyen el mundo. Una vez que estás más allá de la mente, crean el nirvana y la inmortalidad.

Así que Bodhidharma no está en contra del cuerpo ni del mundo. Está en contra de tu sueño. No quiere que renuncies al mundo. No quiere que tortures al cuerpo, porque este cuerpo y este mundo se comportarán de manera absolutamente diferente. Sólo tienes que estar despierto. Así que toda la respuesta es:

Renuncia a dormir, renuncia a la mente que es la ciudadela de tu sueño.

Entra en el silencio, que liberará tu conciencia dormida. Y todo tu ser se volverá luminoso de conciencia.

Entonces el mismo cuerpo, los mismos sentidos y el mismo mundo tienen un significado totalmente diferente. Se convierte en nirvana. Se convierte en inmortalidad.

ALGUIEN QUE BUSCA EL CAMINO NO MIRA MÁS ALLÁ DE SÍ MISMO. SABE QUE LA MENTE ES EL CAMINO. PERO CUANDO ENCUENTRA LA MENTE, NO ENCUENTRA NADA. Y CUANDO ENCUENTRA EL CAMINO, NO ENCUENTRA NADA. SI CREES QUE PUEDES USAR LA MENTE PARA ENCONTRAR EL CAMINO, TE ENGAÑAS. CUANDO ESTÁS

ENGAÑADO, LA BUDEIDAD EXISTE.

Es una declaración muy hermosa. Es muy raro encontrarse con una declaración así.

CUANDO ESTÁS ENGAÑADO, LA BUDDHAHOOD EXISTE porque CUANDO ESTÁS CONSCIENTE, NO EXISTE.

Es una afirmación muy extraña. Habrías pensado lo contrario. Habrías pensado que cuando estás engañado, la budeidad no existe, y que cuando eres consciente, sí existe. Pero Bodhidharma dice justo lo contrario. Y tiene razón.

CUANDO ESTÁS ENGAÑADO ...cuando estás vagando en todo tipo de ilusiones en el mundo, hay un deseo en ti, en lo más profundo. A veces eres consciente de él; a veces lo olvidas por completo. El anhelo de ser un buda, el anhelo de ser consciente, el anhelo de la iluminación ....

Incluso en el sueño más profundo, en algún rincón de tu oscuridad, un pequeño anhelo continúa para estar alerta—para ser despertado, para ser iluminado porque nadie puede estar satisfecho con la miseria, la agonía, la angustia, para siempre. Uno quiere salir de ello. Por eso Bodhidharma dice: CUANDO ESTÁS ENGAÑADO, LA BUDEIDAD EXISTE. CUANDO ERES CONSCIENTE, NO EXISTE.

PORQUE LA CONCIENCIA ES LA BUDEIDAD.

Cuando eres consciente, eres un buda y el anhelo de la budeidad desaparece. Y cuando eres un buda, no eres consciente de que eres un buda. La conciencia no puede ser consciente de sí misma. La inocencia no puede ser consciente de sí misma. Así que la budeidad sólo existe para aquellos que están lejos de ella.

La budeidad desaparece para los que han llegado a casa. Un buda no sabe que es un buda. El conocimiento siempre tiene que ver con el otro. El espejo puede reflejar todo en el mundo excepto a sí mismo. El espejo no sabe que lo es.

...NO ODIES LA VIDA Y LA MUERTE NI AMES LA VIDA Y LA MUERTE. MANTÉN TODOS TUS PENSAMIENTOS LIBRES DE ENGAÑO, Y EN LA VIDA SERÁS TESTIGO DEL COMIENZO DEL NIRVANA, Y EN LA MUERTE EXPERIMENTARÁS LA SEGURIDAD DE NO RENACER.

Me sorprende mucho que toda la esfera occidental no haya pensado nunca en el renacimiento. Grandes filósofos desde Platón a Kant, a Feuerbach, a Bertrand Russell, a Jean Paul Sartre—una gran línea de genios inmensamente inteligentes, pero ni una sola persona ha pensado nunca en el renacimiento. Toda su idea se ha quedado en... una sola vida. Es demasiado mezquino.

La existencia no es avara; rebosa abundancia.

Cada muerte es el comienzo de una nueva vida, excepto en contadas ocasiones, cuando alguien se ilumina. Entonces su muerte es la muerte definitiva. No volverá a nacer. No volverá a tener un cuerpo; no volverá a sufrir la agonía de otra mente. Su conciencia se fundirá, como un cubito de hielo que se funde en el océano y se hace uno con él. Estará en todas partes, pero no estará en ningún lugar en particular, en una forma en particular. Estará por todas partes, pero sin forma. Será el universo mismo.

Cada vez que un hombre se ilumina, todo el universo se eleva un poco más en conciencia, porque la conciencia de este hombre se extiende por toda la existencia.

Cuantas más personas se iluminen, más se enriquecerá la existencia. Así que no se trata sólo de que una sola persona se ilumine. Con su iluminación, el universo entero gana inmensamente. Se vuelve más rico, más bello, más alegre, más celebrado.

VER LA FORMA PERO NO SER CORROMPIDO POR LA FORMA U OÍR EL SONIDO PERO NO SER CORROMPIDO POR EL SONIDO ES LA LIBERACIÓN. LOS OJOS QUE NO ESTAN APEGADOS A LA FORMA SON LAS PUERTAS DEL ZEN. LOS OÍDOS QUE NO ESTÁN APEGADOS AL SONIDO TAMBIÉN SON LAS PUERTAS DEL ZEN. EN RESUMEN, QUIENES PERCIBEN LA EXISTENCIA DE LOS FENÓMENOS Y PERMANECEN DESAPEGADOS ESTÁN LIBERADOS ....

CUANDO LOS DELIRIOS ESTÁN AUSENTES, LA MENTE ES LA TIERRA DE LOS BUDAS.

CUANDO LOS DELIRIOS ESTÁN PRESENTES, LA MENTE ES UN INFIERNO.

Me acuerdo de un gran maestro zen. El emperador de Japón había ido a verle y llevaba tiempo queriendo ir a verle, pero el camino hasta su monasterio era peligroso, atravesaba bosques salvajes, zonas montañosas peligrosas. Pero finalmente, el emperador decidió que tenía que ir. Su muerte se acercaba y no podía correr el riesgo .... Antes de que llegara la muerte debía tener algún entendimiento que la muerte no puede destruir.

Llegó hasta el maestro zen, que estaba sentado bajo un árbol. Le tocó los pies y le dijo: "He venido a hacerte una pregunta. ¿Existe realmente el infierno o el cielo? Porque mi muerte se acerca y mi única preocupación es: ¿adónde voy; al infierno o al cielo?". El maestro se rió y dijo: "Nunca había pensado que nuestro emperador fuera tan idiota".

Decirle al emperador, "¡un idiota! Por una fracción de segundo, el emperador se olvidó y sacó su espada, e iba a cortar la cabeza del maestro Zen.

El maestro zen se rió y dijo: "Esta es la puerta del infierno".

El emperador se detuvo, volvió a enfundar la espada y el maestro le dijo: "Has entrado en el cielo. Ahora puedes irte. Sólo recuerda: ira, violencia, destructividad. Estas son las puertas del infierno. Y el infierno está en tu mente.

"Pero la comprensión, la compasión, el silencio, son las puertas del cielo. Están más allá de tu mente. Y yo te he dado la experiencia de ambas. Perdóname por haberte llamado idiota. Tenía que hacerlo. Era sólo una respuesta a tu pregunta, porque no soy un pensador y no respondo como los pensadores responden a las preguntas. Soy un místico. Simplemente creo el dispositivo para que puedas tener alguna idea de la respuesta.

Ahora piérdete".

Y el emperador se tocó los pies con lágrimas de gratitud, porque ninguna otra respuesta habría servido de mucho. Se habría quedado en una mera hipótesis. Pero el hombre era un maestro tremendamente perspicaz. Creó la situación de inmediato, con sólo llamarle idiota. Y le mostró ambas cosas: las puertas del infierno y las puertas del cielo. Tu mente es el infierno. Ir más allá de tu mente es el cielo.

Ve más allá de la mente. Esa es la esencia de toda la enseñanza de todos los despiertos.

¿De acuerdo?

Sí, Maestro.

Todo sufrimiento es una semilla de Buda

AMADO MAESTRO,
LO QUE SIGUE SE ATESTIGUA EN EL CAMINO. ESTÁ MÁS ALLÁ DEL CONOCIMIENTO DE LOS ARHATS Y DE LOS MORTALES.

CUANDO LA MENTE ALCANZA EL NIRVANA, NO VES EL NIRVANA.

PORQUE LA MENTE ES EL NIRVANA. SI VES EL NIRVANA EN ALGUN LUGAR FUERA DE LA MENTE, TE ESTAS ENGAÑANDO A TI MISMO.

TODO SUFRIMIENTO ES UNA SEMILLA DE BUDA PORQUE EL SUFRIMIENTO IMPULSA A BUSCAR LA SABIDURIA. PERO SOLO SE PUEDE DECIR QUE EL SUFRIMIENTO DA LUGAR A LA BUDEIDAD. NO PUEDES DECIR QUE EL SUFRIMIENTO ES LA BUDEIDAD. TU CUERPO Y TU MENTE SON EL CAMPO. EL SUFRIMIENTO ES LA SEMILLA, LA SABIDURIA EL BROTE Y LA BUDEIDAD EL GRANO.

...CUANDO LOS TRES VENENOS ESTÁN PRESENTES EN TU MENTE, VIVES EN UNA TIERRA DE INMUNDICIA. ...CUANDO LOS TRES VENENOS ESTÁN AUSENTES DE TU MENTE, VIVES EN UNA TIERRA DE PUREZA. ...NO HAY LENGUAJE QUE NO SEA EL DHARMA. HABLAR TODO EL DIA SIN DECIR NADA ES EL CAMINO. ESTAR EN SILENCIO TODO EL DIA Y AUN ASI DECIR ALGO NO ES EL CAMINO. POR LO TANTO, NI EL HABLA DE UN TATHAGATA DEPENDE DEL SILENCIO, NI SU SILENCIO DEPENDE DEL HABLA. NI SU HABLA EXISTE APARTE DE SU SILENCIO. QUIENES COMPRENDEN TANTO

EL HABLA COMO EL SILENCIO ESTÁN EN SAMADHI. SI HABLAS CUANDO SABES, TU HABLA ES LIBRE. SI CALLAS CUANDO NO SABES, TU SILENCIO ESTÁ ATADO. EL LENGUAJE ES ESENCIALMENTE LIBRE. NO TIENE NADA QUE VER CON EL APEGO. Y EL APEGO NO TIENE NADA QUE VER CON EL LENGUAJE.

Bodhidharma es una mina de oro puro, excepto en dos puntos en los que insiste continuamente. Es un hombre al que hay que escuchar, al que hay que comprender, al que hay que absorber lo más profundamente posible en el corazón. Pero hay que recordar esos dos puntos.

Me he estado preguntando por qué nadie contemporáneo de Bodhidharma señaló esos dos defectos. Lo único que se me ocurre es que Bodhidharma era un individuo demasiado fuerte, demasiado carismático, de modo que ante él la gente debió de sentirse completamente silenciosa. Su poder debía de ser abrumador; de lo contrario, los defectos son tan claros que es imposible que nadie se hubiera dado cuenta de ellos.

Él mismo ha alcanzado su máximo florecimiento; ha llegado a casa. Ya no le importa haberse extraviado algunas veces en el camino, siempre ha regresado. Hay un antiguo dicho en Oriente que dice que si alguien se extravía por la mañana y vuelve a casa por la tarde, no debe considerarse perdido.

Y es muy natural que las personas que son espontáneas se desvíen de vez en cuando, porque no siguen ninguna vía prefijada. No son como los trenes, que circulan continuamente por la misma vía. Son como ríos salvajes, sin mapa ni guía. El río nace lejos, en el Himalaya, y comienza su viaje hacia las montañas, los valles y las llanuras, moviéndose continuamente de un lado a otro. Pero finalmente cae en el océano. Y a quién le importa, cuando se ha llegado al océano, que en el camino se hayan dado algunos pasos que no eran necesarios, que podrían haberse evitado.

Una vez que una persona ha llegado casi olvida, en su celebración, el largo viaje, la larga búsqueda hacia la autorrealización. Tal vez ésa sea la razón por la que Bodhidharma no puede ver esos dos simples defectos. Salvo por esos dos defectos, cada una de sus palabras es absolutamente sincera y auténtica. No es una palabra de conocimiento; es una efusión de inocencia. No está hablando, te está exponiendo todo su ser.

Pero tengo que advertirte sobre estos dos puntos. Uno es su continuo antagonismo hacia los arhatas. Y el segundo es... Al principio pensaba que debía de ser culpa del discípulo que tomaba las notas, pero se repite tan continuamente que hay muchas posibilidades de que no fuera culpa del discípulo: estaba utilizando la palabra "mente" de forma equivocada.

Como en inglés sólo hay una palabra, los teósofos y los científicos cristianos han utilizado un cierto artificio: para la mente humana ordinaria usan una m minúscula, y para la mente universal, que equivale a no-mente, usan una M mayúscula. En lo que a ti respecta, tu mente ha desaparecido y has entrado en un estado de no-mente. Sobre estos puntos corregiré sus sutras. No puedo permitir que una declaración tan hermosa de la verdad tenga ni siquiera una pequeña mancha.

El sutra:

LO QUE SIGUE SE ATESTIGUA EN EL CAMINO.

Está diciendo que los sutras que van a seguir no son su punto de vista filosófico; son sus experiencias en el camino. LO QUE SIGUE ES LO PRESENCIADO EN EL CAMINO: Diré sólo lo que he presenciado. No es mi creencia, no es mi doctrina, no es mi dogma. Es mi experiencia absolutamente indubitable. Tiene una autoridad intrínseca. Quien siga el camino encontrará estos mismos sutras abriendo sus puertas, sus secretos, su perfume al viajero, si va por el buen camino.

Estos sutras pueden servir de criterio. Si no te ocurre nada de esto, significa que no estás en el camino correcto. Entonces tu río ha entrado en algún desierto, donde puede perderse sin llegar al océano.

Continúa diciendo, ESTA MÁS ALLÁ DEL KEN DE ARHATS Y MORTALES.

Tengo que corregirlo. Necesitaba a un hombre como yo. NO está más allá del conocimiento de los arhats. Ciertamente está más allá del conocimiento de los llamados santos y de los mortales, la gente que todavía vive con la idea de que esta vida es todo y que con la muerte todo termina... esos son los mortales. Los llamados santos, de cuyas intenciones no se puede dudar, son personas sinceras, pero han caído en caminos equivocados.

Se han convertido en seguidores, en imitadores. Tienen en su mente ideales cultivados por la sociedad, por la tradición, e intentan por todos los medios posibles cumplir esos ideales, sabiendo perfectamente que un buda sólo nace una vez.

Nunca más habrá otro hombre como Gautam Buda. Puede que haya muchos budas, pero cada buda tendrá su propia declaración, su propia individualidad, su propia manifestación. No será una copia verdadera de Gautam Buda. Todas las copias verdaderas son, después de todo, copias al carbón. No tienen la belleza del original.

Y la gente sigue los preceptos de las escrituras. Esos preceptos están muertos. Así como encontrarás en las escrituras hermosas rosas, secas—muertas.

La gente los guarda en LA SANTA BIBLIA, en el santo CORAN, en la santa GITA, pero ya no están vivos.

Tenía un hermoso jardín -siempre he tenido un hermoso jardín dondequiera que haya estado- y había dos templos cerca, y los adoradores de esos templos simplemente entraban en mi jardín y empezaban a coger flores para adorar a un dios.

En la India es absolutamente imposible impedir que alguien recoja flores para adorar a los dioses. Tuve que poner un aviso delante de mi jardín de que, salvo los religiosos, todo el mundo podía recoger las flores. Los fieles se quedaron muy sorprendidos. Trajeron en grupo lo que era casi una diputación, diciendo: "¿Qué clase de hombre es usted? A los religiosos no se les impide recoger flores en ningún otro sitio, porque esas flores van a ser ofrecidas a un dios".

Les dije: "Esas flores de este jardín ya están ofrecidas a Dios, y no permitiré que las flores de Dios, que están vivas y danzan al viento y al sol, sean destruidas por vosotros, idiotas. Estas flores son dioses vivos y vosotros vais a destruir su vida por vuestros dioses muertos. Por eso lo he dejado claro en el aviso: salvo los religiosos, cualquiera puede coger las flores. Si alguien quiere darle una flor a su novia o a su novio, es perfectamente bienvenido. Estas flores son divinas, y quizá también puedan transformar su amor en un asunto divino. Pero una cosa es cierta: al menos van a ofrecer las flores a alguien que está vivo. Ustedes se las van a ofrecer a estatuas muertas, a piedras. Eso no se puede tolerar.

Los llamados santos recogen preceptos, disciplinas, de las escrituras. Son como flores muertas, de miles de años, secas. Ya no tienen fragancia.

Es muy importante recordar que toda disciplina es un dispositivo dado por un maestro vivo. Cada precepto es una cierta estrategia dada por un maestro vivo; sin el maestro todos esos dispositivos, preceptos, mandamientos se vuelven muertos. Entonces puedes seguirlos con absoluta sinceridad, pero sólo te traerán tortura y sufrimiento y nada más. Siguiendo a los muertos, te convertirás lentamente, lentamente en un muerto. Tus supuestos santos están casi muertos, secos. Han perdido el contacto con la vida. Han creado mil y una barreras entre ellos y la existencia y a esas barreras las llaman disciplina, austeridad, práctica religiosa.

Puedo considerar que estos sutras están más allá del conocimiento de estas personas, los llamados santos y los mortales ordinarios que no son conscientes de su inmortalidad. Pero no están fuera del alcance de los arhats. Los arhats están absolutamente en las mismas alturas que cualquier bodhisattva. Los bodhisattvas no tienen nada más que los arhats. Han seguido caminos diferentes, desde direcciones diferentes, pero han llegado a la misma cima. La cima es siempre una sola; los caminos que te llevan a ella pueden ser miles.

CUANDO LA MENTE ALCANZA EL NIRVANA ...

Esa es su segunda falacia, porque la mente nunca alcanza el nirvana. De hecho, la mente ni siquiera puede concebir la idea del nirvana. Nirvana... la propia palabra significa cesación de la mente, es aniquilación de la mente. El significado real de la palabra nirvana te ayudará a comprenderlo: literalmente significa "apagar una vela".

La mente es sólo una pequeña vela con una pequeña llama de conciencia, pero incluso esa pequeña llama puede hacer un daño inmenso.

Les contaré un incidente de la vida de Rabindranath Tagore. Su padre era un gran terrateniente. Su finca constaba de cientos de pueblos y miles de kilómetros, y había un hermoso río que fluía a través de su finca. Rabindranath solía ir a menudo en su pequeña casa flotante y vivir durante meses en el hermoso río, rodeado de espesos bosques, en absoluto silencio y soledad. Una noche de luna llena, sucedió: estaba leyendo una contribución muy significativa a la filosofía de la estética, de Croce.

Croce es quizá el filósofo más significativo que ha reflexionado sobre la belleza.

Toda su vida se dedicó a encontrar el significado de la belleza, no de la verdad ni del bien. Su única preocupación era lo que es bello. Pensó que si podemos encontrar lo que es bello, hemos encontrado lo que es verdadero, porque la verdad no puede ser fea, y hemos encontrado lo que es bueno, porque lo bello no puede ser malo. Una bella concepción ...y con esta base trabajó toda su vida para averiguar desde distintos ángulos qué es la belleza.

El propio Rabindranath era un adorador de la belleza. Vivió una vida muy bella y estética. No sólo creaba bellas poesías, sino que su propia vida era un bello poema. Era un hombre muy agraciado.

Aquella noche de luna llena, con una pequeña vela dentro de su casa flotante, estaba leyendo a Croce. En mitad de la noche, cansado de los complicadísimos argumentos de Croce, cerró el libro y apagó la vela. Se dirigía a su cama para dormir, pero ocurrió un milagro. Al desaparecer la pequeña llama de la vela, por todas las ventanas y puertas de la pequeña casa flotante entró bailando la luna. La luna llenó la casa con su esplendor.

Rabindranath permaneció en silencio un momento... fue una experiencia tan sagrada.

Salió de casa, y la luna era inmensamente hermosa en aquella noche silenciosa entre aquellos árboles silenciosos, con un río que fluía tan lentamente que no había ruido. A la mañana siguiente escribió en su diario: "La belleza me rodeaba, pero una pequeña vela lo impedía. A causa de la luz de la vela, la luz de la luna no podía entrar".

Este es exactamente el significado del nirvana. Tu pequeña llama del ego, tu pequeña llama de la mente y su conciencia, está impidiendo que todo el universo se precipite en ti; de ahí la palabra nirvana: apaga la vela y deja que todo el universo penetre en ti desde todos los rincones. No serás un perdedor. Encontrarás, por primera vez, tu tesoro inagotable de belleza, de bondad, de verdad - de todo lo que es valioso. Por lo tanto, no puede decirse que la mente alcance el nirvana; sólo la no-mente equivale al nirvana.

La no-mente no necesita llegar al nirvana.

La no-mente ES el nirvana.

Bodhidharma dice—le estoy corrigiendo—CUANDO LA NO-MENTE ALCANZA EL NIRVANA, TÚ NO VENES EL NIRVANA ... porque tú no estás separado del nirvana. Sólo puedes ver algo que está separado de ti. Eres uno con ello; por lo tanto, no hay posibilidad de verlo. porque la no-mente es nirvana. si ves nirvana en algún lugar fuera de la no-mente, te estás engañando a ti mismo. En resumen, la mente es el mundo y la no-mente es la liberación del mundo. La mente es miseria y la no-mente es el fin de la miseria y el principio del éxtasis.

TODO SUFRIMIENTO ES UNA SEMILLA DE BUDA. Esta es una afirmación muy importante por parte de Bodhidharma. TODO SUFRIMIENTO ES UNA SEMILLA DE BUDA PORQUE EL SUFRIMIENTO IMPULSA A BUSCAR LA SABIDURIA. PERO SOLO SE PUEDE DECIR QUE EL SUFRIMIENTO DA LUGAR A LA BUDEIDAD. NO SE PUEDE DECIR QUE EL SUFRIMIENTO ES LA BUDEIDAD.

Bertrand Russell, en su autobiografía, tiene una afirmación muy profunda. Dice: "Si termina la miseria en el mundo, todas las religiones terminarán por sí mismas. Es la miseria la que mantiene vivas a las religiones". Él está hablando desde un ángulo muy diferente. Era ateo; quería que desaparecieran todas las religiones.

No soy ateo. También quiero que desaparezcan todas las religiones, pero por un motivo diferente. Él quiere que desaparezcan las religiones porque piensa que las religiones han sido perjudiciales para la evolución del hombre. Yo quiero que las religiones desaparezcan para que la religiosidad pueda ocupar todo el espacio que están ocupando las religiones.

Las religiones han sido perjudiciales para el progreso de la religiosidad, y para mí, la religiosidad es la flor más alta de la evolución.

Bodhidharma tiene razón cuando dice que incluso el sufrimiento debe aceptarse con gratitud, porque es la semilla misma de Buda. Si no hubiera sufrimiento, nunca buscarías la verdad. Es el sufrimiento el que sigue impulsándote a ir más allá de él. Es la angustia y la agonía lo que finalmente te obliga a buscar y buscar el camino que va más allá del sufrimiento y la agonía, para encontrar un camino que llegue a la dicha y a la alegría eterna.

Bodhidharma está diciendo: No seas antagónico al sufrimiento; incluso siéntete agradecido al sufrimiento. Es una gran idea. Siéntete agradecido al dolor, al sufrimiento, a la vejez, a la muerte, porque todo esto está creando la situación para que busques la verdad. De lo contrario, te dormirías; de lo contrario, estarías tan cómodo que te convertirías en un vegetal. No habría necesidad .... El sufrimiento crea la necesidad de buscar.

TU CUERPO Y TU MENTE SON EL CAMPO. EL SUFRIMIENTO ES LA SEMILLA, LA SABIDURÍA EL BROTE Y LA

BUDEIDAD EL GRANO.

En esta síntesis está dando crédito a tu cuerpo, a tu mente, al sufrimiento. Tiene en cuenta toda tu vida. No niega a nada su contribución. Es muy imparcial.

TU CUERPO Y TU MENTE SON EL CAMPO EL SUFRIMIENTO ES LA SEMILLA, LA SABIDURÍA EL BROTE Y LA BUDEIDAD EL GRANO.

Este es el camino del hombre que contempla la vida como una unidad orgánica. Las llamadas religiones que han perdido el contacto con sus fundadores vivos, están en contra del cuerpo.

Torturan el cuerpo, en lugar de estar agradecidos al cuerpo porque es el campo mismo, es el templo mismo en el que hay que descubrir al buda. Incluso el sufrimiento, la agonía, no deben ser condenados por un hombre como Bodhidharma. El dice que eso tambien tiene un papel que jugar. Te mantiene despierto. Te mantiene constantemente alerta, te provoca y te desafía a encontrar un camino que te lleve más allá de él.

...CUANDO LOS TRES VENENOS ESTÁN PRESENTES EN TU MENTE, VIVES EN UNA TIERRA DE INMUNDICIA. CUANDO LOS TRES VENENOS ESTÁN AUSENTES DE TU MENTE, VIVES EN UNA TIERRA DE PUREZA.

Así que, de hecho, el cielo y el infierno no están separados el uno del otro; ocurren en la misma vida. Sólo tiene que cambiar la estructura. Donde estaban los tres venenos de la avaricia, la ira y el engaño, creaste un infierno dentro de ti. En el momento en que abandonas los venenos de la codicia, la ira y la ilusión que realmente constituyen tu mente, en el momento en que has abandonado la mente, tu propio ser se convierte en el cielo.

La idea que prevalece en el mundo es que los que son buenos entrarán un día después de la muerte en el cielo, y los que son malos entrarán un día después de la muerte en el infierno. Esa idea es absolutamente errónea. Los buenos ya han entrado en el cielo, no hay necesidad de esperar a la muerte. El cielo no está en otra parte. Es tu propia transformación. La misma energía que es ira se convierte en compasión, la misma energía que es codicia se convierte en compartir, la misma energía que es ilusión se convierte en conciencia. La energía es la misma, sólo cambia su dirección.

Cambiar la dirección de tus energías, crear una nueva sinfonía a partir de tus energías, es todo el arte de la religión. Cualquiera que predique otra cosa como religión está ciego y está llevando a otros ciegos a una noche oscura. Todos van a caer en un pozo en algún lugar.

La naturaleza lo ha dado todo al hombre. Si se pone en orden, el hombre se convierte en un buda. Si esa energía está en discordia y no puede crear una orquesta a partir de ella, su vida se convierte en un infierno. Tú eres el espacio donde tanto el cielo como el infierno son posibles. Sólo un poco de conciencia y puedes cambiar el infierno en cielo.

Sólo un pequeño cambio, una disposición ligeramente diferente... pero es la misma energía; no hay que añadirte nada, no hay que borrarte nada.

Esta es una de las mayores percepciones posibles. Hace al hombre dueño de su propia vida. Si vive en el infierno, debe asumir la responsabilidad sobre sus hombros. No debe decir: "Es la voluntad de Dios". No debe decir: "Es mi suerte, mi destino, mi destino". Debe decir: "Es mi inconsciencia, soy yo".

En el momento en que asumes la responsabilidad sobre tus propios hombros, existe la posibilidad de que empieces a cambiar... porque nadie más te está metiendo en el infierno. No tienes que esperar a que nadie te cambie, te salve. Puedes simplemente empezar a observar tus energías y puedes ver cómo crean el infierno, cómo crean la miseria. También puedes ver cómo en algunos momentos estás en silencio, en algunos momentos estás feliz, en algunos momentos la alegría se apodera de ti. Observa lo que hacen esas energías. Son las mismas energías, no tienes nada más. Uno sólo tiene que entender cómo funcionan sus energías.

Si alguien quiere vivir en el infierno, es su elección, es su derecho de nacimiento. Nadie tiene derecho a molestarle. Que viva en el infierno. Y si quiere cambiar, tiene todas las posibilidades de cambiar él mismo. No hay necesidad de esperar a un salvador, a Jesucristo o a Krishna. Tienes que convertirte en tu propio salvador. Esa es la enseñanza fundamental de Bodhidharma. ...NO HAY LENGUAJE QUE NO SEA EL DHARMA. Aquí Bodhidharma da un giro muy extraño pero significativo. Nunca he encontrado a ningún otro místico que haya dicho lo que él va a decir en este sutra. ...NO HAY LENGUAJE QUE NO SEA EL DHARMA. HABLAR TODO EL DIA SIN DECIR NADA ES EL CAMINO. ESTAR CALLADO TODO EL DÍA Y AUN ASÍ DECIR ALGO

NO ES LA MANERA.

A veces su penetración en la realidad humana es tan grande y tan sorprendente. Está diciendo que existe la posibilidad de que un hombre hable todo el día, sabiendo bien que no se puede decir nada sobre la verdad. Entonces, ¿por qué habla? Tal vez hablando pueda crear una situación para el silencio, igual que después de cada tormenta hay un gran silencio.

Cuando el maestro habla y se detiene un momento, de repente se hace un gran silencio. No habla para decir la verdad, porque la verdad no se puede decir. Habla para involucrar tu mente y de repente, cuando ve que estás involucrado, deja un pequeño espacio. Y en ese espacio se produce la transmisión de la lámpara. Eso es el lenguaje de Bodhidharma: la transmisión de la lámpara. En esos momentos entre dos palabras, algo milagroso salta del ser del maestro y entra en el silencio de tu ser.

De ahí que sea posible que un Gautam Buda haya hablado durante cuarenta y dos años ininterrumpidamente -mañana, tarde, noche- y aun así no haya dicho la verdad, pero transmitió la lámpara. Utilizó el lenguaje de tal manera que creó pequeños espacios de silencio. Y esos espacios son sus verdaderos sermones.

Bodhidharma dice que hay gente que hace el voto de guardar silencio... y he conocido a muchos de los llamados santos que no hablan, pero su silencio es tan ridículo porque encuentran otras formas. He visto a algunos llevar pequeñas tablas con todo el alfabeto. No pueden hablar pero su discípulo principal está sentado a su lado y ellos van poniendo en la pizarra el alfabeto: Y-e-s, sí. Y ese discípulo dodo que está sentado a su lado, dice: "Sí". Es ridículo. Si quieres decir sí, ¿por qué dar tantas vueltas, creando innecesariamente un circo? Y ha habido gente que ha dictado libros enteros, sólo en la pizarra. Habría sido más fácil aprender mecanografía, porque ésta es una forma muy primitiva de escribir. Lleva mucho tiempo.

He visto personas que no utilizan ninguna tabla, pero hacen gestos con las manos, y esos gestos no se pueden entender. Su discípulo entrenado sabe lo que quieren decir cuando muestran el puño, lo que quieren decir cuando muestran los cinco dedos, lo que quieren decir cuando muestran los dos dedos. Esta gente no son santos, son showmen. Y su silencio es absolutamente absurdo. Pero todo tipo de estupideces siguen perpetuándose en nombre de la religión.

Un hombre vino a verme cuando estaba en Bombay. Era un santo muy conocido; vivía en el Himalaya y había venido especialmente a verme. Normalmente evito a los santos, a los sabios... a esa clase de idiotas no los quiero. Pero cuando me informaron de que había venido desde el lejano Himalaya a Bombay sólo para verme, dije: "Se ha tomado tantas molestias; yo también debería sufrir un poco". Así que le hice venir. Vino con su discípulo; quería saber sobre la meditación.

Le dije: "A partir de mañana por la mañana voy a tener una sesión de meditación, todos los días por la mañana durante siete días. Has llegado en el momento oportuno, porque la meditación no es algo que haya que explicar, sino que hay que experimentar.

Así que, a partir de mañana a las ocho de la mañana, durante siete días meditas conmigo. Y luego, si tienes alguna duda te daré una cita individual y podrás preguntar todas tus dudas".

Dijo: "Será difícil que venga mañana".

Le dije: "¿Cuál es el problema? Has venido a verme".

Dijo: "Para mí no hay ningún problema. El problema es que el hombre, mi discípulo, tiene que ir a algún sitio, a encontrarse con alguien... sus parientes viven cerca, en Kalyan".

Así que le dije: "No lo entiendo. Que se vaya al infierno, tú ven a meditar".

Me dijo: " No entiendes mi problema. No puedo tocar el dinero. Se queda el dinero para pagar al taxista. Siempre lo tengo conmigo; si no, ¿cómo puedo arreglármelas para venir aquí?".

Le dije: "Es extraño. Es tu dinero... él es el guardián. Eres famoso por no tocar el dinero y este pobre hombre caerá en el infierno. ¡Está tocando TU dinero! Ni siquiera es suyo. ¿Qué clase de karma está cometiendo? Tocar el dinero propio es malo y tocar el dinero ajeno debe de ser peor". Le dije: "Piensa también en este pobre hombre. Si es tu dinero, lo toques o no... o puedes comprar guantes de goma. Hazlo simple para que puedas tocar el dinero pero aún así no lo estás tocando".

Pero eso no convertirá a alguien en santo. Si alguien lleva guantes de goma y tiene todo tipo de dinero con él, no le llamarás santo. Este parecía ser un hombre muy astuto ...pero tener a otra persona tampoco es muy diferente.

Así que hay personas que están calladas, pero por dentro están hirviendo. Quieren hablar y encuentran la manera de hablar haciendo gestos, lo cual es algo muy difícil porque se vuelven absolutamente dependientes, casi esclavos, de la persona que les interpreta. Y de él depende cómo interpreta. Ni siquiera pueden impedirlo, ni siquiera pueden decir: "No tienes razón". Tienen que aceptar cualquiera que sea la interpretación.

Un hombre, Adi Irani, fue secretario de Meher Baba durante casi toda su vida.

Y siempre que solía ir a Ahmednagar, Adi Irani, si estaba en la ciudad, solía venir a verme. Él ha escrito todos los libros de Meher Baba; Meher Baba simplemente hacía señales. Primero solía usar la pizarra, luego la dejó porque la gente empezó a criticarle. "Es lo mismo que escribir a máquina, sólo que es un proceso más lento, un proceso de carro de bueyes en la era de los cohetes. ¿Qué tontería es esta?"

Entonces Meher Baba soltó la tabla y entrenó a Adi Irani. Él hacía gestos con sus manos; nadie sabía lo que estaba haciendo. Sólo Adi Irani lo sabía y escribía los libros. Le pregunté a Adi Irani: "¿Estás seguro de que lo que estás escribiendo es realmente lo que él quiere decir?".

Dijo: "No puedo decir una mentira... al menos a ti. No lo sé. Me imagino que debe estar bien porque nunca se ha opuesto".

Ahora esto parece ser hilarante. Él no sabía si lo estaba interpretando exactamente o simplemente se estaba manejando .... y porque Meher Baba nunca había objetado, esa era la única razón por la que Adi Irani pensaba que debía estar en lo cierto.

Le dije: "¿De verdad lo entiendes exactamente? ... porque mediante símbolos se pueden explicar las cosas pequeñas: tienes hambre, basta con mostrar tu estómago; tienes sed, basta con mostrar con las manos que necesitas agua. ¿Pero grandes tratados filosóficos? No puedo concebir cómo se pueden hacer símbolos para ellos... ¿y cuántos símbolos se necesitarán? Con sólo tus diez dedos..." Y Adi Irani ha escrito casi cincuenta libros, y no pequeños—quinientas páginas, mil páginas.

Le dije a Adi Irani: "Es todo tu imaginación. Eres un buen escritor, pero esos libros son tus escritos, no los de Meher Baba. Pero él calla porque tú escribes bien y la gente acepta esos escritos en su nombre". Meher Baba tenía seguidores en todo el mundo, pero era absolutamente dependiente;

no podía desplazarse a ninguna parte sin Adi Irani porque dondequiera que fuera solo le tomarían por loco. Nadie entendería lo que estaba tratando de decir.

Pero si quieres hablar, ¿qué hay de malo en hablar con los labios y la lengua? ¿Y qué hay de malo en hablar con los dedos? Al igual que los labios y la lengua forman parte del cuerpo, los dedos también forman parte del mismo cuerpo, y no están hechos para hablar. ¿Por qué no utilizar el vehículo natural adecuado? Los símbolos son peligrosos.

Cuando por primera vez empezaron a venir sannyasins japoneses, tuve grandes problemas porque son los únicos en todo el mundo que tienen una simbología diferente. Es extraño cómo la han desarrollado. En todo el mundo, en todos los países, en todas las razas, desde los pueblos más primitivos hasta los más sofisticados, cuando quieres decir "Sí", haces el signo con la cabeza moviéndola arriba y abajo: sí. Los japoneses cuando hacen este signo significan no. Yo estaba preguntando algo y el pobre hombre decía sí, pero yo entendí no, porque su sí significa .... Ese es su sí. Al principio solía preguntar a un japonés: "¿Quieres convertirte en sannyasin?" y él decía que sí y yo le decía: "Si no quieres... ¿entonces por qué has venido?".

Se han desarrollado de una forma muy extraña. Alguien tiene que investigarlo, porque son los únicos .... Entonces tuve un intérprete japonés para que me dijera qué signos hacían porque era un malentendido continuo.

Cuando asentían que sí, entendía que no, cuando decían que no, entendía que sí.

Bodhidharma está diciendo: ESTAR EN SILENCIO TODO EL DÍA Y AÚN ASÍ DECIR ALGO NO ES EL CAMINO. Estar en silencio no significa que no puedas hablar. Puedes permanecer en silencio y aun así hablar, igual que puedes permanecer en silencio y aun así caminar. Puedes permanecer en silencio y aun así comer. El silencio es algo interior, una calma, una tranquilidad, una paz.

De hecho, el hombre que guarda silencio interior puede hablar mejor que nadie, porque su mente ya no es una perturbación. Puede hablar con más énfasis, más directamente. Puede llegarte al corazón porque sus palabras proceden de una profundidad, y lo que procede de una profundidad tiene la capacidad de llegar a una profundidad similar si estás abierto a ello. Pero el silencio no es algo que esté en contra de la palabra.

El silencio es una experiencia mucho mayor que el habla o el lenguaje. Y cuando guardas silencio incluso mientras hablas, entonces tus palabras tienen una belleza y una tremenda autoridad, porque proceden de un corazón puro, de una tierra silenciosa, del mismísimo paraíso de loto de Gautam Buda.

POR LO TANTO, NI EL HABLA DE UN TATHAGATA DEPENDE DEL SILENCIO, NI SU SILENCIO DEPENDE DEL HABLA. Tathagata es otro nombre para Gautam Buda, o para cualquiera que haya despertado a la talidad de las cosas.

POR LO TANTO, NI EL HABLA DEL TATHAGATA DEPENDE DEL SILENCIO, NI SU SILENCIO DEPENDE DEL HABLA. NI SU HABLA EXISTE APARTE DE SU SILENCIO. AQUELLOS QUE COMPRENDEN TANTO EL HABLA COMO EL SILENCIO ESTÁN EN SAMADHI.

Permítanme repetirlo: AQUELLOS QUE COMPRENDEN TANTO EL HABLA COMO EL SILENCIO ESTÁN EN SAMADHI ....porque samadhi es el equilibrio entre el habla y el silencio. Es exactamente el punto medio, donde el silencio y el habla se encuentran, donde el silencio y el sonido se encuentran. Ese punto medio exacto está más allá de ambos. No es sólo silencio, vacío de ruido, ni es sólo habla, llena de parloteo y ruido. Está más allá de ambos. Es un silencio con una canción, pero la canción no tiene sonido. Es un silencio con música, pero una música que no se produce con ningún instrumento, una música que es simplemente tu propia naturaleza.

Los antiguos videntes de esta tierra lo han llamado OMKAR, el sonido del OM... no es que repitas OM, OM, simplemente lo oyes. Estás completamente en silencio, rodeado de un sonido que es similar a om. Por eso om no forma parte del alfabeto sánscrito. No es una palabra, es un símbolo. Quizá sea el único alfabeto del mundo que tiene un símbolo que no forma parte del alfabeto.

Pero cada UPANISHAD comienza con om y cada UPANISHAD termina con om.

Y habrás observado que no es sólo el om, sino también una repetición tres veces de la palabra sánscrita que significa silencio: SHANTI.

OM SHANTI, SHANTI, SHANTI ....

Es un silencio que tiene un sonido que no se puede producir con ningún instrumento y que no se puede pronunciar exactamente. De ahí que hayamos creado un símbolo para él. Está más allá del lenguaje, más allá del alfabeto, más allá del habla, más allá del silencio.

Se ha dicho que el Om es la materia de la que está hecha la existencia. Es la música del universo.

SI HABLAS CUANDO SABES, TU DISCURSO ES LIBRE. SI CALLAS CUANDO NO SABES, TU SILENCIO ESTÁ ATADO ...y muerto y vacío y sin sentido.

EL LENGUAJE ES ESENCIALMENTE LIBRE. NO TIENE NADA QUE VER CON EL APEGO. Y EL APEGO NO TIENE NADA QUE VER CON EL LENGUAJE.

Todo depende de tu mente o no-mente. Si la mente utiliza el lenguaje, crea falsas realidades, ilusiones. Si la no-mente utiliza el lenguaje, crea dispositivos para ayudar también a los demás a entrar en el mismo espacio. Lo que hagas de todo esto depende de ti, de si estás funcionando como mente o como no-mente. Si hablas a través de la mente, no entiendes nada. Si permites que la existencia hable a través de ti, sin ninguna interferencia de la mente, el lenguaje es pura expresión de la verdad.

En resumen, todo puede resumirse en una sola afirmación:

La mente es tu prisión. La no-mente es tu libertad.

La mente es tu ignorancia, la no-mente es tu iluminación.

Pasar de la mente a la no-mente. Este es todo el camino, esta es toda la religión.

¿De acuerdo?

Sí, Maestro.

La mente es la esclavitud

AMADO MAESTRO,

SIN LA MENTE NO HAY BUDA SIGNIFICA QUE EL BUDA PROCEDE DE LA MENTE …. QUIEN QUIERA VER A UN BUDA VE LA MENTE ANTES DE VER AL BUDA …UNA VEZ QUE HAS VISTO AL BUDA, TE OLVIDAS DE LA MENTE. SI NO TE OLVIDAS DE LA MENTE, LA MENTE TE CONFUNDIRÁ ….

LA MORTALIDAD Y LA BUDEIDAD SON COMO EL AGUA Y EL HIELO. ESTAR AFLIGIDO POR LOS TRES VENENOS ES LA MORTALIDAD. SER PURIFICADO POR LAS TRES LIBERACIONES ES LA BUDEIDAD. LO QUE SE CONGELA EN HIELO EN INVIERNO SE DERRITE EN AGUA EN VERANO. ELIMINA EL HIELO, Y NO HABRÁ MÁS AGUA. ELIMINA LA MORTALIDAD, Y YA NO HAY BUDEIDAD. CLARAMENTE, LA NATURALEZA DEL HIELO ES LA NATURALEZA DEL AGUA ….

LOS MORTALES LIBERAN A LOS BUDAS Y LOS BUDAS LIBERAN A LOS MORTALES.

ESTO ES LO QUE SE ENTIENDE POR IMPARCIALIDAD. LOS MORTALES LIBERAN A LOS BUDAS PORQUE LA AFLICCIÓN CREA CONCIENCIA. Y LOS BUDAS LIBERAN A LOS MORTALES PORQUE LA CONCIENCIA NIEGA LA AFLICCIÓN.

NO PUEDE DEJAR DE HABER AFLICCIÓN Y NO PUEDE DEJAR DE HABER CONCIENCIA. SI NO FUERA POR LA AFLICCION, NO HABRIA NADA PARA CREAR CONCIENCIA. Y SI NO FUERA POR LA CONCIENCIA, NO HABRÍA NADA PARA NEGAR LA AFLICCIÓN. CUANDO ESTÁS ENGAÑADO, LOS BUDAS LIBERAN A LOS MORTALES. CUANDO ERES

CONSCIENTE, LOS MORTALES LIBERAN A LOS BUDAS. LOS BUDAS NO SE CONVIERTEN EN BUDAS POR SI MISMOS. SON LIBERADOS POR LOS MORTALES. LOS BUDAS CONSIDERAN A LA ILUSIÓN COMO SU PADRE Y A LA CODICIA COMO SU MADRE. LA ILUSIÓN Y LA CODICIA SON NOMBRES DIFERENTES DE LA MORTALIDAD ....

CUANDO ESTÁS ENGAÑADO, ESTÁS EN ESTA ORILLA. CUANDO ERES CONSCIENTE, ESTAS EN LA OTRA ORILLA. PERO UNA VEZ QUE SABES QUE TU MENTE ESTÁ VACÍA Y NO VES APARIENCIAS, ESTÁS MÁS ALLÁ DE LA ILUSIÓN Y LA CONSCIENCIA. Y UNA VEZ QUE ESTÁS MÁS ALLÁ DE LA ILUSIÓN Y LA CONSCIENCIA, LA OTRA ORILLA NO EXISTE. EL TATHAGATA NO ESTÁ NI EN ESTA ORILLA NI EN LA OTRA. Y NO ESTÁ EN MEDIO DE LA CORRIENTE. LOS ARHATS ESTÁN EN MEDIO DE LA CORRIENTE, Y LOS MORTALES ESTÁN EN ESTA ORILLA. EN LA OTRA ORILLA ESTÁ LA BUDEIDAD.

Bodhidharma posee una perspicacia sin parangón. Ha habido muchos discípulos de Gautam Buda que han alcanzado la iluminación, pero nadie ha mostrado una perspicacia tan grande. O han permanecido en silencio o han hablado, pero ni su silencio ni su habla han alcanzado las alturas y las profundidades de la conciencia.

Quizá la razón sea que Bodhidharma no tiene miedo de lo que dice. No conoce el miedo. No le preocupa lo que la gente pueda pensar de sus afirmaciones. No tiene en cuenta a nadie cuando habla. Es casi como si hablara consigo mismo.

Durante nueve años estuvo sentado ante una pared y cuando venía gente, tenían que sentarse detrás de él. Podían hacer preguntas, pero Bodhidharma sólo respondía a la pared. No le preocupaba en absoluto quién hacía la pregunta; le preocupaba más su propia perspicacia.

Anoche recibí el último libro de J. Krishnamurti, en el que no habla a nadie, sólo a sí mismo. Las palabras están grabadas, pero no había público, y quizás en este libro se acerca más a la verdad que en ninguno de sus otros libros. El público es una limitación.

Esta también ha sido mi experiencia. Si me dirijo a mi propia gente, entonces no hay limitaciones; entonces no siento que tenga que decir o no decir algo. Entonces simplemente hablo como si me hablara a mí mismo. Cuando me dirijo a personas que no me conocen, que no me comprenden -es más, que me malinterpretan-, hay una gran limitación. Entonces no tengo libertad para hablar. Sus rostros, sus ojos, sus gestos me impiden decir algo que pueda herirles.

Hace unos días, setenta personas del grupo de periódicos TIMES OF INDIA vinieron a entrevistarme en exclusiva. Los propietarios también estaban presentes: Samir Jain, Nandita Jain y su madre Indu Jain. Pero lo más extraño que sentí inmediatamente al entrar en el auditorio ...tan feo, tan inhumano y tan inculto: cuando estaba saludando con las manos cruzadas a todo el mundo, esas setenta personas, incluida Indu Jain, ni siquiera pudieron responder.

Eso es, en la India, algo sencillo. Incluso un desconocido en la calle cruza las manos. No tienes por qué saber quién es, pero respondes porque un saludo con las manos cruzadas tiene un significado espiritual.

Dar la mano no tiene ningún significado espiritual; dar la mano tiene un significado muy mundano. Hay que dar la mano con la derecha. Fue un recurso creado por Occidente para demostrar que no llevas ningún arma en la mano derecha. No era un saludo, era un registro. Era estar alerta de que el hombre no es un enemigo, que no puede hacer ningún daño porque su mano derecha está vacía. La razón para dar la mano y su psicología es totalmente diferente; en cierto modo muy mezquina, política.

Pero saludar a alguien con las manos cruzadas tiene un significado espiritual: primero, que me inclino ante tu piedad. No importa si eres un extraño, un amigo o un enemigo; sigues siendo un templo de dios, de un dios vivo. Esas manos cruzadas están mostrando respeto por el dios viviente. Estas cosas son inmateriales - - si usted es un amigo o un extranjero o un enemigo.

Y en segundo lugar, las manos cruzadas muestran que no soy tibio en mi saludo. Soy total. Ambas manos, mi hemisferio izquierdo y mi hemisferio derecho, te saludan juntos. Te saludo como una unidad orgánica.

Pero me sorprendió que la gente de prensa del TIMES OF INDIA, que tiene una buena educación, que posee los mayores periódicos, revistas, semanarios, quincenarios, que son todos periodistas, no pudieran responderme. Se quedaron sentados como estatuas de piedra, incluso Indu Jain.

El único hombre que me respondió fue Samir Jain, que ahora se encarga de las publicaciones de TIMES OF INDIA, y su hermana, Nandita Jain. Pero ella no pudo venir al saludo completo. Estaba dudando, así que se quedó a medio camino. No pudo llegar al saludo completo, pero no podía quedarse como una estatua de madera. Miró a ambos lados. Incluso su madre, Indu Jain, que en privado me toca los pies, pero en público... seguía siendo una estatua de madera. Así que miró a su madre y miró a su hermano y eligió el camino del medio. Se quedó a medio camino.

Hablar con gente así es casi peor que hablar con una pared. Tomé la iniciativa de saludarles y ni siquiera fueron lo bastante humanos para responder al saludo, y sobre todo en Oriente, semejante fealdad es imperdonable. Y han insistido en la entrevista. Yo era reacio, reacio por la sencilla razón de que me harían preguntas estúpidas y luego tergiversarían lo que digo.

Pero cuando vi que habían venido con todo el personal de prensa del TIMES OF INDIA, acepté.

Pero realmente estuve de acuerdo con Samir Jain. Es un hombre joven, ha estado antes en el ashram, ha meditado. Quería hacerse sannyasin pero su padre estaba totalmente en contra, tanto que si se hacía sannyasin, su padre lo repudiaría. Ahora son unas de las personas más ricas del país. No tiene el valor de decirle al padre: "Está bien, puedes repudiarme", pero tiene un corazón comprensivo... y fue el único que levantó la mano.

Ahora hablar con esas personas se vuelve imposible, a menos que las olvides por completo, y si existen o no. Y eso es lo que tuve que hacer. No los miré en absoluto, sólo miré a mi gente y hablé con mi gente. Y les puse la condición de que no podían tergiversar ninguna declaración; tenían que publicar toda mi declaración tal como la he dado. Pero ni siquiera tienen el valor de publicar sus propias preguntas y mis respuestas, porque mis respuestas ponen al descubierto la sucia política y el sucio periodismo que sigue a la política.

Bodhidharma habla como si se hablara a sí mismo. Entonces puede abrir su corazón totalmente, sin ninguna limitación. No le preocupa en absoluto quién va a escucharle, quién va a leerle. Tal vez sea por eso por lo que alcanza visiones tremendamente profundas de la naturaleza humana. Verás afirmaciones que nunca se han hecho antes, pero Bodhidharma las ha hecho con tanta claridad que tampoco pueden refutarse.

Estos sutras existen desde hace al menos mil años, pero ningún erudito budista los ha comentado. El libro se mantenía oculto en las pagodas y templos budistas. Lo acaban de descubrir hace unos años algunos eruditos occidentales, y no podían creer que los budistas no hubieran permitido que el mundo conociera el contenido de un libro tan tremendamente significativo.Puedo entender el miedo de los budistas. Han traducido miles de libros al inglés y al alemán y a otras lenguas internacionales, pero Bodhidharma ha sido descuidado por completo.

Es un mundo extraño. Aquí, ser sincero y veraz es lo más peligroso.

Hace sólo unos días, aquí en Poona, el Shankaracharya de Jyotirmath, Swami Svarupanand, declaró en una rueda de prensa que "el Maestro no tiene parangón, es el hombre más peligroso de toda la historia de la humanidad".

No salgo de mi casa. No soy terrorista. No me interesa ninguna política de poder. No tengo armas nucleares. ¿En qué se basa este hombre para decir que soy el hombre más peligroso de toda la historia de la humanidad?

¿Qué peligro hay?

El peligro es que no me importa nadie cuando se trata de afirmar la verdad.

No es que sea peligroso.

Lo peligroso es la verdad.

Sólo consolar a la gente con mentiras. Sigue dándoles esperanzas para que consigan arrastrarse hacia la tumba; sigue dándoles opio para que no sientan el dolor, la agonía, la estupidez de sus vidas.

Y eso es lo que han estado haciendo todas las religiones. Cuando alguien dice la verdad, se convierte inmediatamente en un hombre peligroso. Por otra parte, Jesús no era un hombre peligroso; sólo tenía treinta y tres años cuando fue crucificado: un hombre joven, sin educación, que no hacía daño a nadie, pero que decía la verdad. Los rabinos de Israel no podían tolerar a ese hombre. Él estaba perturbando toda su fabricación de mentiras. Crucificaron a ese joven. Sócrates nunca hizo daño a nadie, pero su gran crimen fue decir la verdad. Fue envenenado y asesinado.

Bodhidharma también fue envenenado. Aunque los que lo envenenaron pensaron que había muerto, no fue así. Estaba hecho de otro tipo de materia. Simplemente entró en coma y por la noche desapareció, dejando uno de sus zapatos en la tumba y el otro colgando de su bastón.

Al cabo de tres años, cuando la gente creía completamente que había muerto, fue visto por un alto funcionario del gobierno traspasando los límites de China y adentrándose en el Himalaya. El funcionario no podía creer lo que veía. Había oído que Bodhidharma había sido envenenado y asesinado. Preguntó a Bodhidharma, que respondió: "Estaba en coma y esperé a que llegara la noche. Cuando el coma desapareció un poco y pude levantarme, escapé de la tumba. He dejado uno de mis zapatos allí en la tumba como prueba de que he estado allí y otro zapato lo llevo colgado de mi bastón para demostrar que soy Bodhidharma: mi carné de identidad."

El funcionario corrió inmediatamente a la montaña donde Bodhidharma había sido envenenado y se lo contó a los discípulos. Le mostraron la tumba y el funcionario dijo: "Me gustaría que la abrieran porque he visto al hombre con la sandalia colgando de su bastón, y me ha dicho que dejó la otra sandalia como firma en la tumba. Me gustaría abrir la tumba y ver si ese hombre era realmente Bodhidharma u otra persona que me estaba gastando una broma". Se abrió la tumba y sólo había un zapato, nada más.

¿Qué necesidad había de envenenar a Bodhidharma? Uno no puede concebir cómo se han comportado los seres humanos con gente así... están haciendo todo lo posible por despertarte, y tú respondes matándolos. ¿Quién está loco? ¿Está loco Sócrates? ¿Está loco Jesús? ¿Está Mansoor loco? ¿Está loco Sarmad? ¿Está loco Bodhidharma? ¿O la gente que los ha matado?

He aquí algunos sutras para esta mañana, de gran importancia para quienes desean comprender la verdad y están dispuestos a abandonar todo tipo de mentiras.

SIN LA MENTE NO HAY BUDA SIGNIFICA QUE EL BUDA PROVIENE DE LA MENTE ...

Pero el buda no es la mente. La mente es la esclavitud de un buda, y cuando va más allá de la mente y entra en el estado de no-mente, se convierte en el buda. Pero procede de la mente, y todos vosotros tenéis la mente, así que ya habéis recorrido al menos la mitad del camino.

La otra mitad es salir de la mente y declarar tu budeidad. No necesitas gritarlo, ni siquiera susurrarlo. Se declarará en tu presencia, en tus palabras, en tu silencio, en la profundidad de tus ojos, en la gracia y la belleza de tu individualidad, en la fragancia que te rodeará... serás como una brisa fresca.

La palabra TATHAGATA utilizada para referirse a Gautam Buda tiene dos significados. Uno de los significados ya te lo he explicado: significa el hombre que confía en la existencia y en su talidad. Pase lo que pase, bueno o malo, miseria o felicidad, permanece imperturbable. Dice que las cosas son así. No hay necesidad de perturbarse por el sufrimiento y no hay necesidad de perturbarse por la felicidad. Todos estos son fenómenos naturales. Tienes que permanecer al margen. Ese es uno de los significados de TATHAGATA.

También hay otro significado, y ese otro significado es importante para comprender estos sutras. TATHAGATA significa un hombre que viene como una brisa y se va como una brisa. Literalmente significa, "así vino, así se fue"—él no espera tu invitación. De repente viene, y no espera a que se lo impidas; de repente se va, pero ha dejado tras de sí una experiencia de frescor, calma y tranquilidad.

Esa calma, frialdad, serenidad, silencio, declaran más alto que cualquier otra cosa a toda la existencia que ha llegado un buda, que ahora todos los sacerdotes están en peligro, que todos los políticos tiemblan por dentro. Todos los que viven de la mentira están muertos de miedo. La verdad tiene tal poder. Nunca hace daño a nadie, pero hace temblar toda la fabricación de mentiras del mundo. Un solo hombre de verdad es suficiente.

Me acuerdo de una historia judía. En el Antiguo Testamento se dice que Dios se enfadó mucho - el dios judío es un Dios muy enfadado. Se enfadó con dos ciudades, Gomorra y Sodoma, porque practicaban prácticas sexuales pervertidas, y estaba dispuesto a destruirlas. En el Antiguo Testamento realmente las destruyó. Recuerda a Hiroshima y Nagasaki... destrucción total, y las ciudades eran casi exactamente del mismo tamaño que Nagasaki e Hiroshima. Eran grandes ciudades en aquellos días, con poblaciones casi iguales a Hiroshima y Nagasaki. Y Dios las destruyó completamente porque se estaban pervirtiendo.

Pero en el judaísmo hay una pequeña corriente de auténticos místicos, que es lo único hermoso que el judaísmo ha aportado al mundo. Se llaman Hassids. No son aceptados por el judaísmo ortodoxo, son condenados, pero son gente de verdad. No conciben un Dios que pueda enfadarse, así que han escrito su propia historia. No les importa lo que diga el Antiguo Testamento.

Cuentan que un místico jasídico, al enterarse de que Dios iba a destruir Sodoma y Gomorra, se acercó a Dios y le dijo: "Antes de que las destruyas, tienes que responder a algunas de mis preguntas. En primer lugar, si hay doscientas personas que no están pervertidas en esas dos ciudades -que son buenas, que son puras de alma, que son sinceras, que son personas de realización-, ¿aún así vas a destruir esas ciudades y a esas personas buenas?".

Dios quedó desconcertado. No podía decir que podía destruir a doscientas personas autorrealizadas. Dijo: "No lo sabía; es muy amable por tu parte informarme. No los destruiré. Esas doscientas personas van a salvar a doscientas mil personas".

El jasid dijo: "La segunda pregunta: si no hay doscientas personas, sino sólo veinte, ¿vas a destruirlas? ¿Consideras que la cantidad es más importante que la calidad?".

Y Dios fue derrotado de nuevo. Ciertamente, la calidad tiene más valor que la cantidad.

¿Qué importa que haya doscientas personas autorrealizadas o veinte? Dios dijo: "Acepto tu argumento. Aunque haya veinte personas... si puedes probar que hay veinte personas, esas ciudades se salvarán".

El jasid se rió y dijo: "Mi último argumento: Si no hay veinte personas, sino un solo hombre autorrealizado, que vive seis meses en Sodoma y seis meses en Gomorra, ¿vas a destruir las ciudades? ¿Aún crees que la cantidad significa mucho... o la calidad?".

Dios se hartó mucho de aquel hombre; era un verdadero judío. Lo estaba bajando, regateando, y ahora lo había bajado a un hombre de doscientos. Le dijo: "¡Está bien, pero entonces tendrás que presentar a ese único hombre!".

El jasid dijo: "¡Yo soy ese hombre!".

Los judíos no admiten esta hermosa historia. Dicen que es ficción, pero para mí su idea de que Dios se enfadó y destruyó Gomorra y Sodoma es una ficción. A mí, la historia de los jasídicos me parece más auténtica.

Un solo hombre de verdad basta para salvar al mundo. Pero el mundo no quiere ser salvado. Dios no necesita matar a ese único hombre, el mundo mata a ese hombre. La gente a la que iba a salvar es la gente que lo destruye.

"SIN LA MENTE NO HAY BUDDHA" SIGNIFICA QUE EL BUDDHA VIENE DE LA MENTE ...pero él no es la mente. Es como una flor de loto. Viene del barro, pero no es barro. ¿Puedes pensar en dos cosas tan diferentes como el barro y una flor de loto? Pero la flor de loto viene del barro y se eleva sobre las aguas ...la flor de loto es tal transformación, pero sin el barro no habrá flores de loto.

Sin flores de loto, el barro puede existir... esto hay que entenderlo. Lo superior es muy frágil, lo inferior es muy sólido. Lo inferior es como una roca y lo superior es como una flor de loto. Cuanto más alto te mueves, más frágil te vuelves.

Estas personas, Sócrates o Jesús o Bodhidharma, podían ser envenenadas. Éstas eran las flores de loto. Pero las mentes turbias se enfadaron mucho. Viendo las flores de loto que salían de ellas, su ira es comprensible. La flor de loto es de tal belleza—no hay otra flor en el mundo comparada con la belleza del loto; de ahí que Buda haya llamado a su paraíso "un paraíso de loto". Para que sea lo máximo en belleza, ha utilizado la palabra "loto".

Pero esto es lo más extraño del mundo: que el barro puede existir sin ningún loto, pero ningún loto puede existir sin el barro. Las mentes pueden existir por millones sin que haya un solo buda, pero un buda no puede existir si todas las mentes están ausentes. Las mentes funcionan como el barro. Tiene que trascender el barro y el agua, y elevarse para encontrarse con el sol, para ver el sol. Así que recuerda: el buda procede de la mente, pero no es la mente.

QUIEN QUIERE VER A UN BUDDHA VE LA MENTE... porque el buda es invisible. No es una flor que florece para los ojos externos. Es una flor que florece sólo para el ojo interior. A menos que tu ojo interior esté abierto, no reconocerás al buda.

La no-mente es necesaria antes de poder ver al buda.

Una historia tremendamente hermosa es que cuando Buda se iluminó, su primer pensamiento fue volver a su reino; su padre debía de ser anciano si no estaba muerto. Si aún vivía, entonces Buda le debía algo; era su único hijo y le había causado un inmenso sufrimiento. Buda iba a ser su apoyo en su vejez, e iba a ser su sucesor... y entonces escapó. Así que su primer pensamiento fue llegar al reino e impartir su propio éxtasis, su propia bienaventuranza, a su padre.

Pero no era consciente de que su padre no sería capaz de reconocerlo como un buda. Su ojo interior no estaba abierto. Pensaba sólo a través de la mente; no conocía ningún acercamiento a través de la no-mente. Así que cuando se enfrentó al anciano, éste se enfadó de verdad. Y no podía quejarse de su enfado.

El padre le dijo: "Me has engañado en mi vejez. ¿Dónde has estado durante doce años? ¿Qué has estado haciendo? ¿Qué es toda esta tontería...? ¡El hijo de un emperador llevando un cuenco para mendigar! Has nacido para ser uno de los más grandes emperadores del mundo. Tal vez, como dijeron los astrólogos cuando naciste, tienes la capacidad de convertirte en un conquistador del mundo, y has elegido esta estúpida vida."

Buda permaneció en silencio, sin decir una sola palabra. Primero quiso dejar que el hombre liberara su ira. Pero el anciano reconoció, al cabo de media hora, que mientras él había estado gritando y había estado insultando y había estado condenando, su hijo simplemente permanecía allí de pie con tal silencio, absolutamente imperturbable. Miró con atención.

Buda dijo: "Este es un gesto correcto, mira atentamente. Yo no soy el hombre que te dejó; ese hombre murió hace mucho tiempo. Sí, estoy en la misma continuidad, pero antes era el barro; ahora soy el loto. Así que no te vengues del loto porque estés enfadado con el barro. Deja que te lave las lágrimas", porque el anciano estaba lleno de lágrimas, "y que te limpie los ojos. Tranquilízate y echa otro vistazo: no soy el mismo hombre que dejó el palacio. Ha ocurrido una gran transformación; salí de palacio como mortal, vuelvo a palacio como inmortal. Dejé el palacio como un ser humano ordinario, vuelvo al palacio divino.

Echa un vistazo".

El padre le miró: sin duda había habido un gran cambio. Durante unos instantes hubo un silencio absoluto: el padre se limitó a mirarle.

Algo ocurrió entre el padre y el hijo, y el padre dijo: "Perdóname. En mi cólera, con mis lágrimas, con mis viejos ojos, no pude reconocer la transformación. Ahora mi único deseo es que me inicies en el mismo camino que transforma el barro en un loto. Ciertamente te has convertido en un loto. Nunca te había visto tan hermosa, tan agraciada". No se había dicho nada, y el padre estaba siendo iniciado.

En el momento en que lo sabes, no tienes que declararlo. Se declara por sí mismo. Pero sólo aquellos que tengan cierta sensibilidad, cierta música en su corazón, cierta poesía en su ser, podrán reconocerlo. Aquellos que son simplemente contables, banqueros, que corren tras el dinero, que corren tras el poder, estarán absolutamente ciegos cuando se trate de reconocer a un buda. ...UNA VEZ QUE HAS VISTO AL BUDA, TE OLVIDAS DE LA MENTE.

Una vez que has visto la flor de loto te olvidas del barro.

SI NO TE OLVIDAS DE LA MENTE, LA MENTE TE CONFUNDIRÁ ....

No te permitirá reconocer la gran transmutación, la gran transformación que se ha producido—tal vez en tu hijo, tal vez en tu amigo, tal vez en un extraño. Necesitas una cierta actitud comprensiva y una apertura del corazón para permitir que el hombre transformado deje su huella en ti.

Y tu reconocimiento va a ser una semilla de transformación dentro de ti: entonces ya no podrás permanecer en la mente; entonces no podrás seguir contento con tu mundo fangoso; entonces querrás convertirte en otro loto. Has oído el desafío y has visto la realidad de que tú contienes el loto, pero no has sido consciente de ello, ha permanecido latente.

Todo el mundo es un buda, pero sólo en la semilla, escondido en el barro. Reconocer una flor de loto es reconocer tu propio futuro, tus propias posibilidades, tu propia grandeza.

LA MORTALIDAD Y LA BUDEIDAD SON COMO EL AGUA Y EL HIELO.

No hay mucha diferencia entre los mortales y los inmortales. La diferencia es como el agua y el hielo.

ESTAR AFLIGIDO POR LOS TRES VENENOS ES LA MORTALIDAD. SER PURIFICADO POR LAS TRES LIBERACIONES ES LA BUDEIDAD.

Los tres venenos, dice Bodhidharma, son la codicia, la ira y el engaño. Con estos tres venenos sigues siendo un mortal. Una vez que te purificas de estos tres venenos, te conviertes en inmortal. Has alcanzado la eternidad. Ahora no hay muerte para ti.

LO QUE SE CONGELA EN HIELO EN INVIERNO SE FUNDE EN AGUA EN VERANO.

No hay diferencia cualitativa entre el agua y el hielo o el vapor. La diferencia es sólo de temperatura. Todo ser humano -el mayor criminal, incluso un Adolf Hitler- tiene el potencial de ser un buda. Por muy inconsciente que estés, por muy profundo que sea tu sueño, puedes ser despertado.

El despertar no es una diferencia de calidad. Es una diferencia sólo de grado. El hombre dormido está menos despierto y el hombre despierto está menos dormido. Recuerda, la diferencia entre las personas es sólo de grado, y no es una gran diferencia. Una ligera comprensión y la diferencia puede disolverse.

DESHACERSE DE LA MORTALIDAD, Y NO HAY MÁS BUDEIDAD.

Así es como Bodhidharma es especial. Él dice: ELIMINA LA MORTALIDAD, Y NO HABRÁ MÁS BUDDHAHOOD. Es sólo a los ojos de los mortales que los budas parecen tan elevados. Cuando terminan su mortalidad, alcanzan su propia budeidad. Y la cualidad esencial de la conciencia es que está ahí, pero no eres consciente de ella.

No puedes ser consciente de la consciencia.

No puedes ser consciente de la conciencia.

No puedes ser un conocedor cuando realmente lo sabes. Entonces eres uno con ello. La budeidad sólo te sucede a ti porque eres un mortal y Buda parece tan lejano. Sólo estás en el barro, sólo eres una semilla, y el loto parece tan lejano, tan diferente. No puedes concebir ninguna conexión entre tú y el loto. Pero cuando tú mismo te conviertes en loto, todas las diferencias desaparecen. Y el loto no es consciente de su belleza, no es consciente de su fragancia; es simplemente su naturaleza.

Excepto Bodhidharma, nadie más ha sido capaz de hacer este tipo de afirmaciones por la sencilla razón de que son tan extrañas, parecen tan ilógicas, irracionales. Pero la existencia es ilógica. Es irracional. Si sólo estás pensando en la mente, entonces es una cosa, pero si estás experimentando el proceso del barro transformándose en una flor de loto, comprenderás a Bodhidharma sin ninguna dificultad. Te alegrarás de sus extrañas afirmaciones.

MORTALES ...de nuevo, una afirmación muy extraña: LOS MORTALES LIBERAN A LOS BUDAS Y LOS BUDAS LIBERAN A LOS MORTALES.

Puedo entender por qué los budistas han estado ocultando estos sutras durante mil años, porque la sola idea de que los MORTALES LIBERAN A LOS BUDDHAS Y LOS BUDDHAS LIBERAN A LOS MORTALES es escandalosa. Pero Bodhidharma tiene razón.

Todo buda procede de los mortales y ver la agonía, el sufrimiento, la miseria, el continuo sinsentido de los mortales es la causa de su liberación.

Si no hubiera mortales, no habría budas.

Cuando volví de la universidad, naturalmente mis padres estaban ansiosos por que me casara. Temían que yo no fuera de ese tipo y mi padre estaba muy alerta porque una vez que digo que no a algo, no hay manera de que diga que sí. Así que pidió a sus amigos: "Averiguad qué piensa, si es posible que diga que sí. Sólo entonces se lo pediré. Una vez que me haya dicho que no, se acabó".

Así que sus amigos empezaron a preguntarme. Uno de sus amigos era el mejor médico de aquella zona. Me llamó para cenar con él y por el camino mencionó: "¿Qué piensas del matrimonio?".

Le dije: "Tío, soy soltero; no tengo ninguna experiencia. Tú te has casado tres veces. Tienes tres veces más experiencia que nadie. Dime, ¿qué piensas?"

Parecía muy abatido y dijo: "Mi experiencia... ¡Soy un tonto! Debería haber dejado de hacerlo cuando murió mi primera esposa. Pero los tontos son tontos. Me casé de nuevo pensando que no todas las mujeres iban a ser iguales. Pero a los pocos días... la mujer era diferente pero los problemas eran los mismos. Y Dios ha sido tan amable conmigo, incluso la segunda esposa murió. Pero mi estupidez es tal, que me casé de nuevo y ahora estoy sufriendo. Y tú me preguntas: "¿Qué opinas del matrimonio?".

Le dije: "Ya basta. Cuéntale a mi padre tu experiencia. Me has liberado del matrimonio".

Él respondió: "¿Qué quieres decir con eso? He hecho justo lo contrario de lo que me pidió tu padre. Iba a convencerte".

Le dije: "¡Me has convencido! Cuéntale a mi padre todo lo que ha pasado... Me casaré sólo si tú dices que sí".

Me dijo: "No puedo. No, no te arrastraré al mismo infierno en el que yo he vivido. No puedo decir que sí".

"Entonces", le dije, "dile a mi padre que me has convencido de que no debo casarme".

Me dijo: "Me has metido en un gran lío. Tu padre depende de mí".

Informó a mi padre. Mi padre le dijo: "Deberías haber sido un poco más prudente. En vez de convencerle del matrimonio, lo has echado todo a perder".

Me dijo: "¿Qué puedo hacer? Se las arregló de tal manera que olvidé por completo cuál era el propósito de la cena".

LOS MORTALES LIBERAN A LOS BUDDHAS ...basta con mirar a tu alrededor a los mortales y no podrás resistirte a ser un buda... ¡cuanto antes mejor! Y los BUDDHAS LIBERAN a los MORTALES. Eso no es más que saldar la deuda. Cuando se convierten en budas empiezan a martillear a los mortales. Eso es lo que he estado haciendo toda mi vida: primero me liberaron los mortales, ahora estoy intentando liberar a los mortales.

La afirmación es muy extraña. Quizá los eruditos budistas no encontraban cómo explicarla, así que pensaron que era mejor mantenerla en el olvido y no sacarla a la luz.

Si no, está perfectamente bien que los budas liberen a los mortales, pero ¿que los mortales liberen a los budas? Los sabios, los eruditos, no pueden entenderlo.

ESTO ES LO QUE SE ENTIENDE POR IMPARCIALIDAD.

Mortales liberando a budas, budas liberando a mortales—esto se llama imparcialidad. Ahora todo está equilibrado. Nadie debe nada a nadie; ni los budas te obligan a ti, ni tú obligas a los budas. Has llegado a un estado en el que ambos han pagado sus deudas mutuas.

LOS MORTALES LIBERAN A LOS BUDAS PORQUE LA AFLICCIÓN CREA CONCIENCIA.

Viendo a los mortales y sus aflicciones ...si eres lo suficientemente inteligente no seguirás su camino. Muchos están siguiendo ese camino y todos están cayendo en una zanja. Y todos están sufriendo.

Cuando mi padre fracasó con el médico, se dirigió a otro amigo suyo.

Pensó que sería el último recurso, porque era abogado del tribunal supremo y se sabía que nunca había perdido ningún caso. Así que mi padre le dijo: "Si puedes ganar este caso, entonces aceptaremos que realmente eres un gran abogado del tribunal supremo".

El juez dijo: "Esto no es nada. Sólo con mi mano izquierda puedo hacerlo. Iré mañana a su casa".

Mi padre le dijo: "¡Ven preparado!".

Me dijo: "No te preocupes. Conozco a tu hijo. ¿Y crees que puede vencerme en las discusiones?"

Mi padre dijo: "No creo que pueda derrotarte en los argumentos, pero tiene maneras extrañas". El médico que tiene fama de ser el hombre más sabio de la zona... consiguió manipularlo. Ahora está a su favor".

El abogado era muy egoísta y tenía razones para serlo. Le dijo: "No te preocupes".

Pero mi padre me dijo: "Aun así, haz los deberes. No vengas sin preparación. Te lo advierto. Puedes perder el caso. Mi hijo es raro".

El abogado le dijo: "Cálmate y no te preocupes. Mañana lo arreglaré todo".

Así que al día siguiente vino. Le di la bienvenida y le pregunté: "Sé a qué has venido. Y creo que mi padre te habrá dicho: 'Prepárate, haz los deberes'". Me miró y me dijo: "¿Cómo lo sabes?".

Le dije: "Eso es lo que le dijo al médico, así que sé que debe haberte dicho lo mismo a ti. Y tú eres su último recurso. Así que si eres derrotado, entonces toda la cuestión del matrimonio está acabada".

Pero él dijo: "¿Quién ha dicho que voy a ser derrotado?".

Le dije: "No estoy diciendo eso, sólo quiero dejar claro que si me derrotan, estaré casado... pero si te derrotan, ¿estás dispuesto a divorciarte de tu mujer?".

Dijo: "Dios mío, tu padre tenía razón. Nunca había pensado en ello ... que podría ser una pregunta. Ciertamente tiene razón. Yo también debería poner algo en juego.

Pero escucha, tengo hijos, y ya conoces a mi mujer. Incluso me pega. Ni siquiera puedo pronunciar la palabra 'divorcio' ante ella".

Así que le dije: "No has venido preparado. Y no necesito ningún juez.

Confío en ti, aunque serás parte en la discusión y también serás el juez".

Me dijo: "¡No quiero discutir en absoluto!".

Le dije: "¿Qué le vas a responder a mi padre?".

Dijo: "Eso es lo que estoy pensando".

La discusión nunca empezó. Yo iba todos los días a su casa, llamaba a la puerta y él simplemente decía: "No quiero discutir contigo. Ya me torturan demasiado".

Y un día salió su mujer y le dijo: "¿Por qué te tiene tanto miedo?".

Le dije: "Por tu culpa".

Empezó a esconderse en el baño y no salía. Su mujer dijo: "Esto es extraño. Nunca tiene miedo de nadie. Se esconde, me dice que no está en casa. ¿Qué le pasa? ¿Qué se cuece?"

Le dije: "No se cuece nada. Tiene miedo de ser derrotado. Y tú eres mi gran apoyo".

Me dijo: "No lo entiendo. ¿Qué ocurre? ¿Cuál es el problema? ¿En qué sentido soy yo el apoyo?".

Le dije: "Pregúntale tú. Está pensando en divorciarse de ti".

E inmediatamente salió del baño. Dijo: "¡No mientas! Nunca voy a divorciarme de ella. La amo. La amaré toda mi vida".

Le dije: "Depende de ti. Pero, ¿y el argumento?".

Dijo: "Terminado. No quiero verte en absoluto. Me has hecho temblar tanto que incluso en el tribunal, en cuanto me acuerdo de ti siento miedo. No perturbes mi vida familiar".

Le dije: "¡Ibas a perturbar toda MI vida!".

LOS MORTALES LIBERAN A LOS BUDAS PORQUE LA AFLICCIÓN CREA CONCIENCIA. Y LOS BUDAS LIBERAN A LOS MORTALES PORQUE LA CONCIENCIA NIEGA LA AFLICCIÓN.

Todos los budas proceden de los mortales. Son más vigilantes que tú. Miran a su alrededor—toda la escena es trágica, patética. Eso crea una gran conciencia en ellos. Y cuando han llegado a la cima más alta de su conciencia, hacen todo lo posible por ayudarte a ser consciente para que tú también puedas salir de estas aflicciones.

No es sólo que el hombre esté en la miseria. La mujer es más desgraciada. Parece que hay una extraña conspiración en la que todo el mundo crea miseria para los demás. Muchas veces me han preguntado por qué no me he casado. He respondido: "Por culpa de los casados. He conocido a muchos y me lo advirtieron".

Y ahora todo mi trabajo es, de alguna manera, sacarte de tu trampa, hacerte más alerta, más consciente, seas marido o mujer. Con tu consciencia tu miseria desaparecerá. Igual que la luz disipa la oscuridad, la conciencia disipa la miseria.

NO PUEDE HABER MÁS AFLICCIÓN porque la gente es inconsciente.

Y NO PUEDE DEJAR DE HABER CONCIENCIA.

De vez en cuando alguien va a estar lo suficientemente alerta como para ver todo a su alrededor. Y la persona que se vuelve consciente, siente que debe compartirlo con la gente que no es consciente.

SI NO FUERA POR LA AFLICCION NO HABRIA NADA PARA CREAR CONCIENCIA. Y SI NO FUERA POR LA CONCIENCIA, NO HABRÍA NADA PARA NEGAR LA AFLICCIÓN. CUANDO ESTÁS ENGAÑADO, LOS BUDAS LIBERAN A LOS MORTALES. CUANDO ERES CONSCIENTE, LOS MORTALES LIBERAN A LOS BUDAS. LOS BUDAS NO SE CONVIERTEN EN BUDAS POR SÍ SOLOS.

Esta es la grandeza de Bodhidharma. Puede decirlo con exactitud, por duro que sea.

Está diciendo que los BUDDHAS NO SE HACEN BUDDHAS POR SÍ MISMOS.

Sin todo este mundo de miseria que les rodea, nunca se convertirían en budas. Deberían estar agradecidos a todas estas personas que son miserables porque son las que les impulsan a no quedar atrapados, ya que ellos mismos están atrapados.

LOS BUDAS CONSIDERAN A LA ILUSIÓN COMO SU PADRE Y A LA AVARICIA COMO SU MADRE.

Sólo un Bodhidharma puede decir tales cosas, viendo la codicia de la gente y la angustia y la ansiedad que crea la codicia, viendo los engaños de la gente.

Todo el mundo piensa en sí mismo, no en lo que es exactamente. Todo el mundo multiplica su personalidad, su ego, sus conocimientos. Está fingiendo cosas de las que no sabe nada.

Descubrí que uno de mis profesores nunca había leído nada después de dejar la universidad hacía treinta años. Todo lo que decía estaba desfasado.

La psicología era su asignatura—y la psicología es una asignatura que crece muy deprisa; en treinta años, todo lo que estaba bien se ha ido al garete. Pero seguía citando libros que había leído en sus cursos de posgrado.

Tenía dificultades conmigo, porque yo leía lo último y citaba las últimas investigaciones. Era un alma pobre, ni siquiera podía decir: "Perdóname, no conozco esas investigaciones". Para mantener su ego, decía: "Sí, he visto esos artículos". Pero si hubiera visto esos trabajos o esos libros, que acababan de salir, entonces no debería haber estado enseñando teorías anticuadas sobre la mente y la conciencia humanas.

Informé al vicerrector. Le dije: "Debería ser obligatorio que todos los profesores pasaran al menos dos horas diarias en la biblioteca".

Dijo: "En ninguna universidad existe algo así. Y todos los profesores protestarán contra ello. ¿Por qué dices eso?"

Les dije: "Todos vuestros profesores recibieron clases hace veinte o treinta años y todo lo que saben ya no es relevante. He estado comprobando en la biblioteca quiénes son los profesores que cogen los libros de la biblioteca. Y este profesor en particular que estoy mencionando nunca ha cogido un solo libro de la biblioteca. Nunca ha venido a la biblioteca". Y la biblioteca de la universidad era muy rica, muy actualizada, porque el hombre que fundó la universidad era un hombre de tremenda erudición y amaba los libros por encima de cualquier otra cosa.

Así que le dije al vicerrector: "Llama a este profesor delante de mí y te mostraré por qué exijo esto. Y si no me escuchas, entonces iré al sindicato de estudiantes para hablar con todos los estudiantes, para boicotear a todos los profesores que no vayan a la biblioteca al menos dos horas."

Él me conocía... que puedo manejar esto, así que dijo: "No vayas tan lejos. Trae a ese profesor aquí".

Le dije: "No lo traeré. Llámalo tú. Yo estoy aquí sentado".

Llamó al profesor, el profesor vino. Y yo me inventé dos nombres ficticios de psicólogos y dos nombres ficticios de libros que nunca se han escrito ni se escribirán. Y le pregunté al profesor: "¿Ha leído estos libros?"

Me dijo: "Dios mío, ¿cómo te has enterado? Están en el escritorio de mi habitación. Los he estado leyendo; son la última contribución".

Y le dije al vicerrector: "Estos dos nombres son ficticios, estos dos libros son ficticios; no existen. Ahora dile a este hombre que traiga esos dos libros a tu oficina. Están sobre su mesa".

Entonces le entró miedo. ¿De dónde iba a sacar esos dos libros ficticios? Había dicho que estaban sobre su mesa, que los estaba leyendo y que eran estupendos.

Dije: "Esta es la situación: estas son las personas que están enseñando y sus alumnos se convertirán en profesores mañana. Y continuarán experimentos podridos de hace cincuenta años que han fracasado y han sido sustituidos por nuevas ideologías".

El vicerrector dijo: "Te lo concedo". Y estableció como norma obligatoria que todos los profesores tenían que ir a la biblioteca, estudiar los últimos periódicos, libros, revistas y estar al día.

Los profesores estaban enfadados, todos estaban enfadados conmigo. Pero yo les dije: "El enfado no va a servir de nada. Todos los días compruebo en la biblioteca quién viene y quién no. Para los que no vienen, llevaré una procesión de protesta de todos los estudiantes a su departamento. Entonces no me digáis: 'Estáis creando el caos'.

Tú eres la causa".

La bibliotecaria estaba sorprendida. Todos los profesores venían, leían y se llevaban libros a casa. Pero el día que dejé la universidad, me informaron, se suprimió la norma. Al cabo de siete u ocho años, fui a esa universidad a dar una conferencia.

Fui a la biblioteca. La misma bibliotecaria seguía allí y la biblioteca estaba vacía. No había nadie. Le pregunté: "¿Qué ha pasado?".

"Esos profesores ya no vienen", dijo. "El día que dejaron la universidad, se suprimió la norma; era por miedo a que crearan problemas. Incluso el vicerrector había empezado a venir a la biblioteca. Ahora no viene nadie".

La gente sigue creando delirios, magnificándolos, exagerándolos.

Bodhidharma dice que la codicia es el padre de los budas y la ilusión es la madre.

ILUSIÓN Y CODICIA SON NOMBRES DIFERENTES PARA LA MORTALIDAD ....

CUANDO ESTÁS ENGAÑADO, ESTÁS EN ESTA ORILLA.

CUANDO ERES CONSCIENTE, ESTÁS EN LA OTRA ORILLA.

Son sólo formas simbólicas de decir que estás aquí... engañado, estás en la miseria; consciente, estás en la dicha.

PERO UNA VEZ QUE SABES QUE TU MENTE ESTÁ VACÍA Y NO VES APARIENCIAS, ESTÁS MÁS ALLÁ DE LA ILUSIÓN Y LA CONSCIENCIA.

A los eruditos les resulta difícil explicar cada una de estas afirmaciones. Sólo un buda puede explicarlas. Lo que dice es que cuando sabes que tu mente está vacía -en otras palabras, cuando te encuentras con tu no-mente y no ves ninguna apariencia- estás más allá de la ilusión y la consciencia.

Nunca he encontrado ninguna afirmación que diga que estás más allá de la consciencia.

Pero es absolutamente racional, lógico y existencialmente cierto, porque cuando no tienes la enfermedad, no creo que sigas llevando la medicina contigo. En el momento en que estás más sano, tu enfermedad ha desaparecido, donas la medicina que te queda al Club de Leones. ¿Qué vas a hacer con él? Los Leones lo necesitan para mostrar al mundo que son una gran institución caritativa. No te sirve para nada, ibas a tirarlo; ¿por qué no disfrutas donándolo al Club de Leones? Una buena ganancia: usted dona algo inútil al Club de Leones. Y el Club de Leones se lo da a los pobres, y sin gastar nada el Club de Leones se convierte en una institución caritativa.

Lo mismo ocurre con la miseria y la consciencia. En el momento en que no hay engaño, ¿qué necesidad hay de consciencia? Eso no significa que te duermas.

Eso significa simplemente que la conciencia se convierte en tu propia naturaleza; ya no eres consciente de ella.

Y UNA VEZ QUE ESTÁS MÁS ALLÁ DE LA ILUSIÓN Y LA CONSCIENCIA, LA OTRA ORILLA NO EXISTE. ¿Qué necesidad hay de la otra orilla? La otra orilla era sólo un concepto simbólico. Esta orilla es el mundo, la otra orilla es el paraíso. Cuando el mundo y el apego al mundo desaparecen, ¿a quién le importa el paraíso? Ya estás en él, estés donde estés. Un dicho sufí dice: "Dondequiera que esté la persona iluminada, allí está el paraíso". El paraíso es algo que está dentro de tu ser.

EL TATHAGATA NO ESTÁ NI EN ESTA ORILLA NI EN LA OTRA. Y NO ESTÁ EN MEDIO DE LA CORRIENTE.

Éstas son las únicas posibilidades: o en esta orilla, o en la otra orilla, o en medio de la corriente. El tathagata no está en ninguna parte. El que se ha comprendido a sí mismo puede decirse que está en todas partes o en ninguna; ambas cosas son equivalentes.

Pero en el último sutra vuelve a recordar su antagonismo con los arhatas: Y LOS MORTALES ESTÁN EN ESTA ORILLA. En la otra orilla están los arhatas y los mortales. Los ARHATAS ESTÁN EN MEDIA MARCHA yendo a la otra orilla—que no existe. Todavía están llevando una contra-ilusión. Y LOS MORTALES ESTAN EN ESTA ORILLA. EN LA OTRA ORILLA ESTÁ LA BUDEIDAD.

Pero en el momento en que estás en la otra orilla, la otra orilla desaparece. Eres simplemente una luz en ti mismo.

Pero no puede olvidar a los arhatas. Los sitúa en medio de la corriente, ni en esta orilla ni en aquella. Los arhatas también están en la otra orilla, igual que los bodhisattvas y los budas. En el momento en que alcanzan la otra orilla, ambas desaparecen simultáneamente. De repente están despiertos y se encuentran formando parte de la totalidad, una gran lluvia de bendiciones cae sobre ellos.

Si Bodhidharma hubiera podido olvidar su antagonismo con los arhatas y hubiera utilizado, en lugar de "mente", "no-mente", sus sutras habrían sido perfectos, sin ningún defecto. Pero incluso con estos dos defectos, son grandiosos. Y cualquiera que entienda puede hacerte consciente de estos dos defectos.

No cargue con ningún antagonismo. Y utiliza, en la medida de lo posible, la palabra más cercana a la realidad. Mente no es la palabra más cercana a la meditación; no-mente lo es.

Los arhatas pueden haberle enfadado porque se iluminan y nunca se preocupan por nadie. Ni siquiera hablan. Es muy difícil sacar algo de los arhatas. Pero mi opinión es que cada uno tiene que ser su propio yo, su propia individualidad, su propia singularidad. Los arhatas tienen su propia singularidad. Después de iluminarse, se vuelven completamente silenciosos.

Este es el antagonismo de Bodhidharma, que deberían ser más compasivos. Deberían ayudar a otros a iluminarse. Y si ves los argumentos de ambos lados, verás que ambos tienen razón a su manera.

Los arhatas dicen: "Es una interferencia en la vida de alguien. Si quiere permanecer no iluminado, está en su derecho". Los arhatas dicen: "Esta es nuestra compasión, que no interferimos en la vida de nadie".

Los bodhisattvas dicen: "Esta es nuestra compasión, que hacemos todo lo posible para que los demás se iluminen. Esta es nuestra compasión".

Creo que ambos tienen bellos argumentos, y no hay nada malo en ninguno de ellos. La existencia es multidimensional, tiene muchos aspectos.

Un hombre de entendimiento supremo no verá ninguna contradicción en ninguna parte. En su comprensión y claridad, todas las contradicciones se vuelven complementarias entre sí.

¿De acuerdo? Sí, Maestro.

Enfrentarse a un Buda es peligroso

AMADO MAESTRO,
LOS BUDAS TIENEN TRES CUERPOS: UN CUERPO DE TRANSFORMACIÓN, UN CUERPO DE RECOMPENSA Y UN CUERPO REAL. EL CUERPO DE TRANSFORMACIÓN TAMBIÉN SE DENOMINA CUERPO DE ENCARNACIÓN. EL CUERPO DE TRANSFORMACIÓN APARECE CUANDO LOS MORTALES REALIZAN BUENAS ACCIONES, EL CUERPO DE RECOMPENSA CUANDO CULTIVAN LA SABIDURÍA Y EL CUERPO REAL CUANDO TOMAN CONCIENCIA DE LO SUBLIME .... PERO EN REALIDAD, NI SIQUIERA HAY UN CUERPO DE BUDA, Y MUCHO MENOS TRES. ESTO DE HABLAR DE TRES CUERPOS SE BASA SIMPLEMENTE EN LA COMPRENSIÓN HUMANA, QUE PUEDE SER SUPERFICIAL, MODERADA O PROFUNDA.

LAS PERSONAS DE COMPRENSIÓN SUPERFICIAL IMAGINAN QUE ESTÁN ACUMULANDO BENDICIONES Y CONFUNDEN EL CUERPO DE TRANSFORMACIÓN CON EL BUDA. LA GENTE DE COMPRENSIÓN MODERADA IMAGINA QUE ESTÁ PONIENDO FIN AL SUFRIMIENTO Y CONFUNDE EL CUERPO DE RECOMPENSA CON EL BUDA. Y LAS PERSONAS DE COMPRENSIÓN PROFUNDA IMAGINAN QUE ESTÁN EXPERIMENTANDO LA BUDEIDAD Y CONFUNDEN EL CUERPO REAL CON EL BUDA. PERO LA GENTE DE LA COMPRENSIÓN MÁS PROFUNDA MIRA HACIA DENTRO, DISTRAÍDA POR NADA. PUESTO QUE UNA MENTE CLARA ES EL BUDA, ALCANZAN LA COMPRENSIÓN DE UN BUDA SIN USAR LA MENTE ....

LOS INDIVIDUOS CREAN EL KARMA. EL KARMA NO CREA INDIVIDUOS .... SOLO ALGUIEN QUE ES PERFECTO NO CREA KARMA EN ESTA VIDA Y NO RECIBE RECOMPENSA. LOS SUTRAS DICEN: "QUIEN NO CREA KARMA OBTIENE EL DHARMA" .... CUANDO CREAS KARMA, RENACES JUNTO CON TU KARMA. CUANDO NO CREAS KARMA, DESAPARECES JUNTO CON TU KARMA ....

ALGUIEN QUE COMPRENDE LAS ENSEÑANZAS DE LOS SABIOS ES UN SABIO.

ALGUIEN QUE COMPRENDE LA ENSEÑANZA DE LOS MORTALES ES UN MORTAL. UN MORTAL QUE PUEDE ABANDONAR LA ENSEÑANZA DE LOS MORTALES Y SEGUIR LA ENSEÑANZA DE LOS SABIOS SE CONVIERTE EN UN SABIO. PERO LOS NECIOS DE ESTE MUNDO PREFIEREN BUSCAR SABIOS LEJOS. NO CREEN QUE LA SABIDURIA DE SU PROPIA MENTE SEA EL SABIO.

...LOS SUTRAS DICEN: "ENTRE HOMBRES SIN ENTENDIMIENTO, NO PREDIQUES ESTE SUTRA". ...LOS SUTRAS DICEN: "CUANDO VEAS QUE TODAS LAS APARIENCIAS NO SON APARIENCIAS, VERÁS AL TATHAGATA".

LAS INNUMERABLES PUERTAS A LA VERDAD PROVIENEN TODAS DE LA MENTE. CUANDO LAS APARIENCIAS DE LA MENTE SON TAN TRANSPARENTES COMO EL ESPACIO, DESAPARECEN ....

CUANDO LOS MORTALES ESTÁN VIVOS SE PREOCUPAN POR LA MUERTE. CUANDO ESTÁN LLENOS, SE PREOCUPAN POR EL HAMBRE. SUYA ES LA GRAN INCERTIDUMBRE. PERO LOS SABIOS NO CONSIDERAN EL PASADO NI SE PREOCUPAN POR EL FUTURO. NI SE AFERRAN AL PRESENTE. DE MOMENTO A MOMENTO SIGUEN EL CAMINO.

Bodhidharma, por primera vez en estos sutras, mira a la gente que no está iluminada y que está destinada a malinterpretarle. Por eso habla de la posibilidad de la mente ordinaria, no iluminada, y de cómo ve las cosas. Él mismo habla de ello, para dejar claro que todas esas supuestas comprensiones de la mente, ya sean superficiales o profundas, o incluso muy profundas, son todas erróneas.

Esto es muy raro, porque Bodhidharma nunca pensó en las personas que serían su público. Sólo pensaba en la verdad. Y hablaba de ella sin tener en cuenta a quienes lo escuchaban o leían. Ésta es parte de su compasión; ésta es la parte que separa a los arhatas de los bodhisattvas.

Los arhatas nunca, nunca piensan en nadie más. Si hablan, se hablan a sí mismos. Lo más probable es que permanezcan en silencio. Tienen un profundo respeto por los demás, pero saben que hablarles de lo último es perturbar su ordinariez. Es una interferencia en sus mentes mundanas, aunque sea en su propio beneficio. Pero no lo piden y, a menos que inviten a la verdad, ésta no llamará a sus puertas.

La verdad es casi como el sol por la mañana. Se levanta... no llama a vuestras puertas diciendo: "Ya estoy aquí y la noche ha terminado y podéis despertar". No va a cada nido de los pájaros para decirles: "Ahora es el momento de cantar, he venido", ni va a cada flor para abrir sus pétalos y liberar su fragancia.

Simplemente llega. Aquellos que son receptivos lo recibirán. Los que no estén receptivos no la recibirán. Los que estén despiertos sabrán que ha llegado la mañana, pero los que estén profundamente dormidos no sabrán, ni siquiera en sueños, que la noche ha terminado. Pero el sol no interfiere.

Los arhatas entienden que la compasión significa no interferir, no traspasar, aunque sea en beneficio de aquellos contra los que se traspasa. La intrusión en sí misma va en contra de la dignidad de las personas y es una humillación. Decirle a alguien: "Estás dormido", significa que te estás colocando en un pedestal más alto. Estás diciendo: "Yo estoy despierto y tú estás dormido", estás diciendo: "Yo soy más santo que tú, más elevado que tú; yo he llegado a la cima última de mi conciencia y tú sigues vagando por el mundo de las tinieblas, andando a tientas por todas partes, tropezando, cayendo y sin encontrar salida".

Incluso aconsejar a alguien es adoptar una determinada postura: "Yo sé y tú no sabes". El punto de vista de los arhatas es que eso va en contra de la compasión, va en contra de la reverencia por la vida; de ahí que permanezcan en silencio. Si alguien siente su presencia por su propia voluntad y se acerca a ellos para beber las aguas vivas de su experiencia, están disponibles, como el río que pasa. Puedes saciar tu sed, pero depende absolutamente de ti; el río no hará nada por su cuenta. Es un enfoque hermoso. Pero la aproximación de los bodhisattvas, a los que pertenece Bodhidharma, tiene su propia belleza.

Los bodhisattvas hacen todo lo posible por despertar a la gente, sabiendo perfectamente que, de un millón de personas, tal vez una los entienda y el resto se mostrará indiferente, o lo más probable es que los malinterprete.

Los bodhisattvas saben perfectamente que decir la verdad es un atajo para crearse enemigos en el mundo, porque el mundo entero está lleno de mentiras. Todos los intereses creados se basan en mentiras. Las llamadas religiones, las llamadas naciones... todas son fabricaciones de mentes astutas.

Un hombre auténticamente religioso no pertenece a ninguna religión, a ninguna nación, a ninguna raza ni a ningún color. Pertenece a toda la humanidad. Todas las naciones son suyas. No cree en las fronteras políticas creadas por los astutos y sucios políticos. Y no cree en las discriminaciones creadas por los sacerdotes, por los papas, por los arzobispos, por los shankaracharyas, por los rabinos.

Cree que cada ser humano tiene una naturaleza divina y que cada ser humano tiene el potencial de convertirse en una hermosa flor de loto, una flor de loto que pertenece a la eternidad, una fragancia que viene pero nunca se va.

Sabiendo todo esto, el bodhisattva sigue esforzándose; no importa aunque lo crucifiquen. Jesús es un bodhisattva, Sócrates también, Al-Hillaj Mansoor también. Aunque signifique la crucifixión, no importa si puede ayudar a alguien, en algún lugar, a salir de su sueño.

Un bodhisattva está dispuesto a aceptar todas las condenas del mundo entero, pero no puede permanecer en silencio y sin compartir. Eso es imposible para él.

En lo que a mí respecta, ambos tienen toda la razón. No hay contradicción.

Ambos representan las dos caras de un mismo fenómeno. Su expresión de la compasión es diferente, pero ES la expresión de la compasión. Ambos la expresan a su manera.

El sutra:

LOS BUDAS TIENEN TRES CUERPOS: UN CUERPO DE TRANSFORMACIÓN, UN CUERPO DE RECOMPENSA Y UN CUERPO REAL. EL CUERPO DE TRANSFORMACIÓN TAMBIÉN SE DENOMINA CUERPO DE ENCARNACIÓN. EL CUERPO DE TRANSFORMACIÓN APARECE CUANDO LOS MORTALES REALIZAN BUENAS ACCIONES, EL CUERPO DE RECOMPENSA CUANDO CULTIVAN LA SABIDURÍA Y EL CUERPO REAL CUANDO TOMAN CONCIENCIA DE LO SUBLIME .... PERO EN REALIDAD, NI SIQUIERA HAY UN CUERPO DE BUDA, Y MUCHO MENOS TRES. ESTO DE HABLAR DE TRES CUERPOS SE BASA SIMPLEMENTE EN LA COMPRENSIÓN HUMANA, QUE PUEDE SER SUPERFICIAL, MODERADA O PROFUNDA.

LAS PERSONAS DE COMPRENSIÓN SUPERFICIAL IMAGINAN QUE ESTÁN ACUMULANDO BENDICIONES Y CONFUNDEN EL CUERPO DE TRANSFORMACIÓN CON EL BUDA. LA GENTE DE COMPRENSIÓN MODERADA IMAGINA QUE ESTÁ PONIENDO FIN AL SUFRIMIENTO Y CONFUNDE EL CUERPO DE RECOMPENSA CON EL BUDA. Y LAS PERSONAS DE COMPRENSIÓN PROFUNDA IMAGINAN QUE ESTÁN EXPERIMENTANDO LA BUDEIDAD Y CONFUNDEN EL CUERPO REAL CON EL BUDA.

Necesita alguna explicación. Es posible que pases junto a un Gautam Buda sin reconocerlo, porque el reconocimiento de un buda, de un ser despierto, necesita cierta perspicacia por tu parte. Depende de ti, de tu comprensión. Si no tienes ninguna comprensión del despierto, puedes pasar a su lado y ni siquiera sentir nada. Estás cerrado. El sol está ahí pero tus puertas y ventanas están cerradas. El sol está ahí pero tú estás de pie con los ojos cerrados.

El primer reconocimiento proviene de las personas que intentan hacer el bien según su pequeño entendimiento. Sea lo que sea lo que sientan -ayudar a la humanidad, ayudar a los animales- intentan hacer algo para embellecer la existencia. No quieren ser sólo una carga para la Tierra. Quieren contribuir en algo; quieren dejar el mundo un poco mejor de lo que lo encontraron cuando llegaron a la existencia.

Estas personas verán el primer cuerpo de buda, el cuerpo de transformación. Verán a buda rodeado de un aura de luz. Has visto fotos de Jesús, de Krishna, de Buda con un aura circundante. Ese es un fenómeno real y ahora tiene una base científica que lo respalda.

En la Unión Soviética, un gran científico y filósofo, Kirlian, desarrolló una cámara especial y películas especialmente sensibles, tan sensibles que pueden ver cosas que los ojos no pueden ver. Su primera experiencia fue de un asombro tremendo porque sus fotografías mostraban auras alrededor de todo el mundo, no sólo alrededor de los seres humanos sino también alrededor de los animales y alrededor de los árboles, alrededor de una flor de rosa. La flor de rosa estaba allí en la foto y justo al lado, una pequeña aura de luz.

Le sorprendió saber que cuanto más silencioso y pacífico era un hombre, mayor era su aura. Y cuanto más enfadado, ansioso, triste, miserable, lleno de angustia estaba un hombre, más pequeña era el aura. Y antes de que un hombre fuera a morir, seis meses antes, el aura desaparecía por completo; entonces sus fotografías aparecían sin aura, como las fotografías ordinarias.

Esta aura ha sido vista por personas sensibles, tal como la fotografían las películas sensibles de Kirlian. Los discípulos sensibles de Jesús verán algo que los demás no podrán ver. Los discípulos sensibles de Gautam Buda que han vivido en profundo amor con él, que han sido bañados por sus bendiciones, que están completamente sumergidos en su ser, podrán ver algo que un espectador ordinario no podrá ver. Cuanto más receptivos y sensibles se vuelvan, más evidente se les hará la realidad de Buda.

La primera experiencia es la del cuerpo que se transforma: un cuerpo de luz delgado, sólo diez centímetros más grande que tu cuerpo... justo alrededor de tu cuerpo un aura de luz de diez centímetros, una luz muy suave. Este es el cuerpo que transmigra. Por eso, antes de la muerte—como descubrió Kirlian—seis meses antes, este cuerpo empieza a desaparecer, empieza a condensarse dentro del ser del hombre. Se necesitan seis meses para que vuelva al centro y se convierta sólo en un punto de luz en lugar de una gran aura. Y este pequeño punto de luz transmigra mientras todo tu cuerpo permanece aquí.

Los científicos han intentado demostrar que no existe el alma basándose en que cuando pesan a un hombre vivo un momento antes de morir y cuando lo pesan un momento después, su peso es el mismo, absolutamente el mismo.

Naturalmente su conclusión es que nada ha salido y; por lo tanto, que no hay alma. Si algo sale y, entonces el peso será menor. Pero ahora se les puede decir a los científicos que la luz no tiene peso; por eso si un punto de luz transmigra no hara ninguna diferencia en su balanza.

La luz es absolutamente ingrávida y el cuerpo de transmigración no es más que pura luz. Esto es experimentado por la gente incluso de entendimiento superficial. Aquellos que no entienden mucho, pero todavía tienen un poco de conciencia—sólo una conciencia superficial—incluso ellos pueden ver esta luz.

Pero las personas de comprensión moderada pueden ver un cuerpo más profundo, oculto tras esta fina capa de luz, una capa de luz más gruesa conocida en las escrituras budistas como el cuerpo de la recompensa. Surge sólo cuando uno ha estado meditando tanto que está ganando una inmensa recompensa. En este mundo, el mayor tesoro y la mayor recompensa es aprender a estar en silencio, a estar completamente en silencio. Este es un cuerpo de silencio. Pero sólo pueden verlo aquellos que se han acercado mucho a Gautam Buda.

Siempre he dividido a las personas en tres categorías. La primera es el estudiante que llega al despierto. El estudiante es capaz de ver el primer cuerpo, el cuerpo de transformación.

El segundo es el discípulo, que no está allí con el buda ni con ningún ser humano despierto por curiosidad -que no está allí sólo para acumular conocimientos-, sino que él mismo quiere llegar al mismo espacio, a la misma dicha, a la misma bendición. El discípulo ha dado un salto cuántico con respecto al estudiante. El estudiante está interesado en recoger más y más información; el discípulo no está interesado en la información, sino en la transformación. Quiere transformarse en un ser diferente, un ser que está más allá de la mente. Es capaz de ver el segundo cuerpo, el cuerpo de recompensa.

El cuerpo de recompensa es realmente la existencia reconociendo tu meditación, tu silencio, y derramando flores sobre ti. La existencia es inmensamente feliz cuando alguien se ilumina, porque la iluminación de una persona es realmente el desencadenante de la iluminación de muchas personas. Puede convertirse en una larga cadena, que puede durar siglos. Por ejemplo, lo que desencadenó la iluminación de Gautam Buda sigue desencadenando la iluminación de la gente. Han pasado veinticinco siglos, pero la cadena continúa. Es una reacción en cadena.

Hay muy pocas religiones en el mundo que sigan vivas. El Zen sigue vivo.

Todavía hay personas a las que se puede llamar contemporáneas de Gautam Buda; están conectadas tan profundamente que no se les puede separar, ni por el tiempo ni por el espacio.

En el mahometismo, sólo una pequeña escuela de sufíes es una parte viva; todo el resto de esa religión ha muerto. Pero el sufismo continúa una reacción en cadena.

Aún así hay gente que está despierta.

En el judaísmo, toda la religión, salvo una pequeña escuela de los hasídicos, está muerta.

Esos hasídicos han llevado la antorcha durante siglos. Siguen creando más y más personas iluminadas.

Curiosamente, el hinduismo y el cristianismo son religiones completamente muertas. No tienen ni siquiera una pequeña corriente de maestros vivos. Y son religiones muy importantes. El hinduismo es la religión más antigua del mundo y el cristianismo es la religión más grande del mundo, pero ambas están completamente muertas. No son más que un feo peso sobre la humanidad. Nada florece en sus jardines; ninguna flor viene a liberar su fragancia. Son lámparas sin llama.

Se dice de Diógenes, un hombre del mismo calibre que Bodhidharma .... Si se hubieran encontrado, habría sido un gran encuentro. Diógenes estaba en Grecia. Vivía desnudo; tenía un cuerpo tan hermoso que ocultarlo tras la ropa habría sido un crimen. Está perfectamente bien esconder un cuerpo feo detrás de la ropa, pero un cuerpo hermoso tiene que estar disponible para cualquiera que quiera ver su belleza, su proporción. Diógenes era uno de los hombres más bellos. Incluso cuando Alejandro Magno lo conoció, se sintió un poco avergonzado: aunque era un conquistador del mundo, comparado con Diógenes era completamente pobre.

Diógenes no tenía nada, pero su riqueza irradiaba de su cuerpo desnudo.

Diógenes solía llevar una lámpara, incluso de día. Se le consideraba un poco loco, obviamente. En un mundo de locos, cualquiera que esté cuerdo será considerado un poco loco. Y él hacía algo que a ti también te parecerá un poco loco. A cualquiera que se encontrara por el camino, cogía su lámpara y le miraba a la cara. Y cuando le preguntaban: "¿Qué haces, Diógenes? Es de día; no hace falta que mantengas la lámpara encendida", respondía: "No, tengo que mantenerla encendida. Estoy buscando a un hombre auténtico".

Cuando agonizaba, con su lámpara a su lado, alguien le preguntó: "Diógenes, toda tu vida has estado buscando a un hombre auténtico. ¿Qué ha ocurrido? ¿Conociste a algún hombre auténtico o no?". Él respondió: "Gracias a Dios, aunque nunca conocí a ningún hombre auténtico he salvado mi lámpara".

Porque el mundo es tan astuto, tan lleno de ladrones, que incluso salvar la propia lámpara es ser afortunado. Este Diógenes era un hombre despierto. De hecho, no te estaba mirando a los ojos cuando levantó su lámpara, estaba mostrando sus ojos, para que pudieras ver claramente en sus ojos, y AHÍ había un hombre auténtico. Y si le hubieras mirado a los ojos, habrías cambiado totalmente en un ser nuevo.

Un discípulo mira a los ojos del maestro. Mira en lo más profundo de sus ojos. A un discípulo no le interesa lo que el maestro dice, sino lo que el maestro ES.

Entonces llega a conocer el segundo cuerpo del maestro; su tesoro, su cuerpo de recompensa. Toda la existencia ha estado derramando millones de recompensas sobre el maestro. Pero todavía hay un tercer paso. El hombre de la comprensión más profunda llega a conocer el tercer cuerpo, el cuerpo más profundo.

El estudiante llega a conocer el primer cuerpo, el discípulo llega a conocer el segundo cuerpo y el devoto llega a conocer el tercer cuerpo, el cuerpo real, el ser real del buda. De nuevo hay un salto cuántico: del discípulo al devoto. El discípulo se acerca mucho, mucho, mucho, pero incluso la cercanía es una distancia. El devoto simplemente se funde con el maestro. No está cerca, se convierte en uno. Y en esta unidad llega a conocer el cuerpo real del ser despierto.

Pero Bodhidharma dice: estos tres cuerpos y las experiencias de estos tres cuerpos son de la mente normal. En realidad, no hay ni siquiera un cuerpo de buda. Un hombre de iluminación es absolutamente nadie—o ningún cuerpo. Ese es el significado de nadie. Él es vacuidad pura. El es solo puro cielo sin ninguna limitacion.

Esta infinitud sólo se conoce cuando uno se convierte en buda.

El devoto se funde con el buda, pero de un modo sutil sigue llevando su idea: "Soy un devoto, un amante. Lo he entregado todo". Un "yo" muy sutil—casi a punto de desaparecer, pero está ahí. Todavía no ha experimentado el vacío del maestro.

Hay una historia sobre un gran maestro Zen, Lin Chi. El día en que uno de sus discípulos iba a iluminarse... había recorrido un largo camino y el maestro había estado observando su progreso, y sabía que al ponerse el sol ese día, antes de esa hora, el discípulo iba a iluminarse. Se había acercado tanto, era como una polilla volando cada vez más cerca de la llama de una vela. Se podría decir que no iba a tardar mucho. La polilla se ha acercado tanto que pronto caerá en la llama y desaparecerá para siempre.

Lin Chi llamó a su discípulo y le dijo: "Escucha, llevo años pegándote". Eso forma parte de la tradición Zen. Es la única tradición en la que se permite al maestro pegar al discípulo... por razones extrañas, o sin razón alguna. Sólo él sabe por qué le pega: a veces responde mal a una pregunta, y entonces el maestro le abofetea.

Pero a veces los discípulos simplemente se asombran. No han dicho ni una palabra y el maestro empieza a abofetearlos y ellos dicen: "Esto es demasiado porque no hemos dicho nada". El maestro dice: "Eso no importa. Sabemos lo que ibas a decir, podíamos leerlo en tu cara. Sabíamos cómo entrasteis en la habitación... así que, ¿para qué perder el tiempo? Primero, tendrás que decir cosas y luego tendremos que golpear. Que sea corto. Recibe una buena paliza y vete. Averigua la respuesta correcta".

Y es un hecho bien conocido que cuando el discípulo encuentra la respuesta correcta no tiene nada que decir, porque la respuesta correcta no se puede decir. Sólo se pueden decir respuestas erróneas.

Así que Lin Chi había estado golpeando al discípulo de vez en cuando, y de repente le llamó.

Estaba sentado fuera, en el jardín, meditando sobre el koan por el que había estado recibiendo palizas. El discípulo dijo: "¿Por qué me ha llamado? porque no tengo nada que decir". Y antes de entrar por la puerta de la habitación del maestro le dijo claramente: "No tengo nada que decir, así que no empiece a darme bofetadas. Y no he venido por mi propia voluntad; usted me ha llamado".

Lin Chi dijo: "Es cierto. No has venido, te he llamado, pero hoy te daré una bofetada igualmente por un motivo totalmente distinto. Acércate".

El discípulo dijo: "Esto es ir demasiado lejos. Me han dicho que cuando no tienes nada que decir, no te pueden abofetear. Estás rompiendo incluso esa regla".

El maestro dijo: "No pierdas tiempo. Acércate. Voy a abofetearte porque después de hoy no podré volver a abofetearte. Este día te vas a iluminar, así que esta es la última oportunidad. Déjame un buen .... Mañana puedes abofetearme—tendrás derecho—pero hoy es mi última oportunidad". Y le abofeteó.

Es una hermosa tradición. Demuestra un gran amor. ¡Un maestro golpeando al discípulo sin motivo alguno, sólo porque hoy se va a iluminar y a partir de mañana no podrá golpearle...! El discípulo se iluminó aquel día y al día siguiente, cuando fue a ver al maestro, éste le cerró las puertas. Le dijo: "Puedes decir lo que quieras desde fuera de la habitación, porque soy un anciano. Debes comprender que abofetearme no está bien, así que a partir de ahora las puertas permanecerán cerradas para ti. Puedes decir lo que quieras un poco alto desde fuera".

En el momento en que un devoto olvida incluso que ES, que no surge en él ninguna idea de YO SOY, entonces llega a saber que el buda no tiene cuerpo en absoluto. Ese buda no es nadie; es simplemente puro silencio, vacío, un cero total.

PERO EN REALIDAD, NI SIQUIERA HAY UN CUERPO DE BUDA Y MUCHO MENOS TRES. HABLAR DE TRES CUERPOS SE BASA SIMPLEMENTE EN LA COMPRENSIÓN HUMANA, QUE PUEDE SER SUPERFICIAL, MODERADA O PROFUNDA.

LAS PERSONAS DE COMPRENSIÓN SUPERFICIAL IMAGINAN QUE ESTÁN ACUMULANDO BENDICIONES Y

CONFUNDEN EL CUERPO DE TRANSFORMACIÓN CON EL BUDA. LA GENTE DE COMPRENSIÓN MODERADA IMAGINA QUE ESTÁ PONIENDO FIN AL SUFRIMIENTO Y CONFUNDE EL CUERPO DE RECOMPENSA CON EL BUDA. Y LAS PERSONAS DE COMPRENSIÓN PROFUNDA IMAGINAN QUE ESTÁN EXPERIMENTANDO LA BUDEIDAD Y CONFUNDEN EL CUERPO REAL CON EL BUDA. PERO LA GENTE DE LA COMPRENSIÓN MÁS PROFUNDA MIRA HACIA DENTRO, DISTRAÍDA POR NADA. COMO UNA MENTE CLARA, o mejor, la no-mente, ES EL BUDDHA, ALCANZAN LA COMPRENSIÓN DE UN BUDDHA SIN UTILIZAR LA MENTE ....

LOS INDIVIDUOS CREAN KARMA.

Antes de entrar en este sutra, tienes que entender esta palabra KARMA. Significa acción. Pero la acción puede ser de dos tipos: puede ser una reacción o puede ser una respuesta.

Alguien te insulta. Te enfadas: te ha tocado la fibra sensible. De hecho, él es el amo y tú te comportas como un esclavo. Ha conseguido crear ira en ti. Él tiene el control. Si quiere cambiar la situación, puede decir: "Lo siento", y las cosas cambiarán. Tú no eres más que una víctima; no tienes ningún control de la situación. Cuando alguien te insulta, reaccionas inmediatamente a partir de tus experiencias pasadas.

Esta reacción es realmente karma.

Es una fuerza vinculante; crea cadenas para ti.

Pero una respuesta es algo totalmente distinto a una reacción. Una respuesta no la produce la otra persona. Te insulta, abusa de ti... tú le escuchas, está haciendo ciertas afirmaciones sobre ti. Un hombre comprensivo, un hombre consciente, un hombre meditativo simplemente lo escuchará. Está haciendo algunas afirmaciones... buenas o malas, eso no es lo que importa en este momento. Primero lo escuchas sin entrar inmediatamente en una reacción. Permites que tu conciencia, como un espejo, refleje lo que está diciendo o lo que está haciendo. Y de tu conciencia especular, inmediata, en el presente, sin experiencia pasada, surge alguna respuesta.

Te decía que eres avaricioso, te decía que eres feo, te decía que eres sucio. Y si escuchas en silencio, no hay nada por lo que enfadarse. O tiene razón o se equivoca. Si tiene razón, tienes que estarle agradecido. Tienes que decirle: "Gracias, tienes una gran compasión.

Me has hecho darme cuenta de cosas de las que no era consciente. Por favor, recuerda siempre, cuando veas algo en mí, dímelo. No sientas que me ofenderé. Siempre te estaré agradecido".

O si compruebas que está equivocado, puedes decirle simplemente: "He oído tus afirmaciones, pero no son ciertas". Y sobre algo que no es cierto, ¿por qué debería reaccionar? Tendrás que reconsiderarlo. Reconsidere sus declaraciones y entonces veremos. Pero por lo que veo, no hay nada de cierto en ellas y no tengo por qué ofenderme por las mentiras". Sólo hay dos alternativas.

El padre de George Gurdjieff murió y en ese momento él sólo tenía nueve años. El padre era pobre pero un hombre muy integrado, un hombre de tremenda conciencia. Llamó a Gurdjieff y le dijo: "Escucha. Eres demasiado joven para entender lo que te digo, pero recuérdalo. Pronto serás capaz de entenderlo, y si puedes empieza a actuar en consecuencia, empieza a actuar para que no se te olvide. No tengo nada más que darte; ni dinero, ni casa, ni tierra". Era un nómada. "Te entrego a mis amigos, pero recuerda que éste es el único tesoro que puedo darte como herencia. Y escucha con atención; estas son las últimas palabras de tu padre... la experiencia de toda su vida".

Un niño de nueve años... se acercó a escuchar al anciano padre y éste le dijo: "Es una cosa muy sencilla: si alguien te insulta, escucha en silencio, con atención, con detalle lo que está diciendo... cuáles son las implicaciones. Y luego dile a la persona: 'Te agradezco que te hayas interesado tanto por mí. Dentro de veinticuatro horas vendré a responderle. No puedo evitarlo, porque mi padre moribundo me ha puesto como condición que sólo después de veinticuatro horas de consideración se me permita contestar'".

Y en su propia vejez, Gurdjieff dijo a sus discípulos: "Este sencillo principio me ayudó enormemente, porque después de veinticuatro horas ¿quién sigue enfadado?

Y después de considerar veinticuatro horas, o uno encuentra que tiene razón—y si tiene razón no hay necesidad de molestarse, es mejor cambiar uno mismo—o está equivocado.

Entonces tampoco hay necesidad de molestarse. Es su problema, no el tuyo".

Un hombre plenamente despierto no se contamina con nada de lo que hace, porque es una respuesta. Es un reflejo puro de un espejo, sin juicio. No viene del pasado, viene de la conciencia presente. Pero cualquier cosa que venga de tus experiencias pasadas va a crear una cadena para ti.

En Oriente, durante diez mil años hemos estado pensando en ello, experimentando con ello. Es la única cosa en la que todo el Oriente y su genio han permanecido involucrados: cómo un hombre puede llegar a una etapa en la que sus acciones no le crean ninguna esclavitud, no le crean otro nacimiento - cómo se puede crear una conciencia en la que uno puede actuar sin actuar, y en la que nada contamina su ser.

LOS INDIVIDUOS CREAN EL KARMA. EL KARMA NO CREA INDIVIDUOS ....

Así que está en tus manos. No eres un subproducto de tus acciones. Eres mucho más grande que tus acciones; buenas o malas, siempre eres más grande. Y está en tus manos cambiarlo todo.

Oriente ha respetado enormemente al individuo y le ha dado el mayor poder sobre su propio destino que jamás se haya dado en ningún lugar del mundo. En Oriente no hay salvadores. Tú eres el salvador. Nadie más puede hacerlo por ti.

Sería muy feo que otro pudiera salvarte. Entonces incluso tu ser, salvado o redimido, es una especie de esclavitud.

Y si otro puede redimirte, otro puede empujarte de nuevo a la rueda del nacimiento y la muerte, porque no eres más que una marioneta. Todas las religiones que creen en salvadores reducen al hombre a una marioneta. Quitan la libertad y la dignidad y el orgullo de los seres individuales.

Bodhidharma está diciendo: LOS INDIVIDUOS CREAN KARMA. Puedes crearte el infierno, puedes crearte el cielo, o puedes ir más allá de ambos. Este ir más allá de ambos, no existe en el judaísmo, en el mahometismo, en el cristianismo.

Esa es la contribución especial de los místicos orientales. El infierno y el cielo existen como hipótesis en el cristianismo, en el mahometismo, en el judaísmo. Pero MOKSHA, está más allá del cielo y del infierno... porque el infierno es miseria y el cielo es felicidad, pero la felicidad también se vuelve aburrida después de un tiempo. Ningún líder religioso occidental ha pensado en ello, que la felicidad después de un tiempo se vuelve aburrida. ¿Cuánto tiempo puedes tolerar la felicidad? Igual que el dolor, después de mucho tiempo, se convierte en un compañero... sin él sientes que te falta algo.

He conocido a un hombre que sufría jaquecas, migrañas, desde hacía casi diez años. Solía ir a la montaña y él también era profesor en la misma universidad en la que yo lo era. Una vez me preguntó: "¿Puedo ir contigo?". Nunca me gustó que me acompañara nadie, porque salía de la ciudad para evitar a todos los idiotas... y este idiota no sólo era idiota, ¡tenía migraña! Me dije: "Dios mío", pero le dije: "De acuerdo, me parece muy poco amable decirte que no. Siéntate, pero no hables de migraña porque tengo alergia".

Me dijo: "¿Qué tipo de alergia?".

Dije: "Si alguien me habla de su enfermedad, yo me enfermo de la misma enfermedad".

Me dijo: "Nunca he oído que exista tal alergia".

Le dije: "No es una cuestión de oído, yo soy el ejemplo... no es una cuestión de libro. Simplemente no hables de migraña".

Así que me lo llevé a la montaña. Era la estación de los mangos, y la montaña estaba llena de la dulzura de los mangos. Tengo la costumbre de subir a los árboles desde mi infancia. Me había caído tantas veces de los árboles que mi padre solía decirme: "Ya es hora de que pares". Yo le respondía: "Me he caído tantas veces que soy casi un experto en caídas. No te preocupes. No soy un principiante. Caigo con un método determinado, por eso sobrevivo".

Así que le llevé a un árbol de mangos que tenía mangos muy maduros y muchos loros -a los loros les encantan los mangos- y le dije: "Ven conmigo, sube al árbol".

Dijo: "¿Qué?"

Le dije: "Ven tú".

Me dijo: "Nunca me he subido a un árbol".

Le dije: "Inténtalo, será una aventura para ti".

Y se cayó del árbol. Tuve que apresurarme, volver a bajar del árbol. Parecía muy asombrado. Dijo: "Es extraño. Tenía migraña y al caerme del árbol, ha desaparecido".

Le dije: "A veces ocurre, pero no lo conviertas en una práctica. Y no se lo digas a nadie, porque puede que no le ocurra a nadie más. Es sólo una coincidencia". Pero la migraña desapareció.

Y a los siete días se reunió conmigo y me dijo: "Echo de menos mi migraña".

Le dije: "Primero te quejabas continuamente de la migraña, ¿y ahora la echas de menos?".

Nunca pensé que lo echaría de menos. Ahora no tengo nada de qué hablar; la migraña era toda mi filosofía. Y a causa de la migraña recibía la simpatía de todo el mundo. Ahora nadie simpatiza conmigo".

Le dije: "Entonces lo único que podemos hacer es ir a la montaña otra vez, subirnos al árbol y caernos. Quizás—no puedo estar seguro porque no hay ciencia en ello—quizás la migraña vuelva".

Me dijo: "Tendré que pensarlo porque fue realmente muy difícil. El sufrimiento era malo".

Pero al día siguiente me dijo: "Estoy preparado porque sin migraña no puedo vivir. Me siento muy vacío porque había vivido diez años con migraña".

Y no se sorprenderá si observa su propio comportamiento.

Hay gente que fuma y sabe que se está quemando los pulmones.

Saben que están destruyendo su salud... pero da igual. En algunos países, los gobiernos incluso han decidido que las fábricas que producen cigarrillos también deben escribir en los paquetes que son peligrosos para la salud. En primer lugar, las empresas tabaqueras se opusieron a que se aprobara una ley de este tipo, porque podría destruir todo su negocio. ¿Quién va a comprar cigarrillos cuando en el paquete está escrito que son perjudiciales para la salud? "La opinión médica es que es peligroso para la salud", o algo así.

Pero los gobiernos aprobaron la ley y la gente que fumaba sigue fumando, y el número de fumadores sigue aumentando. No hay ninguna diferencia. La ley no tiene ningún sentido. El hombre se acostumbra a cualquier cosa. Entonces es muy difícil, aunque sea peligroso, aunque le esté matando, aunque se demuestre que le va a dar cáncer... Prefiere tener cáncer a cambiar sus hábitos.

Pero Bodhidharma está diciendo: Tú eres el dueño de tu destino. Puedes cambiar cada acto, puedes cambiar cada hábito. Puedes cambiar lo que crees que se ha convertido en tu segunda naturaleza y puedes crear una individualidad totalmente nueva, fresca y joven, con más conciencia, con más comprensión, con más dicha, con un gran éxtasis.

SOLO ALGUIEN QUE ES PERFECTO NO CREA KARMA EN ESTA VIDA Y NO RECIBE RECOMPENSA.

¿Quién es perfecto? La única persona que es perfecta es aquella cuya conciencia ha disipado toda inconsciencia de su ser. Ahora mismo sólo una décima parte de tu conciencia es consciente y nueve décimas partes es inconsciente.

El hombre perfecto es aquel cuyo ser entero, las diez partes, son absolutamente conscientes y están llenas de luz. No hay oscuridad en su corazón. En las mismas profundidades y silencios de su corazón no hay nada más que paz, silencio, luz, alegría. Un hombre así es perfecto y puede hacer cualquier cosa. Nada es obligatorio para él. No crea karma, no crea cadenas, no crea una nueva vida. Ha llegado al final del camino.

Un hombre perfecto, un hombre despierto, no nace de nuevo. ¿Qué ocurre con su conciencia? Se convierte en parte del universo, como una gota de rocío que se desliza de una hoja de loto al océano. O la gota de rocío se convierte en el océano, o el océano se convierte en la gota de rocío. Se puede decir de cualquier manera. Pero éste es el objetivo de toda religiosidad, la caída de la gota de rocío en el océano.

LOS SUTRAS DICEN, "QUIEN NO CREA KARMA OBTIENE EL DHARMA".

Quien es plenamente consciente conoce su propia naturaleza. Ese es el significado del dharma.

CUANDO CREAS KARMA, RENACES JUNTO CON TU KARMA. CUANDO NO CREAS KARMA, DESAPARECES JUNTO CON TU KARMA ....

ALGUIEN QUE ENTIENDE LA ENSEÑANZA DE LOS SABIOS ES UN SABIO. ALGUIEN QUE ENTIENDE LA ENSEÑANZA DE LOS MORTALES ES UN MORTAL.

Puede que seas alumno de un gran filósofo, pero él no es un inmortal. Tiene tanto miedo a la muerte como tú, o quizá más, porque piensa más en la vida, en la muerte, en el nacimiento. Cuanto más piensa, más se crea una paranoia.

Sigmund Freud pensaba más en la muerte sólo porque pensaba en el sexo. El sexo es un lado de la vida, el principio. Y la muerte es el otro lado de la vida, el final. Una persona que piensa en el sexo no puede evitar pensar en la muerte. Tiene que hacerlo. El sexo y la muerte están profundamente relacionados.

Te sorprenderá saber que hay, en Sudáfrica, una especie de arañas: el macho hace el amor una sola vez en su vida porque nunca se presenta la siguiente oportunidad.

Mientras hace el amor, la araña hembra empieza a comérselo. Él tiene patas largas y la hembra empieza a comer a través de sus patas. Y él está en tal éxtasis, que no está en su conciencia. En el momento en que su orgasmo ha terminado, él también ha terminado.

Todas las arañas saben que esto ocurre todos los días, pero ¿qué hacer? Tarde o temprano toda araña se encuentra atrapada en lo mismo. El sexo y la muerte se han acercado mucho en esa especie. En los seres humanos no está tan cerca, pero tampoco muy lejos. El sexo es el principio de la muerte.

Sigmund Freud tenía tanto miedo a la muerte que prohibió a cualquier persona crear cualquier discusión sobre la muerte delante de él. Y tuvo cientos de discípulos.

Quizás en todo este siglo fue uno de los más grandes maestros. Creó la gran profesión del psicoanálisis, y los que aprendieron psicoanálisis con él se jactan de ser discípulos del maestro original, el fundador del propio psicoanálisis.

Pero no saben que Sigmund Freud tenía tanto miedo a la muerte que incluso ante su mención, tres veces en su vida, se desmayó. Quedó inconsciente sólo porque alguien mencionó la palabra "muerte". Incluso la palabra le recordaba su propia muerte. No solía pasar por ningún cementerio; aunque tuviera que dar unas cuantas vueltas para evitar un cementerio, iba, pero nunca iba a un cementerio. Nunca iba al cementerio a dar el último adiós a un amigo que había muerto, ¡nunca! Sólo fue una vez, pero luego no volvió jamás.

Bodhidharma está diciendo: ALGUIEN QUE COMPRENDE LA ENSEÑANZA DE LOS MORTALES ES UN MORTAL. UN MORTAL QUE PUEDE ABANDONAR LA ENSEÑANZA DE LOS MORTALES Y SEGUIR LA ENSEÑANZA DE LOS SABIOS SE

CONVIERTE EN UN SABIO.

Abandona las enseñanzas de aquellos que no saben que hay vida más allá de la muerte. Entonces no saben nada en absoluto. Todo su conocimiento es simplemente verbal, pura prosa. De hecho, no es más que basura y basura.

Si quieres ser discípulo, al menos elige a alguien que sepa algo más allá de la muerte. Y la persona que sabe algo más allá de la muerte está destinada a ser la persona que sabe algo más allá de la mente, porque son las mismas experiencias.

PERO LOS NECIOS DE ESTE MUNDO PREFIEREN BUSCAR SABIOS LEJOS.

Es una afirmación muy significativa. LOS TONTOS DE ESTE MUNDO PREFIEREN BUSCAR A LOS SABIOS LEJOS. Hay gente que adora a Gautam Buda, a veinticinco siglos de distancia. No hay miedo; Buda no puede hacerte nada.

Enfrentarse a un buda viviente es peligroso.

Puede abrumarte.

Pero adorar a un Buda que lleva muerto veinticinco siglos .... Puedes llevar la estatua de Buda donde quieras y puedes hacer con la estatua lo que quieras; la estatua no puede hacerte nada. Pero un buda vivo es peligroso. Estar en contacto con él es arriesgarse constantemente, porque te lleva hacia la meta en la que desaparecerás. Serás, pero sólo pura consciencia, no un ego.

Los UPANISHADS dicen que el auténtico maestro es una muerte. Mata al discípulo como ego. Hace del discípulo una nada.

A los necios les gusta mucho adorar a Jesús, pero los contemporáneos de Jesús lo crucificaron. Es un mundo muy extraño. Ni siquiera se menciona el nombre de Jesús en la literatura contemporánea. Excepto sus propios discípulos, nadie se había fijado en él. Es extraño... un hombre así, a quien los contemporáneos no podían tolerar vivo—cuando sólo tenía treinta y tres años lo crucificaron—pero ni siquiera han mencionado su nombre. Sin embargo, después de dos mil años, la mitad del mundo es cristiano ... ¡extraño! Y si Jesucristo viene hoy, los mismos cristianos volverán a crucificarlo.

He oído que en una iglesia de Nueva York, un domingo por la mañana, el obispo vino un poco antes para ver si todos los preparativos estaban bien o no, porque sólo el domingo los cristianos se vuelven religiosos. Es una religión dominical. Al entrar, el obispo encontró a un joven con el mismo aspecto que Jesucristo. Se le encogió el corazón.

Sintió que iba a morir. "Dios mío, ¿por qué ha venido aquí? No ha aprendido ninguna lección. Cuando vino, lo que la gente le hizo... ¡y otra vez ha vuelto! Pero es mejor preguntar quién es. Quizá sólo sea un hippy que se parece a Jesús". Así que se acercó a él y le preguntó: "¿Quién eres?".

Jesús lo miró y le dijo: "Qué pregunta tan extraña. ¿Me representas en la tierra y no me reconoces? Yo soy Jesucristo".

El obispo telefoneó inmediatamente al Vaticano diciendo al Papa: "¿Qué cree que debo hacer? Jesucristo está aquí en la iglesia".

El Papa dijo: "Me torturan tanto con mil y una preocupaciones, y tú traes otra. ¿No sabes qué hacer? Lo primero es informar a la policía. Y lo segundo es, parecer ocupado".

Si Jesucristo vuelve, no va a ser tratado de manera diferente a como fue tratado antes. Por eso no va a volver; si no, prometió: "Volveré pronto". Dos mil años y el pronto no ha terminado. Cualquier hombre inteligente no volverá; ya fue suficiente. Una experiencia es suficiente.

Los contemporáneos siempre se han portado mal con la gente consciente, con la gente que tiene iluminación. Y las mismas personas siempre han adorado a los santos muertos, a los sabios muertos, a los profetas muertos, a los mesías muertos.

Hubo al menos cinco atentados contra la vida de Gautam Buda mientras vivía. Ahora hay más estatuas de Gautam Buda en el mundo que de cualquier otra persona. Y las mismas personas intentaron matarlo cinco veces.

PERO LOS NECIOS DE ESTE MUNDO PREFIEREN BUSCAR SABIOS LEJOS.

Porque estar cerca es peligroso, pueden cambiarte. Y nadie quiere ser cambiado.

NO CREEN QUE LA SABIDURÍA DE SU PROPIA no-MENTE ES LA SABIA.

Y la realidad es que no tienes que mirar muy lejos en el tiempo o en el espacio. Sólo tienes que mirar hacia dentro, y en este mismo momento puedes encontrar al despierto. En este mismo momento puedes encontrar al buda... no veinticinco siglos atrás; no hay necesidad de ir tan lejos. Y no hay forma de ir hacia atrás. Dios ha olvidado, cuando hizo el mundo, poner una marcha atrás. Simplemente puedes ir hacia adelante, simplemente ve hacia adelante.

Incluso Henry Ford olvidó poner la marcha atrás en el primer coche que fabricó como modelo. Si Dios puede olvidar, ¡al pobre Henry Ford se le tiene que permitir! Y cuando se subió a su coche, entonces se dio cuenta de que se trataba de un problema muy difícil. Si usted ha ido cinco pies más allá de su casa, entonces usted tiene que ir alrededor de toda la ciudad para llegar a casa, para volver. Fue el genio de Henry Ford, para crear una marcha atrás. Dios no ha aprendido, incluso ahora. Pero debe estar reuniéndose con Henry Ford allí, para poner una marcha atrás para que puedas ir a ver a Jesucristo, o a Gautam Buda, o a Mahavira, o a Krishna.

Pero mi sensación es que aunque haya marcha atrás, nadie la va a utilizar por la sencilla razón de que para enfrentarse a individuos tan colosales hacen falta agallas, hace falta valor. Y el mayor coraje del mundo es pasar por la transformación de ser un mortal a ser un dios inmortal.

LOS SUTRAS DICEN, "ENTRE HOMBRES SIN ENTENDIMIENTO, NO PREDIQUES ESTE SUTRA".

Pero, ¿dónde se puede predicar? Si la gente tiene entendimiento, no necesita el sutra. Sólo la gente que no entiende necesita el sutra. Así que no puedo estar de acuerdo con este sutra que dice: "ENTRE HOMBRES SIN COMPRENSIÓN, NO PREDICAR ESTE SUTRA".

Sé compasivo, predica a todo el mundo. Si pueden entender, bien. Si no pueden entender, tal vez alguna semilla caiga en su corazón sin que lo sepan. Y entonces algún día llega la primavera; puede que brote. Puede que no te oigan, pero si alguien repite lo mismo... puede que piensen que ya lo han oído antes, debe de haber algo en ello.

No, hay que seguir repitiendo continuamente a la gente incomprendida, porque si son gente incomprendida está latente en ellos la posibilidad de comprender. Sólo hay que seguir golpeando. Necesitan un poco más de golpes, un poco más de repetición del mensaje para llegar a su corazón. Tienen cráneos gruesos.

Pero no escuches ningún sutra que te enseñe a ser poco amable, que te enseñe a ser poco compasivo. ...LOS SUTRAS DICEN: "CUANDO VES QUE TODAS LAS APARIENCIAS NO SON APARIENCIAS, VES AL TATHAGATA".

En el momento en que la mente desaparece con todas sus ilusiones y sueños y pensamientos e imaginaciones, ves dentro de ti el despertar, que puedes llamar el buda, puedes llamar el Cristo. Son simplemente nombres. Pero una cosa es cierta:

en el momento en que tu mente desaparece, algo divino aparece en ti y comienza a crecer hasta convertirse en un enorme árbol con gran follaje, con grandes flores, con grandes frutos.

LAS INNUMERABLES PUERTAS A LA VERDAD PROVIENEN TODAS DE LA MENTE. CUANDO LAS APARIENCIAS DE LA MENTE SON TAN TRANSPARENTES COMO EL ESPACIO, DESAPARECEN ....

CUANDO LOS MORTALES ESTÁN VIVOS SE PREOCUPAN POR LA MUERTE. CUANDO ESTÁN LLENOS, SE PREOCUPAN POR EL HAMBRE. SUYA ES LA GRAN INCERTIDUMBRE. PERO LOS SABIOS NO CONSIDERAN EL PASADO.

Porque el pasado ya no existe...

Y NO SE PREOCUPAN POR EL FUTURO.

Porque el futuro aún no ha llegado...

NI SE AFERRAN AL PRESENTE.

Porque el presente huye a cada instante... ¿qué sentido tiene aferrarse?

Aferrarse les traerá miseria. Así que no piensan en el pasado... se ha ido. No se aferran al presente... ya se va. Y no piensan en el futuro... aún no ha llegado. No tiene sentido pensar en él. Puede que llegue, puede que no.

DE UN MOMENTO A OTRO SIGUEN EL CAMINO.

Sólo en esta frase se esconde todo el secreto de la religión... MOMENTO A MOMENTO SIGUEN EL CAMINO. En plena conciencia y espontaneidad, momento a momento, siguen viviendo alegremente, pacíficamente, en silencio. Lentamente, lentamente, a medida que su silencio se profundiza, a medida que su comprensión se hace más profunda, a medida que su conciencia alcanza el clímax más elevado, cada momento se convierte en un paraíso. Entonces no piensan en un paraíso en algún lugar de las nubes.

Entonces el paraíso está aquí.
Entonces el paraíso es ahora.
¿De acuerdo?
Sí, Maestro.

Avance... hacia la budeidad

AMADO MAESTRO,
EL SERMÓN REVELADOR DE BODHIDHARMA.

SI ALGUIEN ESTÁ DECIDIDO A ALCANZAR LA ILUMINACIÓN, ¿CUÁL ES EL MÉTODO MÁS ESENCIAL QUE PUEDE PRACTICAR?

EL MÉTODO MÁS ESENCIAL, QUE INCLUYE TODOS LOS DEMÁS MÉTODOS, ES CONTEMPLAR LA MENTE.

PERO ¿CÓMO PUEDE UN MÉTODO INCLUIR A TODOS LOS DEMÁS?

LA MENTE ES LA RAÍZ DE LA QUE CRECEN TODAS LAS COSAS. SI PUEDES COMPRENDER LA MENTE, TODO LO DEMÁS ESTÁ INCLUIDO. ES COMO CON UN ÁRBOL. TODOS SUS FRUTOS Y FLORES, SUS RAMAS Y HOJAS, DEPENDEN DE SU RAÍZ. SI ALIMENTAS SU RAÍZ, EL ÁRBOL SE MULTIPLICA. SI CORTAS SU RAÍZ, MUERE. LOS QUE COMPRENDEN LA MENTE ALCANZAN LA ILUMINACIÓN CON UN ESFUERZO MÍNIMO. LOS QUE NO COMPRENDEN LA MENTE PRACTICAN EN VANO. TODO LO BUENO Y LO MALO PROVIENE DE TU PROPIA MENTE. ENCONTRAR ALGO MÁS ALLÁ DE LA MENTE ES IMPOSIBLE.

¿PERO CÓMO PUEDE LLAMARSE COMPRENSIÓN A LA CONTEMPLACIÓN DE LA MENTE?

CUANDO UN GRAN BODHISATTVA PROFUNDIZA EN LA SABIDURÍA PERFECTA, SE DA CUENTA DE QUE ...LA ACTIVIDAD DE SU MENTE TIENE DOS ASPECTOS: PURO E IMPURO ...LA MENTE PURA DELEITÁNDOSE EN LAS BUENAS ACCIONES, LA MENTE IMPURA PENSANDO EN EL MAL. LOS

QUE NO SE VEN AFECTADOS POR LA IMPUREZA SON SABIOS. TRASCIENDEN EL SUFRIMIENTO Y EXPERIMENTAN LA DICHA DEL NIRVANA. TODOS LOS DEMÁS, ATRAPADOS POR LA MENTE IMPURA Y ENREDADOS POR SU PROPIO KARMA, SON MORTALES. VAN A LA DERIVA POR LOS TRES REINOS Y SUFREN INNUMERABLES AFLICCIONES. Y TODO PORQUE SU MENTE IMPURA OSCURECE SU VERDADERO SER.

EL SUTRA DE LAS DIEZ ETAPAS DICE: "EN EL CUERPO DE LOS MORTALES ESTÁ LA INDESTRUCTIBLE NATURALEZA BÚDICA. COMO EL SOL, SU LUZ LLENA EL ESPACIO SIN FIN. PERO UNA VEZ VELADA POR LAS OSCURAS NUBES DE LAS CINCO SOMBRAS, ES COMO UNA LUZ DENTRO DE UN FRASCO, OCULTA A LA VISTA".

Y EL SUTRA DEL NIRVANA DICE: "TODOS LOS MORTALES TIENEN LA NATURALEZA DE BUDA. PERO ESTÁ CUBIERTA POR LA OSCURIDAD DE LA QUE NO PUEDEN ESCAPAR. NUESTRA NATURALEZA DE BUDA ES LA CONCIENCIA: SER CONSCIENTES Y HACER QUE LOS DEMÁS SEAN CONSCIENTES. REALIZAR LA CONCIENCIA ES LA LIBERACIÓN".

TODO LO BUENO TIENE COMO RAIZ LA CONCIENCIA. DE ESTA RAIZ DE CONCIENCIA CRECE EL ARBOL DE TODAS LAS VIRTUDES Y EL FRUTO DEL NIRVANA.

Los sutras de esta mañana pertenecen a un sermón especial de Bodhidharma llamado el "Sermón del Avance". Me gustaría que entendieran la palabra "avance".

Conoces otra palabra cercana a "avance", y es "ruptura". La mente tiene ambas posibilidades. Bajo tensión, ansiedad, angustia puede quebrarse, pero el quebrantamiento no es un avance. La ruptura te lleva por debajo de la mente; es locura. La ruptura surge de observar la mente en profundo silencio, en gran consciencia. Entonces vas más allá de la mente, e ir más allá de la mente es alcanzar la auténtica cordura.

La mente está en el medio. No eres más que un desorden. Si puedes ir más allá, la inteligencia crece en ti; si vas por debajo, cualquier inteligencia que tuvieras desaparece.

Pero en cualquiera de los dos casos, ya sea en el avance o en la ruptura, estás fuera de la mente. Por eso hay cierta similitud entre la persona iluminada y el loco. El loco ha pasado por una crisis, pero está fuera de la mente. La persona iluminada ha ido más allá de la mente; es un avance. También está fuera de la mente, pero como ha ido más allá de la mente, alcanza la cordura última, una gran inteligencia, una claridad que la mente ni siquiera puede concebir.

Pero la similitud es que ambos salen de la mente y la mente puede interpretarlos como iluminados o como locos. De ahí que ocurra algo extraño en Oriente y Occidente. En Occidente hay muchos iluminados dentro de manicomios porque la psicología occidental no cree en ningún avance. A quien se le va la cabeza, sólo le queda una interpretación: que se ha vuelto loco.

En Oriente hay muchos locos que son venerados como iluminados porque Oriente interpreta salir de la mente siempre como un avance. Me he encontrado con algunos locos que no estaban iluminados, pero eran adorados como Dios. En un lugar cerca de Jabalpur había un hombre que estaba medio paralizado y completamente loco, pero miles de personas solían reunirse a su alrededor. No tenía nada que decir y no había luz en sus ojos ni alegría en su ser.

Solía ir y simplemente sentarme allí y observar al hombre y lo que hacía la gente. Vivía casi sólo bebiendo té. Le resultaba difícil beber té porque tenía medio cuerpo paralizado y sólo podía mover la mitad de la boca; la otra mitad no podía moverse. Así que incluso mientras bebía té, su saliva goteaba en el té. Era una escena horrible. Y los seguidores le quitaban la taza de té cuando acababa de tomar unos sorbos y la distribuían a la gente como PRASAD, como un regalo de Dios.

Observé todo este disparate... y el hombre no fue capaz ni de pronunciar una sola palabra. En cualquier otro lugar del mundo habría estado en un manicomio, pero en la India incluso el colapso se malinterpreta como un avance. Y en Occidente incluso el avance se entiende como una ruptura.

Se necesita una tremenda síntesis entre la psicología occidental y la comprensión oriental de la mente. Son dimensiones total y diametralmente opuestas. La ruptura te devuelve a la etapa de los animales, y la ruptura te lleva a tu florecimiento último, a tu budeidad. Y sus acontecimientos son tan diferentes, tan cualitativamente diferentes, que pueden distinguirse fácilmente. El avance sólo le ocurre a un meditador. La ruptura le ocurre a cualquiera cuya mente se vuelve demasiado tensa, insoportablemente tensa, de modo que pierde todo el control del mecanismo mental y se cae.

El nombre del sermón es inmensamente significativo. Oriente es consciente desde hace siglos de que el loco y el iluminado tienen cierta similitud.

Ambos están fuera de la mente, pero en ese punto termina la similitud. Uno ha ido más allá, hacia las estrellas; el otro ha descendido hacia espacios más oscuros.

Breakthrough es la ciencia misma de la meditación.

El sutra:

SI ALGUIEN ESTÁ DECIDIDO A ALCANZAR LA ILUMINACIÓN, ¿CUÁL ES EL MÉTODO MÁS ESENCIAL QUE PUEDE PRACTICAR?

EL MÉTODO MÁS ESENCIAL, QUE INCLUYE TODOS LOS DEMÁS MÉTODOS, ES CONTEMPLAR LA MENTE.

Ser consciente de la mente es ser testigo de la mente. A medida que el ser testigo se hace más fuerte, ya empiezas a sentirte más allá de la mente. Poco a poco, la distancia crece. Tu testigo alcanza una cima iluminada por el sol y la mente se queda en los valles oscuros, muy lejos. Aún puedes oír los ecos, pero no te afectan en absoluto. Estás fuera de su alcance.

Preguntó el discípulo: ¿PERO CÓMO PUEDE UN MÉTODO INCLUIR A TODOS LOS DEMÁS?

Y Bodhidharma dice: LA MENTE ES LA RAIZ DE LA CUAL CRECEN TODAS LAS COSAS, desde la locura hasta la iluminación. SI PUEDES COMPRENDER LA MENTE, TODO LO DEMÁS ESTÁ INCLUIDO. ES COMO CON UN ARBOL TODOS SUS FRUTOS Y FLORES, SUS RAMAS Y HOJAS DEPENDEN DE SU RAIZ. SI ALIMENTAS SU RAÍZ, EL ÁRBOL SE MULTIPLICA. SI CORTAS SU RAÍZ, MUERE. LOS QUE COMPRENDEN LA MENTE ALCANZAN LA ILUMINACIÓN CON UN ESFUERZO MÍNIMO. LOS QUE NO COMPRENDEN LA MENTE PRACTICAN EN

VANO. TODO LO BUENO Y LO MALO PROVIENE DE TU PROPIA MENTE. ENCONTRAR ALGO MÁS ALLÁ DE LA MENTE ES IMPOSIBLE ...excepto a ti mismo, la iluminación—ese es mi añadido al sutra.

Ahora hay algunas cosas importantes que Bodhidharma está diciendo. La primera es: SI PUEDES COMPRENDER LA MENTE, TODO LO DEMÁS ESTÁ INCLUIDO.

Pero la palabra "comprensión" puede malinterpretarse, porque la psicología occidental es ahora la psicología predominante en todo el mundo. Occidente u Oriente, la única psicología predominante hoy en día es la psicología occidental. Y la psicología occidental intenta comprender la mente mediante el análisis. Es un esfuerzo inútil.

Es como pelar una cebolla. Se quita una capa y se encuentra otra capa, más fresca, esperándole. Quitas esa capa y hay otra. La gente ha estado bajo psicoanálisis durante quince años seguidos; aún así su psicoanálisis no está completo. Los propios psicoanalistas reconocen que todavía no han sido capaces de psicoanalizar a un solo hombre perfectamente, totalmente - hasta que no quede nada por psicoanalizar. Pero aun así, ni siquiera los psicoanalistas tienen la perspicacia para comprender que tal vez estén haciendo algo absurdo.

La mente nunca puede analizarse del todo porque, mientras la analizas, sigue creando cosas nuevas. No permanece estática. Sigues analizando cada semana dos o tres veces, pero el tiempo restante la mente está creando más ideas, más imaginaciones, más sueños. Nunca puedes llegar al final, es simplemente imposible. Y si no puedes llegar al final, al fondo, tu comprensión de la mente es muy superficial.

Oriente no cree en el análisis. Cree en la conciencia. La diferencia es muy importante en dos aspectos. En primer lugar, para el análisis hay que depender de otra persona; crea una dependencia, casi una especie de adicción. Una vez que la gente ha estado en psicoanálisis, es muy difícil sacarla de él, porque al menos dos veces a la semana mientras están en psicoanálisis se sienten un poco ligeros, desahogados, un poco relajados. La mente volverá a acumular las tensiones porque no se han cortado las raíces; sólo se han podado las hojas.

Y justo cuando podes una hoja observa lo que ocurre: tres hojas saldrán en lugar de la que has cortado. El árbol acepta el reto. No puedes destruir el árbol; también es un ser vivo. Muestra su esfuerzo por sobrevivir. No puedes destruirlo cortando sus hojas; por eso, si quieres que un árbol tenga un follaje espeso, tienes que podarlo. Al podarlo, el follaje se vuelve más espeso, no más fino.

Así que primero, en el psicoanálisis tienes que depender de otra persona. Y te vuelves adicto, como con cualquier droga. Sí, permítanme llamar al psicoanálisis predominante en Occidente y tomado prestado por Oriente una droga muy sutil. Y salir de él es casi imposible. Uno se cansa de un psicoanalista y pasa a otro. Es como hacerse inmune a una droga y pasar a otra más fuerte y peligrosa. Pronto te volverás inmune a esa droga también. No te afectará. Entonces tendrás que avanzar de nuevo.

He estado en monasterios de Ladakh donde habían estado domando cobras, porque hay cierta escuela en la India que intenta la concienciación a través de las drogas. Es perfectamente científica. Su enfoque es científico, pero muy peligroso. Uno puede equivocarse en cualquier momento, en cualquier paso. Tiene que hacerse bajo la supervisión de un maestro. Se empieza tomando pequeñas dosis de cierta droga y haciéndose inmune a ella; luego una droga más fuerte, luego una droga aún más fuerte; y finalmente llega un momento en que ninguna droga afecta al hombre.

En ese momento, sólo el veneno de una cobra puede afectarle un poco. La cobra no le mata. Te sorprenderá saber que un hombre que es mordido por una cobra no sobrevive, pero estos ascetas que he visto en Ladakh... y están en muchos lugares, en Assam, en Nagaland. La cobra tiene que morderles en la lengua para que el veneno llegue inmediatamente a su torrente sanguíneo, ¡y te sorprenderá inmensamente que la cobra muera al morderles! Esas personas se han llenado tanto de veneno que la pobre cobra ....

Esta es la prueba de fuego. Cuando un hombre puede matar a la cobra y no ser matado por la cobra, se ha vuelto inmune a todo tipo de venenos del mundo.

Pero el método básico en esa escuela también es la conciencia. Tienes que mantenerte alerta y consciente; por eso ninguna droga te afecta. Ese es todo el proceso de una escuela extraña—pero el hombre alcanza una gran conciencia.

El psicoanálisis es una droga muy suave. Te acostumbras, te vuelves inmune a un psicoanalista. Acudes a alguien más fuerte, que profundiza en tu mente y encuentra cosas que el primero no ha podido encontrar. Y así sucesivamente. Los psicoanalistas existen desde hace casi un siglo, pero en cien años no han sido capaces de llevar a un hombre a la comprensión de su mente.

El psicoanálisis ha fracasado totalmente.

La conciencia tiene una belleza: no depende de nadie más; es sólo el surgimiento de una nueva fuerza que ha estado latente en ti. Y no analizas la mente.

Es un ejercicio absolutamente inútil. Tú simplemente observas la mente sin ningún análisis, ningún juicio, ninguna apreciación, ninguna condena, ninguna evaluación - simplemente observas, como si no tuvieras nada que ver con ella. Estás separado y estás observando la mente.

Pero esta separación crea el milagro, porque la mente es un parásito; vive de tu sangre, vive de tu energía. Porque estás identificado con la mente, ella vive. Estás alimentando sus raíces. Así que todo el proceso del psicoanálisis es simplemente estúpido. No estás cortando las raíces; estás nutriendo las raíces y simplemente estás cortando las hojas. El follaje se volverá cada vez más espeso.

No es de extrañar que los psicoanalistas se vuelvan locos cuatro veces más que cualquier otra profesión, y que se suiciden cuatro veces más psicoanalistas que cualquier otra profesión en el mundo. Si esta es la situación de los psicoanalistas, ¿qué pensar de sus pacientes? Los pacientes han caído en malas manos. Pero el psicoanálisis está de moda y es una de las profesiones mejor pagadas de Occidente.

En todo el mundo se ha bromeado sobre el hecho de que los judíos echaran de menos a Jesús; fue su propio hijo el que creó la mayor profesión del mundo: la de los sacerdotes y los monjes, los católicos y los protestantes. Nunca han sido capaces de perdonarse a sí mismos. Ahora los católicos son la organización religiosa más rica. Los judíos no pueden perdonarse que crucificaran innecesariamente a su propio hijo que estaba creando una gran profesión.

Pero se han vengado a través de Karl Marx, creando otra religión, el comunismo. Karl Marx era judío. Si la mitad del mundo es cristiano, entonces la otra mitad del mundo es comunista. Están empatados. E incluso están mejor, porque a través de Sigmund Freud, otro judío, han creado una profesión muy bien pagada en el mundo. Pero ni el cristianismo ni el comunismo han servido de nada; tampoco el psicoanálisis. Todos ellos han explotado a los hombres de diferentes maneras.

El comunismo se ha llevado por delante toda la dignidad del hombre, su orgullo, su individualidad, su libertad .... El cristianismo ha destruido la posibilidad misma de que tengas una realidad propia. No eres más que una marioneta en manos de Dios. Los hilos están en sus manos. Si quiere que bailes, bailas; si quiere que llores, lloras. No eres dueño de tu propio destino.

Y finalmente llega el psicoanálisis, que tampoco ha sido capaz de devolver al hombre su dignidad. Ahora hay millones de pacientes en todo el mundo en manos de los psicoanalistas. Y dependen de ellos como su figura paterna y esas figuras paternas sufren de la misma enfermedad, de la misma esquizofrenia, de la misma doble personalidad.

El método oriental dado por los místicos en primer lugar da dignidad al hombre, le da orgullo y le hace consciente: tienes una fuente oculta de consciencia—simplemente despiértala y hazte consciente de la mente. No tienes que hacer nada:

sólo tomando conciencia de la mente, estás separado. Y en el momento en que estás separado, ya no estás alimentando las raíces de la mente. La mente se marchitará pronto, sin ningún análisis; ¿qué necesidad hay de analizarla?

Por eso Bodhidharma dice: La conciencia, contemplar la mente, es el método más esencial para tener un avance. Y una vez que has ido sólo un paso más allá de la mente, has entrado en el mundo del nirvana, has entrado en el mundo de la luz y la vida eterna. Has alcanzado la integridad espiritual, la libertad y un éxtasis tremendo con el que la mente ni siquiera puede soñar.

QUIENES COMPRENDEN LA MENTE ALCANZAN LA ILUMINACIÓN CON UN ESFUERZO MÍNIMO. LOS QUE NO COMPRENDEN LA MENTE PRACTICAN EN VANO.

Y los psicoanalistas deben ser incluidos con aquellos que no entienden la mente, y están practicando en sí mismos y en otros algo absolutamente en vano. Es pura pérdida de tiempo, de vida y de energía. El psicoanálisis tiene que comprender los caminos místicos de Oriente, y entonces pasará por una transformación y será de tremenda ayuda para la gente.

Pero el problema es que la profesión desaparecerá, y miles de psicoanalistas que están ganando tanto dinero no estarán preparados para que toda la profesión termine. Esto es un problema. Es un problema tan profundo que hay que encontrar alguna manera. De lo contrario, aunque alguien comprenda el hecho intelectualmente, no estará dispuesto a hacer nada, porque eso destruiría sus propios intereses creados.

Es como los médicos: ayudan al paciente a curarse, pero en el fondo quieren que tarde el mayor tiempo posible en curarse. No quieren matarlo porque eso no ayudaría a su profesión, pero les gustaría que estuviera entre la vida y la muerte el mayor tiempo posible, porque cuanto más tiempo esté entre la vida y la muerte, más tiempo ganarán dinero. Si se cura, ya no ganan nada. Si muere, se acaban sus ganancias. Así que ni quieren que viva ni quieren que muera. Quieren ... y esto es muy inconsciente, tal vez ningún médico es claramente consciente de ello.

He oído .... Un joven volvió a casa de la facultad de medicina después de obtener todos sus títulos. Su padre era médico y había enviado a su hijo también a hacerse médico. En su primer día en la consulta vio a una anciana a la que solía ver acudir a su padre cuando era niño. No podía creer que aún no estuviera curada.

Dijo al padre: "Ahora estoy aquí, y tú eres viejo y debes de estar cansado. Descansa. Yo cuidaré de los pacientes".

Y al cabo de tres días le dijo a su anciano padre: "Te sorprenderás: a la mujer que tú no pudiste curar en treinta años, ¡yo la he curado en tres días!".

El padre se golpeó la cabeza con la mano. Le dijo: "¡Idiota! ¡Esa mujer ha estado aportando dinero para tu educación! Y tú la has curado. Es tan rica que habría podido mantener a tus otros dos hermanos, que están en la universidad. Y es lo suficientemente fuerte; no morirá, pero tenemos que mantenerla justo en el medio".

El chico no entendía nada. El anciano le dijo: "Primero aprende la regla básica: si un pobre viene a ti, cúralo rápidamente. Y si acude a ti un rico, tómate tu tiempo; ve despacio".

Para evitar esta situación, en China han practicado durante miles de años un sistema muy diferente. Y creo que ese sistema debería ser también el sistema para el hombre del futuro. En China no se paga al médico por curar al paciente, se le paga si su paciente sigue sano. Cada médico tiene sus pacientes y los pacientes le pagan si permanecen sanos. Si enferman, dejan de pagar al médico.

Luego tiene que curarlos a su costa.

Esto parece extraño, pero en la Unión Soviética también han iniciado el mismo proceso: están experimentando a pequeña escala. Pero el proceso es tremendamente significativo. Hay que entregar a todo el mundo a un médico determinado; hay que entregarle una zona determinada. Si la gente está sana en esa zona, tiene que pagar al médico; paga por su salud. Pero si enferman, el médico tiene que curarlos de su propio bolsillo. Naturalmente, los curará rápidamente y no querrá que nadie enferme. Obviamente, China ha sido un país más sano que cualquier otro país del mundo. Han cambiado todo el modelo.

El psicoanalista debe ser pagado sólo si la persona que es su paciente se está volviendo independiente, alerta, llegando más allá de la mente. Pero si cae en la mente o por debajo de la mente, entonces el psicólogo tiene que curarlo de su propio bolsillo. Eso cambiará toda la situación.

La conciencia es tu propio poder.

Y depender de tu propio poder aporta una gran libertad y una gran autoridad y una gran integridad. La mente es cortada de raíz; pronto se marchita. Y el espacio que ocupaba la mente ya no está ocupado por nada; ahora es espacio puro. Ese es tu ser real, auténtico.

Sólo en la última línea no puedo estar de acuerdo con Bodhidharma. No sé -y no hay manera de saberlo- si es su propia línea o si la añadieron sus discípulos cuando escribían las notas. Pero eso no importa. Lo que importa es que te haga saber que la última línea es errónea cuando dice: ENCONTRAR ALGO MÁS ALLÁ DE LA MENTE ES IMPOSIBLE. No, no lo es. Esa es la única posibilidad para el crecimiento humano. Es la única posibilidad de iluminación:

ir más allá de la mente.

Así que quiero añadir: ENCONTRAR ALGO MÁS ALLÁ DE LA MENTE ES IMPOSIBLE ...excepto a ti mismo, excepto la iluminación, que son nombres diferentes de la misma cosa.

Encontrarte a ti mismo es la iluminación.

Excepto la iluminación, ciertamente no encontrarás nada más allá de la mente.

Pero sin este añadido, la afirmación sigue siendo peligrosa y puede corromper la mente de las personas. Pueden detenerse con la mente, pensando que no hay nada más allá de ella. Y de hecho, todo está más allá de ella. ¿Qué hay en tu mente? Sólo pompas de jabón, firmas en el agua o, a lo sumo, castillos de arena que una pequeña brisa puede derribar.

Tu mente no es más que una ficción. Pero cuando vives en la ficción, parece más feliz. Mírala desde fuera y la ficción desaparecerá.

Pero el discípulo pregunta: ¿PERO CÓMO PUEDE LLAMARSE ENTENDIMIENTO A CONTEMPLAR LA MENTE?

CUANDO UN GRAN BODHISATTVA PROFUNDIZA EN LA SABIDURÍA PERFECTA, SE DA CUENTA DE QUE ...LA ACTIVIDAD DE SU MENTE TIENE DOS ASPECTOS: PURO E IMPURO ....

No hace falta ser un gran bodhisattva para conocer este simple hecho. Puedes mirar en tu mente y encontrarás esta distinción: que tienes actividades que son puras y actividades que no son puras. Tienes amor, tienes odio; tienes paz, tienes tensiones; tienes compasión, tienes crueldad; tienes creatividad y tienes destrucción. No hace falta ser un gran bodhisattva; todo el que tenga una mente puede saber sin esfuerzo que tiene dos aspectos:

puros e impuros. ...LA MENTE PURA SE ENTREGA AL BIEN, LA MENTE IMPURA PIENSA EN EL MAL. LOS QUE NO SE VEN AFECTADOS POR LA IMPUREZA SON SABIOS.

De nuevo me gustaría hacer un pequeño añadido, de lo contrario va a haber malentendidos. El sutra dice: AQUELLOS QUE NO SON AFECTADOS POR LA IMPUREZA SON SABIOS. ¿Se ven afectados por la pureza? De hecho, la definición de sabio es aquel que no se ve afectado por nada, puro o impuro, porque quien puede verse afectado por la pureza no puede evitar verse afectado por la impureza. No son tan diferentes. Así que me gustaría decir: Aquellos que no se ven afectados por la pureza o la impureza son sabios.

TRASCIENDEN EL SUFRIMIENTO Y EXPERIMENTAN LA DICHA DEL NIRVANA. TODOS LOS DEMÁS, ATRAPADOS POR

LA MENTE IMPURA Y ENREDADOS POR SU PROPIO KARMA, SON MORTALES. VAN A LA DERIVA POR LOS TRES REINOS Y SUFREN INNUMERABLES AFLICCIONES.

Y TODO PORQUE SU MENTE OSCURECE SU VERDADERO YO.

La mente es como una nube oscura alrededor de uno mismo. De hecho, no te daña, pero debido a la nube oscura no puedes ver el sol. El sol no se ve afectado por las nubes oscuras. Sigue brillando en su grandeza, pero las nubes oscuras pueden cubrirlo tanto que incluso el día empieza a parecer de noche.

EL SUTRA DE LAS DIEZ ETAPAS DICE: "EN EL CUERPO DE LOS MORTALES ESTÁ LA INDESTRUCTIBLE NATURALEZA BÚDICA. COMO EL SOL, SU LUZ LLENA EL ESPACIO SIN FIN. PERO UNA VEZ VELADA POR LAS OSCURAS NUBES DE LAS CINCO SOMBRAS, ES COMO UNA LUZ DENTRO DE UN FRASCO, OCULTA A LA VISTA".

Y EL SUTRA DEL NIRVANA DICE: "TODOS LOS MORTALES TIENEN LA NATURALEZA DE BUDA. PERO ESTÁ CUBIERTA POR LA OSCURIDAD DE LA QUE NO PUEDEN ESCAPAR. NUESTRA NATURALEZA DE BUDA ES LA CONCIENCIA: SER CONSCIENTES Y HACER QUE LOS DEMÁS SEAN CONSCIENTES. DARSE CUENTA DE LA CONCIENCIA ES LA LIBERACIÓN".

...Liberación de la mente, liberación de todas las aflicciones, liberación de la pureza y de la impureza, liberación del bien y del mal, liberación de Dios y del diablo, liberación de todas las dualidades y entrada en la unidad con la existencia.

TODO LO BUENO TIENE COMO RAIZ LA CONCIENCIA. DE ESTA RAIZ DE CONCIENCIA CRECE EL ARBOL DE TODAS LAS VIRTUDES Y EL FRUTO DEL NIRVANA.

Este es un sutra significativo. Los moralistas, los puritanos del mundo han estado enseñando a la gente: "Haz buenas obras, caridad, servicio a los pobres, aprende a ser amable, sé virtuoso, sé célibe, deja de ser posesivo; todas las buenas cualidades tienes que practicarlas."

Pero Bodhidharma está diciendo lo que yo he estado diciendo toda mi vida: que estas cosas no se pueden practicar; son subproductos. Sólo puedes crear más conciencia en ti mismo, y todas estas cosas surgirán por sí solas.

Y entonces tienen una belleza propia. Si se practican son sólo hipocresías - - no llegan muy profundo. Son sólo máscaras, pero no cambian tu rostro original.

Aquí es donde la moralidad y la auténtica religión difieren completamente. La moral te enseña cosas superficiales: sé bueno con los demás, sé amable con los demás, sé un caballero, no seas violento, sé compasivo y evita todo lo que se considera malo: la crueldad, la ira, la codicia. Pueden arreglárselas, millones se las arreglan. Y son respetados profundamente, por todo tipo de tontos de los que el mundo está lleno. Pero su moralidad no es ni siquiera superficial. Basta con rascarles un poco, y de repente verás que han olvidado todas sus prácticas y sale a relucir su verdadera naturaleza bárbara.

He oído hablar de un santo cristiano que repetía continuamente en sus sermones: "Cuando alguien te abofetee en una mejilla, acuérdate de Jesucristo y de lo que ha dicho: 'Ponle también la otra mejilla'". Es una enseñanza hermosa, pero sólo si procede de tu fuero interno. Si sale de tu conciencia, tiene un significado diferente. Si la practicas, entonces no tiene mucho valor.

Un día sucedió: Un tipo travieso, sólo para ver si el santo mismo da la otra mejilla o no, se levantó y dijo: "Ahora veamos: nos has estado diciendo una y otra vez que demos la otra mejilla". Era un luchador, así que el santo se asustó mucho, y el luchador se acercó y le dio una buena bofetada en una mejilla. Pero el santo tuvo que mantener su palabra; su congregación estaba allí y todos estaban mirando lo que pasaría.

Le dio su otra mejilla pensando: "Nunca le he hecho ningún daño a este tipo. Debería sentirse avergonzado y culpable". Pero el luchador era realmente un tipo travieso. Le dio una bofetada aún mayor en la otra mejilla. Pero entonces se sorprendió de repente y se sorprendió toda la congregación: el santo se abalanzó sobre el luchador y empezó a pegarle de esta y de aquella manera. No se lo esperaba. Aunque era un luchador, lo olvidó; fue tan inesperado. Sólo atinó a decir: "¿Qué haces?".

El santo dijo: "¿Qué estoy haciendo? Jesús sólo ha dicho: 'Pon la otra mejilla'. Yo no tengo una tercera mejilla. Ahora estoy libre de esa disciplina y te mostraré lo que significa".

Es muy fácil practicar, pero una práctica tiene una capa muy fina que se puede rayar.

Una sannyasin me preguntó hace unos días ...ella iba después del discurso de la tarde, en su bicicleta al lugar donde se aloja. Y un Poona-ita vino en su moto, paró a la pobre chica y le apretó uno de sus pechos. A esto lo llaman en Poona, "cultura hindú".

La chica me preguntaba: "Según Jesucristo, ¿debería haberle dado también mi otro pecho?". Ni siquiera yo he pensado en ello, que no es sólo una cuestión de mejillas. Ella ha hecho una pregunta realmente profunda: "¿Qué me dices, qué debo hacer en una situación así?".

Pero básicamente la enseñanza de Cristo es sólo una moral. No tienes que dar tu otra mejilla, y no tienes que dar tu otro pecho. Deberías haber abofeteado a ese hombre lo más fuerte posible, porque estos llamados chovinistas hindúes ...y esta ciudad tiene un ego extraño. Piensan que es una ciudad muy cultural; es una ciudad muerta, es un cementerio. Pero ciertamente en un cementerio no pasa nada. No sé cómo se las arregló este fantasma para venir en moto, pero a los fantasmas les interesan los pechos de las mujeres porque toda su vida, cuando estaban vivos, les interesaban los pechos de las mujeres. Así que incluso cuando están muertos, el viejo hábito continúa.

No hay necesidad ...no es MI enseñanza dar la otra mejilla, porque ¿qué harás cuando él golpee la otra mejilla? ¡No tienes una tercera!

Su pregunta me recordó una conferencia de psicoanalistas. Un psicoanalista muy antiguo, discípulo de Sigmund Freud, estaba leyendo una ponencia antes de la conferencia. Y justo en la primera fila había una hermosa mujer que era psicoanalista. Otro psicoanalista, que era muy famoso, estaba jugando con sus pechos. Y era una molestia constante para el pobre hombre que estaba leyendo la ponencia. Escondía los ojos, pero incluso... al fin y al cabo también era un hombre, el mismo tipo de hombre .... Así que de vez en cuando miraba lo que estaba pasando. Y no podía creer que clase de mujer era esta...ese viejo feo estaba jugando con sus pechos y ella estaba escuchando el periódico como si nada estuviera pasando. Y le estaban pasando tantas cosas al hombre que estaba leyendo el periódico, ¡que no tenía pechos y nadie le estaba haciendo nada!

Pero la pregunta: ¿qué clase de mujer era? El hombre era simplemente feo a pesar de ser un psicoanalista famoso. Pero la fama no cambia a la gente; la fama simplemente les hace más hipócritas, la fama simplemente les hace hacer cosas en la oscuridad, por la puerta de atrás. Su puerta principal se mantiene muy limpia y muy pura, con fotos de todos los grandes santos.

De alguna manera consiguió terminar. Le costó mucho terminar el papel -porque su prioridad era preguntar a la mujer- y al terminar el papel bajó del estrado y se dirigió directamente a la mujer. Mientras iba allí, el anciano apartó las manos. Le dijo a la mujer: "Todo el tiempo que estuve leyendo el periódico, he estado viendo a este hombre jugando con tus pechos, y tú no te opusiste".

La mujer dijo: "Soy psicoanalista. Es su problema. Aunque es viejo, no es adulto; es infantil, inmaduro. Es su problema; nada de qué preocuparse".

Al lector le pareció extraño, pero eso le hizo pensar que también era su problema. ¿Por qué iba a molestarse? Tal vez quería estar en el lugar de aquel anciano ....

Vuestros supuestos moralistas, vuestros supuestos predicadores, vuestros supuestos psicoanalistas, vuestros supuestos filósofos son tan superficiales. Y están llevando toda la carga de problemas dentro de ellos, porque no han cortado las raíces y han tomado toda la situación desde el extremo equivocado.

Bodhidharma es muy claro cuando dice: TODO LO BUENO TIENE COMO RAÍZ LA CONCIENCIA. DE ESTA RAÍZ DE LA CONCIENCIA CRECEN EL ÁRBOL DE TODAS LAS VIRTUDES Y EL FRUTO DEL NIRVANA. Él va mucho más allá de los moralistas, de los puritanos, de las llamadas buenas personas, de los bienhechores. Ha tocado el fondo del problema.

A menos que la conciencia surja en ti, toda tu moralidad es falsa, toda tu cultura es simplemente una fina capa que puede ser destruida por cualquiera. Pero una vez que tu moralidad ha surgido de tu conciencia, no de una cierta disciplina, entonces es un asunto totalmente diferente. Entonces responderás a cada situación desde tu conciencia.

Y todo lo que hagas será bueno.

La conciencia no puede hacer nada que sea malo. Esa es la belleza última de la consciencia, que todo lo que sale de ella es simplemente hermoso, es simplemente correcto, y sin ningún esfuerzo y sin ninguna práctica.

Así que en lugar de cortar las hojas y las ramas, corta la raíz. Y para cortar la raíz no hay más método que un único método: el método de estar alerta, de ser consciente, de ser consciente. Sé más consciente, y todo lo que ocurrirá a través de ti va a embellecer esta existencia, hacerla más divina, hacerla más madura. Tu consciencia no sólo te traerá flores a ti; traerá fragancia a millones de personas.

La conciencia es la llave de oro de la puerta de Dios.

¿De acuerdo?

Sí, Maestro.

El valor de decir "no lo sé"

AMADO MAESTRO,

USTED DICE QUE NUESTRA VERDADERA NATURALEZA DE BUDA Y TODAS LAS VIRTUDES TIENEN COMO RAIZ LA CONCIENCIA. PERO ¿CUÁL ES LA RAÍZ DE LA IGNORANCIA?

LA MENTE IGNORANTE, CON SUS INFINITAS AFLICCIONES, PASIONES Y MALES, TIENE SUS RAÍCES EN LOS TRES VENENOS: LA CODICIA, LA IRA Y EL ENGAÑO. ESTOS TRES ESTADOS MENTALES ENVENENADOS INCLUYEN EN SÍ INNUMERABLES MALES, COMO LOS ÁRBOLES QUE TIENEN UN SOLO TRONCO PERO INNUMERABLES RAMAS Y HOJAS. SIN EMBARGO, CADA VENENO PRODUCE TANTOS MILLONES DE MALES QUE EL EJEMPLO DE UN ÁRBOL NO ES UNA COMPARACIÓN ADECUADA.

LOS TRES VENENOS ESTÁN PRESENTES EN NUESTROS SEIS ÓRGANOS DE LOS SENTIDOS COMO SEIS TIPOS DE CONCIENCIA, O LADRONES. SE LES LLAMA LADRONES PORQUE ENTRAN Y SALEN POR LAS PUERTAS DE LOS SENTIDOS, CODICIAN POSESIONES ILIMITADAS, SE DEDICAN AL MAL Y ENMASCARAN SU VERDADERA IDENTIDAD ....

PERO SI ALGUIEN CORTA SU FUENTE, LOS RÍOS SE SECAN. Y SI ALGUIEN QUE BUSCA LA LIBERACIÓN PUEDE CONVERTIR LOS TRES VENENOS EN LOS TRES CONJUNTOS DE PRECEPTOS Y LOS SEIS LADRONES EN LAS SEIS PARAMITAS, SE LIBRA DE LA AFLICCIÓN DE UNA VEZ POR

TODAS.

PERO LOS TRES REINOS Y LOS SEIS ESTADOS DE EXISTENCIA SON INFINITAMENTE VASTOS. ¿CÓMO PODEMOS ESCAPAR DE SUS INTERMINABLES AFLICCIONES SI TODO LO QUE HACEMOS ES CONTEMPLAR LA MENTE?

EL KARMA DE LOS TRES REINOS PROVIENE ÚNICAMENTE DE LA MENTE. SI TU MENTE NO ESTÁ DENTRO DE LOS TRES REINOS, ESTÁ MÁS ALLÁ DE ELLOS.

Y ¿EN QUÉ SE DIFERENCIA EL KARMA DE ESTOS SEIS?

LOS MORTALES QUE NO COMPRENDEN LA VERDADERA PRÁCTICA Y REALIZAN CIEGAMENTE BUENAS ACCIONES NACEN EN LOS TRES ESTADOS .... LOS QUE REALIZAN CIEGAMENTE LAS DIEZ BUENAS ACCIONES Y BUSCAN TONTAMENTE LA FELICIDAD NACEN COMO DIOSES EN EL REINO DEL DESEO. LOS QUE OBSERVAN CIEGAMENTE LOS CINCO PRECEPTOS Y SE ENTREGAN TONTAMENTE AL AMOR Y AL ODIO NACEN COMO HOMBRES EN EL REINO DE LA IRA. Y LOS QUE SE AFERRAN CIEGAMENTE AL MUNDO FENOMENAL, CREEN EN FALSAS DOCTRINAS Y ESPERAN BENDICIONES NACEN COMO DEMONIOS EN EL REINO DE LA ILUSIÓN. ...SI PUEDES CONCENTRAR TU MENTE Y TRASCENDER SU FALSEDAD Y MALDAD, EL SUFRIMIENTO DE LA EXISTENCIA DESAPARECERÁ AUTOMÁTICAMENTE. Y UNA VEZ LIBRE DEL SUFRIMIENTO, ERES VERDADERAMENTE LIBRE.

Los sutras para esta noche ... Bodhidharma se enfrenta a la pregunta última que nadie ha sido capaz de responder. La pregunta última es última porque no puede ser respondida. Toda filosofía, teología, misticismo, llega finalmente a la pregunta última, y no hay respuesta para ella.

Pero ni siquiera un hombre como Bodhidharma, un hombre de tremendo valor, inteligencia y conciencia, tiene el valor definitivo para decir que no hay respuesta a esta pregunta. Lo intenta, igual que millones de filósofos, pensadores y místicos lo han intentado siempre, pero siempre han fracasado.

También lo intenta como si EXISTIERA una respuesta y él la

conociera, pero lo que dice no es la respuesta y la pregunta permanece intacta. Lo que dice es exactamente lo que está escrito en las escrituras de los budistas. Aquí ya no está respondiendo a la pregunta inmediatamente, desde su propia conciencia; de lo contrario, simplemente se habría reído y habría reconocido que no hay respuesta para ella.

Podría haber dicho simplemente: "No lo sé". Pero para decir "no lo sé" se necesita el mayor coraje del mundo. Ni siquiera Bodhidharma tiene ese coraje supremo. ¡Pero yo lo tengo! No intentaré de ninguna manera camuflar—mediante jerga filosófica, o hipótesis teológicas—ocultar el hecho de que no hay respuesta y crear una ilusión de respuesta.

Lo que Bodhidharma dice aquí es sólo una ilusión. Está haciendo todo lo posible para racionalizarlo, para apoyarlo en las escrituras. Tal vez haya podido apaciguar a los discípulos, ¡pero no puede apaciguarme a mí!

Primero leeré la pregunta de los discípulos. Su pregunta es más importante que la respuesta de Bodhidharma. Su pregunta tiene al menos una sinceridad, una autenticidad.

La respuesta de Bodhidharma es sólo para ocultar el hecho de que las preguntas últimas siguen siendo preguntas. Esta es la razón por la que llamamos "misticismo" a la religión esencial. Si todo puede responderse, entonces no hay cuestión de ningún misterio.

La existencia es un misterio porque puedes seguir respondiendo, pero finalmente no puedes responder a la pregunta última. Y no está lejos; pronto aparece. Puedes responder a todas las cosas superficiales, pero a medida que profundizas, la pregunta última se acerca. Y en el momento en que surge la pregunta última, todavía no me he topado con un solo hombre en toda la historia de la humanidad que haya tenido el valor de decir: "No lo sé".

La pregunta: USTED DICE QUE NUESTRA VERDADERA NATURALEZA BÚDICA Y TODAS LAS VIRTUDES TIENEN COMO RAÍZ LA CONCIENCIA. PERO ¿CUÁL ES LA RAÍZ DE LA IGNORANCIA?

¿De dónde viene la ignorancia? En otras palabras, en otros símbolos que se entenderán más fácilmente ....

Las religiones que creen en Dios pueden seguir respondiendo preguntas hasta el punto en que se pregunte: "¿Quién creó la existencia?".

Tienen una respuesta preparada:

Dios lo creó. Ahora viene la pregunta definitiva: "¿Quién creó a Dios?" Porque si todo necesita un creador, entonces Dios debe necesitar un creador. Y si Dios no necesita un creador, entonces ¿por qué preocuparse por Dios? Entonces, ¿por qué no puedes aceptar la existencia misma... sin un creador? Si tienes que aceptar una cosa u otra, entonces es mejor dejar la existencia como lo último, porque al menos la conocemos, somos parte de ella.

Dios es sólo una hipótesis. La existencia es la realidad. Pero todas las religiones han pasado de la realidad a la hipótesis, y entonces se enfrentan a un problema que nadie ha sido capaz de responder. Y nadie podrá responderlo nunca, porque cualquier respuesta va a conducir a una regresión infinita.

Si dices que el Dios Número Uno fue creado por el Dios Número Dos, la pregunta sigue siendo la misma: "¿Quién creó al Dios Número Dos?". Se puede seguir y seguir y seguir. Pero sea cual sea el número, la pregunta seguirá siendo pertinente: "¿Quién creó a este Dios?". Y ésta es la misma pregunta de la que hemos partido: "¿Quién creó el universo?".

Así que Dios no ha servido de nada. La hipótesis no ha prestado ningún servicio. Dios es simplemente una hipótesis inútil. Es sólo una pretensión de respuesta, pero no es una respuesta verdadera porque la pregunta sigue siendo la misma. Una respuesta verdadera significa que la pregunta debe desaparecer. Ese es el criterio.

En el budismo no hay dios. En el lugar de dios está la conciencia última, la budeidad, la naturaleza búdica. Esto es sólo un lenguaje diferente.

Ahora los discípulos preguntan: Podemos comprender que LA BUDDHA-NATURA Y TODAS LAS VIRTUDES TIENEN LA CONCIENCIA POR RAÍZ. Pero, ¿de dónde procede la ignorancia? ¿Por qué al principio la ignorancia? ¿Por qué no la conciencia desde el principio? Esta es la misma pregunta, sólo que en un marco teológico diferente. Y cualquier respuesta a ella—sin excepcion, sin conocerla—puedo decir que va a estar equivocada.

Simplemente tenemos que aceptar el misterio de que nacemos en la ignorancia y la posibilidad intrínseca en nosotros de disipar esta ignorancia y volvernos conscientes. Nacemos en la miseria, pero con un potencial intrínseco de superarla, de trascenderla, de volvernos dichosos, de volvernos extáticos. Nacemos en la muerte, pero con la posibilidad de ir más allá de la muerte hacia la inmortalidad.

Pero si preguntas de dónde viene la muerte, de dónde viene la ignorancia, de dónde viene la miseria, estás haciendo una pregunta última. No hay respuesta. Simplemente es así. Es mejor usar la expresión de Buda, "tal cosa". Tal es el caso.

Pero Bodhidharma no pudo decir eso. Empezó a responder. La única respuesta correcta habría sido: "No lo sé". Y Bodhidharma habría hecho un tremendo servicio a la humanidad. ¡Falló! Lo que está diciendo es muy infantil. Tiene que ser muy infantil, porque no es posible que un hombre como Bodhidharma no sea consciente del hecho de que no sabe la respuesta.

Nadie conoce la respuesta. Nadie puede saber la respuesta porque nadie puede SER antes del principio.

Piénsalo por un momento: no puedes SER antes del principio. Si estás antes del principio, entonces no es el principio. Tú ya estás ahí, así que el principio tiene que haber sido antes de que tú estuvieras ahí. Y a menos que alguien pueda estar antes del principio, no hay testigo que pueda decir: "Dios creó el mundo".

¿Quién puede decir de dónde procede la ignorancia? Todo lo que podemos decir es que la existencia está ahogada en la ignorancia y que, lentamente, unos pocos seres valientes están tomando conciencia, elevándose por encima de la oscuridad de la vida y alcanzando la luz que es eterna.

En otra referencia, Gautam Buda lo deja claro ...aunque tampoco reconoce en ningún momento que es un misterio y que no lo sabe.

Quiero que entiendas que sigue siendo un misterio y que siempre lo seguirá siendo. Por su propia naturaleza, no hay forma de conocer el principio.

Pero en un contexto diferente, Buda se ha acercado mucho. Dice: "La ignorancia no tiene principio, sino fin. Y la conciencia tiene principio, pero no fin". De esta manera completa el círculo. Lo repetiré, para que puedas sentirlo profundamente:

La ignorancia no tiene principio, sino fin. Y porque la ignorancia termina, la conciencia tiene un principio, pero no tiene fin. Continúa y continúa para siempre.

Con esto, Buda está reconociendo el hecho de que es mejor no preguntar sobre el comienzo de la ignorancia y no preguntar sobre el final de la consciencia. Estas dos cosas permanecerán siempre misteriosas. Y éstas son las cosas más importantes de la existencia.

Si me hicieran la pregunta, diría simplemente: "No lo sé", porque es la respuesta más sincera. Significa simplemente que es un misterio.

Pero Bodhidharma empieza a intentar responder a la pregunta, y puedes ver que ni siquiera toca la pregunta en absoluto. LA MENTE IGNORANTE ...ahora la pregunta es de dónde viene la ignorancia, y él ya la ha aceptado, sin contestar:

LA MENTE IGNORANTE, CON SUS INFINITAS AFLICCIONES, PASIONES Y MALES, ESTÁ ARRAIGADA EN LOS TRES VENENOS: CODICIA, IRA Y ENGAÑO.

¿Es ésta la respuesta? Está diciendo que la mente ignorante está arraigada en ciertas cosas:

engaño, ira, codicia. Pero, ¿era ésta la respuesta? ¿La estaba pidiendo el discípulo? ¿Estaba pidiendo este tipo de explicación?

La pregunta era: "¿Cuál es la raíz de la ignorancia?". Y si respondes que, por ejemplo, la codicia, la ira y la ilusión son la raíz de la ignorancia, simplemente estás posponiendo la respuesta. De nuevo surgirá la pregunta: "¿De dónde viene la codicia? ¿De dónde viene la ira y de dónde el engaño?". Y entonces caes en un círculo vicioso. Entonces empiezas a decir: "Vienen de la ignorancia.

Es porque el hombre es ignorante; por eso es codicioso, por eso se enfada, por eso se engaña". Y cuando preguntamos de dónde viene esta ignorancia, "Viene de la ira, de la codicia y de la ilusión". ¿A quién intentas engañar?

Pero durante siglos este tipo de respuestas han engañado a la gente. Tal vez nadie cuestionó estas respuestas irrelevantes, bien porque estaban tan impresionados, tan abrumados por la individualidad de un hombre como Bodhidharma, o tal vez no pudieron darse cuenta de que Bodhidharma simplemente está creando más humo alrededor de la pregunta, de modo que no pueden ver su pregunta con claridad. Les está echando polvo a los ojos. No es una respuesta.

Pero éste no es sólo el caso de Bodhidharma. Es el caso de todos... de Gautam Buda, de Mahavira, de Confucio, de Lao Tzu, de Zaratustra, de Jesús, de Moisés... de todos sin excepción.

Cada vez que se acercan a la pregunta definitiva, empiezan a decir tonterías.

Y se trata de gente muy sensata, muy inteligente.

Pero la pregunta última puede ser respondida no por la inteligencia sino por la inocencia, puede ser respondida sólo por una persona inocente, una persona que no se preocupa por ninguna respetabilidad, por ninguna sabiduría, por ninguna iluminación, que puede arriesgarlo todo por su sinceridad.

Estas personas no eran capaces de arriesgar su sabiduría. No podían decir: "No lo sé". Pero ésa es la única respuesta auténtica, porque te da la sensación de que has llegado a lo último: ahora empieza el misterio... y es irresoluble. No hay forma de reducirlo al conocimiento. No es una incógnita que pueda ser conocida por el esfuerzo, por la inteligencia, por la práctica, por la disciplina, por cualquier método, por cualquier ritual.

El misterio se puede vivir, pero no se puede conocer. Permanece siempre incognoscible.

Sigue siendo siempre un misterio.

Un hombre, un gran contemporáneo, G.E. Moore, ha escrito un libro, PRINCIPIA ETHICA. Y quizás sea el único hombre en toda la historia, que ha reflexionado tan profundamente sólo para definir la palabra "bien". Porque sin definir el bien, no puede haber ética ni moral. Si no puedes definir lo que es bueno, entonces como puedes decidir lo que es moral, lo que es inmoral; lo que es correcto, lo que es incorrecto.

Tomó una pregunta fundamental, sin saber que es la pregunta última y se metió en problemas. Y era una de las personas más inteligentes de nuestro mundo contemporáneo. Él mira desde todas las direcciones indagando durante casi doscientas cincuenta páginas, sólo sobre una única pregunta, "¿Qué es el bien?" Y fue completamente derrotado al definir una palabra tan simple como bueno. Todo el mundo sabe lo que es bueno, todo el mundo sabe lo que es malo, todo el mundo sabe lo que es bello y todo el mundo sabe lo que es feo. Pero cuando se trata de definir... tendrás el mismo problema.

Pensaba que todo el mundo sabe lo que es bueno... debe haber alguna forma de encontrar el secreto y definirlo. Pero finalmente, tras doscientas cincuenta páginas de pensamiento muy concentrado, de la lógica más aguda y de análisis racional, llega a la conclusión de que el bien es indefinible. Estas doscientas páginas no han hecho más que dar vueltas y vueltas sin llegar a ninguna parte. El bien es indefinible.

Croce ha hecho el mismo trabajo sobre la "belleza" ...mil páginas. Ha profundizado mucho más que G.E. Moore en el "bien". Y después de mil páginas, viene la última afirmación: que la belleza es indefinible.

Todo el mundo sabe que es muy difícil encontrar a un hombre que no sepa lo que es la belleza y lo que es la fealdad. Pero no insistas en una definición. Incluso las mentes más brillantes han fracasado.

Esto es aceptar el fracaso, cuando se dice que la belleza es indefinible. G.E. Moore se sintió tan frustrado que dijo: "No me culpen por no haber sido capaz de definir lo que es bueno. Incluso las preguntas más sencillas -esta es una pregunta muy compleja- son indefinibles. Por ejemplo, ¿qué es el amarillo...?".

Eso es lo que pregunta G.E. Moore: "¿Puede definir qué es el amarillo?". Todos ustedes saben lo que es el amarillo. No hay ninguna duda. Todos podéis indicar hacia una flor de caléndula... esto es amarillo. Pero no está pidiendo indicaciones; está preguntando: "¿Cómo habéis llegado a saber que esto es amarillo? ¿Cuál es la definición? ¿Cuál es el criterio que cumple esta flor de caléndula? ¿Por qué no es roja? ¿Por qué es amarilla? Debes tener ciertas definiciones. ¿Por qué algo es rojo y algo es azul y algo es verde y algo es amarillo... en base a qué?".

Y luego dice: "Si el amarillo no puede definirse y, aunque todo el mundo sabe lo que es, nadie lo dice, entonces quizá todo nuestro conocimiento sea muy superficial".

Quizá nunca hemos indagado profundamente en nada; nunca hemos ido hasta el fondo de la roca. Por lo demás, yo creo que todo es indefinible, porque todo es misterioso. No es sólo una cuestión de belleza o de bien, de ignorancia o de conciencia: todo, toda la existencia, consiste sólo en indefinibles. Reconocer esto es reconocer nuestra ignorancia última.

Y para poder reconocer nuestra ignorancia última, se necesita una inocencia absolutamente desinteresada y sin ego, porque eso es lo que ha faltado.

Bodhidharma está haciendo lo mismo que ha hecho todo el mundo. Y no es algo nuevo: durante siglos, los filósofos se han entregado a preguntas sencillas.

Todos sabéis que dos más dos son cuatro. Pero nunca habéis profundizado en la pregunta de si es así, o sólo de oídas. Habéis oído a la gente decir que dos más dos son cuatro, así que lo repetís generación tras generación.

Bertrand Russell, uno de los más grandes matemáticos de nuestra época, y quizá de todas las épocas, ha escrito un libro, PRINCIPIA MATHEMATICA. En doscientas cincuenta páginas aborda la cuestión de si dos más dos son cuatro. No puedes ni siquiera concebir lo que escribirá en doscientas cincuenta páginas .... Dos más dos es simplemente cuatro y olvídate de todo. Doscientas cincuenta páginas ...una argumentación tan densa y lógica que su libro es uno de los más ilegibles del mundo.

Sólo algunos locos como yo, a los que les da igual que sea legible o ilegible .... He visto en muchas bibliotecas universitarias que el libro ni siquiera ha sido abierto. Muchas páginas están unidas—¡nadie las ha cortado, porque hasta para leer dos páginas es suficiente! Son mil páginas en total y una cuarta parte se ha ido sólo en discutir si dos más dos son cuatro o no.

¿Y la conclusión? La conclusión es que es sólo una creencia. No se puede decir con certeza, que dos más dos son cuatro. Es un concepto utilitario. Es bueno, factible, pero Bertrand Russell no se ha quedado sin respuesta, ni siquiera en eso.

Otro matemático, Godel, lo puso en duda. Porque Godel dice que no hay posibilidad de que dos más dos sean cuatro. No hay ninguna posibilidad. Y Godel tiene la misma calidad de genio que Bertrand Russell. No es de ninguna manera un genio menor - tal vez un genio mayor. Su argumento es muy claro y Bertrand Russell no ha sido capaz de responderlo.

Godel argumenta que se pueden juntar dos sillas y dos sillas y, naturalmente, hay cuatro sillas. pero el dos en sí mismo no es más que un símbolo abstracto. Dos sillas es otra cosa. Dos es sólo un concepto. Es tan hipotético como Dios o el diablo.

¿Has visto a dos en algún sitio? ¿Te has encontrado con dos y te has saludado? ¿Has visto a dos con dos encontrándose y abrazándose?

Y la crítica de Godel es que dos cosas en la existencia nunca son exactamente iguales; siempre hay algo diferente. No se pueden encontrar dos personas iguales; ni siquiera se pueden encontrar dos hojas en todo el bosque exactamente iguales. Entonces, ¿cómo pueden dos hojas que no son iguales, junto con otras dos hojas que tampoco son iguales, ser cuatro? Pueden ser tres, pueden ser cinco, pueden ser cualquier cosa, ¡pero no cuatro!

Y entiendo que Godel tiene razón. Por supuesto, mi comprensión viene de una dimensión totalmente diferente. Para mí, Godel es más atractivo porque hace que la existencia sea misteriosa. Ni siquiera se puede contar con respuestas tan simples como que dos y dos son cuatro. Todo es pragmático. Pero en cuanto a la realidad, sigue siendo incognoscible.

Así que tienes que recordar esto. Voy a repasar las respuestas de Bodhidharma, pero no es la respuesta. Puede ser útil profundizar en ello: puede ayudarte a comprender algo más, pero no es la respuesta a la pregunta.

Pero no es culpa de Bodhidharma. No hay respuesta. Su única culpa es no reconocer que no sabe. Y no puedo perdonárselo porque le quiero y le respeto y quería que fuera sincero. Si hubiera dicho: "No lo sé", se habría elevado muy por encima de otros miles de místicos, budas, bodhisattvas y arhatas. Habría llegado a ser absolutamente único, pero no lo consiguió.

LA MENTE IGNORANTE, CON SUS INFINITAS AFLICCIONES, PASIONES Y MALES, TIENE SUS RAÍCES EN LOS TRES VENENOS: LA CODICIA, LA IRA Y EL ENGAÑO. ESTOS TRES ESTADOS MENTALES ENVENENADOS INCLUYEN POR SÍ MISMOS INNUMERABLES MALES, COMO LOS ÁRBOLES QUE TIENEN UN SOLO TRONCO PERO INNUMERABLES RAMAS Y HOJAS. SIN EMBARGO, CADA VENENO PRODUCE TANTOS MILLONES DE MALES QUE EL EJEMPLO DE UN ÁRBOL NO ES UNA COMPARACIÓN ADECUADA.

LOS TRES VENENOS ESTÁN PRESENTES EN NUESTROS SEIS ÓRGANOS DE LOS SENTIDOS COMO SEIS TIPOS DE

CONCIENCIA, O LADRONES. SE LES LLAMA LADRONES PORQUE ENTRAN Y SALEN POR LAS PUERTAS DE LOS SENTIDOS, CODICIAN POSESIONES ILIMITADAS, SE DEDICAN AL MAL Y ENMASCARAN SU VERDADERA IDENTIDAD ....

PERO SI ALGUIEN CORTA SU FUENTE, LOS RÍOS SE SECAN. Y SI ALGUIEN QUE BUSCA LA LIBERACIÓN PUEDE CONVERTIR LOS TRES VENENOS EN LOS TRES CONJUNTOS DE PRECEPTOS Y LOS SEIS LADRONES EN LAS SEIS PARAMITAS, SE LIBRA DE LA AFLICCIÓN DE UNA VEZ POR TODAS.

Todo esto está bien. ¿Pero puedes verlo como una respuesta a la pregunta? Es verdad, que si puedes cambiar tu avaricia, tu ira, tu engaño—los venenos—con conciencia, se transforman en néctar. Lo mismo que era tu enfermedad, se convierte en tu salud. Lo mismo que era tu esclavitud, se convierte en tu libertad. Todo lo que se necesita es traer conciencia a la oscuridad de tu ser.

Esto es cierto. Ya lo hemos discutido muchas, muchas veces de diferentes maneras.

Pero no es la respuesta a la pregunta: "¿De dónde viene la ignorancia?".

También es cierto que si cortas la raíz, el árbol se marchita. Y la raíz de tu esclavitud, de tu ceguera, de tu oscuridad, es tu mente. Si cortas la raíz de la mente... y la raíz de la mente es la identidad contigo mismo... cuando estás enfadado dices: "Estoy enfadado". Esa es la raíz. Si eres REALMENTE consciente cuando estás enfadado, no dirás: "Estoy enfadado". Dirás: "Estoy viendo la ira pasar por mi mente". Si puedes decir eso, eres un vidente, eres un testigo. La raíz está cortada.

Un sannyasin indio que viajó por todo el mundo fue Ramateertha. Tenía la extraña costumbre de no usar nunca el "yo". En vez de usar "yo", usaba la tercera persona para sí mismo. Por ejemplo: "Ramateertha tiene sed".

Él nunca diría: "Tengo sed". Él diría: "Rama tiene sed."

Con los que le conocían, no había ninguna dificultad. Pero viajaba continuamente por todo el mundo. Durante muchos años estuvo en América y la gente no podía entender cuando decía: "A Rama le duele la cabeza". Le preguntaban: "¿Dónde está Rama?". O: "Rama tiene sed", o "Rama se siente mal".

En tierra extraña, se movía con gente extraña y le decían continuamente: "Qué forma tan extraña de hablar. ¿Por qué no puedes decir simplemente que tienes sed? ¿Por qué complicarlo innecesariamente?". Pero él practicaba un cierto método para cortar la raíz. Al no decir: "Tengo sed, me duele la cabeza, me siento enfermo, tengo sueño", estaba intentando evitar el "yo" y tratando de ser sólo un observador. "Rama tiene hambre; Rama tiene sed" o "Rama sufre dolor de cabeza". Es sólo un testigo que te informa de que esto es lo que le ocurre a Rama... si puedes hacer algo, hazlo.

Intentaba apartarse de todo lo que ocurría en su cuerpo, en su mente, en su corazón. Intentaba aclararse completamente de todas las identidades. Sólo quería ser testigo.

Ser testigo es cortar la raíz misma, y serás liberado. Esto es perfectamente correcto. Pero esta no es la respuesta a la pregunta.

Seguiré insistiendo en el hecho de que Bodhidharma está creando una verborrea innecesaria... tanta prosa. Tal vez los discípulos olvidaron la pregunta, pero yo no puedo olvidar y tampoco perdonar. Todo lo que está diciendo es correcto en otros contextos, así que no está diciendo nada malo. Pero todo lo que está diciendo, aunque sea correcto, no es en absoluto relevante. Y tener razón no es la cuestión.

La respuesta tiene que ser relevante para la pregunta.

Sigue creando más y más .... PERO LOS TRES REINOS Y LOS SEIS ESTADOS DE EXISTENCIA SON INFINITAMENTE VASTOS. ¿Qué relación tiene con la fuente de la ignorancia, de donde procede?

¿CÓMO PODEMOS ESCAPAR DE SUS INTERMINABLES AFLICCIONES SI TODO LO QUE HACEMOS ES CONTEMPLAR LA MENTE? Los discípulos se hacen otra pregunta. Han sido engañados. Creen haber recibido la respuesta a su primera pregunta.

No han recibido la respuesta, porque no hay respuesta.

Ahora hacen otra pregunta:

PERO LOS TRES REINOS Y LOS SEIS ESTADOS DE EXISTENCIA SON INFINITAMENTE VASTOS. ¿CÓMO PODEMOS ESCAPAR DE SUS INTERMINABLES AFLICCIONES

SI TODO LO QUE HACEMOS ES CONTEMPLAR LA MENTE?

Son atrapados por Bodhidharma. Los ha engañado. Los ha llevado a una pregunta que puede ser respondida.

Me acuerdo de un médico que estaba tratando a una mujer muy rica ... sólo por un resfriado común, pero no desaparecía. El médico estaba cansado porque todos los días la mujer acudía a su consulta quejándose de que el resfriado no desaparecía y, de hecho, no hay tratamiento para el resfriado común.

Los que saben dicen: "Si tomas medicinas, se te pasa en siete días. Si no tomas medicina, se va en una semana".

Pero el doctor estaba cansado. Todos los días la señora rica en su limusina ...y cuando oía aparcar la limusina delante de su puerta, decía: "Dios mío, ha vuelto otra vez. Ese resfriado común me va a matar".

Finalmente se hartó tanto que dijo: "Escuchad, sólo hay una cura. No te lo he dicho porque es un poco difícil". La mujer dijo: "No hay problema. Estoy dispuesta a todo, pero quiero librarme de este resfriado".

Así que le dijo: "Haz una cosa: justo detrás del palacio donde vives hay un gran lago. Así que levántate en mitad de la noche, cuando haga un frío glacial, deja caer toda tu ropa y salta al lago".

La mujer escuchó sin aliento de qué tipo de tratamiento se trataba. "...y luego ponte en la orilla, desnuda. No te seques el agua del cuerpo. Deja que la brisa se la lleve".

Y la mujer dijo: "Dios mío, ¿esto es un tratamiento para un resfriado común? Esto me provocará una neumonía doble".

El médico dijo: "Así es. Tengo un tratamiento para la neumonía doble, pero no para el resfriado común. Así que primero crea la neumonía doble; entonces todo estará bajo control. Cuando vuelvas, ven con la neumonía doble y te la trataré. Pero para el resfriado común, no tengo ningún otro tratamiento. Este es el único tratamiento. Cuando alguien quiere ser tratado, entonces tengo que darle esto como último recurso. Si usted puede manejar para crear neumonía, o neumonía doble ... no temas. He experimentado perfectamente y he encontrado un tratamiento válido para ellas. Se lo garantizo; sólo tiene que hacer lo que le he dicho".

Eso es lo que han estado haciendo los filósofos. Cada vez que les planteas la pregunta última que no puede responderse, empiezan a tener neumonía, doble neumonía. Y la gente corriente se desconcierta con sus palabras. O bien piensan que su pregunta ha sido respondida, o tal vez han olvidado la pregunta para cuando termina el largo sermón.

Hacen otra pregunta. Ahora no hay problema; están preguntando: "Hay tantas aflicciones y la existencia es tan vasta, y uno tiene tantas vidas y tantos actos malvados... con sólo contemplar la mente, ¿cómo puede uno liberarse de todo eso?".

Una cura sencilla, tan sencilla: vigila tu mente y todo habrá terminado. Es increíble. La gente quiere algo complicado, porque el problema es complicado ....

En millones de tus vidas en el pasado debes haber hecho incontables actos malvados, debes haber soñado incontables sueños malvados. Si no has cometido crímenes, puedes haber pensado en cometerlos. Eso no hace ninguna diferencia - si realmente asesinas a alguien o simplemente piensas en asesinar a alguien, en ambos casos tu mente está funcionando de una manera malvada. Está vibrando de una manera malvada, y la mente lleva esas vibraciones durante millones de vidas. Ahora que se han acumulado tantas malas acciones pasadas, ¿cómo pueden abandonarse simplemente contemplando la mente?

Pero esta no es la pregunta definitiva. Es una pregunta muy simple... porque puedes haber soñado toda tu vida. Por la noche puedes haber soñado que vivías una vida de cien años. Y la escala temporal entre la vigilia y el sueño es diferente: si te duermes en un solo segundo, puedes soñar un largo sueño de años de duración. Y cuando te despiertas y miras el reloj, te quedas perplejo: sólo ha pasado un minuto. En un minuto, ¿cómo has podido tener un sueño tan largo? En el sueño han pasado años y años.

En los sueños, la escala temporal es diferente. Cuando te despiertas, la escala de tiempo es diferente. Todavía no sabemos exactamente cuál es la escala del tiempo en los sueños; de lo contrario, podríamos crear relojes que se llevaran puestos cuando se está dormido y que dieran exactamente la hora exacta. No serán minutos ni horas; serán años, y quizá años luz, porque puedes soñar que has estado en la Luna, puedes soñar que has estado en la estrella más lejana.

Se tarda cuatro años en llegar a la estrella más cercana y cuatro años en volver... ¡y eso en cuanto a la estrella más cercana! Hay estrellas a las que se tarda cuatro millones de años, cinco millones de años en llegar y cinco millones de años en volver. Puedes lograrlo en una sola noche; en un solo sueño, puedes llegar a la estrella más lejana y también puedes volver. Tienes que volver. No puedes quedarte allí. No es posible que te despiertes en tu habitación y no te encuentres allí porque te has ido ....

Me he enterado: Dos amigos estaban hablando entre sí sobre el sueño que tuvieron anoche. Uno de ellos dijo: "¡Caramba, qué sueño tan bonito... qué peces tan grandes! En toda mi vida no he podido pescar tantos peces grandes. Fue una alegría tan grande ...toda la noche estuve entrando y entrando, dentro del lago, y encontrando peces cada vez más grandes".

El otro dijo: "Esto no es nada. Ni siquiera puedes concebir lo que ocurrió anoche en mi sueño". Su amigo le preguntó: "¿Qué pasó?".

Y el hombre dijo: "Estoy pensando si debo decirlo o no, porque no lo creerás. Incluso cuando estoy despierto, yo mismo no puedo creerlo, pero sucedió.

De repente me encontré con que en mi cama, a un lado, estaba Sophia Loren. Dije, 'Dios mío, ¿cómo ha entrado?' y me giré para mirar al otro lado y encontré a Marilyn Monroe. Me dije: "¿Qué está pasando? ¿He muerto y he llegado al cielo?". Para entonces, el otro tipo se había enfadado mucho. Me dijo: "Idiota, ¿por qué no me has llamado? Cuando vinieron dos mujeres... ¿qué hacías con dos mujeres? Una es suficiente para ti. Podías haber elegido. Era tu sueño, por supuesto, así que la primera elección era para ti. Pero la otra mujer me pertenecía.

¿Qué clase de amistad es ésta?"

El otro hombre le dijo: "Fui a tu casa, pero me dijeron que habías ido a pescar".

En un pequeño sueño se puede hacer todo... posible, imposible, ¡todo! La escala temporal es diferente. Por la mañana, cuando te despiertas, ¿te preguntas cómo ha sido posible que con sólo despertar hayan desaparecido todos los sueños... tantos sueños, sueños tan hermosos...?

Lo mismo ocurre cuando un hombre se ilumina. Todos los millones de vidas simplemente se evaporan como sueños. No es cuestión de luchar con cada acto malvado por separado - que tienes que seguir luchando, haciendo el bien, equilibrando el mal - entonces tomará millones de vidas de nuevo antes del momento en que puedas llegar a estar despierto.

Y mientras tanto, en esos millones de vidas en las que intentas deshacer tu pasado, seguirás haciendo una cosa u otra y eso seguirá acumulándose. No puedes salir de esta trampa. La única manera de salir de esta trampa es despertar.

No hace falta nada más. No tienes que cambiar tu ira, no tienes que cambiar tu codicia, no tienes que cambiar nada. Simplemente tienes que estar alerta y ser consciente. Y todas las proyecciones de codicia, todas las proyecciones de ira, todas las proyecciones de engaño, se evaporarán - de la misma manera que, cada mañana, tus sueños se evaporan. Están hechos de la misma materia de la que están hechos los sueños.

Así que parece un método simple e inconcebible para la mente racional que puede resolver cualquier cosa. Sólo con observar tu mente todo se transformará y descubrirás tu budeidad, tu belleza y alegría últimas, tu existencia última, tu mayor éxtasis. ¿Cómo es posible? Eso es lo que preguntan los discípulos.

Bodhidharma dice: EL KARMA DE LOS TRES REINOS PROVIENE ÚNICAMENTE DE LA MENTE. SI TU MENTE NO ESTÁ DENTRO DE LOS TRES REALES, es no-mente, ESTÁ MÁS ALLÁ DE ELLOS.

En el momento en que eres consciente, la mente se silencia. Y todas las acciones, buenas o malas, son creadas sólo por la mente. Son como una película que ves en la pantalla de la mente. Una vez que despiertas, la película desaparece. De repente hay una pantalla en blanco... silencio absoluto, nada se mueve, quietud absoluta.

LOS MORTALES QUE NO COMPRENDEN LA VERDADERA PRÁCTICA Y REALIZAN CIEGAMENTE BUENAS ACCIONES NACEN EN LOS TRES ESTADOS .... LOS QUE REALIZAN CIEGAMENTE LAS DIEZ BUENAS ACCIONES Y BUSCAN TONTAMENTE LA FELICIDAD NACEN COMO DIOSES EN EL REINO DEL DESEO. LOS QUE OBSERVAN CIEGAMENTE LOS CINCO PRECEPTOS Y SE ENTREGAN TONTAMENTE AL AMOR Y AL ODIO NACEN COMO HOMBRES EN EL REINO DE LA IRA. Y LOS QUE SE AFERRAN CIEGAMENTE AL MUNDO FENOMENAL, CREEN EN FALSAS DOCTRINAS Y ESPERAN BENDICIONES NACEN COMO DEMONIOS EN EL REINO DE

LA ILUSIÓN. ...SI PUEDES CONCENTRAR TU MENTE Y TRASCENDER SU FALSEDAD Y MALDAD, EL SUFRIMIENTO DE LA EXISTENCIA DESAPARECERÁ AUTOMÁTICAMENTE. Y UNA VEZ LIBRE DEL SUFRIMIENTO, ERES VERDADERAMENTE LIBRE.

Las palabras que utiliza son teológicas, pero lo que está diciendo es que los que viven en la codicia quieren más y más placer. Pueden proyectar una vida celestial, pueden nacer en el cielo como dioses, pero esto será sólo una proyección mental. Será sólo una creencia.

Vivía con un profesor y cuando un día le hablé de la proyección, no estaba dispuesto a creer que todo es una proyección. Tenía un hermano menor y yo había estado observando al hermano menor, porque habíamos vivido casi tres meses juntos en la misma casa. El hermano menor se había encariñado mucho conmigo y yo me interesaba por él porque veía que tenía una tremenda capacidad para ser hipnotizado.

El treinta y tres por ciento de las personas son muy capaces de ser hipnotizadas. Es un porcentaje muy extraño: el treinta y tres por ciento, porque sólo el treinta y tres por ciento de la gente tiene talento. Y sólo el treinta y tres por ciento de la gente está interesada en algún tipo de búsqueda interior. Y sólo el treinta y tres por ciento de las personas están abiertas, disponibles, para ser hipnotizadas. Debe haber alguna conexión interior entre todas estas cosas. Tal vez la cualidad de ser hipnotizado pueda ser el criterio para la posibilidad de que un hombre vaya hacia dentro. Porque en la hipnosis uno va hacia dentro con la ayuda de otros; en la meditación, uno va hacia dentro por sí mismo. Pero el camino es el mismo.

Así que para demostrárselo a este hombre -que era profesor de lógica y nunca creía en nada a menos que se presentara alguna prueba- hipnoticé a su hermano pequeño. Y me sorprendió que, incluso en la primera sesión, profundizara tanto que no hubo necesidad de más sesiones. Estaba pensando en al menos nueve sesiones y entonces el experimento podría hacerse. Pero profundizó tanto en la primera sesión que le dije: "Mañana, exactamente a las doce en punto -y mañana es domingo, así que yo estaré en casa, tu hermano estará en casa, tú estarás en casa- no vayas a ninguna parte. Exactamente a las doce en punto tienes que besar la misma almohada en la que estás tumbado ahora mismo. Estoy marcando el lugar con una cruz;

exactamente en esa cruz tienes que besar".

Lo repetí una y otra vez. Y cuando tuve la certeza de que se había convertido en una huella en su mente inconsciente, antes de despertarle hice una cruz en la esquina de su almohada con tinta roja.

Tardamos casi media hora en traerle de vuelta, se había hundido tanto. Después de despertarse, volvió a la normalidad, salvo por una cosa: una y otra vez miraba la almohada y, sobre todo, la cruz. Y entonces también se avergonzaba de lo que hacía, porque no había ninguna razón para mirar a la almohada y a la cruz. Su mente consciente no se daba cuenta en absoluto, pero su mente inconsciente proyectaba ahora algo de lo que él no era consciente.

Al día siguiente, cerca de las once y media, se puso muy inquieto. Algo del inconsciente le estaba diciendo que hiciera algo que, por supuesto, le parecía una locura... que besara. Y yo estaba presente, su hermano estaba presente y yo le había dicho a su hermano que tenía que sentarse y ver lo que pasaba.

A las once y cincuenta, cogí la almohada, la metí en mi maleta y la cerré. Y podías ver lo que le estaba pasando a ese jovencito... lágrimas brotando de sus ojos.

Y le pregunté: "¿Qué te pasa? ¿Por qué lloras?"

Me dijo: "No sé, pero no pongas mi almohada en tu maleta. Te lo ruego".

Le dije: "¿Pero qué pasa? Te lo devolveré, por la noche cuando te vayas a dormir".

Me dijo: "No, lo necesito ahora mismo".

"¿Cuál es la necesidad?"

"No conozco ninguna necesidad. Por eso lloro, porque no puedo dar ninguna explicación, pero necesito la almohada inmediatamente".

Así que le di la llave. Se apresuró —porque se acercaban las doce—, abrió la maleta, sacó la almohada y empezó a besar esa cruz casi como un loco. Como cualquier amante que ha encontrado a su amada después de muchos años.

Su hermano le preguntó: "¿Qué haces?".

No lo sé, pero siento un gran alivio. Me he quitado un peso de encima. Pero no sé qué... quién ha hecho esta cruz, por qué tengo una compulsión tan tremenda de que si no beso la cruz puedo morir. Tuve que hacerlo exactamente a las doce. Eso venía de dentro de mí y no sé nada".

Su hermano dijo: "Acepto las pruebas".

Cuando te encaprichas de una mujer, ¿piensas que tu mujer es sólo una cruz en la almohada? ¿Un enamoramiento biológico? Una proyección del inconsciente, muy arraigada... no por nadie, sino por la propia naturaleza.

Tus hormonas, tu química, tu biología, todas están funcionando en una cierta conspiración contra tu conciencia. Te hacen estar inquieto, te hacen sentir irresistiblemente atraído hacia alguien y está más allá de tu poder evitar esta atracción o encaprichamiento. Serás arrastrado como una marioneta.

No es casualidad que todas las lenguas digan que la gente se enamora. La gente ciertamente se enamora—cae en la inconsciencia, cae en la hipnosis biológica, cae en la naturaleza instintiva. Ya no son seres humanos conscientes. Por eso este tipo de encaprichamiento y enamoramiento termina muy pronto. Una vez que has conseguido a la mujer, una vez que has besado la almohada... ¡se acabó! Una gran carga, un gran alivio, pero era una almohada.

Así que era un fenómeno simple, pero la mujer que has besado ... y no se puede besar sin un prefacio. Necesita alguna introducción—ir al cine, a la discoteca, todo tipo de cosas como necesidades preliminares. Prometer todo tipo de promesas, traer rosas y helado—este es el prefacio. Y después de todo este prefacio, cuando besas a una mujer, ya no es sólo una almohada. Ahora ella se aferrará a ti. Ahora no puedes escapar. Ahora quieres escapar pero tu propio prefacio ha creado la prision. Ahora no puedes ir en contra de tu palabra.

Todos los buscadores de la conciencia humana están absolutamente de acuerdo en el punto de que toda tu miseria o tu felicidad, tu tristeza o tu alegría, no es más que tu proyección. Proviene de lo más profundo de tu mente inconsciente y la otra persona sólo funciona como una pantalla. Una vez que se ha cumplido, has terminaño. Y de repente, la misma mujer por la que estabas dispuesto a morir... estás dispuesto a matarla.

Extraño... un cambio tan grande. El amor se convierte en odio tan fácilmente. Y sin embargo no eres consciente de que tanto el amor como el odio son proyecciones tuyas. Cuando uno termina, el otro permanece.

Es cierto que una vez que te liberas del sufrimiento, eres verdaderamente libre. Todo lo que Bodhidharma dice es correcto. Pero no ha respondido a la pregunta.

Quiero decirte que nadie ha respondido a la pregunta. Y la razón es que la vida es un misterio. Sólo puedes llegar hasta cierto punto, y entonces toda tu mente tiene que ser dejada atrás y entras en la existencia donde ninguna pregunta es relevante, ninguna respuesta llega a ti. Pero puedes disfrutar enormemente de la experiencia. Soy partidario de la experiencia, no del conocimiento.

Me siento triste y apenado por Bodhidharma, porque me ha fallado. Si hubiera dicho: "No lo sé", se habría alzado como el místico más elevado y más grande que el mundo haya conocido jamás.

Pero quiero decirte: No lo sé. Y quiero enfatizar que también debes recordar, siempre que haya una pregunta definitiva, no trates de engañar a los demás o a ti mismo. Simplemente acepta tu inocencia. Di con humildad: "No lo sé".

No es una cuestión de ignorancia. Se trata de que seas consciente de que la vida es un misterio, un milagro. Puedes saborearla, pero no puedes expresar nada sobre su sabor. No puedes definirla. Y esta es la grandeza de la existencia. Aquí es donde todos los científicos han fracasado, aquí es donde todos los filósofos han fracasado. Este es el único lugar donde los místicos han tenido éxito.

Bodhidharma es un místico y si se encuentra conmigo... y en algún lugar hay una posibilidad en esta vida eterna, esta existencia interminable, algún día, en algún lugar voy a encontrarme con él. Y me reconocerá porque llevo puestas las mismas sandalias que él llevaba en su bastón... el tipo exacto. Mis sandalias provienen de los monasterios Zen de Japón. Es particularmente Zen—la gente Zen tiene todo propio. Aunque utilicen tazas y platillos del mercado, primero los rompen y luego los vuelven a pegar. Luego los hacen únicos, entonces no hay otra pieza como esa—entonces se convierte en Zen, original, y sin ninguna otra copia en ninguna parte. Única en su especie.

Esta sandalia que ves ha sido utilizada por la gente Zen desde Bodhidharma, durante casi catorce siglos. La primera sandalia me la envió un maestro Zen de Japón como regalo.

Así que me reconocerá inmediatamente. Sólo tengo que mostrarle mis sandalias. Y tengo que preguntarle por qué perdió una gran oportunidad ... cuando podría haberse convertido en el mayor místico del mundo. Y tenía toda la capacidad. Tiene el genio para ello.

¿De acuerdo?

Sí, Maestro.

Asumir el riesgo al por mayor

AMADO MAESTRO,

PERO EL BUDA DIJO: "SÓLO DESPUÉS DE SUFRIR INNUMERABLES PENURIAS DURANTE TRES ASANKHYA KALPAS LOGRÉ LA ILUMINACIÓN". ¿POR QUÉ DICE AHORA QUE SIMPLEMENTE CONTEMPLAR LA MENTE Y SUPERAR LOS TRES VENENOS ES LA LIBERACIÓN?

LAS PALABRAS DEL BUDA SON CIERTAS. PERO LOS TRES ASANKHYA KALPAS SE REFIEREN A LOS TRES ESTADOS ENVENENADOS DE LA MENTE. LO QUE NOSOTROS LLAMAMOS ASANKHYA EN SÁNSCRITO, VOSOTROS LO LLAMÁIS INCONTABLES. DENTRO DE ESTOS TRES ESTADOS MENTALES ENVENENADOS HAY INNUMERABLES PENSAMIENTOS MALIGNOS.

Y CADA PENSAMIENTO DURA UN KALPA. TAL INFINITUD ES LO QUE EL BUDA QUISO DECIR CON LOS TRES ASANKHYA KALPAS ....

PERO LOS GRANDES BODHISATTVAS SÓLO HAN ALCANZADO LA ILUMINACIÓN OBSERVANDO LOS TRES CONJUNTOS DE PRECEPTOS Y PRACTICANDO LAS SEIS PARAMITAS. AHORA DICES A LOS DISCÍPULOS QUE SE LIMITEN A CONTEMPLAR LA MENTE. ¿CÓMO PUEDE ALGUIEN ALCANZAR LA ILUMINACIÓN SIN CULTIVAR LAS REGLAS DE LA DISCIPLINA?

LOS TRES CONJUNTOS DE PRECEPTOS SIRVEN PARA SUPERAR LOS TRES ESTADOS ENVENENADOS DE LA MENTE. CUANDO SUPERAS ESTOS VENENOS, CREAS TRES CONJUNTOS DE VIRTUDES ILIMITADAS. UN CONJUNTO

REÚNE COSAS—EN ESTE CASO, INNUMERABLES BUENOS PENSAMIENTOS EN TODA TU MENTE. Y LAS SEIS PARAMITAS SON PARA PURIFICAR LOS SEIS SENTIDOS. LO QUE NOSOTROS LLAMAMOS PARAMITAS, TÚ LO LLAMAS MEDIOS HACIA LA OTRA ORILLA. AL PURIFICAR TUS SEIS SENTIDOS DEL POLVO DE LAS SENSACIONES, LAS PARAMITAS TE TRANSPORTAN A TRAVÉS DEL RÍO DE LA AFLICCIÓN HASTA LA ORILLA DE LA ILUMINACIÓN.

SEGÚN LOS SUTRAS, LOS TRES CONJUNTOS DE PRECEPTOS SON: "HAGO VOTO DE ACABAR CON TODOS LOS MALES. HAGO VOTO DE CULTIVAR TODAS LAS VIRTUDES.

Y HAGO VOTO DE LIBERAR A TODOS LOS SERES". PERO AHORA DICES QUE SÓLO SIRVEN PARA CONTROLAR LOS TRES ESTADOS MENTALES ENVENENADOS.

¿NO ES ESTO CONTRARIO AL SENTIDO DE LAS ESCRITURAS?

LOS SUTRAS DEL BUDA SON VERDADEROS. PERO HACE MUCHO TIEMPO, CUANDO ESE GRAN BODHISATTVA CULTIVABA LA SEMILLA DE LA ILUMINACIÓN, HIZO SUS TRES VOTOS PARA CONTRARRESTAR LOS TRES VENENOS. PRACTICANDO PROHIBICIONES MORALES PARA CONTRARRESTAR EL VENENO DE LA CODICIA, JURÓ PONER FIN A TODOS LOS MALES. PRACTICANDO LA MEDITACIÓN PARA CONTRARRESTAR EL VENENO DE LA IRA, JURÓ CULTIVAR TODAS LAS VIRTUDES. Y PRACTICANDO LA SABIDURÍA PARA CONTRARRESTAR EL VENENO DE LA ILUSIÓN, JURÓ LIBERAR A TODOS LOS SERES. COMO PERSEVERÓ EN ESTAS TRES PRÁCTICAS PURAS DE MORALIDAD, MEDITACIÓN Y SABIDURÍA, PUDO SUPERAR LOS TRES VENENOS Y ALCANZAR LA ILUMINACIÓN. AL SUPERAR LOS TRES VENENOS, ELIMINÓ TODO LO PECAMINOSO Y PUSO FIN AL MAL. AL OBSERVAR LOS TRES CONJUNTOS DE PRECEPTOS, SÓLO HIZO EL BIEN Y CULTIVÓ LA VIRTUD. Y PONIENDO FIN AL MAL Y

CULTIVANDO LA VIRTUD, CONSUMÓ TODAS LAS PRÁCTICAS, SE BENEFICIÓ A SÍ MISMO Y A LOS DEMÁS Y RESCATÓ A LOS MORTALES EN TODAS PARTES. DE ESTE MODO, LIBERÓ A LOS SERES.

Bodhidharma se enfrenta ahora realmente a una pregunta para la que no tiene respuesta. El caso era el mismo en el sutra de anoche y continúa porque los discípulos preguntan cada vez más sobre lo último, que simplemente desconcierta todo conocimiento. Es una paz, un silencio... no hay respuesta.

Pero es realmente difícil aceptar que estás iluminado y no conoces las respuestas a las preguntas últimas. Entonces, ¿para qué te ha servido la iluminación si no ha resuelto el misterio? Entonces, ¿qué tipo de sabiduría has recibido?

Esto hay que aclarárselo. Es triste que Bodhidharma no se lo aclarara a sus discípulos; al contrario, siguió respondiendo a preguntas que, por su propia naturaleza, no pueden responderse.

Pero este es un problema que todo maestro tiene que afrontar. Cuando las preguntas son triviales, el maestro puede responder sin problemas, pero a medida que los discípulos se vuelven más y más agudos en su indagación y empiezan a tocar lo último, el maestro se encuentra en una situación difícil. Para que los discipulos no sientan que el maestro no sabe, el contesta, pero esas respuestas no son verdaderas.

En sí mismas son perfectamente correctas para algunas otras cuestiones, pero no para las que se le han planteado.

La cuestión es muy importante. Pero incluso los más grandes maestros como Bodhidharma pertenecen a una línea particular de filosofía, a un conjunto particular de doctrinas; de ahí que tengan que seguir repitiendo el sistema ideológico que han aceptado.

En mi caso es totalmente distinto. No pertenezco a ninguna ideología. No tengo que consolar a nadie. No me preocupa quién se molesta y se irrita. Lo único que me preocupa es que cuando se hace una pregunta, se necesita una respuesta sincera, no según la ideología, sino según mi propia experiencia.

El discípulo pregunta: PERO EL BUDA DIJO: "SÓLO DESPUÉS DE SUFRIR INNUMERABLES PENALIDADES DURANTE TRES

ASANKHYA KALPAS LOGRÉ LA ILUMINACIÓN". ¿POR QUÉ DICE AHORA QUE SIMPLEMENTE CONTEMPLAR LA MENTE Y SUPERAR LOS TRES VENENOS ES LA LIBERACIÓN?

La verdad es un poco complicada. Primero explicaré mi posición, si tuviera que responder a la pregunta. Entonces le resultará más fácil entender la diferencia, cuando una persona responde debido a una determinada escuela ideológica a la que pertenece, y cuando una persona responde simplemente por su propia experiencia y respuesta.

El Buda ciertamente dijo: "SÓLO DESPUÉS DE SUFRIR INNUMERABLES PENALIDADES DURANTE TRES ASANKHYA KALPAS ALCANCÉ LA ILUMINACIÓN". Pero, por lo que veo, ésta no es una afirmación verdadera del propio Gautam Buda. Es lo que la escuela Mahayana del Budismo sostiene que es la respuesta. Ahora Buda no esta ahi para refutarlo, y todo lo que ha dicho ha sido escrito despues de su muerte. Y se ha escrito de común acuerdo: se convocó una gran reunión de todos los antiguos discípulos que le habían estado escuchando desde el principio, y reunieron lo que todos recordaban.

Hubo disensión, hubo conflicto, hubo contradicción, y toda la reunión se dividió en treinta y dos grupos y se separaron unos de otros.

Y los treinta y dos grupos tienen sus propias escrituras, sus propios informes de lo que dijo Buda. Mahayana es sólo una escuela, la más grande, la que tiene más seguidores. Y ciertamente la razón por la que tiene más seguidores es que dice que Buda, una vez despierto, permanece en esta orilla para liberar a la gente.

De hecho, incluso han inventado una historia: Cuando Buda llegó a las puertas de MOKSHA, el último lugar de descanso para los seres liberados, las puertas se abrieron y hubo gran música y celebración porque rara, muy rara vez sucede que un hombre llegue a una iluminación tan grande. Miles de años pasan y la puerta permanece cerrada. Naturalmente hubo gran júbilo entre los otros budas que habían entrado en moksha durante los millones de años transcurridos.

Daban la bienvenida a un nuevo huésped.

Pero Buda se negó a entrar por la puerta. Dio la espalda a la puerta y dijo al guardián: "Por favor, cierre la puerta. Me quedaré fuera de la puerta hasta que el último ser humano se haya iluminado. Pueden pasar millones y millones de años, no importa. Estoy en paz. Estoy en éxtasis absoluto. Puedo esperar. Pero será un poco egoísta entrar por la puerta y olvidarme de los que aún andan a tientas en la oscuridad".

Se hizo todo lo posible por persuadirle de que ese no era el camino... nadie lo había hecho antes. Él dijo: "Eso significa simplemente que nadie ha entrado en moksha con un corazón compasivo. Por compasión hacia mis hermanos y hermanas humanos, puedo renunciar a la propia moksha. No me importa. No puede darme más de lo que ya tengo. Me quedaré aquí ante la puerta y cuando haya pasado el último ser humano, entonces pasaré yo".

Esta es una historia ficticia de la escuela Mahayana. Debido a esta idea de compasión por otros seres humanos, naturalmente el Mahayana atrajo a más personas que no son capaces de despertar por sí mismas. Necesitan ayuda. Necesitan una persona compasiva y despierta. Y la escuela Mahayana predica que cada persona iluminada en Mahayana hará todo lo posible para que más y más personas se liberen. Porque ahora tiene un doble deber: la gente tiene que liberarse y, en segundo lugar, si la gente no se libera, Gautam Buda tiene que permanecer en la puerta durante millones de años. Así que compasión por la gente, tienen que hacer todo lo posible para liberarlos, y gratitud a Gautam Buda y su extraña postura, que está boicoteando moksha, el último estado de silencio y paz y descanso sólo para asegurarse de que nadie se quede atrás.

La otra escuela es la Hinayana; no ha atraído a tanta gente. La propia palabra significa "el barco pequeño". Mahayana significa "el barco grande" ...un transatlántico, por lo que miles de personas pueden ir juntas a la otra orilla. Pero en un barco pequeño, sólo un hombre puede ir. Y las personas que crearon el Hinayana son los arhatas. Son iluminados y su punto de vista es que incluso hacer un esfuerzo para liberar a las personas es interferir con su libertad individual. No es compasión, no es amor:

el amor da libertad.

La compasión no impone a la gente una determinada forma de vida, y la liberación es una determinada forma de vida. Aunque sea por su bien, aún así les estás forzando, insistiendo en ello, en que sigan el camino, en que no pierdan el tiempo. No les dejas total libertad para ser ellos mismos. Cuando tengan ganas de seguir el camino, lo harán. Y si no les apetece, no es asunto de nadie. Es su derecho absoluto permanecer en el mundo y no ir a moksha.

Los arhatas interpretan la compasión de un modo muy refinado, con una perspectiva muy total, diferente. Es muy difícil elegir quién tiene razón. Ambos parecen tener razón ....

Pero el Hinayana, naturalmente, no pudo reunir tantos discípulos. ¿Quién se interesaría por la gente de la escuela Hinayana, que ni siquiera está interesada en tu liberación? No hablarán, no te apoyarán, no te echarán una mano para sacarte de la zanja. Simplemente esperarán. Si eres capaz de caer en la zanja, sin duda eres capaz de salir de ella. Si eres capaz de caer en caminos equivocados, eres perfectamente capaz de sentir la miseria, el sufrimiento del camino equivocado; puedes cambiar tu camino. Nadie puede hacerlo por ti.

Así que esta es la interpretación Mahayana, que Buda tardó millones de años en iluminarse. Para los arhatas la situación es totalmente diferente. Ellos dicen que no se trata de millones de años y arduos esfuerzos. Todo fue un sueño.

No importa si sueñas durante tres millones de años, tres días o tres minutos. En el momento en que despiertes, todos los sueños serán simplemente aire caliente. Entonces no existe tal tensión.

Incluso tus disciplinas -lo que estás practicando para obtener la liberación- son en realidad una especie de codicia. Y la codicia no puede destruir la codicia. Es ambición, y la ambición no puede destruir el ego. Tal vez sea la mayor ambición: ser liberado, ser iluminado.

Pero dondequiera que haya deseo y ambición, estás en esclavitud. Y todas tus prácticas y todas tus disciplinas no son más que prácticas en sueños. Es casi como si fueras débil, pero en tu sueño haces una gran gimnasia y sientes que te has convertido en un campeón del mundo. Pero por la mañana, cuando te despiertas, el mismo ratón está durmiendo en la cama. ¿Qué ha pasado con toda la gimnasia que has soñado?

Puedes soñar con ser un gran sabio, puedes soñar con ser un gran ladrón, puedes soñar con asesinar a mucha gente, puedes soñar con servir a mucha gente, pero por la mañana sentirás que no hay distinción entre todos esos sueños. Todos son sueños hechos de la misma materia. Todos son ficciones. Lo bueno es tan ficticio como lo malo. La disciplina espiritual es tan ficticia como asesinar a alguien. Así que aquellos que no creen en la doctrina Mahayana dicen que puedes iluminarte, aquí y ahora. Esa era realmente la posición de Bodhidharma. Y eso está creando el problema ahora. Él no puede decir que Buda está equivocado; eso es imposible. Ama a Gautam Buda, es discípulo de Gautam Buda, así que no puede decir que Gautam Buda está equivocado. Tiene que decir que las palabras de Buda son verdaderas.

Pero su propia postura es que todo lo que hayas estado haciendo en tu inconsciencia carece de sentido. Cuando despiertas, todo desaparece en cuestión de segundos. Y puedes despertar en cualquier momento. Sólo un cierto dispositivo derecho y usted será despertado.

Puedes despertarte en mitad de la noche. Los sueños no pueden impedir que te despiertes; tampoco el sueño puede impedir que te despiertes. Es sólo tu propia voluntad la que te impide despertar. Por eso el sueño continúa y el sueño continúa. Si surge en ti la voluntad de despertar, entonces la iluminación es instantánea.

Esta es la posición de Bodhidharma. Pero se encuentra en una dificultad porque pertenece a la escuela Mahayana y estaba enseñando en China, a las escuelas Mahayana a las que pertenece China. Esos discípulos que preguntaban citaban a Buda según los sutras Mahayana. Ahora nadie sabe si Buda los dijo o fueron invenciones de cierta escuela, porque en la escuela Hinayana no se encuentran esos sutras. Y éstas son sólo dos escuelas... las principales. Hay otras treinta escuelas que son corrientes muy pequeñas, pero también tienen algo, una grandeza propia, y todas difieren.

Pero todos están de acuerdo en un punto: que Buda no puede estar equivocado. No pueden decir que Buda se equivoca. Así que tienen que dar vueltas diciendo que Buda tiene razón. Aun así, lo que dicen también es correcto, aunque sea contradictorio. El discípulo pregunta: "¿Por qué dices ahora que simplemente contemplar la mente y superar los tres venenos es la liberación? Lo estás simplificando demasiado".

Buda mismo está diciendo que ha estado sufriendo INNUMERABLES DIFICULTADES DURANTE TRES ASANKHYA KALPAS -es decir, innumerables edades- y entonces alcanzó la iluminación. No fue instantánea. Tuvo una larga historia de millones de años detrás... de hacer el bien, de evitar el mal, de practicar la meditación, de practicar otras disciplinas. Le tomó tres innumerables eras convertirse en un buda.

Si ésta era la situación de un Gautam Buda, que parece ser el ser humano más grande que ha vivido en la tierra, ¿cuál será la situación de un hombre corriente? Tal vez en lugar de tres...trece asankhya kalpas, ¡o treinta! Pero tú estás diciendo que con sólo observar tu mente, justo en este preciso momento, puedes iluminarte.

¿Cómo surgieron estas dos actitudes diferentes? Si no entiendes el trasfondo, no podrás comprender la dificultad de Bodhidharma.

Buda abandonó su palacio cuando tenía veintinueve años. Acudió a todos los grandes maestros que eran famosos en su época y era un buscador tan sincero que lo arriesgó todo. Dijeran lo que dijeran aquellos maestros, él lo hacía más perfectamente de lo que ellos habían esperado nunca de nadie. De hecho, ellos mismos no eran tan perfectos.

Y Buda dijo: "Lo he hecho, pero no ha pasado nada. Sigo siendo tan ignorante como antes. Sí, he aprendido una cierta habilidad. Puedo hacer una cierta distorsión del cuerpo, mediante el yoga. Pero eso no me hace consciente de mi ser; no me entrega el bien, la verdad.

Su sinceridad era indudable. Incluso sus profesores se sintieron avergonzados. Nunca se habían topado con un alumno así. Al maestro, al maestro ordinario, siempre le gustan los alumnos mediocres porque, comparado con ellos, él es un gran maestro. Y siempre que -a veces ocurre- un gran alumno, que se eleva más que el propio profesor, viene a él, entonces el profesor se siente enfadado, irritado, porque el alumno trae continuamente preguntas que el profesor no puede responder.

Responda lo que responda, el alumno siempre es capaz de refutarlo.

Uno de mis profesores se cansó de mí porque durante ocho meses seguidos no le dejé moverse ni un milímetro. Estábamos estancados en un mismo punto. Traía todo tipo de argumentos y buscaba en los libros ..... Yo también me esforzaba por rebatirle y todos los demás alumnos disfrutaban, porque el profesor estaba tan ocupado conmigo que se había olvidado por completo de dar deberes o de enseñar cualquier otra cosa. No había tiempo, porque aún no se había aprendido la primera lección, así que no podía pasar a la segunda.

Se acercaba el examen y entonces se enfadó mucho conmigo. Empezó a gritarme. Le dije: "Escuche, usted es un anciano. Si grita tanto, puede sufrir un ataque al corazón. Y espero que no sea un paro cardíaco... sólo un pequeño ataque. Pero no creas que gritando me vas a callar. Y si usted piensa que es un partido en gritar, yo también puedo gritar. Y tú eres un anciano... realmente disfrutaré gritando. Así que cálmate".

Entendió el punto, pero abandonó la clase y fue a ver al director y le dijo: "Ahora es absolutamente seguro que o yo me quedo en la escuela, en el colegio, o se queda este alumno. Usted puede elegir". El director dijo: "Pero, ¿cuál es el problema? ¿Te ha hecho algo malo?"

Dijo: "No me ha dejado enseñar a los alumnos y se acerca el examen. Todos los alumnos van a suspender, excepto él. Y tiene una resistencia extraña. He trabajado mucho. Nunca he trabajado tanto, leyendo hasta altas horas de la noche, encontrando nuevos argumentos, y al día siguiente él simplemente los refuta. Trabaja más duro que yo. Por supuesto, él es joven y es muy humillante ser derrotado todos los días. Renuncio. No volveré a la universidad si no lo expulsan". Y se marchó a su casa.

El director me llamó. Me conocía. Había traído tantos trofeos y tantas copas de todo el país, de todas las universidades, por los debates, por los concursos de elocuencia... Estaba muy contento de que yo hubiera hecho famosa a su universidad en todo el país.

Me dijo: "Estoy en apuros. ¿Por qué irritas a ese anciano? Es nuestro profesor más antiguo, muy culto; tiene dos doctorados, la universidad le ha concedido recientemente el D.Litt. Es un erudito muy conocido y no podemos perderlo".

Le dije: "Puedes quedártelo, pero estás siendo injusto porque yo no le he hecho nada. Es profesor de lógica y si un profesor de lógica no puede discutir con un alumno, entonces ¿quién va a discutir? Todo el tema de la lógica es argumentar y agudizar los argumentos, y realmente estoy haciendo mi trabajo como todo estudiante debería hacerlo. Los estudiantes se comportan como dodos; no se preocupan por la asignatura. Tienen otros intereses -alguien tiene novia, a alguien le interesa el cine-, hay mil y una cosas en el mundo. Y sólo estudian a final de curso.

"Y ahora, como las preguntas se han convertido en estereotipos, cada año se repiten las mismas preguntas. Basta con leer los cuestionarios de cuatro años: prepárate para veinte preguntas y encontrarás cinco de esas veinte en tu examen. No hay necesidad de preocuparse por todo el curso porque los profesores son perezosos. Incluso encontrar una pregunta nueva es difícil para ellos, así que se limitan a mirar las preguntas de los exámenes de hace cuatro o cinco años y encuentran preguntas... quizá las reformulan. Ese es todo su trabajo.

"Y en el mercado han aparecido ahora las claves de los exámenes, que son un negocio muy rentable. Algún profesor jubilado sabe perfectamente lo que va a salir en el examen. Lleva diez años de preguntas en su libro y da las respuestas a cada punto. Basta con comprar un libro de claves. No hace falta entrar en los originales porque es una tarea difícil.

"Y si das las respuestas, a nadie le importa si te la sabes o si te la has empollado. Esas claves están hechas por profesores jubilados de tal manera que la respuesta es muy pequeña y se puede empollar, así que no hace falta inteligencia.

"Lo intentaba... porque no he venido a la universidad sólo para sentarme allí. No me interesan los títulos... mi interés es agudizar mi inteligencia".

El director dijo: "Puedo entenderle, pero aun así tendré que expulsarle. Es injusto y me siento culpable porque no puedo dejar marchar a ese profesor. Sin él, todo nuestro departamento de lógica se vendría abajo. Es el profesor más veterano y es muy testarudo. Si ha dicho que no vendrá a menos que te expulsen, no vendrá. Pero conociendo la injusticia ... no has estado haciendo nada perjudicial, simplemente no tienes un profesor de un verdadero calibre y genio.

"Es un hombre mediocre. Puede escribir tesis doctorales y se le puede conceder un D.Litt. por sus servicios, pero no es un genio. Eso lo sé. Así que te expulsaré porque él insistirá en que tu nombre aparezca en el tablón de anuncios y que seas expulsado. Pero voy a hacer arreglos para usted en otra universidad. Llamaré al director".

No quiero crear ningún problema a su institución, ni a usted, ni al viejo profesor. No tengo ningún antagonismo hacia él... sólo siento una gran lástima.

Haces gestiones, pero no va a ser fácil porque esta situación que se está produciendo desde hace ocho meses, se ha convertido en la comidilla de todas las facultades de la universidad. Todos los directores conocen ...."

Lo intentó. Llamó por teléfono a un director muy cercano a él y éste le dijo: "Perdóname. Nos estás enviando un problema porque no puedes manejarlo".

Lo intentó con otras universidades, porque la ciudad en la que yo estaba era una de las más importantes en lo que a educación se refería; había veinte universidades en total. Llamó a otros directores y todos le dijeron: "Puedes enviar a cualquier otro, pero hemos oído hablar de ese estudiante. Y ustedes son el colegio más antiguo y tienen los mejores profesores. Si están dispuestos a dimitir por su culpa, ¿qué pasará con nuestros profesores que no son tan veteranos, que no tienen tanta experiencia?".

El director estaba en un dilema. Y yo estaba sentado escuchando toda esa conversación telefónica. Le dije: "Usted no será capaz de gestionar. Lo haré yo mismo.

Dame órdenes de expulsión y me las arreglaré".

Y llegué a un acuerdo con un director para entrar en su colegio con la condición de que nunca iría al colegio. Pagaría la cuota pero nunca iría a la universidad. Iría a la biblioteca pero no a las clases. No asistiría a las clases, para que no surgiera ningún problema. Y el director se encargaría de que tuviera la asistencia necesaria para presentarme al examen. Dije: "Es un gran arreglo. De hecho, siempre lo he querido".

Durante dos años no fui a clase ni un solo día. Pero esos dos años fueron de gran importancia. Me instalé en la biblioteca lo más profundamente posible. Antes de que la biblioteca abriera, yo ya estaba allí, y sólo cuando la bibliotecaria me echaba porque la iban a cerrar, me iba a regañadientes.

Lo mismo ocurre con Bodhidharma, que pertenece a la escuela particular del Mahayana. Porque en China, en toda China, no existe otra escuela que la Mahayana. Y decir a la gente del Mahayana que uno puede iluminarse con sólo chasquear los dedos... no es posible que lo crean, porque el propio Buda dijo que tuvo que trabajar duro durante tres asankhyas—innumerables edades—antes de iluminarse. Pero Bodhidharma sabía por experiencia propia que se había iluminado sin ninguna austeridad, sin ninguna disciplina, sin ayunar, sin hacer oraciones ni rituales. Se iluminó simplemente tomando conciencia de su mente.

Pero decir que Gautam Buda está equivocado .... Sería rodeado por todo el país que creía que Gautam Buda no puede estar equivocado. Y de hecho, durante seis años después de abandonar su palacio, Gautam Buda hizo de todo, y todos los maestros sintieron finalmente que era un alma mucho más grande que ellos mismos. Y le dijeron: "Perdónanos. Todo lo que sabíamos, te lo hemos dicho.

Más que eso está más allá de nuestra capacidad. Pero te sugeriremos un maestro mayor".

Durante seis años pasó de un maestro a otro y, finalmente, el mejor maestro de aquellos días le dijo: "Estás perdiendo el tiempo. Ningún maestro puede ayudarte. Ya es hora de que sigas por tu cuenta ..... Vigila tu mente. No tengo ninguna otra enseñanza para ti".

Cansado de esos seis años de disciplina continua .... Era una noche de luna llena. El maestro lo había rechazado y le había dicho: "Cuida tu mente. No hay disciplina para ti; esas disciplinas son para mentes mediocres. Son compromisos, según la capacidad de cada uno—un cierto ritual para consolarse de que está haciendo algún trabajo para la iluminación. Nada te satisfará a menos que ocurra la iluminación".

Así que se marchó. Una noche de luna llena... había dejado al maestro pocos días antes. Y estaba sentado bajo el árbol al lado de Niranjana en Bihar. En la India incluso se venera a los árboles—y no veo nada malo en ello, porque un árbol también es un ser vivo y son gente muy agradable. No hacen daño a nadie. Una mujer había sido adoradora de ese árbol Bodhi. Y le había dicho al dios del árbol que si se quedaba embarazada -porque durante años no se había quedado embarazada-, si se quedaba embarazada le llevaría dulces, frutas y flores como regalo al dios del árbol.

Y en la noche de luna llena, llegó. Se había quedado embarazada y cuando tuvo la certeza absoluta y los médicos le dijeron: "Estás embarazada", trajo comida deliciosa, dulces, flores. Se llamaba Sujata. Es un nombre significativo en la historia de Gautam Buda.

Y estaba hambriento, porque llevaba meses ayunando... muy hambriento. Pero era un hombre hermoso, un príncipe, y a causa del hambre se había vuelto casi pálido. Y en la noche de luna llena, parecía como si fuera el dios del árbol que había salido.

La mujer no podía creerlo: era una aldeana, y realmente pensó que el dios del árbol había salido a recibir sus regalos. Cayó a sus pies y le ofreció todo lo que había traído.

Era la primera vez en esos seis años que tomaba una comida completa. Y además, por la noche. No está permitido que los ascetas coman por la noche, pero ahora ya no era un asceta.

Cuando el maestro le dijo: "Lo único que tienes que hacer es vigilar", abandonó toda disciplina, todo ascetismo. Había renunciado a su reino; ahora renunciaba también a su renuncia. Por primera vez estaba perfectamente relajado. Comía bien y, después de seis años, dormía por primera vez sin tensión. No había ambición. No había deseo. No había a donde ir, nada que buscar.

En este estado de relajación, incluso mientras dormía fue consciente de que estaba observando su mente; sólo una pequeña llama de conciencia estaba allí. Aunque el cuerpo estaba dormido, la mente estaba dormida, algo más allá estaba alerta.

Y por la mañana, cuando abrió los ojos, la última estrella estaba desapareciendo.

Y el hecho real fue que a medida que la última estrella iba desapareciendo, él también desapareció como ego, como personalidad. La iluminación fue repentina.

De repente vio a su auténtico ser.

Ahora surgió el problema: Los Mahayanistas dicen que este súbito experimento ocurrió debido a esos seis años de continua austeridad—esto es iluminación gradual.

Y hay gente, una cierta escuela, que cree en la iluminación repentina.

Dicen que no tuvo nada que ver con esos seis años. Si se hubiera detenido a los cinco años, la experiencia habría sucedido. Y si alguien se lo hubiera dicho el primer día, y si hubiera tenido la inteligencia de entenderlo, habría ocurrido el primer día que salió del palacio.

Esos seis años no son una causa para el efecto de la iluminación. La iluminación no puede tener una causa. Su razonamiento es muy claro. Bodhidharma ha dicho en los sutras que la iluminación no tiene causa. Entonces la cuestión de millones de años y arduos esfuerzos carece de sentido.

La iluminación siempre es repentina.

Si no es repentina, no es porque la naturaleza de la iluminación sea gradual. Es porque tu mente te abandona gradualmente. No estás preparado para asumir el riesgo al por mayor. Asumes el riesgo al por menor, centímetro a centímetro, parte a parte, a la manera americana, a plazos. Un poco pierdes hoy, un poco mañana, un poco ....

Lleva tiempo porque no estás preparado para abandonar la mente en su totalidad, en este mismo momento. Dices: "Lo haré despacio... mañana, pasado mañana. ¿Cuál es la prisa?".

Así que existen estas dos escuelas: la escuela gradual de la iluminación, que atrae a muchas personas porque no tienen las agallas para abandonar la mente inmediatamente; y la escuela repentina de la iluminación, que pertenece sólo a las personas que tienen el corazón de un león, que simplemente pueden arriesgarlo todo.

Recuerdo la historia de un actor japonés. Era muy famoso en Estados Unidos y ganaba millones de dólares. Quería volver a casa, ya había ganado bastante.

Pero antes de volver a casa, pensó que sería mejor dar la vuelta al mundo.

Así no tendría que volver a salir de casa. Entonces quiso descansar. Pero antes quería ver todos los lugares hermosos del mundo.

Llegó a París. Su guía le llevó a muchos sitios y luego le dijo: "¿Quieres ver un casino?". El actor respondió: "Desde luego, quiero verlo todo. En París, no ver un casino es perderse mucho". Los casinos son lugares de juego y Francia tiene los mejores casinos.

Y cuando entró en el casino y vio que la gente ponía cientos de dólares, miles de dólares... y se interesó por el juego. Arriesgó todos sus millones de dólares que había ganado en América... sólo en una apuesta, no gradualmente.

Incluso el dueño del casino tenía miedo. "¿Qué hacer con este hombre? Si gana, todo mi casino desaparecerá. Un tipo extraño". Llevaba mucho tiempo en el negocio, pero nunca había visto a un hombre poner en riesgo, en juego, millones de dólares.

Pero no había forma de negarse; no era posible negarse. Hay que aceptar la apuesta y, afortunadamente para el dueño del casino, el japonés perdió. Perdió hasta el último dólar que había ganado y con el que esperaba vivir retirado. No tenía nada.

Entró en su hotel y se fue a dormir. Por la mañana vio en un periódico que un japonés se había suicidado saltando desde un edificio de cuarenta pisos y, naturalmente, se pensó que debía de ser el mismo japonés que había perdido millones de dólares en el casino. Entonces comentaron que parecía que era el mismo japonés que había perdido millones de dólares la noche anterior y que no le quedaba ni un dólar para él.

Leyó la noticia y se rió, y el dueño del hotel leyó la noticia y dijo: "Estuvo en mi hotel. ¿Cómo llegó al otro hotel? Era un nombre famoso". El japonés corrió a su habitación y se reía como un loco.

El dueño le preguntó: "¿Por qué te ríes?".

Dijo: "Me río porque estoy vivo y este periódico dice que me he suicidado saltando de un hotel. Algún otro japonés se ha suicidado". Y fue una conclusión muy lógica por parte del periodista que debía ser el mismo famoso actor japonés de América. El cuerpo estaba tan deformado, tan roto en pedazos que no había forma de averiguar quién era el hombre.

El dueño del hotel le preguntó: "Es extraño. ¿Has perdido todas las ganancias de tu vida y aún así has dormido bien?". Él respondió: "No importa. Disfruté de la emoción por un momento... por aquí o por allá. Y disfruté con el dueño del casino temblando. En cuanto al dinero, puedo volver y ganar de nuevo. Eso no es un problema. No era dinero robado, me lo gané".

El dueño le dijo: "Pero podrías haber jugado como juegan todos los jugadores: con pequeñas sumas. Podrías haber jugado toda la noche. ¿Por qué lo apostaste todo?"

Y leía en su autobiografía que decía: "Pertenezco a la escuela de la iluminación súbita. No creo en las etapas graduales. Si tienes que hacer algo, hazlo total e intensamente. Si no quieres hacerlo, entonces no te engañes innecesariamente haciéndolo parcialmente".

Bodhidharma es auténticamente un hombre de iluminación repentina. Pero fue iniciado por una mujer, Pragyatara. Ella era una Mahayanista y lo envió a China para ayudar a la creciente religión allí. La religion habia crecido como reguero de pólvora - solo en seiscientos años. Llegó a China en la época de Jesucristo, quinientos años después de Gautam Buda. Y después de seiscientos años, había treinta mil templos budistas y dos millones de monjes budistas en China, y eso sin incluir a los laicos.

Millones y millones de personas, porque estaban realmente hambrientos .... Confucio los había hecho tan hambrientos de religión porque en la mente de Confucio no había alma, no había religión. Es por Confucio que China se convirtió al comunismo porque la mente de Confucio era muy cercana a la de Karl Marx; no había mucha diferencia. Ambos creían que no hay Dios, que no hay alma y que todas las religiones son inútiles. Ambos creían que la conciencia es sólo un subproducto de la unión de cinco elementos, y que la muerte es el final. Por tanto, no hay cuestión de buenas o malas acciones.

Confucio había sido una figura tan dominante, tan influyente, que toda el alma del pueblo chino estaba hambrienta. Había un apetito que los monjes budistas satisfacían. Había una brecha para que no hubiera conflictos, ni peleas.

Los budistas fueron aceptados sin lucha contra nadie.

Y Pragyatara envió a Bodhidharma porque hasta entonces, ningún hombre iluminado había ido a China. Habían ido muchos eruditos -miles de eruditos- que intentaban traducir las escrituras budistas al chino. Pero sólo eran eruditos, y Pragyatara pensó que China necesitaba ver a un hombre iluminado. Se lo merecía.

En sólo seiscientos años, se había hecho un gran trabajo: casi todo el país había pasado de Confucio a Gautam Buda. Pragyatara le dijo a Bodhidharma: "Tienes que ir", y él fue allí. Pero su propia iluminación fue repentina y en China la escuela que se había extendido entre la gente era la Mahayana, que creía en la iluminación gradual.

Este es el dilema. Los estudiantes están planteando la cuestión: Buda dice una cosa y tú dices justo lo contrario. ¿POR QUÉ DICES AHORA QUE SIMPLEMENTE CONTEMPLAR LA MENTE Y SUPERAR LOS TRES VENENOS ES LA LIBERACIÓN? Lo estás simplificando demasiado, diciendo que uno puede hacerlo ahora. Entonces, ¿qué hay de la lucha de Gautam Buda durante tres innumerables kalpas...?

Pero quizá ni siquiera Bodhidharma sea consciente de la distinción que he hecho, de que justo antes de su iluminación Gautam Buda abandonó todas las disciplinas. Esa habría sido la respuesta correcta: Gautam Buda pudo haber luchado durante tres o treinta innumerables kalpas -era sólo un sueño, y cuando el sueño se rompe siempre sucede en un solo momento. Un solo instante antes estabas dormido; un solo instante después estás despierto. Y cuando estás despierto, todos los sueños que parecían tan reales desaparecen.

Esta habría sido la respuesta correcta, pero no habría encajado con la escuela Mahayana. Por eso vuelve a crear humo teológico en torno a la pregunta.

LAS PALABRAS DEL BUDA SON CIERTAS. PERO LOS TRES ASANKHYA KALPAS SE REFIEREN A LOS TRES ESTADOS ENVENENADOS DE LA MENTE.

Eso no es cierto. En realidad se refiere a innumerables vidas en las que ha luchado por alcanzar la budeidad y finalmente, en la última vida, lo ha logrado.

Ahora Bodhidharma intenta de alguna manera dar una respuesta plausible.

LO QUE LLAMAMOS ASANKHYA EN SANSCRITO, TU LO LLAMAS INCONTABLE.

DENTRO DE ESTOS TRES ESTADOS ENVENENADOS DE LA MENTE HAY INNUMERABLES MALOS PENSAMIENTOS.

Ahora bien, todo esto no tiene sentido, porque, una vez más, no es relevante para la cuestión.

Y CADA PENSAMIENTO DURA UN KALPA.

Eso es incluso peor que una tontería; ¡es absurdo!—y tú lo sabes. Un pensamiento no dura ni siquiera una hora. Intenta que cualquier pensamiento permanezca en tu mente durante una hora continua y te sorprenderás: se va deslizando fuera de la mente.

La mente está en un tráfico constante. No puedes pararte en medio del tráfico, tus pensamientos se mueven más rápido que nada. Y un kalpa es un tiempo muy largo. Un pensamiento no permanece ni siquiera unos segundos. Tu mente es un flujo continuo; es como un río.

Heráclito dice: "No puedes pisar el mismo río dos veces porque va muy rápido".

Cuando pisas dos veces, ya es otra agua. Es el mismo río sólo por el nombre, pero el agua que has pisado la primera vez ya no está ahí".

Yo voy un poco más lejos que Heráclito. Digo: "No puedes pisar ni una sola vez el mismo río, porque cuando tus pies tocan la parte superior del agua, la parte inferior se precipita. A medida que tus pies se adentran un poco más, se precipitan la parte inferior y la superior. Cuando llegas al fondo, todo ha cambiado desde que tocaste la superficie del agua por primera vez. No has pisado la misma agua, porque cada segundo entra agua nueva y sale la vieja. Heráclito no es consciente de que incluso pisar una vez la misma agua es imposible. Dos veces es demasiado.

Lo mismo ocurre con la mente humana: no es más que un flujo. Cientos de pensamientos en cola y en marcha: relevantes, irrelevantes, coherentes, incoherentes. Pero intenta dar algún sentido a la afirmación de Buda.

TAL INFINITUD ES LO QUE EL BUDA QUISO DECIR CON LOS TRES ASANKHYA KALPAS.

No, en realidad quería decir lo que dicen las palabras. Bodhidharma le está imponiendo su propia idea, sólo para diluirla, sólo para acercarla a su repentina idea de la iluminación.

En su lugar, yo habría dicho: "Gautam Buda se equivoca. Lo que dice sobre las tres edades innumerables debió decirlo antes de iluminarse. No es una afirmación hecha después de su iluminación. Si alguna vez dijo algo así, debió ser antes de su iluminación".

Incluso antes de su iluminación tenía cinco seguidores. Al verle, un rey y un asceta perfecto, cinco brahmanes se convirtieron en sus seguidores. Se fueron porque él aceptó la comida de Sujata, por la noche.

Y la palabra SUJATA, tiene grandes implicaciones. Significa "bien nacido", nacido en una familia muy alta. Ahora bien, cualquiera que realmente haya nacido en una familia elevada no tendrá ese nombre. Sujata debe haber sido una sudra, una mujer intocable. Así es como funciona la mente humana y la psicología humana. Si no puede pertenecer a una casta alta, al menos puede tener un hermoso nombre que significa que ha nacido bien. Su nombre indica que ciertamente pertenece a un estrato muy bajo de la sociedad.

Al ver que Buda aceptaba comida de una mujer sudra -ni siquiera preguntaba: "¿A qué clase perteneces?", y por la noche comía alegremente-, los cinco discípulos le abandonaron de inmediato. "Es un fraude, un farsante. Nos ha engañado. No es un asceta en absoluto".

Buda pudo haber dicho algo así a esos cinco discípulos, pero entonces no estaba iluminado. Y uno tiene que recordar que cualquier declaración que haya sido hecha por Buda antes de la iluminación no debe ser tenida en cuenta en absoluto. No significa nada. Sólo tiene importancia lo que dijo después de la iluminación.

Bodhidharma podría haberlo explicado muy fácilmente, pero no es tan valiente como se ha creído durante siglos. No puede decir que las palabras de Buda no sean ciertas. Intenta pulirlas y, de alguna manera, diluirlas y acercarlas a su propia comprensión.

PERO LOS GRANDES BODHISATTVAS SÓLO HAN ALCANZADO LA ILUMINACIÓN OBSERVANDO LOS TRES CONJUNTOS DE PRECEPTOS Y PRACTICANDO LAS SEIS PARAMITAS. AHORA DICES A LOS DISCÍPULOS QUE SE LIMITEN A CONTEMPLAR LA MENTE. ¿CÓMO PUEDE ALGUIEN ALCANZAR LA ILUMINACIÓN SIN CULTIVAR LAS REGLAS DE LA DISCIPLINA?

Realmente está poniendo a los discípulos en un dilema, y éstas son sus últimas preguntas. Bodhidharma dice que no se necesita disciplina ni austeridad.

Todo lo que se necesita es una conciencia de su mente. Y estoy absolutamente de acuerdo con él. Eso es lo que trae la iluminación.

Un hombre inconsciente puede disciplinarse. Puede afeitarse como el Buda... puede afeitarse la cabeza, puede comer sólo una vez cada veinticuatro horas, puede tener sólo tres juegos de ropa -no más que eso-, pero no se iluminará por eso. Si así fuera, entonces todos los pobres que no tienen ni siquiera tres juegos de ropa, que a veces tienen que irse a la cama sin comer nada, se habrían iluminado.

He conocido a personas que se han ido a dormir atándose un ladrillo al estómago para no sentir que lo tienen vacío. Esa pobreza existe en muchas partes de este país. ¿Se habrían convertido estas personas en budas?—No. La iluminación no tiene nada que ver con la pobreza, el ayuno, la disciplina, los rituales religiosos.

Sólo hay un camino hacia la iluminación y es crear más y más conciencia sobre tus actos, sobre tus pensamientos, sobre tus emociones.

Bodhidharma podría haber dicho exactamente eso, pero este es el problema cuando perteneces a una organización, cuando perteneces a una cierta filosofía, cuando perteneces a un cierto sistema de creencias, cuando no eres un maestro de ti mismo, cuando adoras a alguien más como maestro... entonces este tipo de dilema está destinado a suceder. En cierto modo has perdido tu individualidad. Tienes que apoyar a Gautam Buda aunque vaya en contra de tu propio entendimiento.

Bodhidharma dice: LOS TRES CONJUNTOS DE PRECEPTOS SON PARA SUPERAR LOS TRES ESTADOS ENVENENADOS DE LA MENTE. CUANDO SUPERAS ESTOS VENENOS, CREAS TRES CONJUNTOS DE VIRTUDES ILIMITADAS. UN CONJUNTO REÚNE COSAS—EN ESTE CASO, INNUMERABLES BUENOS PENSAMIENTOS EN TODA TU MENTE. Y LAS SEIS PARAMITAS SON PARA PURIFICAR LOS SEIS SENTIDOS. LO QUE NOSOTROS LLAMAMOS PARAMITAS, TÚ LO LLAMAS MEDIOS HACIA LA OTRA ORILLA. AL PURIFICAR TUS SEIS SENTIDOS DEL POLVO DE LAS SENSACIONES, LAS PARAMITAS TE TRANSPORTAN A TRAVÉS DEL RÍO DE LA AFLICCIÓN HASTA LA ORILLA DE LA ILUMINACIÓN.

¿No ves que la respuesta no tiene ni de lejos relación con la pregunta?

Ni siquiera es un primo lejano.

Bodhidharma no pudo conseguir ...decir simplemente la verdad habría sido lo correcto: "Que vaya en contra de Buda, o de Krishna, o de Cristo no importa—yo tengo que ser mi propia verdad. Si va en contra de la verdad de alguien más, ese es su problema, no es mi problema".

La verdad tiene belleza cuando surge en ti, pero si de alguna manera intentas fijarla en un determinado sistema creado por otra persona, empiezas a distorsionar la verdad.

Y para mí ese es uno de los mayores crímenes.

La pregunta era simplemente significativa, pero la respuesta no lo es. La respuesta es correcta en algún otro contexto, pero este lugar no es el lugar para esta respuesta. Debería haber dicho que durante todos esos tres innumerables kalpas y las disciplinas y austeridades, Buda vivió en sueños.

Pero tal vez no podía decir esto a los budistas de China, porque fue enviado desde la India para hacer más sólido el budismo y si empezaba a hablar de esta manera, ¿cómo iba a hacer más sólido el budismo? Empezó a comprometerse.

Y en el momento en que alguien empieza a comprometerse, pierde el contacto con la verdad.

La verdad es una experiencia sin concesiones.

SEGÚN LOS SUTRAS, LOS TRES CONJUNTOS DE PRECETAS SON -los discípulos preguntan de nuevo- "JURO PONER FIN A TODOS LOS MALES. JURO CULTIVAR TODAS LAS VIRTUDES. Y HAGO VOTO DE LIBERAR A TODOS LOS SERES".

PERO AHORA DICES QUE SON SOLO PARA CONTROLAR LOS TRES ESTADOS ENVENENADOS DE LA MENTE. ¿NO ES ESTO CONTRARIO AL SIGNIFICADO DE LAS ESCRITURAS?

Lo es, pero Bodhidharma no es capaz de decirlo. De hecho, se dice que Gautam Buda hizo estos tres votos: acabar con todo mal, cultivar todas las virtudes y liberar a todos los seres, pero esto fue antes de iluminarse. Por lo tanto, no tiene ningún valor.

Después de su iluminación, supo que todos esos votos los había hecho en un estado de sueño. Y lo que decides en un sueño, no debes seguirlo cuando despiertas. Puede que hayas estado volando en el sueño -como cualquier pájaro por el cielo-, pero cuando despiertas, sabes que era un sueño y no insistes en que realmente volaste como un pájaro.

Estos tres votos fueron ciertamente hechos por Buda, pero fueron hechos antes de su iluminación. Es cierto que nadie le ha preguntado a Buda: "¿Qué pasó con tus votos?". Pero sí se lo han preguntado a Bodhidharma. Debería haber dejado claro que fueron hechos en sueños y los sueños no importan en absoluto. Lo que importa es la conciencia despierta—y entonces Buda no hizo ningún voto.

Pero en lugar de eso, sigue diciendo:

LOS SUTRAS DEL BUDA SON VERDADEROS.

Pero puedes ver, incluso cuando dice QUE LOS SUTRAS DEL BUDDHA SON VERDADEROS, que ha perdido la autoridad y la fuerza que proviene de la sinceridad, que proviene de tu propia experiencia de la verdad. Se ha vuelto suave.

PERO HACE MUCHO TIEMPO, CUANDO ESE GRAN BODHISATTVA CULTIVABA LA SEMILLA DE LA ILUMINACIÓN, HIZO SUS TRES VOTOS PARA CONTRARRESTAR LOS TRES VENENOS.

Continúa una y otra vez, trayendo esos tres venenos en su ayuda.

PRACTICANDO PROHIBICIONES MORALES PARA CONTRARRESTAR EL VENENO DE LA AVARICIA, JURÓ

PONER FIN A TODOS LOS MALES. PRACTICANDO LA MEDITACIÓN PARA CONTRARRESTAR EL VENENO DE LA IRA, JURÓ CULTIVAR TODAS LAS VIRTUDES. Y PRACTICANDO LA SABIDURÍA PARA CONTRARRESTAR EL VENENO DE LA ILUSIÓN, JURÓ LIBERAR A TODOS LOS SERES. COMO PERSEVERÓ EN ESTAS TRES PRÁCTICAS PURAS DE MORALIDAD, MEDITACIÓN Y SABIDURÍA, PUDO SUPERAR LOS TRES VENENOS Y ALCANZAR LA ILUMINACIÓN. AL SUPERAR LOS TRES VENENOS, ELIMINÓ TODO LO PECAMINOSO Y PUSO FIN AL MAL. AL OBSERVAR LOS TRES CONJUNTOS DE PRECEPTOS, SÓLO HIZO EL BIEN Y CULTIVÓ LA VIRTUD. Y PONIENDO FIN AL MAL Y CULTIVANDO LA VIRTUD, CONSUMÓ TODAS LAS PRÁCTICAS, SE BENEFICIÓ A SÍ MISMO Y A LOS DEMÁS Y RESCATÓ A LOS MORTALES EN TODAS PARTES. DE ESTE MODO, LIBERÓ A LOS SERES.

No está siendo auténtico. Simplemente está intentando de alguna manera gestionar la respuesta.

La respuesta no es espontánea. Es inteligente, intelectual. Puede que haya satisfecho a sus discípulos; a mí no puede satisfacerme.

No soy discípulo de nadie. No pertenezco a ningún sistema de creencias. Amo a las personas de todo el mundo y nunca las comparo. Todos son únicos: un Zaratustra es un Zaratustra, un Mahavira es un Mahavira, un Buda es un Buda, un Jesús es un Jesús, un Moisés es un Moisés... son tan únicos que no hay que hacer de uno de ellos un criterio al que todos los demás tengan que ajustarse.

El propio Bodhidharma pertenece a la misma categoría, pero debido a su compromiso, cae. No pudo mantener su singularidad. Sigue siendo un discípulo de Gautam Buda—¿y cómo puede un discípulo decir que las palabras del maestro no son correctas?

Es una oportunidad única para que escuchen a un hombre que no tiene maestro y que siente un enorme respeto por la verdad, ya venga de Zaratustra, de Lao Tzu, de Buda, de Moisés, de Jesús o de Mahoma. Si es una verdad que suena en mi corazón, la apoyo absolutamente. Pero si no es verdad, conozco mi corazón.

Las campanas no suenan e inmediatamente sé que algo va mal.

Bodhidharma intenta apaciguar, consolar. Ya no le interesa la verdad. Está más interesado en difundir el mensaje de Buda, y ahí es donde pierde su singularidad; por lo demás, es una persona tan singular como el propio Gautam Buda.

No puedo concebir qué le ocurrió para que no pudiera decir directamente: "Estas palabras no son ciertas. No son ciertas porque no resuenan con mi ser". Pero esto es lo que ocurre cuando te alineas con un determinado partido -político, religioso, social-. Entonces tienes que estar de acuerdo con todo, sin elección.

Los budistas estaban muy contentos con Bodhidharma porque estableció la disciplina de Buda en China, le dio una base muy sólida y difundió el mensaje, no sólo en China, sino de China a Taiwán, a Corea y a Japón.

Hizo un gran trabajo, pero se cayó de las alturas. Podría haber permanecido allí si hubiera dicho exactamente la verdad y hubiera explicado a la gente, de forma muy sencilla: "Éstas son declaraciones hechas por Buda antes de su iluminación, y cualquier cosa que dijera antes de la iluminación es irrelevante. Para mí, las declaraciones de Buda después de su iluminación son oro puro".

No creo que Bodhidharma hubiera herido los sentimientos de la gente. Tal vez habría creado un precedente para otros iluminados: No es necesario estar de acuerdo con todo. Tienes ciertamente la obligación de aceptar la verdad venga de donde venga, pero no tienes ninguna obligación de estar de acuerdo con ninguna falsedad, con ninguna ficción creada por los sacerdotes que no saben nada de la verdad.

Hizo el trabajo para el que fue enviado, pero perdió algo hermoso en su propio ser. Para mí, eso es más importante que el hecho de que toda China se vuelva budista.

Un solo individuo con la verdad cristalina es más importante que millones de personas profundamente dormidas.

¿De acuerdo?

Sí, Maestro.

La vigilia es conciencia

AMADO MAESTRO,

DEBES DARTE CUENTA DE QUE LA PRÁCTICA QUE CULTIVAS NO EXISTE APARTE DE TU MENTE. SI TU MENTE ES PURA, TODAS LAS TIERRAS DE BUDA SON PURAS. LOS SUTRAS DICEN: "SI SUS MENTES SON IMPURAS, LOS SERES SON IMPUROS. SI SUS MENTES SON PURAS, LOS SERES SON PUROS".

Y, "PARA ALCANZAR UNA TIERRA DE BUDA, PURIFICA TU MENTE. A MEDIDA QUE TU MENTE SE VUELVE PURA, LAS TIERRAS BÚDICAS SE VUELVEN PURAS". ASÍ, AL SUPERAR LOS TRES ESTADOS MENTALES ENVENENADOS, SE CUMPLEN AUTOMÁTICAMENTE LOS TRES CONJUNTOS DE PRECEPTOS.

PERO LOS SUTRAS DICEN QUE LAS SEIS PARAMITAS SON CARIDAD, MORALIDAD, PACIENCIA, DEVOCIÓN, MEDITACIÓN Y SABIDURÍA. AHORA USTED DICE QUE LAS PARAMITAS SE REFIEREN A LA PURIFICACION DE LOS SENTIDOS. ¿QUÉ QUIERE DECIR CON ESTO? ¿Y POR QUÉ SE LLAMAN PARAMITAS?

EN EL CULTIVO DE LAS PARAMITAS, LA PURIFICACIÓN DE LOS SEIS SENTIDOS SIGNIFICA VENCER A LOS SEIS LADRONES. EXPULSAR AL LADRÓN DEL OJO ABANDONANDO EL MUNDO VISUAL ES CARIDAD. ALEJAR AL LADRÓN DEL OÍDO NO ESCUCHANDO LOS SONIDOS ES MORALIDAD. HUMILLAR AL LADRÓN DE LA NARIZ EQUIPARANDO TODOS LOS OLORES COMO NEUTROS ES PACIENCIA. CONTROLAR AL LADRÓN DE LA BOCA

VENCIENDO LOS DESEOS DE SABOREAR, ALABAR Y EXPLICAR ES DEVOCIÓN. SOFOCAR AL LADRÓN DEL CUERPO PERMANECIENDO IMPASIBLE ANTE LAS SENSACIONES DEL TACTO ES MEDITACIÓN. Y DOMAR AL LADRÓN DE LA MENTE NO CEDIENDO A LOS ENGAÑOS, SINO PRACTICANDO LA VIGILIA, ES LA SABIDURÍA. ESTAS SEIS PARAMITAS SON TRANSPORTES. COMO BARCOS O BALSAS, TRANSPORTAN A LOS SERES A LA OTRA ORILLA. DE AHÍ QUE SE LES LLAME TRANSBORDADORES.

PERO CUANDO SHAKYAMUNI ERA UN BODHISATTVA, CONSUMIÓ TRES TAZONES DE LECHE Y SEIS CUCHARONES DE GACHAS ANTES DE ALCANZAR LA ILUMINACIÓN. SI TUVO QUE BEBER LECHE ANTES DE PODER SABOREAR EL FRUTO DE LA BUDEIDAD, ¿CÓMO PUEDE CONDUCIR A LA LIBERACIÓN LA MERA CONTEMPLACIÓN DE LA MENTE?

LO QUE DICES ES VERDAD. ASÍ ES COMO ALCANZÓ LA ILUMINACIÓN.

TUVO QUE BEBER LECHE ANTES DE CONVERTIRSE EN BUDA. PERO HAY DOS CLASES DE LECHE. LA QUE BEBIÓ SHAKYAMUNI NO ERA LECHE IMPURA ORDINARIA, SINO PURA DHARMAMILK. LOS TRES CUENCOS ERAN LOS TRES CONJUNTOS DE PRECEPTOS. Y LOS SEIS CUCHARONES ERAN LAS SEIS PARAMITAS. CUANDO SHAKYAMUNI ALCANZÓ LA ILUMINACIÓN, FUE PORQUE BEBIÓ ESTA DHARMAMILK PURA QUE SABOREÓ EL FRUTO DE LA BUDEIDAD. DECIR QUE EL TATHAGATA BEBIÓ EL BREBAJE MUNDANO DE LECHE DE VACA IMPURA Y MALOLIENTE ES EL COLMO DE LA CALUMNIA.

LO QUE ES VERDADERAMENTE ASÍ, EL DHARMA-YO INDESTRUCTIBLE Y SIN PASIONES, PERMANECE PARA SIEMPRE LIBRE DE LAS AFLICCIONES DEL MUNDO. ¿POR QUÉ NECESITARÍA LECHE IMPURA PARA SACIAR SU HAMBRE O SU SED?

LOS SUTRAS DICEN: "ESTE BUEY NO VIVE EN LAS TIERRAS ALTAS NI EN LAS TIERRAS BAJAS. NO COME GRANO

NI PAJA. Y NO PASTA CON LAS VACAS. EL CUERPO DE ESTE BUEY ES DEL COLOR DEL ORO BRUÑIDO". EL BUEY SE REFIERE A VAIROCANA. DEBIDO A SU GRAN COMPASIÓN POR TODOS LOS SERES, PRODUCE DESDE EL INTERIOR DE SU DHARMABODY PURO LA SUBLIME DHARMAMILK DE LOS TRES CONJUNTOS DE PRECEPTOS Y LAS SEIS PARAMITAS PARA ALIMENTAR A TODOS AQUELLOS QUE BUSCAN LA LIBERACIÓN. LA LECHE PURA DE UN BUEY TAN VERDADERAMENTE PURO NO SÓLO PERMITIÓ AL TATHAGATA ALCANZAR LA BUDEIDAD, SINO QUE PERMITE A CUALQUIER SER QUE LA BEBA ALCANZAR LA ILUMINACIÓN COMPLETA E INSUPERABLE.

Lo siento mucho por el pobre Bodhidharma. Se ha metido en un lío... y este lío tenía que surgir porque pertenece no sólo a una tradición del budismo, sino a una secta del budismo, llamada Mahayana, "el gran vehículo".

Cualquiera que pertenezca a cualquier tradición, secta o doctrina está abocado a tener los mismos problemas que Bodhidharma. Todo lo que dice es cada vez más estúpido y sin sentido por la sencilla razón de que no puede decir nada en contra de la tradición.

Había sido enviado desde la India especialmente para hacer que el budismo tuviera una base más sólida. Ésa era la orden de su propio maestro, la mujer iluminada Pragyatara, que había dicho: "Te envío a China no para molestar a la gente, sino para establecer el Mahayana en la gran tierra de China, porque si todo el país se convierte al budismo, se convierte una quinta parte de la humanidad." Una de cada cinco personas en el mundo es china.

Eso me recuerda a un hombre que estaba leyendo un periódico en el que leía que de cinco personas, cuatro son de diferentes países, diferentes razas, diferentes religiones, pero una es sin duda china. Llamó a su mujer, que estaba trabajando en la cocina, y le dijo: "¿Te has dado cuenta de que de cinco personas en el mundo, una es china?".

Ella dijo: "¡Dios mío! Menos mal que nos lo has dicho, porque ya tenemos cuatro hijos.

Ahora es el momento de controlar la natalidad, si no el quinto será chino".

China ha sido una de las tierras más extensas hasta ahora. Pero a finales de este siglo India irá por delante; llegará a estar más poblada que China. Por lo demás, durante toda la historia, China ha sido la tierra más poblada del mundo.

Y si el budismo se estaba extendiendo como un reguero de pólvora, ya era hora de darle una base sólida. Bodhidharma había sido enviado especialmente como mensajero porque, aunque durante los seiscientos años anteriores a Bodhidharma, miles de eruditos budistas habían ido a China invitados por los emperadores para traducir todas las escrituras budistas al chino, ni uno solo se había iluminado.

Así que Bodhidharma fue enviado especialmente para dar a la gente una cierta muestra de lo que es la iluminación. Habían oído la palabra, estaban encantados con la idea, había surgido un gran anhelo en millones de personas por alcanzar la iluminación, pero ni siquiera habían visto a una persona iluminada. Su presencia, su silencio, su compasión... eran absolutamente inconscientes; era sólo teórico.

Al enviar a Bodhidharma, Pragyatara tenía en mente un propósito concreto:

para dar a China su primer maestro iluminado. El problema era que no podía decir nada contra el Mahayana que pudiera molestar a todos los nuevos iniciados en el budismo. No podía decir nada contra el Buda Gautam, porque nadie iba a escucharle.

Quedaron tan impresionados con Gautam Buda, su vida y sus enseñanzas que, en sólo seiscientos años, crearon treinta mil templos y monasterios. Dos millones de personas se iniciaron como monjes budistas y casi todo el país se hizo budista. Puede que no todos fueran monjes, pero eran laicos; habían iniciado el camino con la esperanza de que algún día ellos también se convertirían en monjes. El 5% de toda la población china se había convertido en monje.

Era una época tremenda de agitación, cambio y transformación. Y Bodhidharma, creo, no se había dado cuenta de la responsabilidad que estaba tomando sobre sus hombros.

En cuanto a las cuestiones superficiales, tenía toda la razón y estaba en perfecta sintonía con su propia experiencia. Pero cuando empezaron a surgir las preguntas últimas -que tienen que surgir tarde o temprano-, si hubiera declarado: "No lo sé" a la primera pregunta última, cuando le preguntaron: "¿De dónde viene la ignorancia?"... si hubiera aceptado su inocencia, si hubiera anunciado: "Sé cómo puede crearse la conciencia, pero no sé de dónde viene la ignorancia. Quizá la ignorancia esté ahí para siempre".

La ignorancia nunca llega; es igual que la oscuridad. ¿Alguna vez has visto la oscuridad ir o venir? Siempre ves entrar la luz y la oscuridad no está ahí.

Siempre ves que la luz se apaga y la oscuridad está ahí. La oscuridad siempre está ahí: ni va ni viene. Es la luz la que va y viene. La oscuridad es simplemente la ausencia de luz.

Esta habría sido la respuesta perfecta para la gente: que la oscuridad siempre ha estado ahí. No hay fuente para ella porque no existe. Sólo algo que existe puede tener alguna fuente. La luz tiene una fuente. Del mismo modo, la conciencia tiene una fuente, la consciencia tiene una fuente, pero la inconsciencia no es más que oscuridad.

Y si se hubiera detenido ahí habría hecho un trabajo tremendo para protegerse de caer en todo tipo de tonterías. Pero no podía decir "no lo sé", porque la gente llevaba tres años esperándole. Todo el país había estado esperando, emperador Wu incluido, con gran anhelo y deseo a Bodhidharma, la primera persona iluminada que entraría en China. Toda su sed sería saciada; todas sus preguntas serían respondidas. Y sus respuestas no provenían de las escrituras, sino de su propia experiencia.

Así que dudó en decir: "No lo sé. Soy totalmente inocente. Como mucho puedo decir que la oscuridad siempre ha estado ahí, la ignorancia siempre ha estado ahí. No tiene raíz. No tiene raíz, no tiene causa, porque no existe". Esa habría sido mi respuesta.

Podría haberles dicho: "He venido aquí para enseñaros a salir de la ignorancia. No sé cómo habéis entrado en la ignorancia. Eso es asunto vuestro".

Pero en lugar de hacer eso, entró en largas descripciones teológicas. Y eso permitió a los discípulos preguntar cada vez más sobre cosas que él era perfectamente capaz de responder, pero entonces esas respuestas iban a ser contrarias al Mahayana, o incluso al Buda Gautam.

Así que se encuentra en un dilema muy difícil. Sabe lo que es correcto y también sabe lo que es tradicionalmente correcto. Y demostró no ser tan fuerte como siempre he pensado. No pudo demostrar que era un verdadero revolucionario. No pudo ir contra la tradición. Te mostraré cómo se confunde y cómo empieza a decir tonterías. Tiene que... sólo para consolar a la gente tradicional, sólo para mantenerse en línea con la teología ortodoxa.

Esta pregunta también pertenece a la misma categoría. Y cae en respuestas tan idiotas que resulta casi hilarante. De vez en cuando tiene razón, pero sólo de vez en cuando. La mayoría de las veces, lo que dice es irrelevante y, por mi parte, no estoy en absoluto de acuerdo con sus respuestas.

El sutra: DEBES DARTE CUENTA DE QUE LA PRÁCTICA QUE CULTIVAS NO EXISTE APARTE DE TU MENTE.

Esto es verdad. Cualquier cosa que practiques, tienes que practicarla a través de la mente.

Por lo tanto, la iluminación no puede alcanzarse a través de la práctica. Porque si la iluminación pudiera alcanzarse a través de la práctica, eso significa que es un subproducto de la mente, igual que cualquier sueño, cualquier alucinación, cualquier ilusión, cualquier pensamiento.

Y al igual que los pensamientos desaparecen, tu iluminación puede desaparecer en cualquier momento.

Tuve un sannyasin alemán, Gunakar, que se ha iluminado tantas veces que ahora se ha detenido por completo, ha abandonado toda la idea. Cuando se iluminó por primera vez -tiene un hermoso castillo en Alemania, en un lugar muy bello y pintoresco- declaró su iluminación a todos los presidentes y primeros ministros y a todos los embajadores y a todos los miembros de la ONU.

Escribió una carta ... me informó también ....

Le dije: "Gunakar"—él acababa de irse de aquí hacía una o dos semanas y yo no había visto ninguna señal de que fuera a iluminarse tan pronto. Le dije: "Vuelve; primero tengo que ver ....".

Así que regresó, y mientras regresaba, lentamente, lentamente mientras se acercaba a Poona, la iluminación desapareció. Se dio cuenta de que era una estupidez... "No sé nada". Pero en Alemania estaba perfectamente bien, porque nadie entiende lo que es la iluminación. Cuando el declaro, "Estoy iluminado", la gente penso, "Quizas ...nadie ha oido nunca lo que es esta iluminacion".

Puede ser". Y naturalmente, nadie lo contradijo. Pero él se asustó, y cuando vino delante de mí me dijo: "Perdóname. Me he vuelto absolutamente no iluminado otra vez".

Le dije: "Recuerda que siempre que surja en ti este deseo, antes de actuar y empezar a escribir cartas a todos los gobiernos del mundo y a los embajadores y presidentes que si quieren algún consejo, te has iluminado; primero, tienes que venir aquí."

Dos años permaneció en silencio y un día volví a recibir su carta. Me dijo: "Maestro, esta vez ha sucedido de verdad y voy para allá".

Le dije: "Vale, ven".

Y al acercarse a mí me dijo: "Perdóname. Esto es muy extraño. Cuando vengo aquí me vuelvo no iluminado y cuando vuelvo a Alemania surge el deseo, y allí no hay nadie que pueda decir siquiera que no estoy iluminado. ¿Por qué esperar? Decláralo. Y el deseo se vuelve tan persistente ...."

Sucedió muchas veces. La última vez me enteré de que se había unido a una comuna y estaba lavando platos allí. Alguien que iba a verme pronto le preguntó a Gunakar: "¿Qué estás haciendo? ¿Has oído hablar de algún iluminado que lave platos en un restaurante?". Era el restaurante de la comuna.

Me dijo: "Olvídate de la iluminación. Déjame lavar mis platos y si vas a ver al Maestro, dile que no me voy a iluminar... ¡al menos no en Alemania! Si tengo que iluminarme, lo haré cuando esté cerca de él. Me siento inmensamente feliz simplemente lavando los platos y esa iluminación fue una tortura..." porque empezó a imitarme.

Se encerró en su castillo de la montaña. No salía de su habitación. No se reunía con nadie. Tenia un secretario y naturalmente fue torturado innecesariamente. No podia salir, de lo contrario perderia su iluminacion. No podía reunirse con la gente, sólo con la secretaria, y la secretaria les informaba de que estaba en samadhi. "No puede ver a nadie. No le molestéis".

Me dijo: "Ya he sufrido bastante por esta iluminación. Ahora disfruto más de la vida como friegaplatos en el restaurante de la comuna. Al menos puedo salir, puedo ir al cine, puedo ir a la discoteca, puedo cantar y bailar. Esa iluminación era algo muy difícil, sólo permanecer encerrado en una habitación ...."

La iluminación no puede venir de la mente. La iluminación sólo puede venir cuando la mente desaparece. De hecho, la iluminación es la luz y la mente es la ignorancia. La iluminación es la sabiduría; la mente es la oscuridad.

SI TU MENTE ES PURA, TODAS LAS TIERRAS DE BUDA SON PURAS.

Me gustaría corregirlo. Me gustaría decir, si tu no-mente—que significa más allá de la pureza y más allá de la impureza—es la tierra de Buda .... No es la mente pura la que es la tierra de Buda. Incluso la mente más pura sigue siendo mente. Y la pureza y la impureza son una dualidad. Y la tierra de Buda tiene que estar mas alla de lo dual. No puede ser una parte de la dualidad. Tiene que estar mas alla de ambas.

LOS SUTRAS DICEN: "SI SUS MENTES SON IMPURAS, LOS SERES SON IMPUROS. SI SUS MENTES SON PURAS, LOS SERES SON PUROS".

Hasta ahora, esto está perfectamente bien.

Y, "PARA ALCANZAR UNA TIERRA BÚDICA, PURIFICA TU MENTE".

Eso es erróneo, porque entonces, ¿cuál es la diferencia entre la gente buena y un buda? La mente pura es tierra de buda y las personas que son puras son seres puros, así que ¿cuál es la diferencia entre un hombre bueno y un buda? Parece que no hay diferencia, pero hay una gran diferencia.

Por eso me gustaría decirlo: Para alcanzar el país de Buda, ve más allá de la mente, más allá de la pureza y de la impureza. A medida que tu no-mente se convierte en tierra de buda, buda se vuelve disponible para ti. Estas son mis correcciones.

ASÍ, AL SUPERAR LOS TRES ESTADOS MENTALES ENVENENADOS, SE CUMPLEN AUTOMÁTICAMENTE LOS TRES CONJUNTOS DE PRECEPTOS.

PERO LOS SUTRAS DICEN QUE LAS SEIS PARAMITAS SON CARIDAD, MORALIDAD, PACIENCIA, DEVOCIÓN, MEDITACIÓN Y SABIDURÍA. AHORA USTED DICE QUE LAS

PARAMITAS SE REFIEREN A LA PURIFICACION DE LOS SENTIDOS. ¿QUÉ QUIERE DECIR CON ESTO? ¿Y POR QUÉ SE LLAMAN PARAMITAS?

La pregunta es sencilla y significativa. El discípulo pregunta: "¿Qué son estas seis PARAMITAS?". La palabra paramitas significa aquello que te lleva a la otra orilla—un pequeño transbordador.

La caridad, la moralidad, la paciencia, la devoción, la meditación y la sabiduría son los seis transbordadores que pueden llevarte más allá de esta orilla, a la orilla más lejana, a tu verdadero hogar.

Es una pregunta sencilla. Bodhidharma sólo tiene que definir qué es la caridad, qué es la moral, qué es la paciencia, qué es la devoción, qué es la meditación y qué es la sabiduría. Pero en lugar de dar una definición sencilla de estas bellas palabras, se adentra en una respuesta muy extraña:

EN EL CULTIVO DE LAS PARAMITAS, LA PURIFICACIÓN DE LOS SEIS SENTIDOS SIGNIFICA VENCER A LOS SEIS LADRONES. EXPULSAR AL LADRÓN DEL OJO ABANDONANDO EL MUNDO VISUAL ES CARIDAD.

Ahora bien, no se puede concebir algo más disparatado. Escúchalo otra vez:

EXPULSAR AL LADRÓN DEL OJO ABANDONANDO EL MUNDO VISUAL ES CARIDAD. Renunciando y abandonando el mundo que está al alcance de los ojos... ¡la única manera es estar ciego! Si no, ¿cómo puedes abandonarlo? Puedes ir a las montañas pero el mundo visual estará allí. Puedes ir a una cueva oscura, pero la oscuridad también es visual. La ves. Y de hecho, ni siquiera la ceguera te ayudará a menos que hayas nacido ciego, porque un hombre que nace ciego no puede ni siquiera ver los sueños. No tiene ni idea de nada.

Puede que nunca hayas pensado en ello. ¿Crees que un ciego puede ver un tren en su sueño, o una noche estrellada en su sueño, o una mujer hermosa en su sueño, o una flor de rosa en su sueño? Imposible, porque nunca ha visto esas cosas. Los sueños son sólo reflejos. Lo que has visto en la vida real, los sueños pueden reflejarlo.

Lo más sorprendente es que casi todo el mundo piensa que un ciego vive en la oscuridad. Y eso es un error, porque la oscuridad también es un fenómeno visual, hay que verla. El ciego no tiene ojos. Ni siquiera puede ver la oscuridad; la luz está muy lejos. Si puede ver la oscuridad, entonces no puedes impedirle que vea la luz. Y si puede ver cosas en sueños, no es ciego. El ciego de nacimiento no ve nada, igual que el sordo de nacimiento no oye nada.

¿Pero qué puedes hacer? Tienes ojos. ¿Cómo puedes abandonar el mundo visual?

Había en la India un poeta, Surdas, venerado por los hindúes como un gran santo. Surdas vio a una hermosa mujer—había ido a mendigar, sin saber quién estaba dentro de la casa. Llamó a la puerta y le abrió una hermosa mujer. Y, de repente, surgió en su ser un deseo, un capricho por ella. Era natural, no estaba mal. Si puedes disfrutar de una flor hermosa, ¿por qué no puedes disfrutar de un rostro hermoso? Pero las religiones están muy en contra de todos los placeres. Parece que todas las religiones han sido fundadas por masoquistas. ¡Tortúrate! Cuanto más te tortures, más espiritual te volverás.

Surdas se sintió muy culpable... y no había hecho nada; sólo que el rostro era tan hermoso que era natural que surgiera en él un gran aprecio. Pero iba contra los preceptos religiosos. Se destrozó los dos ojos y quedó ciego. Y debido a esta ceguera, ha sido venerado durante siglos como un gran santo.

¿Pero crees que destruyendo sus ojos habría dejado de soñar? Todo lo contrario: entonces soñaría más y más con ese bello rostro. El rostro que era bello se volvería más bello, más elegante, en sus sueños.

¿Y este es el sentido de la caridad?

La caridad significa simplemente un compartir incondicional. No tiene nada que ver con los ojos ni con el mundo visual y su abandono. Significa simplemente que tienes algo; debes disfrutar compartiéndolo. No seas avaro. No te aferres a ello porque toda esta vida va a terminar un día y no podrás llevarte nada contigo. Así que mientras estés vivo, ¿por qué no compartir todo lo que puedas? Las cosas que te pueden quitar en cualquier momento... es mejor que las compartas. Y compartir es una gran alegría. El hombre que aprende el arte de compartir es el hombre más rico del mundo. Puede que sea pobre, pero su ser interior tiene una cualidad de riqueza de la que incluso los emperadores pueden sentir envidia.

Siempre me ha gustado una pequeña historia sufí: Un hombre pobre, muy pobre, leñador, vivía en el bosque en una pequeña cabaña. La cabaña era tan pequeña que él y su mujer podían dormir... sólo había ese espacio en la cabaña.

En mitad de una noche oscura, llovía a cántaros y alguien llamó a la puerta. La mujer dormía cerca de la puerta. El marido le dijo a la mujer: "Abre la puerta. Llueve demasiado y el hombre se habrá perdido. Es noche cerrada y el bosque es peligroso y está lleno de animales salvajes. Abre la puerta inmediatamente".

Ella dijo: "Pero no hay espacio". El hombre se rió y dijo: "Esto no es el palacio de un rey, donde siempre encontrarás escasez de espacio. Esta es la choza de un pobre. Dos pueden dormir bien; tres pueden sentarse. Crearemos espacio. Sólo tienes que abrir la puerta".

Y se abrió la puerta. El hombre entró y se mostró muy agradecido y todos se sentaron y empezaron a hablar y a cotillear y a contarse historias. Había que pasar la noche de alguna manera porque no podían dormir; no había sitio. Y justo entonces, otro golpe ....

El hombre, el nuevo huésped, estaba ahora sentado junto a la puerta. El dueño de la cabaña le dijo: "Amigo, abre la puerta. Alguien más se ha perdido". Y el hombre dijo: "Parece un tipo muy extraño. No hay sitio".

También era el argumento de mi mujer. Si hubiera escuchado su argumento, habrías estado en el bosque, comido por los animales salvajes. Y tú pareces un hombre extraño que no puede entender que estemos sentados sólo por tu culpa.

Estamos cansados después de un largo día. Soy leñador... todo el día corto la madera y luego la vendo en el mercado y así apenas podemos conseguir comida una vez al día. Abre la puerta. Esta no es tu choza. Si tres personas pueden sentarse cómodamente, cuatro pueden sentarse un poco más cerca, con un poco menos de comodidad. Pero crearemos el espacio".

Naturalmente tuvo que abrir la puerta, aunque de mala gana. Entró un hombre y se mostró muy agradecido. Ahora estaban sentados muy cerca; no quedaba ni un centímetro de espacio. Y de repente, ¡un golpe extraño, que no parecía de hombre! Hubo silencio por parte de los tres; la esposa y los dos invitados temían que dijera que abrieran la puerta.

Y lo dijo. "Abre la puerta. Sé quién llama. Es mi burro. En este ancho mundo es mi único amigo. Llevo mi leña en ese burro. Se queda fuera, pero llueve demasiado. Abre la puerta".

Y ahora era el cuarto invitado al que se le permitía entrar, y todos se resistían y decían: "Esto es demasiado. ¿Dónde se va a parar el burro?"

Este hombre dijo: "Usted no entiende. Es la choza de un pobre, siempre es espaciosa. Ahora mismo estamos sentados; cuando entre el burro estaremos todos de pie y mantendremos al burro en medio para que se sienta caliente y acogido y querido."

Decían: "Era mejor perderse en la selva que ser atrapado en tu choza".

Pero no se pudo hacer nada. Cuando el dueño dijo que abrieran la puerta, la puerta se abrió.

Y entró el burro. El agua le chorreaba por todo el cuerpo y el dueño lo llevó al centro y dijo a todos los demás que se pusieran alrededor. Les dijo: "No lo entendéis. Mi burro tiene una mente muy filosófica. Puedes decir lo que quieras, pero nunca se molesta. Siempre escucha en silencio".

Me ha encantado esta historia que dice que a los palacios de los emperadores siempre les falta espacio—aunque sean tan grandes ....

La casa del presidente de la India tiene cien habitaciones con baños adjuntos, cien acres de jardín. Esta solía ser la casa del virrey y todavía tienen casas de huéspedes separadas. ¿Qué hacen ahí esas cien habitaciones?

Uno se pregunta ....

Una vez estuve allí porque uno de los presidentes, Zakir Hussein, se interesó por mí. Era vicerrector de la Universidad de Aligarh y, cuando él era vicerrector, yo hablé allí. Él presidía y le encantó lo que dije. Cuando se convirtió en presidente y se enteró de que yo estaba en Delhi, me invitó a venir y me llevó por los alrededores. Le pregunté: "¿Para qué sirven estas cien habitaciones?".

No sirven para nada. De hecho para mantenerlos se necesitan cien sirvientes. Para el mantenimiento de este gran jardín de cien acres, cien habitaciones... y enfrente ves dos grandes edificios. Son casas de huéspedes y cada casa de huéspedes debe tener al menos veinticinco habitaciones, no menos que eso."

Le dije: "Esto es un despilfarro absoluto. ¿En cuántas habitaciones duermes?"

Dijo: "¿En cuántas habitaciones? Duermo en mi cama. No soy un monstruo como para esparcirme en muchas habitaciones... la cabeza en una habitación, y el cuerpo en otra y las piernas en otra".

"Pero entonces", dije, "estas cien habitaciones que están simplemente vacías, completamente amuebladas con todo lo disponible que un hombre necesita, deberían tener algún uso".

Pero esta es la situación en todo el mundo. Los emperadores tienen grandes palacios y aun así no hay espacio. Siempre están haciendo nuevos palacios, nuevas casas de huéspedes.

Y el pobre de esta historia dijo: "Es una choza de pobres, no falta espacio. Nos las arreglaremos". Y se las arreglaron. La noche pasó estupendamente, aunque tuvieron que levantarse.

Pero es hermoso compartir lo que tienes. Incluso si no tienes nada, puedes encontrar algo en tu nada, también para compartir.

La caridad es compartir. Lo que Bodhidharma está diciendo es simplemente una tontería.

ALEJAR AL LADRÓN DEL OÍDO NO ESCUCHANDO LOS SONIDOS ES MORALIDAD.

¿Has oído alguna vez una definición así? ¡No oír los sonidos, no escuchar la música es moralidad! ¿Entonces matar a un hombre o violar a una mujer no es inmoral?

Escuchar música es inmoral, escuchar a los pájaros en los árboles por la mañana temprano es inmoral. Mi sensación es que, como se enredó con la cuestión última y mintió, ha perdido el control y ahora intenta hacer todo tipo de definiciones que carecen absolutamente de sentido y son absurdas.

HUMILLAR AL LADRÓN DE LA NARIZ EQUIPARANDO TODOS LOS OLORES COMO NEUTROS ES PACIENCIA.

¡Es realmente original! He leído miles de libros sobre moral, sobre virtudes como la paciencia, pero nunca me había topado con la afirmación de que es una cuestión del olfato, no de uno mismo. Si puedes equiparar todos los olores como neutros -una rosa y el estiércol de vaca huelen igual-, ¡eres paciente! Al diablo con la paciencia: es una locura, una insensibilidad.

Un hombre inteligente será más sensible. El poeta ve los verdes de los árboles de forma diferente a como tú los ves. Los ve más verdes. No sólo ve árboles verdes, ve diferentes tonos de verde. Su sensibilidad para el color es muy aguda.

El músico oye sonidos incluso en el silencio, sus oídos están muy afinados. Y lo mismo ocurre con los demás sentidos.

Pero Bodhidharma está haciendo realmente el ridículo: CONTROLAR AL LADRÓN DE LA BOCA VENCIENDO LOS DESEOS DE SABOREAR, ALABAR Y EXPLICAR ES DEVOCIÓN.

Si puedes comer la comida más deliciosa y el estiércol de la vaca sagrada sin que eso suponga ninguna diferencia, ¡eso es devoción! Toda mi vida he intentado definir la devoción, ¡pero Bodhidharma sabe más!

SOFOCAR EL LADRÓN DEL CUERPO PERMANECIENDO IMPASIBLE ANTE LAS SENSACIONES DEL TACTO ES LA MEDITACIÓN.

Si alguien te toca y no lo sientes, ¿estás meditando? Si alguien te toca y no lo sientes, simplemente estás muerto. No es meditación.

Pero ha hecho un gran trabajo. Y la gente que le escuchaba, debió preguntarse .... "De la India ha venido un hombre iluminado. También hemos oído"—aquellos chinos también habían oído hablar mucho de meditación—"¡pero esto es realmente original!"

También tienen su propio Lao Tzu, y Chuang Tzu y Lieh Tzu -contemporáneos de Gautam Buda, del mismo calibre, que saben lo que es la meditación. Y él está tratando de hacer una definición, una casi increíble.

Acaba de perder los nervios.

Cuando se hizo la última pregunta, ése fue el punto a partir del cual empezó a caer. Y se olvidó de todo. Ahora está tratando de arreglar, de cualquier manera que pueda ... parchando este agujero, parchando ese agujero, y nuevos agujeros están surgiendo y él está corriendo de aquí para allá y no puede tener ningún sentido de lo que está haciendo.

Y DOMAR AL LADRÓN DE LA MENTE NO CEDIENDO A LOS ENGAÑOS, SINO PRACTICANDO LA VIGILIA, ES SABIDURÍA.

Sólo éste parece ser un poco sensato... sólo un poco, no mucho, porque la vigilia no se puede practicar. Él mismo ha dicho antes que es un fenómeno espontáneo, no se puede practicar. Cualquier cosa que se practique será practicada por tu mente. ¿Quién va a practicarlo?

Tienes tu cuerpo; puedes practicar yoga. Tienes tu mente; puedes practicar la meditación, la vigilia. Pero todo lo que venga del cuerpo se irá con el cuerpo, y todo lo que venga de la mente se irá con la mente.

No podrán acompañarte cuando la muerte se lo lleve todo.

Tiene que ocurrir algo en ti que no forme parte del cuerpo, que no forme parte de la mente, algo que no tenga raíces en la estructura cuerpo-mente. Y la vigilia es conciencia, presenciar desde lejos todas las actividades de la mente y el cuerpo. Entonces la vigilia te acompañará. Incluso cuando el cuerpo y la mente son arrebatados por la muerte, la vigilia no puede ser arrebatada por nadie.

Por eso digo que sólo un poco... al menos no está haciendo demasiado el ridículo.

ESTAS SEIS PARAMITAS, lo que te lleva más allá, SON TRANSPORTES.

COMO BARCOS O BALSAS, TRANSPORTAN SERES A LA OTRA ORILLA. DE AHÍ QUE SE LLAMEN TRANSBORDADORES.

PERO CUANDO SHAKYAMUNI ERA UN BODHISATTVA, CONSUMÍA TRES CUCHARONES DE LECHE... Ahora ésta va a ser la última locura imaginable. El discípulo está preguntando:

PERO CUANDO SHAKYAMUNI ERA UN BODHISATTVA, CONSUMIÓ TRES TAZONES DE LECHE Y SEIS CUCHARONES DE GACHAS ANTES DE ALCANZAR LA ILUMINACIÓN. SI TUVO QUE BEBER LECHE ANTES DE PODER SABOREAR EL FRUTO DE LA BUDEIDAD, ¿CÓMO PUEDE CONDUCIR A LA LIBERACIÓN LA MERA CONTEMPLACIÓN DE LA MENTE?

Como Bodhidharma se está volviendo excéntrico, los discípulos también empiezan a hacer preguntas que normalmente no habrían hecho. Pero ahora todo está bien. Es cierto que Buda consumió tres tazones de leche, pero eso no significa que por esos tres tazones de leche se iluminara, que uno tenga que hacer algo antes de la iluminación. No significa que sea una condición.

Pero eso es lo que preguntan los discípulos: SI TUVO QUE BEBER LECHE ANTES DE PODER SABOREAR EL FRUTO DE LA BUDEIDAD, ¿CÓMO PUEDE LA MERA CONTEMPLACIÓN DE LA MENTE DAR LUGAR A LA LIBERACIÓN? Primero hay que beber tres tazones de leche, y tú nos dices que basta con observar la mente para liberarse. ¿Qué pasa con esos tres tazones de leche?

Y esto no ocurre sólo con Bodhidharma, ocurre con todas las escrituras religiosas, comentarios. Llegan a puntos en los que simplemente te sorprendes de que esta gente .... ¿No pueden ver una cosa simple, que fue sólo incidental? El tenia hambre y alguien le ofrecio leche. Pero lo que los discípulos piden puede ser perdonado. Son discípulos, ignorantes. Pero la respuesta es realmente grandiosa. Los discípulos no son nada ante la respuesta.

La respuesta es: LO QUE DICES ES VERDAD. ASÍ ES COMO ALCANZÓ LA ILUMINACIÓN. TUVO QUE BEBER LECHE ANTES DE CONVERTIRSE EN BUDA. PERO HAY DOS CLASES DE LECHE.

Esto es algo que no se puede superar. Solía pensar que la estupidez tiene un límite, pero no lo tiene. El dice:

PERO HAY DOS CLASES DE LECHE LA QUE BEBIÓ SHAKYAMUNI NO ERA LECHE IMPURA ORDINARIA SINO PURA DHARMAMILK.

No es leche normal, es leche religiosa. ¿Y qué es la leche religiosa? Nadie ha oído hablar de ella. La gente ha oído hablar de la leche en polvo, y de todos los demás tipos, pero ¿la dharmamilk? ¿Cómo puede ser religiosa la leche?

LOS TRES CUENCOS ERAN LOS TRES CONJUNTOS DE PRECEPTOS Y LOS SEIS CUCHARONES ERAN LAS SEIS PARAMITAS. CUANDO SHAKYAMUNI ALCANZÓ LA ILUMINACIÓN, FUE PORQUE BEBIÓ ESTE DHARMAMILK PURO QUE SABOREÓ EL FRUTO DE LA BUDEIDAD. DECIR QUE EL TATHAGATA BEBIÓ EL BREBAJE MUNDANO DE LECHE DE VACA IMPURA Y MALOLIENTE ES EL COLMO DE LA CALUMNIA.

LO QUE ES VERDADERAMENTE ASÍ, EL DHARMA-YO INDESTRUCTIBLE Y SIN PASIONES, PERMANECE PARA SIEMPRE LIBRE DE LAS AFLICCIONES DEL MUNDO. ¿POR QUÉ NECESITARÍA LECHE IMPURA PARA SACIAR SU HAMBRE O SU SED?

Por un lado, hemos visto a Bodhidharma decir una y otra vez, en muchos sutras, que tu ser intrínseco es siempre puro, no hay forma de volverlo impuro. Y ahora, para tomar conciencia de tu propia naturaleza -en eso consiste la budeidad- necesitas un tipo de leche muy especial, la dharmamilk. Él da la descripción completa de cómo se crea este dharmamilk.

LOS SUTRAS DICEN: "ESTE BUEY NO VIVE EN LAS TIERRAS ALTAS NI EN LAS BAJAS".

Lo primero que hay que recordar es que no es una vaca porque una vaca es una mujer, hembra, y no se puede esperar dharmamilk de una hembra. El dharmamilk viene sólo a través de los machos. Deberías enviar este sutra a Morarji Desai; apoya su ideología. Él está bebiendo la dharmamilk todos los días ...ordeñando y bebiendo y ordeñando y bebiendo su propia leche. ¡Creo que ha alcanzado más virtudes que cualquier Buda!

Este buey no es un error, porque antes ha utilizado la palabra vaca. Cuando está condenando la leche está diciendo, DECIR QUE EL TATHAGATA BEBÍA LA CONCOCICIÓN MUNDIAL DE LA LECHE DE VACA IMPURA, QUE HUELE A RANGO... Así que conoce perfectamente la diferencia entre vacas y bueyes.

Los sutras dicen: "Este buey no vive en las tierras altas ni en las tierras bajas. NO COME GRANO NI PAJA. Y NO PASTA CON LAS VACAS—porque incluso al pastar con las vacas, existe la posibilidad de que la leche dharmamilk se vuelva impura.

EL CUERPO DE ESTE BUEY ES DEL COLOR DEL ORO BRUÑIDO". EL BUEY SE REFIERE A VAIROCANA. DEBIDO A SU GRAN COMPASIÓN POR TODOS LOS SERES, PRODUCE DESDE EL INTERIOR DE SU DHARMABODY PURO LA SUBLIME DHARMAMILK DE LOS TRES CONJUNTOS DE PRECEPTOS Y LAS SEIS PARAMITAS PARA NUTRIR A TODOS AQUELLOS QUE BUSCAN LA LIBERACIÓN. LA LECHE PURA DE UN BUEY TAN VERDADERAMENTE PURO NO SÓLO PERMITIÓ AL TATHAGATA ALCANZAR LA BUDEIDAD, SINO QUE PERMITE A CUALQUIER SER QUE LA BEBA ALCANZAR LA ILUMINACIÓN COMPLETA E INSUPERABLE.

Esto es realmente muy desalentador. ¿Dónde vas a encontrar este dharma-ox?

Eso me recuerda a un monje hindú, muy famoso. Yo viajaba con él para participar en una conferencia hindú y nos alojábamos en la misma casa. Solía beber sólo leche; ésa era su única gran espiritualidad. Por lo demás, no pude ver—tres días estuve con él—no pude ver ninguna inteligencia. Lo único era que sólo tomaba leche, y esa leche tenía que ser de una vaca blanca, una vaca absolutamente blanca.

Cuando oí esto le pregunté: "No debería interferir en tu gran disciplina, pero no puedo resistir la tentación porque nunca he visto ni siquiera una vaca negra dando leche negra. La leche siempre es blanca, ¿por qué te preocupas? Si una vaca tiene un punto, sólo un pequeño punto... negro o marrón o lo que sea... ¿se cancela?".

Por la mañana, se trajeron muchas vacas para que el santo las viera y mirara a su alrededor para ver si eran absolutamente blancas o no. Y cuando aceptaba que alguna vaca era absolutamente blanca, entonces un hombre tenía que bañarse con la ropa puesta y con esa ropa mojada tenía que ordeñar la vaca, delante del santo, para que ninguna impureza ni nada malo pasara a la leche.

En tres días me cansé de su idiotez. Entonces no había oído hablar de Bodhidharma; de lo contrario, le habría dicho: "Lo que estás haciendo es absolutamente correcto.

Sólo una cosa está mal: bebes la leche de las vacas. Deberías beber la leche del buey, un buey blanco". Pero incluso la leche de buey blanco no será blanca. Será amarilla. Pero para alcanzar la iluminación uno puede hacer cualquier austeridad—¡y ésta es una gran disciplina!

Bodhidharma simplemente se ha puesto en ridículo, cuando en realidad las cosas eran sencillas de explicar. Pero no es sólo con esta religión - con cada religión el mismo problema surge una y otra vez.

El tirthankara Jaina, Mahavira, se iluminó sentado en cierta postura que es muy extraña porque rara vez se le encuentra en esa postura. En yoga esa postura se llama "postura de ordeñar vacas". En la India no se utilizan máquinas; los hombres se sientan en un trípode y ordeñan las vacas a mano. Pero, ¿qué estaba haciendo Mahavira?—Porque ciertamente no estaba ordeñando una vaca, así que ¿por qué iba a sentarse en la postura de ordeñar una vaca?

Eso se puede hacer sólo por una razón ... y no te diré la razón. Puedes preguntarle a Morarji Desai; dile: "Lo estás haciendo perfectamente. Sólo recuerda, siéntate en la postura correcta para ordeñar vacas. Recoge la leche y bebe, y la iluminación es segura".

Ahora, después de Mahavira los monjes Jaina habían estado pensando que uno no podía iluminarse porque sentarse en esa postura es muy difícil. No puedes sentarte el tiempo suficiente... y es una postura muy extraña. Para meditar uno necesita sentarse de tal manera que uno este relajado, a gusto. La de Mahavira es una postura muy tensa.

Pero lo que es accidental, la gente empieza a pensarlo como si fuera la causa - como si esa postura fuera una necesidad para la iluminación. Nada es necesario para la iluminación porque la iluminación no es causada por nada que puedas hacer. La iluminación ocurre sólo cuando estás ausente, tan completamente silencioso que no es obra tuya.

No puedes presumir: "Esta es mi iluminación. Lo he conseguido". Cuando sucede la iluminación, puedes decir simplemente: "Yo no estaba. Y porque no estaba, estaba tan silencioso, tan ausente—sólo una pura nada, sólo una receptividad—sucedió". Vino del más allá igual que los rayos del sol llegan a las flores y abren sus pétalos. Algo del más allá llega a ti y tu loto abre sus pétalos y libera toda su inagotable fragancia. Pero no hay causa.

Causa y efecto son términos científicos. No tienen ningún significado en el misterio de tu vida interior. No hay nada causado, nada efectuado. La budeidad, la iluminación, el despertar, la liberación ya están ahí. No hay que crearla, por lo que no se necesita ninguna causa. Sólo hay que mirarlo. Basta con volver los ojos hacia dentro y verlo. Es un descubrimiento. Ha estado ahí durante milenios, así que puedes hacerlo en cualquier momento, sólo una pequeña cosa que no es una causa, sólo tienes que abrir los ojos hacia dentro. Y eso es lo que yo llamo meditación.

La mente abre hacia fuera; la meditación abre hacia dentro. La mente es una puerta que te lleva al exterior, al mundo; la meditación es la puerta que te lleva a tu interioridad, al santuario más íntimo de tu ser. Y de repente, estás iluminado.

La iluminación siempre es repentina; nunca es gradual.

Y Bodhidharma lo sabía. Su propia iluminación fue una experiencia repentina.

Pero para no contradecir la tradición, para no molestar a la gente, para no hacerse enemigos, transigió. Condeno categóricamente este compromiso.

Un hombre de su genio no debería haber transigido en ningún terreno. Aunque desaparezca todo el budismo en China, no se pierde nada.

Pero Bodhidharma comprometiéndose ha destruido su propia integridad, su propia sinceridad, su propia autoridad. Se ha convertido en un pigmeo cuando en realidad era un gigante.

¿De acuerdo?

Sí, Maestro.

Saborea el misterio en el fondo de tu corazón

AMADO MAESTRO,
A LO LARGO DE LOS SUTRAS, EL BUDA DICE A LOS MORTALES QUE PUEDEN ALCANZAR LA ILUMINACIÓN REALIZANDO OBRAS MERITORIAS COMO CONSTRUIR MONASTERIOS, FUNDIR ESTATUAS, QUEMAR INCIENSO, ESPARCIR FLORES, ENCENDER LÁMPARAS ETERNAS, PRACTICAR LOS SEIS PERÍODOS DEL DÍA Y DE LA NOCHE, PASEAR ALREDEDOR DE ESTUPAS, OBSERVAR AYUNOS Y ADORAR. PERO SI CONTEMPLAR LA MENTE INCLUYE TODAS LAS DEMÁS PRÁCTICAS, ENTONCES OBRAS COMO ÉSTAS PARECERÍAN REDUNDANTES.

LOS SUTRAS DEL BUDA CONTIENEN INNUMERABLES METÁFORAS.

COMO LOS MORTALES TIENEN MENTES SUPERFICIALES Y NO COMPRENDEN NADA PROFUNDO, EL BUDA UTILIZÓ LO TANGIBLE PARA REPRESENTAR LO SUBLIME. LAS PERSONAS QUE BUSCAN BENDICIONES CONCENTRÁNDOSE EN OBRAS EXTERNAS EN LUGAR DE EN EL CULTIVO INTERNO ESTÁN INTENTANDO LO IMPOSIBLE.

LO QUE VOSOTROS LLAMÁIS UN MONASTERIO, NOSOTROS LO LLAMAMOS UN SANGHARAMA, UN LUGAR DE PUREZA. PERO QUIEN NIEGA LA ENTRADA A LOS TRES VENENOS Y MANTIENE PURAS LAS PUERTAS DE SUS SENTIDOS, SU CUERPO Y SU MENTE QUIETOS, LIMPIOS POR DENTRO Y POR FUERA, CONSTRUYE UN MONASTERIO.

LA FUNDICIÓN DE ESTATUAS SE REFIERE A TODAS LAS PRÁCTICAS CULTIVADAS POR QUIENES BUSCAN LA ILUMINACIÓN ....

Y QUEMAR INCIENSO NO SIGNIFICA INCIENSO MATERIAL ORDINARIO, SINO EL INCIENSO DEL DHARMA INTANGIBLE, QUE AHUYENTA LA SUCIEDAD, LA IGNORANCIA Y LAS MALAS ACCIONES CON SU PERFUME ....

CUANDO EL BUDA ESTUVO EN EL MUNDO, DIJO A SUS DISCÍPULOS QUE ENCENDIERAN ESE PRECIOSO INCIENSO CON EL FUEGO DE LA CONCIENCIA COMO OFRENDA A LOS BUDAS DE LAS DIEZ DIRECCIONES. PERO LA GENTE DE HOY NO COMPRENDE EL VERDADERO SIGNIFICADO DEL TATHAGATA. UTILIZAN UNA LLAMA ORDINARIA PARA ENCENDER INCIENSO MATERIAL DE SÁNDALO O INCIENSO ESPERANDO ALGUNA BENDICIÓN FUTURA QUE NUNCA LLEGA.

LO MISMO SE APLICA A ESPARCIR FLORES. ESTO SE REFIERE A HABLAR DEL DHARMA, O A ESPARCIR FLORES DE VIRTUD, PARA BENEFICIAR A LOS DEMÁS Y GLORIFICAR AL YO REAL .... SI CREES QUE EL TATHAGATA PRETENDÍA QUE LA GENTE DAÑARA LAS PLANTAS CORTANDO SU FLORACIÓN, TE EQUIVOCAS. QUIENES OBSERVAN LOS PRECEPTOS NO DAÑAN A NINGUNA DE LAS INNUMERABLES FORMAS DE VIDA DEL CIELO Y DE LA TIERRA. SI DAÑAS ALGO POR ERROR, SUFRES POR ELLO. PERO LOS QUE INFRINGEN INTENCIONADAMENTE LOS PRECEPTOS HIRIENDO A LOS VIVOS EN ARAS DE FUTURAS BENDICIONES SUFREN AÚN MÁS. ¿CÓMO PUEDEN PERMITIR QUE LAS BENDICIONES FUTURAS SE CONVIERTAN EN PENAS?

LA LÁMPARA ETERNA REPRESENTA LA CONCIENCIA PERFECTA. ...HACE MUCHO TIEMPO, HUBO UN BUDA LLAMADO DIPAMKARA, O LAMPARERO.

ESTE ERA EL SIGNIFICADO DE SU NOMBRE .... LA LUZ QUE DESPRENDE UN BUDA DESDE UN RIZO DE SU

ENTRECEJO PUEDE ILUMINAR INCONTABLES MUNDOS. UNA LÁMPARA DE ACEITE NO AYUDA ....

PRACTICAR LOS SEIS PERÍODOS DEL DÍA Y DE LA NOCHE SIGNIFICA ENTRE LOS SEIS SENTIDOS CULTIVAR CONSTANTEMENTE LA ILUMINACIÓN Y PERSEVERAR EN CADA FORMA DE CONCIENCIA. NO RELAJAR NUNCA EL CONTROL SOBRE LOS SEIS SENTIDOS ES LO QUE SE ENTIENDE POR LOS SEIS PERIODOS.

EN CUANTO A CAMINAR ALREDEDOR DE ESTUPAS, LA ESTUPA ES TU CUERPO Y TU MENTE. CUANDO TU CONCIENCIA RODEA TU CUERPO Y TU MENTE SIN PARAR, ESTO SE LLAMA CAMINAR ALREDEDOR DE UNA ESTUPA ....

LO MISMO VALE PARA OBSERVAR UN AYUNO .... AYUNAR SIGNIFICA ...REGULAR EL CUERPO Y LA MENTE PARA QUE NO SE DISTRAIGAN NI SE PERTURBEN.

ADEMÁS, UNA VEZ QUE DEJAS DE COMER EL ALIMENTO DEL ENGAÑO, SI VUELVES A TOCARLO, ROMPES EL AYUNO. Y UNA VEZ QUE LO ROMPES, NO COSECHAS NINGUNA BENDICIÓN DE ÉL. EL MUNDO ESTA LLENO DE PERSONAS ENGAÑADAS QUE NO VEN ESTO. ELLOS COMPLACEN SU CUERPO Y MENTE EN TODA CLASE DE MALDAD. DAN RIENDA SUELTA A SUS PASIONES Y NO TIENEN VERGÜENZA. Y CUANDO DEJAN DE COMER ALIMENTOS ORDINARIOS, LO LLAMAN AYUNO. ¡QUÉ ABSURDO!

LO MISMO OCURRE CON EL CULTO. HAY QUE ENTENDER EL SIGNIFICADO Y ADAPTARSE A LAS CONDICIONES. EL SIGNIFICADO INCLUYE LA ACCIÓN Y LA NO ACCIÓN ....

ADORAR SIGNIFICA REVERENCIA Y HUMILDAD. SIGNIFICA REVERENCIAR TU VERDADERO YO Y HUMILLAR LOS ENGAÑOS. SI PUEDES ELIMINAR LOS MALOS DESEOS Y ALBERGAR BUENOS PENSAMIENTOS, AUNQUE NO SE NOTE NADA, ES ADORACIÓN ....

QUIENES NO CULTIVAN EL SIGNIFICADO INTERIOR Y SE CONCENTRAN EN CAMBIO EN LA EXPRESIÓN EXTERIOR

NUNCA DEJAN DE ENTREGARSE A LA IGNORANCIA, EL ODIO Y LA MALDAD MIENTRAS SE AGOTAN EN VANO. PUEDEN ENGAÑAR A LOS DEMÁS CON POSTURAS, PERMANECER DESVERGONZADOS ANTE LOS SABIOS Y VANIDOSOS ANTE LOS MORTALES, PERO NUNCA ESCAPARÁN DE LA RUEDA, Y MUCHO MENOS LOGRARÁN MÉRITO ALGUNO.

Me duele profundamente tener que decir que Bodhidharma se ha vuelto senil. Iba tan bien hasta el momento en que se planteó la pregunta: "¿De dónde viene la ignorancia?". Pero perdió la pista. Sucede a menudo... si mientes una vez, tienes que mentir mil y una veces más; cada mentira necesita otra mentira que la proteja... y aun así permanece desprotegida. En vez de una mentira, ahora tienes que proteger dos mentiras, pero las mentiras no pueden ser protegidas por la verdad—entonces traes una tercera mentira. Y ésta es una serie interminable.

Eso es lo que le ha ocurrido a Bodhidharma, porque sencillamente no podía decir: "No lo sé". Ahora se encuentra en un dilema: sea lo que sea lo que se le pregunte, tiene que dar alguna respuesta, lo sepa o no. Y hay cosas que no se pueden saber por su propia naturaleza. Así que no debería haber sido una calamidad en absoluto aceptar que se trata de una pregunta última y que las preguntas últimas no pueden ser respondidas, ni por Bodhidharma ni por nadie, pasado, presente o futuro.

Lo último seguirá siendo siempre un misterio. No se puede desmitificar dando una respuesta. En el momento en que te enfrentes a lo último, simplemente tienes que ser como un niño, un inocente. Disfruta de su maravilla, saborea su misterio en lo más profundo de tu corazón. Deja que penetre en los silencios de tu ser. Deja que te penetre y te transforme. No es una pregunta para plantearse, ni para esperar respuesta alguna.

Pero Bodhidharma sólo dio un paso en falso, y ahora se está yendo por el desagüe. Cada día tiene que seguir creando mentiras innecesarias. De vez en cuando dice algo verdadero, pero ahora la cantidad de verdad disminuye y las mentiras son cada vez más y más, su cantidad aumenta.

Nunca había pensado que un hombre como Bodhidharma no tuviera el valor suficiente para decir simplemente: "Perdóname, no lo sé", a la pregunta última. Si hubiera dicho eso y se hubiera detenido ahí, se habría elevado por encima de millones de místicos en altura, en profundidad, en magnificencia.

Pero puedo entender el problema: no quería decepcionar a sus discípulos, no quería decepcionar al pueblo chino. No quería decirles que hay cuestiones fundamentales que ni siquiera un iluminado puede responder. Así que sigue inventando ficciones. No puede decir que el Buda está equivocado, así que tiene que producir respuestas extrañas que no encajan en absoluto con lo que dijo el Buda—y no encajan en absoluto con lo que el propio Bodhidharma dijo antes. Toda su enseñanza consistía en ser consciente de la mente e ir más allá de la mente, y eso era absolutamente perfecto. No había que añadirle nada.

Ahora responde a las preguntas a regañadientes, pero no puede detenerse. Se necesita un tremendo valor para ignorar las preguntas de sus discípulos y decir simplemente que esto no es una pregunta porque es lo último. Ha estado intentando por todos los medios satisfacer a los discípulos y satisfacer al pueblo chino de que un hombre iluminado lo sabe todo.

La realidad no es así. Cuanto más te iluminas, menos sabes. En la cima última de la iluminación, simplemente te conoces a ti mismo... y nada más. Pero en esa cima, tú mismo eres el universo entero.

Te diré dónde sigue teniendo razón—porque sabe cuál es la verdad—pero está transigiendo. No es un rebelde, es una persona pacificadora. No quiere decir una sola palabra que perturbe a los budistas recién convertidos en China. No habría pasado nada si se hubiera quedado en la India y nunca hubiera ido a China. Aquí habría sido él mismo, sin necesidad de pensar en los demás. En el momento en que empiezas a considerar a los demás, caes de la altura.

Por lo que a mí respecta, mi compromiso absoluto es con la verdad. Aunque irrite y moleste a todo el mundo, no diré nada sólo para consolarles, y no diré nada que vaya en contra de mi experiencia de la verdad. La gente me ha preguntado: "¿Por qué está todo el mundo contra ti?". El mundo no está contra mí. Estoy en contra del mundo porque he elegido la verdad. Y sólo diré aquello que sea absolutamente mi experiencia. No transigiré de ninguna manera, por ningún motivo.

Pero Bodhidharma empezó a transigir. Puede que la gente le adorara porque les consolaba, pero a mis ojos ha perdido su grandeza; ha perdido su belleza y su inteligencia. Ha caído demasiado bajo para ser comprendido.

Esta es la pregunta de un discípulo:

A LO LARGO DE LOS SUTRAS, EL BUDA DICE A LOS MORTALES QUE PUEDEN ALCANZAR LA ILUMINACIÓN REALIZANDO OBRAS MERITORIAS COMO CONSTRUIR MONASTERIOS, FUNDIR ESTATUAS, QUEMAR INCIENSO, ESPARCIR FLORES, ENCENDER LÁMPARAS ETERNAS, PRACTICAR LOS SEIS PERIODOS DEL DÍA Y DE LA NOCHE, PASEAR POR LAS ESTUPAS... Las estupas son las tumbas de los antiguos iluminados.

...OBSERVANDO AYUNOS Y RINDIENDO CULTO.

De hecho, todo este sutra es una invención de la escuela budista Mahayana.

Buda nunca dijo nada parecido, y si lo dijo se equivocó. Ése debería haber sido el sencillo planteamiento de Bodhidharma, porque incluso en el momento de su muerte las últimas palabras de Buda fueron: "No hagáis mis estatuas".

Y has oído a Bodhidharma decir al principio: "Los budas no pueden adorar a los budas". No hay necesidad, y es realmente humillante. Tienes la misma cualidad de conciencia dentro de ti, sólo que no la has descubierto.

Alguien más lo ha descubierto, pero en lo que se refiere a TENERLO, ambos lo tienen de la misma manera.

Bodhidharma mencionó el nombre de Dipamkara. Era un antiguo buda muy anterior a Gautam Buda, y en la época de Dipamkara Gautam Buda era un hombre corriente. Sólo por curiosidad había ido a ver a Dipamkara. Se le dio el nombre de Dipamkara porque su presencia era tan contagiosa que aquellos que inocentemente se acercaban a él captaban inmediatamente algo invisible, como si una llama hubiera saltado de Dipamkara a su corazón, que estaba completamente oscuro, y ahora hubiera luz. De ahí que se le diera el nombre de Buda Dipamkara, un hombre que enciende las lámparas apagadas de los demás con su sola presencia.

Gautam Buda no estaba iluminado en ese momento, pero había ido sólo por curiosidad, como un niño pequeño, para ver qué estaba pasando, por qué tanta gente iba allí. Su curiosidad era inocente. No había ido para alcanzar el conocimiento o la iluminación, ni nada parecido. No había codicia en ello, no había ambición en ello. Era simplemente el asombro. Había oído que la gente que iba a Dipamkara... simplemente sentándose en silencio con él, algo ocurría, y volvían a casa totalmente diferentes. Sus acciones cambiaban, sus estilos de vida cambiaban. Se volvieron más amorosos, más compasivos, desapareció la avaricia, la ambición, la ira. Se convirtieron en individuos tan bellos y tan fragantes que Buda quiso ver a este hombre... este hombre era una maravilla.

No hizo nada, pero ....

El maestro nunca hace nada. Su trabajo consiste en acercarte... tanto como cuando acercas una vela encendida a otra vela apagada. Hay un cierto punto en el que la vela apagada se prenderá fuego por la llama de la vela encendida. La vela encendida no perderá nada, pero la apagada ganará un tremendo tesoro. Sin encender estaba muerta, y cuando la llama prendió, cobró vida. Ahora también puede disipar la oscuridad del mismo modo que lo hacía la primera llama.

Dipamkara era un hombre así; de hecho todo gran maestro es un hombre así. Lo que ocurre a su alrededor no lo hace él. Todo lo que se hace es sólo para acercarte, para ponerse a tu disposición y convertirse en un misterio para ti, de modo que sin que lo sepas eres atraído como un imán atrae las cosas... y a cierta distancia, de repente te enciendes. Muere lo viejo y nace el hombre nuevo.

Este sutra es absolutamente erróneo. No es una declaración de Gautam Buda, porque un hombre de su entendimiento no puede decir a la gente que PUEDEN ALCANZAR LA ILUMINACIÓN REALIZANDO OBRAS TAN MERITORIAS COMO CONSTRUIR MONUMENTOS, FUNDIR ESTTUAS, QUEMAR INCIENSO .... ¿Ves alguna relación entre la iluminación y la quema de incienso? Puedes quemar montañas de incienso... no hay ninguna relación lógica con que te ilumines. Puede que te quemes, eso es lo único. Hacer monasterios ...¡y tú no eres un monje!—...estás haciendo monasterios para que otros tontos se conviertan en monjes. ¿Cómo puede eso convertirse en tu iluminación? ¿Cuántos monasterios hizo Gautam Buda antes de iluminarse? ¿Cuánto incienso quemó? ¿Cuántas flores esparció? ¿Cuántas lámparas eternas quemó?

No! Esta afirmación no es en absoluto de Gautam Buda. Es la invención de la Escuela Mahayana, un cierto credo y doctrina. Y hubo una razón histórica por la cual tales cosas fueron creadas. Buda era un hombre muy directo. Decía lo que era correcto, sin importar las consecuencias. Por ejemplo, dijo: "Todos los expertos, eruditos y brahmanes son idiotas y parásitos. Llevan siglos chupando la sangre del pueblo". Llamó a los VEDAS "simplemente basura". Y los VEDAS eran tan respetados por los hindúes que cualquiera que los llamara basura debía tener mucho valor. No aceptaba que ningún AVATARA hindú, ninguna encarnación hindú, tuviera valor alguno.

Por ejemplo, Parasurama es una de las encarnaciones hindúes de Dios. Era hijo de un hombre que se consideraba un gran vidente, pero desconfiaba... como todos los maridos desconfían de sus esposas, y todas las esposas desconfían automáticamente de sus maridos. Esa es su única relación. Finalmente, el padre se convenció tanto de su sospecha -que podía tener fundamento o no, no podía estar seguro de ello- que ordenó a su hijo, Parasurama, que cortara la cabeza de su madre y se la trajera. Y Prasurama fue, sin preguntar por qué. No era poca cosa. Cortó la cabeza de su madre y se la llevó a su padre.

Entonces el padre le dijo: "He estado sospechando de ella, pero ahora tengo pruebas ciertas de que ha estado enamorada de un hombre que es un gran guerrero."

Parasurama y su familia pertenecían a la casta de los brahmanes. Parasurama dijo: "No te preocupes. No dejaré vivo ni a un solo hombre de la casta de los guerreros".

La historia puede ser exagerada, pero muestra la calidad del hombre. Muestra que mató a todos los guerreros del mundo entero muchas, muchas veces. ¿Y de dónde venían estos nuevos guerreros? La sociedad hindú acepta una cosa muy extraña, y nunca nadie considera .... Siguen afirmando que tienen una gran cultura, pero nunca miran sus fundamentos; su cultura no es más que un nombre falso.

La sociedad hindú aceptaba que si una mujer acudía a un brahmán vidente y le pedía que le diera un hijo, era obligatorio que el brahmán vidente hiciera el amor con ella y la dejara embarazada. No podía rechazarla. Así que Parasurama siguió cortando las cabezas de los guerreros; quedaron las viudas, que iban a los videntes ..... Fue un buen negocio, ¡una gran conspiración!

Todo el país estaba en un estado de prostitución, y Parasurama estaba matando.

Tal violencia no puede ser aceptada como una cualidad de Dios. Y parece ilógico... Si su madre estaba enamorada de un guerrero, podría simplemente haberlo matado... podemos hacer algunas concesiones, porque los hindúes pensaban que era una encarnación de Dios. Pero matar a todos los guerreros del mundo, ni siquiera de este país, no parece tener ninguna lógica. Y no era seguro que lo que el padre estaba diciendo ... Parasurama debería haber pedido evidencias, pruebas. Su padre puede haber sido sólo un hombre celoso.

Ahora bien, Buda no podía aceptar a Parasurama como reencarnación de Dios, y si Parasurama es una reencarnación de Dios, entonces ¿quién será la reencarnación del diablo? Buda no podía aceptar a Rama como reencarnación de Dios porque Rama mató a un sudra, un hombre joven, vertiendo plomo líquido caliente en sus oídos porque había estado escuchando mientras se escondía detrás de un árbol cuando unos brahmanes estaban recitando los VEDAS. A los sudras no se les permitía leer, ¡ni siquiera escuchar! ¿Qué tipo de cultura ha creado este país, donde a una cuarta parte de la población ni siquiera se le permite escuchar sus escrituras religiosas?

Y porque este joven, sólo por curiosidad escondido detrás de un árbol, escuchó ..... Pero no pudo entenderlo, porque estaba en sánscrito, y el sánscrito nunca ha sido la lengua del pueblo. Siempre ha sido la lengua de los sacerdotes, sólo de los sacerdotes. Así que aunque hubiera escuchado, no habría entendido nada. ¿Y crees que es un crimen? ¿Vale la pena destruir a un joven, vertiendo plomo hirviendo en sus oídos, porque cometió un pecado al escuchar los Vedas? Y el hombre murió ....

Buda no podía aceptar a Rama, y no podía aceptar a Krishna, un hombre que estaba tan loco que coleccionaba dieciséis mil mujeres... cualquier mujer que se le antojara era apartada de su familia. Podía ser virgen, podía estar casada, podía tener hijos, podía tener marido, podía tener que cuidar de su viejo suegro, de su vieja suegra.

Dieciséis mil mujeres fueron simplemente llevadas por sus soldados. Las trataron como si fueran ganado, y ni siquiera sé si él recordaba los nombres de esas dieciséis mil mujeres. Pero era poderoso, tenía un gran ejército y era un gran rey. Buda no podía aceptar semejante disparate, un hombre tan corrompido, como reencarnación de Dios.

Buda fue muy directo. Dijo: "Todas las estatuas, todos los templos, todas las VEDAS son creaciones de un astuto sacerdocio para explotar a la gente". ¿Cómo puede decirle a su propio pueblo que puede alcanzar la iluminación construyendo monstruos, fundiendo estatuas, quemando incienso, esparciendo flores, encendiendo lámparas eternas, practicando los seis períodos del día y de la noche, paseando alrededor de estatuas, observando ayunos y adorando?

Buda estaba en contra de la adoración, estaba en contra de las estatuas. Sus últimas palabras antes de morir fueron: "Os lo recuerdo una vez más: no me hagáis estatuas, no creéis templos en mi nombre, no empecéis a adorarme porque la adoración no os va a llevar a ninguna parte. Te he mostrado el camino de la meditación: medita. Y si incluso en tu meditación aparezco, no lo dudes. Inmediatamente córtame la cabeza". Un hombre que puede decir esto... ¿crees que este sutra puede venir de él?

Bodhidharma podría haber dicho simplemente: "Éstas no son las palabras de Buda". Pero no lo dijo. Ahí es donde cae bajo a mis ojos.

No lo dijo porque en China los budistas intentaban hacer el mayor número posible de monasterios, templos y estatuas. En China existe un templo con diez mil estatuas de Buda. Toda la montaña ha sido tallada como un templo. Este es el templo más grande del mundo, donde hay diez mil estatuas de Buda, y decir algo acerca de que esto no es correcto iría en contra de los mismos budistas que han estado trabajando para convertir a los chinos. Y habían estado dando la certeza a los chinos de que se iluminarían si alimentaban a los monjes, si adoraban a Buda, si hacían donaciones a los monasterios.

Bodhidharma debió dudar un momento, pero finalmente cayó en la trampa de formar parte de una religión organizada. La religión organizada siempre insiste en estas estupideces que no te llevan a ninguna parte, pero ayudan a la religión organizada a explotarte; de lo contrario, ¿quién va a alimentar a un millón de monjas y monjes católicos? ¿Quién va a hacerse cargo de todos los gastos de miles de monasterios católicos? Hay que recalcarlo continuamente en los sermones de los sacerdotes todos los domingos, hay que recordar a la gente que done, recordarles que: "La donación te traerá la salvación". Salvación es la palabra cristiana para iluminación.

Los discípulos pueden verlo, por eso preguntan:
PERO SI CONTEMPLAR LA MENTE INCLUYE TODAS LAS DEMÁS PRÁCTICAS, ENTONCES OBRAS COMO ÉSTAS PARECERÍAN REDUNDANTES.

Si un solo método de contemplar la mente crea la iluminación, entonces ¿qué necesidad hay de todas estas cosas? Son todas cosas que salen de la mente; fortalecerán la mente. Pero todo lo que tienes que hacer es debilitar la mente, ir más allá de ella... tan más allá que no pueda tomar ninguna energía de ti y muera de hambre e inanición. Y cuando no tienes ninguna mente, sino sólo un silencio puro de no-mente, has alcanzado la iluminación.

Los discípulos tienen toda la razón al preguntar: "Tú mismo has estado diciendo: 'Contemplad la mente y ya está'. Entonces, ¿qué necesidad hay de todos estos rituales?". Ahora está atrapado en un callejón sin salida .... Si dice: "Estas palabras no son de Buda", va en contra del budismo Mahayana y pertenece a esa secta.

Por eso insisto: No pertenezcas a ninguna secta, a ningún credo, a ninguna religión; de lo contrario, no puedes estar absolutamente comprometido con la verdad. Cualquier otro compromiso al lado del compromiso con la verdad es peligroso. Entonces te gustaría de alguna manera consolar también ese otro compromiso.

Y si un hombre como Bodhidharma no conseguía decir la verdad, porque podía ver que si lo decía -y él fue el primer iluminado que entró en China-, si lo decía, todo el edificio que miles de monjes budistas habían creado en seiscientos años, toda la atmósfera de que puedes iluminarte adorando a Buda, quemando incienso, ofreciendo flores, haciendo templos, estatuas, monasterios, simplemente se vendría abajo, porque ninguno de ellos estaba iluminado.

Toda China estaba esperando escuchar la verdad de un hombre iluminado. Pero como también pertenecía a cierta empresa comercial, se decidió a favor del negocio en lugar de a favor de la verdad.

Siempre he contado una pequeña historia .... Una pequeña escuela, una escuela cristiana, pero la única en los alrededores y niños pequeños .... El profesor les estuvo diciendo durante casi una hora: "Jesucristo es el hombre más grande que ha pisado la tierra". Y luego les preguntó a los alumnos: "¿Quién es el hombre más grande que ha caminado sobre la tierra?".

Un alumno americano dijo: "Abraham Lincoln". Ella dijo: "No está mal, pero no del todo bien".

Una chica inglesa se levantó y dijo: "Winston Churchill". La mujer no podía creer que hubiera perdido una hora insistiendo en un solo punto. Dijo: "No está mal, pero aún no está del todo bien".

Y entonces un niño que no solía hablar se levantó levantando la mano. La maestra le dijo: "Tú nunca haces eso. Por primera vez estás levantando la mano".

Y ella temía que ciertamente su respuesta no iba a ser la correcta. Pero el chico dijo: "Jesucristo". A ella le chocaron las dos respuestas anteriores, pero esta respuesta le chocó aún más porque el chico era judío.

Después de la clase, agarró al chico, se lo llevó aparte y le dijo: "Hymie, ¿no eres judío?".

Dijo: "Sí, lo soy".

"Entonces, ¿de verdad crees que Jesucristo es el hombre más grande que ha pisado la tierra?".

Se rió y dijo: "Los negocios son los negocios. En lo más profundo de mi corazón sé que Moisés es el hombre, no Jesucristo. No es más que un pigmeo. Pero los negocios son los negocios ...." porque había un gran trofeo para la persona que respondiera bien a la pregunta, e Hymie llevaba el gran trofeo, más grande que él mismo.

Pero se puede perdonar a un niño pequeño. Y él era muy lógico; debió pensar: "¿Qué importa si digo una vez en clase, sólo para ganar el juego, 'Jesucristo'? Conozco las reglas de quién va a ganar, así que ¿por qué traer innecesariamente a Moisés y salir derrotado? En lo más profundo de mi corazón sé que Moisés es el hombre más grande que ha pisado la tierra".

Pero incluso las personas ilustradas, cuando se trata de decidir entre su compromiso con una religión organizada y su compromiso con la verdad, se deciden por su compromiso con la organización. Esto es realmente triste.

La respuesta que da Bodhidharma es simplemente irrelevante. Sólo trata de hacer algo que pueda probar que el sutra fue pronunciado por Buda.

Niego rotundamente que Buda dijera tal cosa. Va en contra de su propia vida, de su propia enseñanza, de su propio camino.

Bodhidharma dice: LOS SUTRAS DEL BUDDHA CONTIENEN INÚMEROS METAFOROS.

¿Ves el truco? Ahora no puede decir que está mal y no puede decir que está bien. Encuentra un camino intermedio y dice que Buda está hablando en metáforas.

PORQUE LOS MORTALES TIENEN MENTES SUPERFICIALES ...

¿Y a quién se dirige: a los mortales o a los inmortales? Si el público de Buda tenía mentes superficiales, ¿cree Bodhidharma que su público es de mayor categoría? Buda tuvo quizás el público más inteligente que cualquier hombre haya tenido jamás. Bodhidharma se dirige a los budistas recién convertidos.

EL BUDA UTILIZÓ LO TANGIBLE PARA REPRESENTAR LO SUBLIME.

Esto es delicado e imperdonable.

LAS PERSONAS QUE BUSCAN BENDICIONES CONCENTRÁNDOSE EN OBRAS EXTERNAS EN LUGAR DE EN EL CULTIVO INTERNO ESTÁN INTENTANDO LO IMPOSIBLE.

Pero él conoce la verdad, así que de vez en cuando surge a pesar de su esfuerzo por suprimirla e ir con la multitud y la mente de la masa. Esto es cierto cuando dice ...CONCENTRARSE EN OBRAS EXTERNAS EN LUGAR DE LA CULTIVACIÓN INTERNA ES INTENTAR LO IMPOSIBLE.

Pero eso es lo que dice el sutra; ahora la única manera es convertirlo en una metáfora.

LO QUE USTEDES LLAMAN MONASTERIO, NOSOTROS LO LLAMAMOS SANGHARAMA, UN LUGAR DE PUREZA.

Eso es absolutamente erróneo. SANGHARAMA es exactamente un monasterio; no es diferente de un monasterio, no es una metáfora. E incluso durante estos últimos dos mil años, miles de monasterios han existido en

China. Sólo desde la revolución comunista de hace treinta años se han destruido muchos monasterios; de lo contrario, millones de monjes vivían de la sangre del pueblo. Pero están volviendo de nuevo ....

Fue la mente inflexible, testaruda, fascista y comunista de Mao Tse-tung la que convirtió los monasterios en hospitales, en escuelas y obligó a los monjes a ir al campo a trabajar. Mao puso fin a la mendicidad... y el budismo sólo ha vivido de la mendicidad. De hecho, la mendicidad había sido una disciplina, una práctica, porque te hace humilde. Pero Mao ilegalizó la mendicidad y obligó a los monjes a trabajar por su comida, por su ropa, por su cobijo.

Ahora Mao ha muerto y sus enemigos en el partido comunista -a los que él no había permitido... muchos de ellos fueron encarcelados, muchos han sido asesinados- han llegado al poder. Ahora el partido opuesto dentro del propio partido comunista ha llegado al poder y quiere ganarse el corazón del pueblo. Los monasterios están volviendo porque dos mil años de budismo no pueden borrarse tan fácilmente. Ahora pueden verse de nuevo monjes budistas con sus cuencos para pedir limosna. Se han eliminado los hospitales y las escuelas, y los monjes ya no se ven obligados a trabajar en el campo o en las fábricas, o dondequiera que puedan ser de alguna utilidad ....

PERO QUIEN NIEGA LA ENTRADA A LOS TRES VENENOS Y MANTIENE PURAS LAS PUERTAS DE SUS SENTIDOS, SU CUERPO Y SU MENTE QUIETOS, LIMPIOS POR DENTRO Y POR FUERA, CONSTRUYE UN MONASTERIO.

Ahora bien, ésta es una idea muy descabellada. Y si Bodhidharma puede explicarla a candidatos muy nuevos al budismo, ¿por qué no puede haber dicho el propio Buda que hablaba con metáforas? Él mismo podría haberlo explicado, y era mucho mejor en lo que a hablar se refiere, mucho más elocuente; podría haber explicado que sólo se trata de metáforas. Pero en ninguna parte las menciona como metáforas. Es muy arduo para Bodhidharma convertir todo en metáfora, pero veremos que con todo sigue con la idea de que son metáforas.

FUNDIR ESTATUAS SE REFIERE A TODAS LAS PRÁCTICAS CULTIVADAS POR QUIENES BUSCAN LA ILUMINACIÓN.

No puedo entender cómo esto puede ser una metáfora. LA

FUNDICIÓN DE ESTATUAS SE REFIERE A TODAS LAS PRÁCTICAS CULTIVADAS POR QUIENES BUSCAN LA ILUMINACIÓN. ¿Qué relación, aunque sea inverosímil...? Una metáfora debe ser representativa; debe explicar algo, debe ayudar a comprender. No se trata en absoluto de fundir estatuas y practicar para la iluminación. ¿No podría decir el propio Buda: "Practica para la iluminación"?

Y QUEMAR INCIENSO NO SIGNIFICA INCIENSO MATERIAL ORDINARIO—como si hubiera en alguna parte disponible algún incienso espiritual—SINO EL INCIENSO DEL INTANGIBLE DHARMA .... ¿De dónde lo vas a sacar? Por eso dije que me duele decir que Bodhidharma parece haberse vuelto senil, aunque sólo tenía setenta y cinco años. ...QUE AHUYENTA CON SU PERFUME LA INMUNDICIA, LA IGNORANCIA Y LAS MALAS ACCIONES.

¡Estupendo! Pero ¿dónde conseguirlo? ese incienso espiritual QUE ALEJA LA SUCIEDAD, LA IGNORANCIA Y LAS MALAS ACTUACIONES CON SU PERFUME .... Nadie ha visto nunca tal cosa; de lo contrario, la vida habría sido tan sencilla. No hay necesidad de molestar a la gente con meditación, con ninguna disciplina, con ninguna conciencia. Simplemente quema el incienso espiritual y todo es expulsado y eres purificado por el perfume.

Yo solo no me iluminaré porque soy alérgico al perfume, ya sea tangible o intangible. Pero no hay mucho daño si un hombre no se ilumina, ¡se puede tolerar si el mundo entero se ilumina! Estoy perfectamente dispuesto ....

Bodhidharma ni siquiera es consciente de cuánto tiempo puede engañar a la gente, pero la ha engañado durante mil años... ese es el tiempo que llevan existiendo estos sutras. Ciertamente se han conservado, porque estaban en manos de los budistas mahayana, que no estaban dispuestos a que se tradujeran. Y ahora comprendo por qué no querían que se tradujeran: destruirían la gran imagen de Bodhidharma. Puede que ellos mismos comprendieran que lo que dice es absolutamente descabellado.

CUANDO EL BUDA ESTUVO EN EL MUNDO, DIJO A SUS DISCÍPULOS QUE ENCENDIERAN ESE PRECIOSO INCIENSO CON EL FUEGO DE LA CONCIENCIA COMO OFRENDA A LOS BUDAS DE LAS DIEZ DIRECCIONES.

Puede ser precioso, pero ¿dónde está disponible? Y entonces hace la conciencia como un fuego sólo para quemar el incienso, y el incienso lo hará todo... te iluminarás. Así que ahora tu única búsqueda es encontrar ese incienso del dharma, ¡ese incienso espiritual! Quizás puedas encontrarlo en Poona... es una ciudad muy espiritual... tan espiritual que sólo los espíritus deambulan por ella, no hay seres humanos vivos.

PERO LA GENTE DE HOY NO ENTIENDE EL VERDADERO SIGNIFICADO DEL TATHAGATA.

Sólo Bodhidharma comprende el verdadero significado del Tathagata. Tal vez el propio Tathagata no comprendiera su verdadero significado.

UTILIZAN UNA LLAMA ORDINARIA PARA ENCENDER INCIENSO MATERIAL DE SÁNDALO O INCIENSO CON LA ESPERANZA DE ALGUNA BENDICIÓN FUTURA QUE NUNCA LLEGA.

Está dando vueltas, y vueltas... podría haber dicho simplemente: "Esta afirmación no es de Buda, y esta afirmación es absolutamente absurda". Y eso habría sido absolutamente correcto.

LO MISMO SE APLICA A ESPARCIR FLORES. ESTO SE REFIERE A HABLAR EL DHARMA, O A ESPARCIR FLORES DE VIRTUD.

¿Cómo se esparcen las flores de la virtud? Incluso si uno acepta esta estúpida explicación, ¿cómo esparces las flores de la virtud? Vas dando a la gente diciendo: "Esto es verdad, esto es amor, esto es compasión", y tu mano está vacía.

Dos locos de un manicomio estaban sentados en el parque. Cada día, durante una hora, se les permitía salir al jardín. Un hombre, que mantenía el puño cerrado, le preguntó al otro: "Si me dices lo que guardo en el puño, te daré una rupia".

El otro hombre dijo: "¿De verdad? ¿Cumplirás tu palabra?". El primer hombre sacó una rupia de su bolsillo y dijo: "Esta es la rupia. Dime qué tengo en la mano". El otro hombre miró y dijo: "Parece que es un elefante".

El primer hombre dijo: "No puedes conseguir la rupia. Parece que has mirado. Estás siendo tramposo". No le dio la rupia porque también creía que guardaba un elefante en su puño.

¿Cómo   puedes   esparcir   FLORES   DE   VIRTUD   PARA

BENEFICIAR A OTROS Y GLORIFICAR EL YO REAL? SI CREES QUE EL TATHAGATA PRETENDÍA QUE LA GENTE DAÑARA LAS PLANTAS CORTANDO SU FLORACIÓN, TE EQUIVOCAS.

Parece correcto, pero lo mezcla todo de tal manera que pierde todo su significado. Ciertamente a Buda no le gustaría que arrancaras flores; eso es matar. La flor del rosal tiene una vida, una belleza. En el momento en que la arrancas, está muerta. Déjala ahí.

Mukta es mi jardinera. No se le permite cortar ni una hoja ni una flor. Al principio se movía con las tijeras de jardinero escondidas detrás de la espalda. Pero ahora veo que, cada vez que voy a la Sala de Buda -de lo contrario no salgo-, veo que hay flores, veo que el jardín se ha convertido en una jungla, así que se le habrán caído esas tijeras de jardinera. Deja que cada árbol crezca a su manera; ¡al menos en mi jardín! No mates ningún árbol, no destruyas ninguna flor viva.

Así que puedo entender que Buda no hubiera permitido que se cortaran sus flores, pero más bien diría que todo el sutra fue insertado por la Escuela Mahayana. Pero, ¿por qué la Escuela Mahayana tuvo que insertar tales cosas...?

Hay algo muy fundamental que entender aquí. Cuando Gautam Buda trabajó en este país, hace veinticinco siglos, casi convirtió a toda la tierra. Era un hombre de tal carisma. No era sólo un erudito; había conocido la existencia, había formado parte de ella. Su impacto fue tremendo; quizá nadie haya tenido jamás un impacto semejante.

Pero en el momento en que murió, los brahmanes, los sacerdotes, salieron de sus cuevas donde se habían estado escondiendo porque no podían enfrentarse a Gautam Buda—quien fuera a enfrentarse a él se convertía en discípulo. Pero estaban esperando su oportunidad: un día iba a morir. Había destruido toda su profesión. Ahora no sonaban campanas en los templos, la gente no iba a adorar, la gente no llamaba a los brahmanes para sus rituales... y los brahmanes son el sacerdocio más inteligente de todo el mundo.

La gente es atrapada... cada persona cuando nace está inmediatamente bajo su control: primero algún ritual, luego hay que hacer su carta natal, luego hay que realizar la ceremonia de su nombre. Y en todo esto, el sacerdote está explotando a la gente. Luego se afeita la cabeza .... y así sucesivamente. Incluso si vas a otra ciudad tienes que consultar al brahmán sobre la constelación correcta de las estrellas, si ir al norte o al sur, o al este o al oeste, cuál será el momento más apropiado y beneficioso.

Luego viene el matrimonio, y de nuevo el sacerdote está allí. Y después del matrimonio, los niños empiezan a venir del nuevo matrimonio - y el sacerdote está allí.

Y entonces el hombre se hace viejo .... Desde la cuna hasta la tumba, el sacerdote mantiene su dominio.

Incluso después de que el hombre haya muerto, ¡hay rituales que realizar! Y en un país pobre, esos rituales cuestan tanto que la gente tiene que vender sus casas, sus tierras, sus posesiones -de las que dependían para vivir- porque su padre ha muerto. Luego tienen que dar un gran banquete para los brahmanes.

E incluso los antepasados que han muerto ... Debe haber sido una larga fila, una fila interminable de hecho, millones de personas en una cola uno detrás del otro ... para eso tienen un tiempo especial. Dedican un mes entero a los antepasados porque el número es muy grande, así que un mes de rituales continuos - adoración del fuego, canto de mantras - por la paz de todos los que han muerto en la familia... ¡ni siquiera sabes sus nombres! Y millones deben haber muerto.

Los científicos calculan que dondequiera que estés sentado, debajo de ti hay al menos ocho tumbas de personas. No tengas miedo, ¡están muertos! Pero ha muerto tanta gente que, incluso miles de años después de su muerte, el sacerdote sigue explotándote.

Buda ha creado una tremenda revolución en este sentido, ya que destruyó toda la integridad del sacerdocio. Pero en el momento en que murio, los sacerdotes volvieron.

La gente también los echaba de menos. La vida se había vuelto muy sencilla. Nacía un niño y ningún sacerdote cantaba para que tuviera una vida larga y dichosa. Alguien moría y el sacerdote no estaba allí cantando y bendiciéndole por el gran viaje que había emprendido. La gente también se perdía todos estos rituales. Asi que cuando Buda murio, lentamente, lentamente los brahmanes volvieron, y comenzaron a expulsar a los budistas de la tierra.

Hace apenas cincuenta años, en la India apenas había un solo budista.

En estos últimos cincuenta años, un hombre ha hecho un gran servicio—aunque él mismo no era un hombre religioso, era un político. Pero por accidente tuvo que hacer algo; eran tácticas políticas.

Babasaheb Ambedkar era un sudra, pero llamó la atención de un hombre muy rico que, al ver que era tan inteligente, lo envió a estudiar a Inglaterra. Se convirtió en uno de los mayores expertos en derecho del mundo y ayudó a redactar la Constitución de la India.

Luchaba continuamente por los sudras, a los que pertenecía y que constituyen una cuarta parte de la sociedad hindú. Quería un voto separado para los sudras, y tenía toda la razón.

No veo por qué deben pertenecer al redil hindú que los ha torturado durante diez mil años, los ha obligado a hacer todo tipo de trabajos feos y no les ha pagado casi nada. Ni siquiera se les permite vivir en las ciudades, tienen que vivir fuera de ellas. Justo antes de la libertad, no se les permitía circular por muchas calles de la ciudad. En muchos lugares se les obligaba a anunciar en voz alta: "Soy un sudra y paso por aquí. Aquellos que puedan oírme, por favor, quítense de en medio..." porque incluso sus sombras cayendo sobre ti, te contaminan.

Pero sin encontrar la manera, porque Mahatma Gandhi insistía en que los sudras no debían abandonar el redil hindú ..... Esa fue también una estrategia política, porque si una cuarta parte de los hindúes abandonan el redil, entonces los hindúes se convertirán en una minoría en su propio país. Hay mahometanos, hay cristianos, hay jainas; ahora bien, si una nueva gran parte abandonara el redil hindú, el país de los hindúes se convertiría casi en el país de otras religiones. Y si todos se unieran, los hindúes nunca estarían en el poder.

Tampoco considero a Mahatma Gandhi un hombre religioso; pertenecía a la misma categoría que el doctor Ambedkar. Gandhi ayunó hasta la muerte para que Ambedkar tuviera que retractarse. Tuvo que retirar la idea de que los sudras debían tener un voto separado. Y Gandhi fue astuto ... empezó a llamar a los sudras HARIJANS. La gente astuta siempre juega con las palabras. Las palabras no hacen ninguna diferencia - si los llamas sudras, intocables, o harijans ... harijans significa, "hijos de Dios".

Tuve una larga discusión con el hijo de Mahatma Gandhi, Ramdas. Le dije: "¿No ves la astucia? Los hijos de Dios llevan diez mil años sufriendo y los que no son hijos de Dios los explotan, los torturan, los oprimen, violan a sus mujeres, queman completamente sus ciudades con toda la gente viva dentro. Si estos son los hijos de Dios, es mejor no ser hijo de Dios. Eso es peligroso".

Gandhi cambió el nombre sólo para darle un bonito significado, pero todo lo que había dentro seguía igual. Y se fue en un ayuno hasta la muerte a menos que Ambedkar retira su declaración.

Si yo hubiera estado en el lugar de Ambedkar, le habría dicho a Mahatma Gandhi: "Es asunto tuyo vivir o morir. Es asunto tuyo si quieres ayunar, eres libre de hacerlo. Ayuna hasta la muerte o incluso más allá".

Pero Ambedkar fue presionado desde todo el país, porque si Gandhi moría toda la culpa recaería sobre Ambedkar. Y yo le habría dicho a Gandhi: "Este es un método muy violento, y usted ha estado hablando de la no violencia. ¿Es esto no violencia?"

Sucedió... Yo estaba en Raipur enseñando en el colegio sánscrito de allí. Un gángster preguntó a una joven muy hermosa si quería casarse con él. Era un hombre peligroso, un criminal. Había estado en la cárcel muchas veces, había cometido muchos delitos y tenía casi la misma edad que el padre de la chica. Pero se encaprichó de ella, y viendo el éxito de Gandhi ayunando hasta la muerte y cómo lo gestionaba todo... porque Gandhi HABÍA gestionado a Ambedkar.

Después de que Gandhi llevara veintiún días ayunando y su salud empezara a decaer, el médico le dijo: "Haz algo; si no, el viejo morirá".

Ambedkar fue muy presionado por todos los líderes nacionales indios que le dijeron: "Ve a Mahatma Gandhi. Pídele perdón, ofrécele un vaso de zumo de naranja para romper su ayuno... y renuncia a tu movimiento; de lo contrario serás recordado siempre como el que mató al hombre más grande de este país, al gran hombre religioso". Y Ambedkar tuvo que hacerlo, aunque de mala gana.

Yo no lo habría hecho. Habría aceptado la culpa, habría aceptado la condena de la historia. ¿A quién le importa cuando estás muerto lo que se escribe en la historia sobre ti? Al menos no sabes lo que está escrito, y no lees. Que escriban lo que quieran ....

Pero habría insistido en que no era un método no violento. Era absolutamente violento, pero de una manera muy sutil. Te amenazo con matarte, esto es violencia. Y yo amenazo con matarme si no me aceptas—¿es esto lógico? El punto de vista que Gandhi estaba adoptando era absolutamente ilógico, pero lo apoyaba amenazando. Es chantaje decir: "Me mataré".

Ambedkar se las arregló de otra manera. Empezó a convertir a los sudras al budismo. Por eso ahora hay unos cuantos lakhs de budistas, pero no son en modo alguno religiosos. Fue sólo una maniobra política.

Este hombre de Raipur fue a casa de la chica con una cama y declaró que si la chica no se casaba con él, iba a morir en ayunas. Se convirtió en la comidilla de toda la ciudad; había fotógrafos y periodistas, y durante todo el día la multitud estuvo allí. El padre se asustó y le presionaron: "¿Por qué asumir la responsabilidad de su muerte?". Pero el padre dijo: "Esto es absolutamente feo.

Este hombre tiene mi edad y es un criminal. No puedo entregarle a mi hija".

Conocía al padre y a la chica—la chica era mi alumna en el colegio. La chica sugirió a su padre que me consultara qué se podía hacer. Yo no le conocía. Vino a verme y me contó toda la historia. Le dije: "Es muy sencillo.

Sólo encuentras alguna prostituta vieja y podrida".

Dijo: "¿Qué?"

Le dije: "Escúchame bien: busca una perra vieja y muy podrida y pon otra cama delante de la casa. La perra debe declarar: 'Voy a morir en ayunas a menos que este hombre se case conmigo'. Aparte de esto nada funcionará".

Ese gángster escapó en mitad de la noche. Nunca se le volvió a ver, ¡nunca volvió a preguntar! Esta es la metodología de Gandhi, algo muy religioso.

Los budistas fueron quemados, expulsados del país, y todo el país quedó absolutamente limpio de todo el impacto que Buda había dejado. Incluso en el templo que se había levantado en memoria de su iluminación en Bodhgaya, no había ni un solo budista que cuidara del templo. Un brahmán lo ha estado cuidando durante dos mil años, la misma familia, generación tras generación.

Ahora se han convertido en los dueños del templo. No creen en Buda.

Están en contra de Buda, pero el templo es muy valioso, porque al templo viene gente de todo el mundo. Llega mucho dinero al templo, así que al sacerdote no le preocupa. Está ganando mucho dinero y no está dispuesto a entregar el templo, porque durante dos mil años ha estado en su posesión. Ninguna ley puede quitárselo.

Así que cuando los budistas llegaron a China y al Tíbet habían aprendido la lección de que si vas en contra de la gente y de sus tradiciones .... Tal vez cuando una persona carismática está viva puede parecer que estás ganando el juego, pero cuando la persona carismática se ha ido ... lo que ha sucedido en la India, sucederá en el Tíbet, sucederá en China, sucederá en Sri Lanka, sucederá en Japón. Así que se comprometieron.

Esa fue la razón para insertar todos estos sutras erróneos. Las escrituras budistas del Tíbet tienen sutras diferentes, para consolar y convencer a la población budista del Tíbet; los sutras Mahayana chinos tienen diferencias, en Sri Lanka tienen diferencias. Esta es la razón histórica por la que estos sutras absolutamente absurdos, que no pueden ser de Buda, han entrado en las escrituras. Se han introducido a sabiendas, porque sin ellos no había ninguna posibilidad de supervivencia.

Pero para mí, y para Bodhidharma, la verdad es el valor supremo, no la supervivencia. Y sobrevivir creando mentiras, distorsionando la verdad... ¿qué sentido tiene? Aunque el budismo desaparezca del mundo entero, no importa. Pero la pureza de las declaraciones de Buda debería haberse preservado.

Cuando un buscador quiere buscar, no tiene que perderse en un bosque de disciplinas y rituales innecesarios. Bodhidharma debería haberlo dejado claro. CONOZCO el riesgo. Comprendo que debió sentirse muy culpable, porque después de estos sutras, abandonó China para dirigirse al Himalaya. Debió sentirse tremendamente dolido porque lo que hacía iba en contra de su propio entendimiento. Pero aún así no puedo perdonarle. No puedo perdonar a nadie que vaya en contra de la verdad.

QUIENES OBSERVAN LOS PRECEPTOS NO HIEREN A NINGUNA DE LAS INNUMERABLES FORMAS DE VIDA DEL CIELO Y DE LA TIERRA. SI DAÑAS ALGO POR ERROR, SUFRES POR ELLO. PERO LOS QUE INFRINGEN INTENCIONADAMENTE LOS PRECEPTOS HIRIENDO A LOS VIVOS EN ARAS DE FUTURAS BENDICIONES SUFREN AÚN MÁS. ¿CÓMO PUEDEN PERMITIR QUE LAS BENDICIONES

FUTURAS SE CONVIERTAN EN PENAS?

LA LÁMPARA ETERNA REPRESENTA LA CONCIENCIA PERFECTA.

Sólo en esta afirmación la metáfora parece correcta. Puede interpretarse como la conciencia perfecta, la lámpara eterna. Pero no ha sido capaz de relacionar otras metáforas con sus interpretaciones. ...HACE MUCHO TIEMPO, EXISTIA UN BUDA LLAMADO DIPAMKARA, O LAMPARERO. ESTE ERA EL SIGNIFICADO DE SU NOMBRE .... LA LUZ QUE DESPRENDE UN BUDA DESDE UN RIZO DE SU ENTRECEJO PUEDE ILUMINAR INCONTABLES MUNDOS. UNA LÁMPARA DE ACEITE NO AYUDA ....

PRACTICAR LOS SEIS PERÍODOS DEL DÍA Y DE LA NOCHE SIGNIFICA ENTRE LOS SEIS SENTIDOS CULTIVAR CONSTANTEMENTE LA ILUMINACIÓN Y PERSEVERAR EN CADA FORMA DE CONCIENCIA. NO RELAJAR NUNCA EL CONTROL SOBRE LOS SEIS SENTIDOS ES LO QUE SE ENTIENDE POR LOS SEIS PERIODOS.

Pero esto es contradictorio con sus propias declaraciones. El control no es necesario porque es a través de la mente. La práctica no es necesaria porque es a través de la mente. Uno tiene que vivir una vida de dejarse llevar—esa era su enseñanza básica. Hay que ser espontáneo. Hay que vivir momento a momento, sin pensar en el pasado, ni en el futuro, ni aferrarse al presente.

Ha dado sutras tan hermosos, y al final echa a perder por completo su propio trabajo.

EN CUANTO A CAMINAR ALREDEDOR DE ESTUPAS, LA ESTUPA ES TU CUERPO Y TU MENTE. CUANDO TU CONCIENCIA RODEA TU CUERPO Y TU MENTE SIN PARAR, ESTO SE LLAMA CAMINAR ALREDEDOR DE UNA ESTUPA .....

Sólo intenta arreglárselas de alguna manera, aunque todo esto sea una estupidez.

Las estupas existen realmente y los budistas de la escuela Mahayana peregrinan a las estupas y las rodean. Pero tu cuerpo y tu mente no son una estupa. Una estupa es para cuando estás muerto; entonces hay que crear una tumba para ti. La tumba budista se llama estupa. Se hace de una forma redonda.

Pero tu cuerpo y tu mente están vivos. ¿Y cómo puede tu conciencia ir alrededor del cuerpo y la mente? Ni siquiera tiene en cuenta que todas sus interpretaciones pueden ser cuestionadas. No fueron cuestionadas porque consolaron a la gente. Querían algo tangible y si era una metáfora... no pasa nada; no está negando a Gautam Buda.

LO MISMO OCURRE CON LA OBSERVANCIA DEL AYUNO.

Incluso un hombre de muy poca inteligencia puede ver la estupidez ....

AYUNAR SIGNIFICA ...REGULAR EL CUERPO Y LA MENTE.

No puedo concebir cómo un ayuno puede significar REGULAR EL CUERPO Y LA MENTE PARA QUE NO SE DISTRACTEN NI SE PERTURBEN. Ayunar significa simplemente ayunar, y nada más.

ADEMÁS, UNA VEZ QUE DEJAS DE COMER EL ALIMENTO DEL ENGAÑO, SI VUELVES A TOCARLO, ROMPES EL AYUNO.

Ahora ha olvidado lo que estaba diciendo. De hecho, debido a que ese dicho no proviene de su ser más íntimo—es sólo su gimnasia mental—ha olvidado que ha definido cuerpo y mente como 'stupa' y que ha definido el ayuno como, 'regular tu cuerpo, disciplinar tu cuerpo.'

Ahora, ¿de dónde viene esta idea: ¿UNA VEZ QUE DEJAS DE COMER EL ALIMENTO DEL ENGAÑO? No estaba en la definición misma de la metáfora. La comida no fue introducida.

Si DEJAS DE COMER LA COMIDA DEL ENGAÑO ... ¿Y hay algún alimento que no sea de engaño? Buda también come el mismo pan que tú comes y Buda también bebe la misma agua que tú bebes. ...SI LO TOCAS DE NUEVO ... Ni siquiera comiendo, sino sólo tocando, ¡y es ilusión! ¿Qué daño hay en tocar una ilusión? Una ilusión no existe, no puedes tocarla. Pero SI LO TOCAS DE NUEVO, ROMPES TU AYUNO. Ha olvidado la metáfora que explicó antes. Ahora, aunque toques la comida del engaño, habrás roto tu ayuno.

Y UNA VEZ QUE LO ROMPES, NO COSECHAS NINGUNA BENDICIÓN DE ELLO. EL MUNDO ESTÁ LLENO DE ILUSOS QUE NO VEN ESTO. ELLOS COMPLACEN SU CUERPO Y MENTE EN TODO TIPO DE MALDAD. DAN RIENDA SUELTA A SUS PASIONES Y NO TIENEN VERGÜENZA. Y CUANDO DEJAN DE COMER ALIMENTOS ORDINARIOS, LO LLAMAN

AYUNO. ¡QUÉ ABSURDO!

Sólo estoy de acuerdo con lo último: ¡Qué absurdo!

LO MISMO OCURRE CON EL CULTO. HAY QUE ENTENDER EL SIGNIFICADO Y ADAPTARSE A LAS CONDICIONES. EL SIGNIFICADO INCLUYE LA ACCIÓN Y LA NO ACCIÓN ....

Sólo intenta engañar a la gente, introduciendo palabras que no tienen ninguna relación.

ADORACIÓN SIGNIFICA REVERENCIA Y HUMILDAD.

Eso es verdad. Significa venerar tu yo real y humillar los engaños. Pero si conoces tu yo real, ¿dónde encontrarás los delirios? Ambos no pueden existir juntos. O estás despierto -entonces los sueños ya no están ahí- o los sueños están ahí y tú no estás despierto. El hombre que conoce su yo real no tiene ilusiones. Pero se ha metido en un lío y se esfuerza por salir de él, pero cada vez se hunde más.

SI PUEDES ELIMINAR LOS MALOS DESEOS Y ALBERGAR BUENOS PENSAMIENTOS, AUNQUE NO SE NOTE NADA, ES ADORACIÓN ....

Al principio de sus sutras decía que hay que ir más allá del bien y del mal. Ahora el bien se convierte en adoración.

QUIENES NO CULTIVAN EL SIGNIFICADO INTERIOR Y SE CONCENTRAN EN CAMBIO EN LA EXPRESIÓN EXTERIOR NUNCA DEJAN DE ENTREGARSE A LA IGNORANCIA, EL ODIO Y LA MALDAD MIENTRAS SE AGOTAN EN VANO. PUEDEN ENGAÑAR A LOS DEMÁS CON POSTURAS, PERMANECER DESVERGONZADOS ANTE LOS SABIOS Y VANIDOSOS ANTE LOS MORTALES, PERO NUNCA ESCAPARÁN DE LA RUEDA, Y MUCHO MENOS LOGRARÁN MÉRITO ALGUNO.

Es una extraña recopilación de sutras. Profundiza mucho, como una espada afilada que corta todo lo que está mal, hasta el punto en que se le plantea la pregunta definitiva: "¿De dónde surge la ignorancia?". No puede responderla y no es lo bastante humilde para aceptar que no lo sabe. Se mete en tal lío que después de eso toda pregunta queda sin respuesta; finge responderla, pero la respuesta ni siquiera está relacionada con la pregunta.

Si esto le puede pasar a un hombre como Bodhidharma ... Tienes que ser consciente. Mi insistencia en que no pertenezcas a ninguna religión, no pertenezcas a ninguna doctrina, no pertenezcas a ninguna escritura, es por la sencilla razón de que tu compromiso total y absoluto debe ser con la verdad y no con otra cosa. Tu compromiso no debe estar dividido, de lo contrario tendrás que hacer un compromiso, lo que hará que cualquiera que entienda sienta que te has vuelto loco, o senil, o demente. Pero una cosa es cierta: has perdido el camino.

Puede que el propio Bodhidharma, en lo más íntimo de su ser, no haya perdido su iluminación -la iluminación no puede perderse-, pero la ha mancillado. Su iluminación ya no es tan limpia, tan brillante, ya no es un pilar de luz.

Y sólo por el simple asunto de una religión organizada ....

La humanidad nunca será religiosa a menos que desaparezcan todas las religiones organizadas y la religión se convierta en un compromiso individual hacia la existencia, por lo que no se plantea ninguna cuestión de compromiso.

Déjenme decirles: La religión es rebelde, y el hombre de religión es un rebelde. Es rebelde contra toda ortodoxia, contra toda tradición, contra toda organización, contra toda ideología. Su único amor es por la verdad, y todo su amor es por la verdad.

Sólo un hombre así la encuentra. Otros sólo vagan en la ignorancia, en los sueños, en el sueño... y sufren.

¿De acuerdo?

Sí, Maestro.

A menos de un abrir y cerrar de ojos

AMADO MAESTRO,

PERO EL SUTRA DE LA CASA DE BAÑOS DICE: "AL CONTRIBUIR AL BAÑO DE LOS MONJES, LA GENTE RECIBE BENDICIONES ILIMITADAS". ESTO PARECERÍA SER UN EJEMPLO DE PRÁCTICA EXTERNA QUE LOGRA MÉRITO. ¿CÓMO SE RELACIONA ESTO CON LA CONTEMPLACIÓN DE LA MENTE?

AQUÍ, EL BAÑO DE LOS MONJES NO SE REFIERE AL LAVADO DE NADA TANGIBLE. CUANDO EL SEÑOR PREDICÓ EL SUTRA DE LA CASA DE BAÑOS, QUERÍA QUE SUS DISCÍPULOS RECORDARAN EL DHARMA DEL LAVADO. ASÍ QUE UTILIZÓ UNA PREOCUPACIÓN COTIDIANA PARA TRANSMITIR SU VERDADERO SIGNIFICADO. ...LA CASA DE BAÑOS ES EL CUERPO. CUANDO ENCIENDES EL FUEGO DE LA SABIDURÍA, CALIENTAS EL AGUA PURA DE LOS PRECEPTOS Y BAÑAS LA VERDADERA NATURALEZA BÚDICA QUE HAY EN TI. AL MANTENER ESTAS SIETE PRÁCTICAS, AUMENTAS TU VIRTUD. LOS MONJES DE AQUELLA ÉPOCA ERAN PERSPICACES. COMPRENDIERON EL SIGNIFICADO DE BUDA. SIGUIERON SUS ENSEÑANZAS, PERFECCIONARON SU VIRTUD Y SABOREARON EL FRUTO DE LA BUDEIDAD. PERO LA GENTE DE HOY EN DÍA NO PUEDE COMPRENDER ESTAS COSAS. ...NUESTRA VERDADERA NATURALEZA DE BUDA NO TIENE FORMA. Y EL POLVO DE LA AFLICCIÓN NO TIENE FORMA. ¿CÓMO PUEDE LA GENTE USAR AGUA ORDINARIA PARA LAVAR UN CUERPO INTANGIBLE? NO FUNCIONARÁ. ¿CUÁNDO

DESPERTARÁN? PARA LIMPIAR UN CUERPO ASÍ, HAY QUE CONTEMPLARLO. UNA VEZ QUE LAS IMPUREZAS Y LA SUCIEDAD SURGEN DEL DESEO, SE MULTIPLICAN HASTA CUBRIRTE POR DENTRO Y POR FUERA.

PERO SI INTENTAS LAVAR ESTE CUERPO TUYO, TENDRÁS QUE RESTREGAR HASTA QUE CASI DESAPAREZCA ANTES DE QUE ESTÉ LIMPIO. DE ESTO DEBES DARTE CUENTA QUE LAVAR ALGO EXTERNO NO ES LO QUE EL BUDA QUISO DECIR.

LOS SUTRAS DICEN QUE QUIEN INVOCA DE TODO CORAZÓN AL BUDA TIENE LA CERTEZA DE RENACER EN EL PARAÍSO OCCIDENTAL.

PUESTO QUE ESTA PUERTA CONDUCE A LA BUDEIDAD, ¿POR QUÉ BUSCAR LA LIBERACIÓN EN LA CONTEMPLACIÓN DE LA MENTE? ...BUDA SIGNIFICA CONCIENCIA, LA CONCIENCIA DEL CUERPO Y DE LA MENTE QUE IMPIDE QUE SURJA EL MAL EN AMBOS. E INVOCAR SIGNIFICA LLAMAR A LA MENTE, LLAMAR CONSTANTEMENTE A LA MENTE LAS REGLAS DE LA DISCIPLINA Y SEGUIRLAS CON TODAS TUS FUERZAS. ...PARA INVOCAR EL NOMBRE DE BUDA, TIENES QUE COMPRENDER EL DHARMA DE LA INVOCACIÓN. SI NO ESTÁ PRESENTE EN TU MENTE, TU BOCA CANTA UN NOMBRE VACÍO. MIENTRAS ESTÉS PREOCUPADO POR LOS TRES VENENOS O POR PENSAMIENTOS SOBRE TI MISMO, TU MENTE ENGAÑOSA TE IMPEDIRÁ VER AL BUDA .... SI TE AFERRAS A LAS APARIENCIAS MIENTRAS BUSCAS EL SIGNIFICADO, NO ENCONTRARÁS NADA. ASÍ, LOS SABIOS DEL PASADO CULTIVABAN LA INTROSPECCIÓN Y NO EL HABLA.

ESTA MENTE ES LA FUENTE DE TODAS LAS VIRTUDES Y ESTA MENTE ES EL JEFE DE TODOS LOS PODERES. LA DICHA ETERNA DEL NIRVANA PROVIENE DE LA MENTE EN REPOSO. EL RENACIMIENTO EN LOS TRES REINOS TAMBIÉN PROVIENE DE LA MENTE. LA MENTE ES LA PUERTA A TODOS

LOS MUNDOS. Y LA MENTE ES EL VADO HACIA LA OTRA ORILLA. LOS QUE SABEN DÓNDE ESTÁ LA PUERTA NO SE PREOCUPAN POR ALCANZARLA. LOS QUE SABEN DÓNDE ESTÁ EL VADO NO SE PREOCUPAN POR CRUZARLO.

LA GENTE QUE CONOZCO HOY EN DÍA ES SUPERFICIAL. PIENSAN QUE EL MÉRITO ES ALGO QUE TIENE FORMA. DESPILFARRAN SU RIQUEZA Y MASACRAN CRIATURAS TERRESTRES Y MARINAS .... VEN ALGO TANGIBLE Y SE ENCARIÑAN AL INSTANTE. SI LES HABLAS DE LA FALTA DE FORMA, SE QUEDAN MUDOS Y CONFUSOS. ÁVIDOS DE LAS PEQUEÑAS MISERICORDIAS DE ESTE MUNDO, PERMANECEN CIEGOS ANTE EL GRAN SUFRIMIENTO VENIDERO. TALES DISCÍPULOS SE DESGASTAN EN VANO. SE VUELVEN DE LO VERDADERO A LO FALSO Y SÓLO HABLAN DE BENDICIONES FUTURAS.

SI SIMPLEMENTE PUEDES CONCENTRAR LA LUZ INTERIOR DE TU MENTE Y CONTEMPLAR SU ILUMINACIÓN EXTERIOR, DISIPARÁS LOS TRES VENENOS Y AHUYENTARÁS A LOS SEIS LADRONES DE UNA VEZ POR TODAS. Y SIN ESFUERZO GANARÁS LA POSESIÓN DE UN NÚMERO INFINITO DE VIRTUDES, PERFECCIONES Y PUERTAS A LA VERDAD. VER A TRAVÉS DE LO MUNDANO Y SER TESTIGO DE LO SUBLIME ESTÁ A MENOS DE UN PARPADEO DE DISTANCIA. LA REALIZACIÓN ES AHORA. ¿POR QUÉ PREOCUPARSE POR LAS CANAS? PERO LA VERDADERA PUERTA ESTÁ OCULTA Y NO PUEDE SER REVELADA. SÓLO HE HABLADO DE CONTEMPLAR LA MENTE.

Gracias a Dios que este es el último sutra de Bodhidharma. Me preocupaba saber adónde irá después de la casa de baños. Ha sido un viaje tremendo hasta la cima de la montaña y de vuelta a casa. Bodhidharma te ha llevado en todo el tiovivo.

Empecé con Bodhidharma -el nombre Bodhidharma significa "la auto-naturaleza de la conciencia"-, pero desgraciadamente tengo que terminar el viaje con Buddhudharma.

Buddhudharma significa "la naturaleza de la inconsciencia, de la estupidez".

Él mismo se metió en este lío, pero nos ha servido de gran ayuda.

Viéndole puedes evitar el mismo lío. Lo que dijo antes mostraba su perspicacia sobre el potencial más profundo del hombre, pero lo que dice ahora es absolutamente irrelevante. De vez en cuando recuerda quién es, pero parece que sigue olvidándolo; o tal vez está demasiado apegado a su doctrina especial del Mahayana y muy preocupado por molestar a los budistas recién iniciados.

En esta situación, debe haber sufrido mucho. Puedo ver -quizás nadie lo haya notado- pero puedo ver su sufrimiento. Su sufrimiento es que está diciendo cosas muy a regañadientes y este es el problema con todos los que aceptan cualquier doctrina, cualquier escritura, cualquier iglesia. Tienen constantes problemas. Si escuchan su propia voz interior, dice algo; si escuchan la tradición, dice otra cosa.

Ha habido muy pocas personas en el mundo dispuestas a enemistarse con todo el mundo. Si Bodhidharma hubiera dicho lo que fuera su experiencia, tal vez habría perdido todo su prestigio, respetabilidad y su gran nombre en los anales del budismo. Pero para mí, no habría sido una pérdida. Para mí, se habría elevado más que cualquier otro, sólo porque su único compromiso era concentrada y consistentemente uno... y esa es su propia verdad experimentada. Nada más puede cambiarla.

Te has reído escuchando el propio nombre del sutra, EL SUTRA DEL BAÑO, porque no sabes que en la India ha habido dos religiones rebeldes contra el hinduismo: el jainismo y el budismo. El monje Jaina nunca se baña; ni siquiera se cepilla los dientes. Apesta y se cree que es una gran disciplina que no te preocupes en absoluto por tu cuerpo, que es efímero, que va a morir de todos modos. ¿Por qué seguir limpiándolo y perdiendo el tiempo? Mañana volverá a estar sucio.

El budismo es casi una religión paralela al jainismo. Coinciden en todos los puntos esenciales, pero Buda parece más sensato que Mahavira. Quería que sus monjes se bañaran todos los días para que permanecieran limpios, para que sus cuerpos no fueran condenados sino respetados como templo de su naturaleza divina.

Pero había tantos monjes: alimentarlos, darles uso de sus baños, darles ropa, darles medicinas cuando estaban enfermos, se estaba convirtiendo cada vez más en una carga para la sociedad.

Hace unos años, en Tailandia, la situación llegó a ser tan grave que casi una cuarta parte de la población del país eran monjes. El gobierno tuvo que aprobar una ley que decía que, a menos que tuvieras el permiso del gobierno, no podías convertirte en monje.

Es la primera vez en la historia que un gobierno da un paso así, pero era absolutamente necesario en un país pobre. Si de cuatro personas, una no trabaja, no crea y, sin embargo, necesita todo tipo de cosas que son absolutamente necesarias, se va a convertir en una carga.

Es una situación fea en la que la mitad de la población se muere de hambre, en la que la mitad del país duerme con una sola comida al día, en la que la gente no sólo come frutas, sino que desentierra las raíces de los árboles, las hierve y se las come, esperando que tengan poder nutritivo. Dado que nutren a todo el árbol, a las flores y a los frutos, las raíces deben tener un gran poder nutritivo.

Gautam Buda tiene que hablar de esas trivialidades porque, si no se habla de ellas, la gente empieza a tomar decisiones por su cuenta. Y Buda quería que sus discípulos fueran individuos integrados: limpios, puros, alerta en todos los sentidos posibles, tanto exterior como interiormente. Su preocupación y compasión eran tan grandes que existen treinta y tres mil reglas para un monje budista. Es alucinante: ¡treinta y tres mil reglas! Incluso recordarlas es difícil.

Pero Buda se ha ocupado de todos los detalles: cuándo levantarse, cuándo ir a mendigar tu comida, no tomar toda tu comida de una casa sino de cinco casas para que nadie esté agobiado. Cinco casas pueden darte pequeños trozos y eso te bastará. Y no permanecer en una ciudad más de tres días para no crear ningún tipo de carga para nadie. Come sólo una vez al día porque millones de personas comen sólo una vez al día. No debes pedir dos comidas.

No tengas más de tres prendas de ropa; dos para usar y una para situaciones de emergencia. Por ejemplo: de repente vuelves al lugar donde están todos los demás monjes y empieza a llover. Tus dos prendas, la de arriba y la de abajo, están mojadas. Al menos te queda un paño para cubrirte: este tercero es para una emergencia. Dos son para tus necesidades esenciales, pero no deberías tener más de tres.

Estos detalles eran esenciales aunque parezcan trivialidades. Piensas: "¿Qué tontería es ésta? Un Gautam Buda debería hablar de espiritualidad, de crecimiento y conciencia y libertad y está hablando de estas pequeñeces". Pero tuvo que hacerlo por la sencilla razón de que aceptó la idea de renunciar al mundo. Una vez que las personas renuncian al mundo están destinadas a convertirse en cargas ...y en sociedades pobres.

Por eso, cuando Buda dice que quien cede su casa de baños para que la use un monje gana una gran virtud, simplemente está tratando de persuadir a la gente de que no debe pensar en ello como una carga, sino como una bendición.

Cuando un monje acepta la comida que le ofreces no está obligado contigo, dice Buda.

Estás en deuda con él. El mero hecho de que él reciba tu comida, por tu parte, da una gran virtud. Tal vez hayas dado tu propia comida, tal vez hayas dado la comida de tus hijos, pero has sacrificado algo y has respetado a un hombre que no tiene posesiones, ni dinero.

Buda ha dicho que es dichosa la madre que da a luz a un hijo que va a renunciar al mundo. Bendito el padre que tiene un hijo que va a renunciar al mundo. Renuncian al mundo sólo para desarrollar su potencial al máximo. Ayúdales. Si no puedes elevar tu conciencia, al menos puedes ayudar de alguna pequeña manera a aquellos que están haciendo el tremendo esfuerzo de elevar su conciencia a su iluminación final.

Por lo tanto, sea una trivialidad o no, habría estado perfectamente bien que Bodhidharma hubiera aceptado el sutra tal como era. Y lo que yo he dicho, él debería haberlo dicho. Pero él mismo se siente avergonzado, así que empieza a intentarlo de nuevo, diciendo que es una metáfora de algo invisible, y eso hace que todo su planteamiento sea falaz. Leeré el sutra y luego leeré sus explicaciones ficticias.

El sutra es absolutamente claro; no necesita aclaraciones.

PERO EL SUTRA DE LA CASA DE BAÑOS DICE: "AL CONTRIBUIR AL BAÑO DE LOS MONJES, LA GENTE RECIBE BENDICIONES ILIMITADAS". ESTO PARECERÍA SER UN EJEMPLO DE PRÁCTICA EXTERNA QUE LOGRA MÉRITO. ¿CÓMO SE RELACIONA ESTO CON LA CONTEMPLACIÓN DE

LA MENTE?

El discípulo le pregunta a Bodhidharma: Dices que contemplar la mente es suficiente, pero Buda habla de cosas tan pequeñas. En tu contemplación de la mente, ¿hay lugar para tales cosas?

La respuesta sencilla habría sido: Yo hablo de lo esencial y Buda habla tanto de lo esencial como de lo no esencial. No sólo se ocupa de lo que el monje tiene que hacer. El monje tiene que contemplar su mente; ésa es su única práctica esencial: conciencia, vipassana, observar, ser testigo. Pero el monje pobre también necesita comida, abrigo cuando llueve y ropa.

Buda tiene una visión muy completa. No se trataba de un solo monje, sino que cuando millones de personas se convertían en monjes, había que establecer ciertas normas; de lo contrario, se habría creado el caos en toda la sociedad.

Un monje no debe decir lo que quiere comer. Sólo debe tomar lo que la familia prepare para sí misma. No debe decir a qué familia va a mendigar mañana, porque su información puede hacer que la familia sienta que entonces tiene que hacer alguna comida deliciosa, alguna comida costosa porque el monje va a ir a su casa. Esto puede ser una carga innecesaria y el monje puede convertirse en un parásito.

Para evitar todo esto, Buda tuvo que hablar de cosas tan pequeñas que a la gente normalmente no le gustan, y en aquellos días muy poca gente tenía su propio cuarto de baño. Incluso hoy, después de veinticinco siglos, salvo en algunas grandes ciudades, el noventa por ciento de la población india no tiene baño en su casa. Van fuera del pueblo, a la orilla de un río o de un lago. Ese es su cuarto de baño, su retrete.

Se considera un gran lujo tener un cuarto de baño adosado al dormitorio; sólo unos pocos en la India pueden permitírselo, pues el país es muy pobre. Y no sólo la pobreza lo ha impedido; incluso la gente que tenía suficiente dinero en tiempos de Buda no tenía ni idea de tener un cuarto de baño adosado a su dormitorio.

Te sorprenderá saber que hace sólo cien años hubo un caso en el Tribunal Supremo de América, porque un hombre adosó un cuarto de baño a su dormitorio. Se pensaba que iba en contra del cristianismo; se pensaba que era algo muy sucio. El hombre lo había aprendido de Europa y pensó que estaba trayendo un regalo a América. Ciertamente es un regalo.

Pero las asociaciones cristianas presentaron una demanda contra él ante el Tribunal Supremo diciendo que estaba intentando corromper la mente de la gente. "Es una idea que le ha implantado el diablo", dicen. "¿Quién ha oído hablar alguna vez de un cuarto de baño adosado al dormitorio?". Y les sorprenderá que el Tribunal Supremo ordenara al hombre trasladar el cuarto de baño a la parte trasera de la casa, donde correspondía. Se llamaban retretes. No estaban adosados a la casa principal, sino en el patio trasero, muy lejos. ¡Lugares sucios!

Pero en tiempos de Buda, había gente rica que tenía baños adosados y lo más sorprendente, casi increíble, es que en Harappa y Mohanjodaro, dos de las ciudades más antiguas descubiertas en Pakistán ..... tienen siete mil años de antigüedad. Alguna calamidad natural, o quizás alguna calamidad provocada por el hombre, destruyó esas hermosas ciudades no sólo una vez, sino siete veces, porque siete veces se construyeron esas ciudades. La gente ha estado excavando durante casi medio siglo. No podían creer qué tipo de calamidad había sucedido continuamente: una capa de la ciudad está cubierta de barro, luego otra capa de la ciudad vuelve a estar cubierta de barro.

Mientras seguían cavando, primero pensaron que la primera capa, la capa superficial era la ciudad, pero alguien intentó cavar un poco más profundo para ver qué había debajo. Se sorprendieron al descubrir que, tras unos metros de capas de barro, había otra ciudad. Entonces lo intentaron una y otra vez y finalmente han encontrado siete capas de grandes ciudades—ciudades que tenían calles tan anchas como San Francisco o Nueva York. Y ciertamente las ciudades no tienen esas calles anchas si no tienen grandes vehículos para circular por ellas.

Se cree que Varanasi es la ciudad más antigua de la India. Ni siquiera el coche más pequeño puede entrar en el casco antiguo de Varanasi. ¿Qué decir de un coche?—ni siquiera la luz del sol llega allí porque a ambos lados hay enormes edificios. Sólo cuando el sol llega exactamente a la mitad del cielo, durante unos minutos hay luz solar; de lo contrario, todo el día no hay sol. Una gran civilización debe haber estado allí.

Me acordaba de ellos porque todas las casas de Mohanjodaro y Harappa -ambas ciudades- tenían baños adosados a las habitaciones, tenían piscinas tan grandes como las que tenemos ahora. Y tenían un sistema, un sistema muy extraño que habían inventado, de agua corriente caliente y fría en todas las casas. Es asombroso. Parece que habían llegado a la misma altura de la civilización, tal vez mejor, porque incluso en la primera parte del siglo XX el Tribunal Supremo de Estados Unidos se negó a permitir que ese hombre tuviera un cuarto de baño en su propia casa.

El futuro va a ser diferente porque hay arquitectos .... He visto unos diseños que me ha enviado un amigo que está pensando en una cosa muy extraña que será combatida en los tribunales por todas las religiones del mundo. La idea no es tener un baño adjunto sino tener la habitación dentro del baño.

Han realizado diseños tan hermosos que el cuarto de baño no desentona; realza la belleza de la estancia.

Pero, sin duda, todas las religiones van a objetar que esto es ir demasiado lejos. De alguna manera hemos aceptado baños adjuntos a las habitaciones. Ahora estos arquitectos locos están tratando de hacer cumplir una idea ... y creo que esa idea va a funcionar. Sus diseños son simplemente magníficos. ¿Por qué tener un baño adjunto? El cuarto de baño se puede hacer tan hermoso que puede adjuntar su habitación al cuarto de baño. Y, de hecho, ambos pueden estar en el mismo lugar: no hace falta ningún tabique. Es TU cuarto de baño, es TU habitación. Y las cosas se pueden hacer tan bonitas y tan limpias que no hay duda de que ....

Pero era un problema. Muy pocas familias ricas tenían cuarto de baño y el problema era mayor porque los monjes budistas no podían bañarse en el río. No tenían suficiente ropa, no tenían ropa interior. Sólo tenían tres piezas de ropa, una para envolverse por debajo, otra para envolverse por encima... simples trozos de tela.

Para evitar la sastrería -porque eso es un lujo-, se limitaban a usar trozos de tela sencillos; uno se lo enrollaban alrededor de la cintura, otro alrededor del pecho, y eso era todo. Les resultaba difícil. O bien tenían que ir desnudos -lo que no estaba permitido por Gautam Buda- o bien tenían que entrar en el río con la ropa puesta y entonces se les mojaba la ropa.

Así que hay que ver toda la situación... por qué Gautam Buda tiene que hablar de esas trivialidades. Está dando un incentivo a la gente que tiene sus propios baños para que permitan a los monjes bañarse y entonces la gente recibiría bendiciones ilimitadas. No hay ninguna metáfora en ello. Significa exactamente lo que dice.

El discípulo tiene toda la razón al preguntar: "Esto parecería ser un caso de práctica externa que logra mérito, porque el hombre que te permite usar su baño está logrando mérito. No está haciendo nada, sólo permitiéndote usar su baño".

Y Bodhidharma dice: "No hay nada, ni necesidad, ni posibilidad tampoco, de obtener mérito alguno de ninguna práctica exterior. Lo único meritorio es contemplar la mente".

Podría haber dicho simplemente: "Esto es sólo un incentivo para la gente; si no, ¿por qué iban a permitirlo a nadie?". De hecho, a nadie le gusta que su cuarto de baño sea utilizado por otra persona, y menos por extraños. No es un lugar público.

Todo el mundo quiere que su cuarto de baño sea privado, propio, y los más ricos son ..... Ciertamente no les gustaría la idea de monjes extraños vagando con la ropa sucia, los pies sucios porque no tienen zapatos, transpirando en el caluroso verano, acumulando polvo en los caminos que no eran de alquitrán de hulla, asfalto o cemento - eran sólo caminos polvorientos para los carros de bueyes. A los hombres ricos no les gustaría esto.

Y no tienes ni idea de los hombres ricos de aquellos días. Solían tener en sus bañeras, no agua ordinaria, sino agua de rosas. Es una extraña historia de una extraña humanidad: una parte está muriendo por comida y otra parte de la misma raza de seres humanos toma un baño tan costoso—miles de flores de rosas tienen que ser utilizadas para un baño. A estas personas no les gustarían los vagabundos, los monjes, los mendigos -todos eran mendigos a sus ojos- a menos que tuvieran algún incentivo de que obtendrían grandes bendiciones en el otro mundo. Buda está hablando simplemente en términos comerciales y tiene toda la razón.

Pero el problema con Bodhidharma es que no puede aceptar las cosas simplemente como son. El dice:

AQUÍ, EL BAÑO DE LOS MONJES NO SE REFIERE AL LAVADO DE NADA TANGIBLE.

¿Cómo se lava algo intangible? Una cosa que no es tangible tampoco es visible. Sólo hay que lavar las cosas tangibles. Tu cuerpo puede ducharse, pero no tu alma. Tu ropa se puede limpiar, pero no tu ser. Pero eso no significa que tengas que usar ropa sucia, que tengas que permanecer sucio en tu cuerpo.

Buda era muy estético en comparación con Mahavira, su contemporáneo, y por eso tiene más gracia que Mahavira. Mahavira tiene una personalidad muy fuerte pero no tiene gracia... una personalidad de luchador, pero no la individualidad de una flor de loto.

No es casual que Gautam Buda se haya convertido en sinónimo de la flor de loto. Es tan frágil, tan bella y tan elegante que ninguna otra flor del mundo se le acerca. Quería que sus monjes fueran sensibles, estéticos, limpios, y naturalmente la única manera era decir a la gente que si ayudáis a estos monjes pobres con comida, con un baño, con medicinas, con ropa, estaréis obteniendo grandes méritos en el otro mundo. Se trataba simplemente de un asunto pragmático.

CUANDO EL SEÑOR PREDICÓ EL SUTRA DE LA CASA DE BAÑOS, QUERÍA QUE SUS DISCÍPULOS RECORDARAN EL DHARMA DEL LAVADO. ASÍ QUE UTILIZÓ UNA PREOCUPACIÓN COTIDIANA PARA TRANSMITIR SU VERDADERO SIGNIFICADO ....

LA CASA DE BAÑOS ES EL CUERPO.

Ahora bien, esto no tiene sentido y él mismo, en los sutras iniciales, ha dicho que Buda nunca enseña tonterías. Esta contradiciendo casi todo lo que ha dicho con tremenda claridad en los sutras iniciales. Pero ahora el mismo se ha metido en problemas.

LA CASA DE BAÑOS ES EL CUERPO. CUANDO ENCIENDES EL FUEGO DE LA SABIDURÍA, CALIENTAS EL AGUA PURA DE LOS PRECEPTOS Y BAÑAS LA VERDADERA NATURALEZA DE BUDA QUE HAY EN TI.

¿No podría Buda haber dicho otra cosa que el SUTRA DE LA BATIERA?

Podía haber hablado del SUTRA BUDDHA-NATURA. ¿Crees que Buda era menos inteligente que Bodhidharma ...que no sabía que es mejor decir exactamente lo que quiere decir? Y no hay ninguna dificultad en decirlo. Un Bodhidharma puede decirlo—¿por qué Buda no puede decirlo?

MANTENIENDO ESTAS SIETE PRÁCTICAS, AUMENTAS

TU VIRTUD.

LOS MONJES DE ESA ÉPOCA ERAN PERSPICACES.

Si esto es cierto, que los monjes de esa época -es decir, de la época de Gautam Buda- eran perspicaces, entonces ciertamente el SUTRA DE BATHHOUSE no necesita llamarse SUTRA DE BATHHOUSE en absoluto. Debería llamarse SUTRA BUDDHA-NATURA, o cualquier otra palabra hermosa. ¿Por qué hablar de casa de baños? Y si Bodhidharma puede aclararlo a las personas menos perspicaces -y los discípulos de Buda eran más perspicaces-, es extraño que tuviera que utilizar metáforas tan extrañas. Bodhidharma se lo está inventando todo.

ENTENDIERON EL SIGNIFICADO DEL BUDA. Si comprendían el significado del Buda, entonces ¿por qué lo ocultaba detrás de la casa de baños?

SIGUIERON SUS ENSEÑANZAS, PERFECCIONARON SU VIRTUD Y SABOREARON EL FRUTO DE LA BUDEIDAD.

Si estos discípulos de Buda ya habían experimentado la budeidad, ¿qué necesidad había de hablarles con metáforas? Buda podría haber sido directo: las metáforas son necesarias para los niños. Así que lo que dice es correcto, pero va en su contra, no a su favor.

PERO LA GENTE DE HOY EN DÍA NO PUEDE ENTENDER ESTAS COSAS ....

Pero el BATHHOUSE SUTRA no está escrito para la época de Bodhidharma.

Bodhidharma llegó mil cien años después de que Buda pronunciara el SUTRA DE LA CASA BATIANA. ¿Crees que Buda se dirigía a la gente de la época de Bodhidharma? Esto hay que entenderlo porque es algo que se repite constantemente: que la gente de tiempos pasados era más perceptiva, más sensible, más inteligente que la gente de hoy. Incluso hoy en día se dice.

En Babilonia se ha excavado un ladrillo y en él hay una inscripción que dice: "La gente de antaño era muy inteligente", y el ladrillo tiene seis mil años. Gautam Buda y Mahavira repiten muchas veces que la gente de los viejos tiempos era muy inteligente, pero no sé cuándo fueron esos viejos tiempos.

En los Vedas hindúes, que se supone que son las escrituras más antiguas del mundo, un hombre de esta misma ciudad, Lokmanya Balgangadhar

Tilak, ha demostrado, y lo ha demostrado con grandes argumentos y pruebas -y tales pruebas que no han sido refutadas por nadie durante casi medio siglo- que el primer Veda de los cuatro, el RIG VEDA, tiene noventa mil años de antigüedad. Pero incluso en el RIG VEDA, es lo mismo: que en los viejos tiempos, la gente era muy perspicaz, muy inteligente. No sé cuándo fueron esos viejos tiempos. Simplemente parece condenar a la gente de hoy en día. Esta idea se ha utilizado continuamente.

¿La conciencia del hombre evoluciona o no? Según todas estas personas, parece que va hacia abajo, no hacia arriba. De hecho, cuanto más retrocedemos en la historia, más primitivos son los pueblos y más primitivas son sus prácticas.

El canibalismo era una práctica muy extendida. Los pocos caníbales que quedan se encuentran en las espesas selvas de África.

Si quieres ver a los pueblos más antiguos, puedes ir a África, ¡pero ten cuidado! He oído que cuando el primer misionero cristiano fue allí para convertir a los caníbales y decirles: "Dios os ama a todos y Jesús vendrá a salvaros", disfrutaron mucho con su sermón. Lo subieron a hombros y a él le pareció una gran acogida. Cuando empezaron a meterlo en una olla hirviendo, dijo: "¿Qué estáis haciendo?". Le contestaron: "Dentro de unos minutos lo verás".

Cuando el agua empezó a estar demasiado caliente, el misionero gordo, que sólo asomaba la cabeza por encima de la gran olla, empezó a intentar persuadir de alguna manera a aquella gente:

"He venido aquí para darte a probar el cristianismo y me estás matando".

Dijeron: "No os preocupéis. Una vez que hayamos hecho una sopa de ti, tendremos el primer sabor del cristianismo. Por eso te hervimos: para que pruebes el cristianismo".

Creo que no hay otra forma de saborear el cristianismo. Es la gente más primitiva: eran tres mil a principios de este siglo, pero como es muy raro encontrar a alguien que pase por su zona -miran a todos lados pero nadie se acerca siquiera-, al final tienen que comerse a su propia gente. A principios de este siglo había tres mil; ahora sólo hay trescientos. Se han comido a dos mil setecientos de los suyos.

Se necesita comida todos los días. Si pueden conseguir a alguien de fuera, bien. Un poco de comida china, japonesa, alemana o india. Igual que tú vas de vez en cuando a un restaurante chino, ellos también quieren probar algo, cambiar de vez en cuando.

Pero es muy difícil porque la gente permanece a kilómetros de distancia de ellos. Todo el mundo sabe que esa zona es peligrosa; la gente ha ido allí pero nunca ha vuelto. Quienquiera que haya ido allí, se ha ido para siempre. Una vez que te atrapan, estás acabado... pronto te cocinarán... tal vez te rellenen con uvas, especias. ¡Puede que lo disfrutes! No estoy diciendo que NO lo disfrutarás, ¡PUEDES disfrutarlo! Será toda una aventura.

Pero a medida que retrocedes encontrarás más y más gente poco inteligente, más y más retrasada, más y más bárbara. Así que esta idea que utilizan todas las religiones -que la gente al principio era grandiosa y ahora todos han caído- no es cierta. Es absolutamente errónea. No tiene base histórica ni apoyo lógico. Y quiero decirte que eres el pináculo más alto de conciencia hasta ahora—aunque tu pináculo más alto no es mucho.

Tienes un inmenso potencial sin desarrollar. Pero esos pueblos primitivos estaban aún más subdesarrollados que tú. Tú tienes al menos algo de conciencia, ellos no tenían conciencia en absoluto. Estaban cerca de los animales.

NUESTRA VERDADERA NATURALEZA DE BUDA NO TIENE FORMA Y EL POLVO DE LA AFLICCIÓN NO TIENE FORMA. ¿CÓMO PUEDE LA GENTE USAR AGUA ORDINARIA PARA LAVAR UN CUERPO INTANGIBLE?

Sigue repitiendo las mismas estupideces. Ayer decía cómo puede Buda beber leche ordinaria; ahora, ¿cómo puede la gente usar agua ordinaria?—Como si hubiera agua extraordinaria en alguna parte.

LAVAR UN CUERPO INTANGIBLE ... Lo intangible no necesita ser lavado. Sólo lo tangible se ensucia. Lo invisible, el espacio, nunca se ensucia; el cielo nunca se ensucia. El silencio más allá de la mente nunca se ensucia. E incluso si se ensucia, lo cual es imposible, pero sólo para argumentar, incluso si se ensucia, entonces encontraremos algún jabón invisible, algún champú invisible que no puedes ver. Sólo verás la botella vacía, pero dentro hay un champú invisible.

He oído que en una tienda de Nueva York vendían cierta mercancía, tanta que todas las mujeres de Nueva York estaban inmensamente entusiasmadas y querían comprarla. Eran horquillas invisibles. Creo que ninguna mujer puede permanecer sin tentación si hay horquillas invisibles disponibles. Había colas ante la tienda y las mujeres cogían los paquetes, daban dinero y se marchaban. Una mujer abrió la caja y no pudo ver nada. ¿Cómo se pueden ver horquillas invisibles? Así que le dijo al tendero: "No veo nada". Él le preguntó: "¿Cómo puedes ver horquillas invisibles?".

Me dijo: "Así es. Quiero volver mañana para comprar algunos más para regalar a mis hijas y a mis amigas, porque es algo muy nuevo. ¿Tendrá existencias suficientes para mañana también? porque veo muchos clientes y he tenido que estar casi una hora en la cola. Me dijo: "No se preocupe. Llevamos quince días sin existencias, pero es algo invisible. No importa si está o no. Puede venir cuando quiera: siempre estará disponible".

Bodhidharma está diciendo algo que es absolutamente ilógico, irracional. Ni siquiera es de sentido común.

NO FUNCIONARÁ. ¿CUÁNDO DESPERTARÁN? PARA LIMPIAR UN CUERPO ASÍ, HAY QUE CONTEMPLARLO. UNA VEZ QUE LAS IMPUREZAS Y LA SUCIEDAD SURGEN DEL DESEO, SE MULTIPLICAN HASTA CUBRIRTE POR DENTRO Y POR FUERA.

PERO SI TRATAS DE LAVAR ESTE CUERPO TUYO, TENDRÁS QUE FREGAR HASTA QUE CASI DESAPAREZCA, ANTES DE QUE ESTÉ LIMPIO.

Está diciendo que no puedes limpiar este cuerpo que es visible. Si intentas limpiarlo tendrás que fregarlo hasta el punto en que todo el cuerpo desaparezca. Entonces estarás limpio. Eso significa que no hay necesidad de limpiar este cuerpo. Es inútil; ¡significaría suicidarse!

Pero sabes que no es necesario fregar el cuerpo hasta el punto de que desaparezca. Puedes fregar el cuerpo hasta el punto de que no tengas olor corporal, que tu transpiración no esté creando un olor repugnante a tu alrededor, que tu boca esté limpia, que tu respiración no moleste a nadie más. Puedes usar jabón, puedes usar champú, puedes usar desodorantes. No es necesario fregar el cuerpo hasta que desaparezca por completo. Entonces, ¿qué sentido tiene limpiarlo? No queda nada.

Bodhidharma piensa que te está dando un argumento que demuestra que Buda no se refiere al baño ordinario para tu cuerpo, se refiere a limpiar tu alma.

Pero Bodhidharma ha olvidado por completo que en sus propios sutras decía que el alma siempre está limpia -nunca ha estado sucia-, que tu naturaleza búdica siempre es pura, nunca ha sido impura. ¿Puedes recordar sus sutras? Dice que ya estás iluminado, sólo que estás dormido. No es cuestión de limpiar ni de hacer ningún culto, ni ningún ritual. Todo lo que necesitas es contemplar tu mente, y lentamente, lentamente esa contemplación de la mente te despertará. Estar despierto es estar iluminado.

Pero ahora ha olvidado por completo todos esos sutras. Ha cometido un error tan tremendo que debería haberse detenido en el momento en que se formuló la pregunta definitiva sobre la ignorancia. No se detuvo. Uno tiene que saber donde parar, de otra manera uno cae en una trampa. Ahora el sigue y sigue y no sabe donde parar y como parar.

DE ESTO DEBES DARTE CUENTA QUE LAVAR ALGO EXTERNO NO ES LO QUE EL BUDA QUISO DECIR.

Sólo lo externo necesita lavarse; lo interno no necesita lavarse. Y si Buda quería decir lo que está diciendo, entonces Bodhidharma también está llevando a Buda al mismo punto de estupidez en el que se encuentra. Sólo lo externo se ensucia y necesita lavarse.

El interior nunca se ensucia y, por tanto, no necesita lavarse.

preguntó el discípulo: LOS SUTRAS DICEN QUE QUIEN INVOCA DE TODO CORAZÓN AL BUDA TIENE LA CERTEZA DE RENACER EN EL PARAÍSO OCCIDENTAL. PUESTO QUE ESTA PUERTA CONDUCE A LA BUDEIDAD, ¿POR QUÉ BUSCAR LA LIBERACIÓN EN LA CONTEMPLACIÓN DE LA MENTE?

La insistencia continua del discípulo se debe a que si el énfasis de Bodhidharma en contemplar la mente es suficiente, entonces ¿por qué Buda habla de otras cosas?

Y Bodhidharma no tiene el valor de hablar en contra de su propio maestro.

Podría haber dicho: "No es asunto mío ordenar sus cosas. Mi entendimiento y mi comprensión es que sólo contemplar la mente es suficiente.

Tal vez Buda quería crear también una disciplina externa, al lado de una disciplina interna. Eso es asunto suyo. No es asunto mío". Una simple afirmación como ésta le habría salvado de caer desde la cima iluminada por el sol en la que se encontraba, en pequeñas cosas que no puede resolver.

Su respuesta es de nuevo el mismo tipo de tontería. BUDDHA SIGNIFICA CONCIENCIA ...lo que ha dicho tantas veces.

BUDA SIGNIFICA CONCIENCIA, LA CONCIENCIA DEL CUERPO Y DE LA MENTE, QUE IMPIDE QUE SURJA EL MAL EN NINGUNO DE LOS DOS. E INVOCAR SIGNIFICA LLAMAR A LA MENTE.

Si invocar significa llamar a la mente, entonces, ¿por qué no iba a decir Buda: "Llamar a la mente"; por qué decir: "Invocar a Buda"? ¿Por qué complicar innecesariamente las cosas cuando se pueden simplificar? Y Buda no es un hombre que complique las cosas; no es un filósofo. Es un sabio realizado. Sólo habla de la manera más sencilla y clara, sin utilizar ninguna jerga que pueda crear perturbaciones en la mente de la gente. Todo su esfuerzo consiste en pacificar la mente para que puedas ir más allá de ella con más facilidad.

E INVOCAR SIGNIFICA LLAMAR A LA MEMORIA, RECORDAR CONSTANTEMENTE LAS REGLAS DE LA DISCIPLINA Y SEGUIRLAS CON TODAS TUS FUERZAS.

Y este mismo Bodhidharma ha dicho una y otra vez que ninguna disciplina puede llevarte a la budeidad, que no se necesitan reglas. Lo único que puede ayudarte es simplemente ser consciente de tu proceso de pensamiento, de tu mente.

PARA INVOCAR EL NOMBRE DEL BUDA, HAY QUE COMPRENDER EL DHARMA DE LA INVOCACIÓN. SI NO ESTÁ PRESENTE EN TU MENTE, TU BOCA CANTA UN NOMBRE VACÍO. MIENTRAS TE PERTURBEN LOS TRES VENENOS, O LOS PENSAMIENTOS SOBRE TI MISMO, TU MENTE ENGAÑADA TE IMPEDIRÁ VER AL BUDA .... SI TE AFERRAS A LAS APARIENCIAS MIENTRAS BUSCAS EL SIGNIFICADO, NO ENCONTRARÁS NADA. ASÍ, LOS SABIOS DEL PASADO CULTIVABAN LA INTROSPECCIÓN Y NO EL HABLA.

Eso es absolutamente incorrecto, porque ¿qué es la introspección sino el pensamiento interno? ¿Y qué es el habla sino llevar tu pensamiento interno a una expresión? No son diferentes. Uno es el interior. Primero introspectas, piensas, y luego lo sacas a la luz: puedes pensar la palabra RAMA sin decirla y luego puedes decir "Rama". ¿Cuál es la diferencia? La diferencia es sólo que primero te lo decías a ti mismo. Hablar contigo mismo es introspección y hablar con los demás es habla. La introspección es un monólogo silencioso. Todo el mundo lo hace todo el tiempo, no tiene nada que ver con los sabios. Incluso los pecadores tienen que hacerlo.

¿Qué haces todo el tiempo excepto introspección? Sentado, caminando, estás continuamente pensando en mil y una cosas, pero sólo unas pocas las llevas a la expresión. Decir que los sabios del pasado cultivaban la introspección y no el habla no es cierto, porque si los sabios no hablaban, ¿de dónde han salido vuestras escrituras, de dónde vuestros VEDAS, de dónde vuestros UPANISHADS?

Y hay ciento ocho UPANISHADS. ¿De dónde viene tu santo CORÁN, y de dónde tu SANTA BIBLIA? ¿De dónde su santo TALMUD, de dónde el DHAMMAPADA de Gautam Buda? ¿Y de dónde vienen las palabras del propio Bodhidharma? El habla y habla de sabios que solo cultivaron la introspección y no el habla.

Eso significa que todas tus sagradas escrituras están escritas por pecadores y no por sabios. Un sabio es alguien que se conoce a sí mismo y habla sólo de aquello que está en sintonía con su experiencia interior. Si no puede encontrar una palabra para expresarlo, permanece en silencio. No está en contra de la palabra, no está a favor del silencio. Ha llegado a un espacio que está más allá del lenguaje, por lo que es muy difícil hablar; pero también es difícil introspeccionar, porque todo lo que se puede introspeccionar, se puede hablar.

Fíjate: la introspección es hablar dentro de ti mismo: estás utilizando palabras. Si puedes usar palabras sin hablar, ¿por qué no puedes usar las mismas palabras al hablar? Lo que no se puede hablar tampoco se puede introspeccionar, porque son dos caras de la misma moneda.

ESTA MENTE ES LA FUENTE DE TODAS LAS VIRTUDES.

Ahora no me queda más remedio que decir que eso es una tontería. Y no tiene sentido según Bodhidharma. En sus propios sutras ha dicho que esta mente tiene que ser trascendida, que esta mente es tu esclavitud, que esta mente tiene que ser completamente silenciada, vaciada. En otras palabras, tienes que alcanzar la no-mente.

La no-mente puede ser la fuente de todas las virtudes, pero no la mente. Si la mente es la fuente de todas las virtudes, entonces ¿cuál es el propósito de la no-mente? Todas las virtudes incluyen todas las virtudes. Sólo quedan los pecados. ¿Es la no-mente la fuente de todos los pecados? ¿Es la meditación la fuente de todo lo que es criminal en ti, inmoral en ti, poco virtuoso en ti?

Bodhidharma no está en sus cabales. Una vez tembló, una vez mintió, no ha sido capaz de recuperar el equilibrio.

ESTA MENTE ES LA FUENTE DE TODAS LAS VIRTUDES Y ESTA MENTE ES LA PRINCIPAL DE TODOS LOS PODERES.

Entonces, ¿qué pasa con la naturaleza búdica y su poder?

LA DICHA ETERNA DEL NIRVANA PROVIENE DE LA MENTE EN REPOSO.

Aquí se acerca un poco más a la verdad, pero no exactamente a la verdad. La mente en reposo sigue siendo mente. El Nirvana ocurre en la muerte de la mente, no sólo en el reposo de la mente, porque la mente que está en reposo puede en cualquier momento volverse inquieta. La mente simplemente tiene que irse. Sólo entonces puedes estar seguro de tu paz absoluta. El alborotador ha desaparecido por completo. Que el alborotador descanse no significa que estés libre de problemas. El alborotador puede estar simplemente descansando para ganar un poco de energía para crear más problemas de nuevo. Puede que esté cansado, todo el mundo se cansa.

Yo vivía en una casa con un amigo y su hijo era un incordio continuo.

Su padre estaba cansado, su madre también, pero era hijo único, así que le querían mucho. Sólo yo no estaba cansada de él. Me preguntaban: "¿Qué te pasa?

Nunca te acosa".

Le dije: "Le acoso. Le llamo y nunca se acerca a mí".

Me dijo: "¿Cómo le acosas? Porque es una preocupación constante, nunca descansa, siempre está haciendo algo, dejando caer algo, rompiendo algo, saltando del sofá a la mesa. No puede sentarse en silencio".

Le dije: "Te mostraré cómo puede sentarse en silencio".

Al entrar me dijo: "Me sentaré en silencio".

Su padre dijo: "¿Qué pasa? No has dicho nada—sólo tu llegada y él está diciendo: 'Me sentaré en silencio'". Yo vivía en la mitad de la casa y ellos en la otra mitad, pero ambas estaban conectadas por dentro. El niño solía venir de vez en cuando a mi lado y yo le decía: "Si quieres entrar tienes que pagarlo".

Dijo: "¿Qué?"

Le dije: "El dinero no es el problema. Te diré lo que tienes que hacer: primero tienes que ir y correr alrededor de la casa siete veces"—era una casa grande, cuatro acres de tierra—"siete veces exactamente, sin trampas, sin engaños. Entonces podrás entrar".

Después de siete asaltos estaba tan cansado que entraba y se dejaba caer en el sofá. Yo le decía: "¿Cómo te sientes?"

Decía: "Sigo vivo". Y entonces yo continuaba mi trabajo y él descansaba.

Entonces su padre dijo: "Esto es extraño... nunca me lo dijiste... y nos ha estado torturando".

Le dije: "He encontrado mi camino con él. Siempre que quiere verme o venir a verme, primero tiene que pagar. Y siete vueltas por la casa son suficientes. Entonces no pide nada, no está en condiciones de pedir. Está tan cansado que se sienta en el sofá y la mayoría de las veces se queda dormido, y yo sigo con mi trabajo".

La mente en reposo no es fiable. La mente tiene que ir completamente hasta el punto de que no pueda volver... hasta el punto de no retorno.

EL RENACIMIENTO EN LOS TRES REINOS TAMBIÉN PROVIENE DE LA MENTE. LA MENTE ES LA PUERTA A TODOS LOS MUNDOS Y LA MENTE ES EL VADO HACIA LA OTRA ORILLA.

Esto no es correcto porque si la mente es también el vado hacia la otra orilla, entonces ¿de qué sirve la meditación? Todos los poderes pertenecen a la mente, todas las palabras pertenecen a la mente, toda la dicha eterna del nirvana proviene del reposo de la mente. El vado que va a la otra orilla es de la mente, entonces ¿para qué sirve la meditación?

De hecho, la mente no es el vado hacia la otra orilla: lo es la meditación. Y meditación siempre significa no-mente. Cuando la mente se extingue, la misma energía que estaba implicada en la mente se convierte en tu meditación.

QUIEN SABE DÓNDE ESTÁ LA PUERTA NO SE PREOCUPA POR ALCANZARLA. QUIEN SABE DÓNDE ESTÁ EL VADO NO SE PREOCUPA POR CRUZARLO.

LA GENTE QUE CONOZCO HOY EN DÍA ES SUPERFICIAL. PIENSAN QUE EL MÉRITO ES ALGO QUE TIENE FORMA. DESPILFARRAN SU RIQUEZA Y MASACRAN CRIATURAS TERRESTRES Y MARINAS .... VEN ALGO TANGIBLE Y SE ENCARIÑAN AL INSTANTE. SI LES HABLAS DE LA FALTA DE FORMA, SE QUEDAN MUDOS Y CONFUSOS. ÁVIDOS DE LAS PEQUEÑAS MISERICORDIAS DE ESTE MUNDO, PERMANECEN CIEGOS ANTE EL GRAN SUFRIMIENTO VENIDERO. TALES DISCÍPULOS SE DESGASTAN EN VANO. SE VUELVEN DE LO VERDADERO A LO FALSO Y SÓLO HABLAN DE BENDICIONES FUTURAS.

SI SIMPLEMENTE PUEDES CONCENTRAR LA LUZ INTERIOR DE TU MENTE, Y CONTEMPLAR SU ILUMINACIÓN EXTERIOR, DISIPARÁS LOS TRES VENENOS Y AHUYENTARÁS A LOS SEIS LADRONES DE UNA VEZ POR TODAS.

Te he dicho que en inglés no hay una palabra que pueda traducir DHYAN.

Hay tres palabras: la primera es concentración, que es la más baja. Significa centrar la mente en una cosa o un pensamiento. Es útil para la ciencia; de hecho, sin concentración no habría ciencia. La ciencia es el subproducto de la concentración.

La segunda palabra en inglés es contemplation, que es superior a concentration. Contemplación significa pensar en un tema determinado, no en un pensamiento único, sino en una corriente de pensamientos circunscritos al mismo tema. Por ejemplo, alguien piensa en la luz. Entonces sigue pensando en la luz, en su velocidad, en su división en siete colores y en todas sus posibilidades, en toda la física de la luz. La filosofía surge de la contemplación, igual que la ciencia surge de la concentración.

Y la tercera palabra en inglés es meditation, que es la más alta. Pero aún así no es un equivalente a DHYAN, o el chino CH'AN, o el japonés ZEN que son diferentes pronunciaciones de la palabra sánscrita DHYAN.

DHYAN significa no-mente. En la concentración, la mente se concentra. En la contemplación, la mente contempla. En la meditación, la mente medita. Pero en dhyan, la mente simplemente desaparece. Dhyan es un silencio más allá de la mente. El hombre que ha traducido estos sutras ha utilizado la palabra más baja en inglés—concentrate—para dhyan.

Es un problema de los lingüistas, de los que conocen la lengua. Traducen libros de una lengua a otra, pero cuando se trata de traducir poesía, la cosa se complica. Y si se trata de traducir las declaraciones de alguien que ha alcanzado la iluminación, entonces se vuelve aún más difícil.

Pero el problema es que las personas que han alcanzado la iluminación ya no están interesadas en traducir el libro de nadie. Ni siquiera les interesa escribir su propio libro, pues disfrutan mucho de su silencio y su éxtasis. Si quieren transmitir algo, utilizan la palabra hablada, porque la palabra hablada tiene la calidez y la vivacidad. Y la palabra hablada tiene algo de la persona que la dice. Sale de su corazón. Lleva algo del sabor de su ser. También lleva algo de luz, algo de profundidad que se pierde en la palabra escrita. Por lo tanto, ninguna persona iluminada ha escrito una sola palabra.

SI SIMPLEMENTE PUEDES CONCENTRAR LA LUZ INTERIOR DE TU MENTE Y CONTEMPLAR SU ILUMINACIÓN EXTERIOR, DISIPARÁS LOS TRES VENENOS Y AHUYENTARÁS A LOS SEIS LADRONES DE UNA VEZ POR TODAS.

Sólo cambia la palabra concentrarse. Si puedes meditar—y la meditación tiene que ser entendida en el sentido de DHYAN—si puedes hacer que tu no-mente funcione, entonces todo es luz, entonces todo es deleite.

Y SIN ESFUERZO GANARÁS LA POSESIÓN DE UN NÚMERO INFINITO DE VIRTUDES, PERFECCIONES Y PUERTAS A LA VERDAD.

VER A TRAVÉS DE LO MUNDANO, Y SER TESTIGO DE LO SUBLIME, ESTÁ A MENOS DE UN PARPADEO DE DISTANCIA.

Al final, vuelve a su estado original. En esta frase vuelve a ser el Bodhidharma con el que empezamos.

VER A TRAVÉS DE LO MUNDANO, Y SER TESTIGO DE LO SUBLIME, ESTÁ A MENOS DE UN PARPADEO DE DISTANCIA.

LA REALIZACIÓN ES AHORA. ¿POR QUÉ PREOCUPARSE POR LAS CANAS?

¿Por qué preocuparse por el mañana y la vejez?

PERO LA VERDADERA PUERTA ESTÁ OCULTA Y NO PUEDE SER REVELADA.

Esto es todo lo que tenía que decir en el momento en que le preguntaron de dónde surge la ignorancia. Dando vueltas y más vueltas, al final consigue ir al grano. La puerta, la verdadera puerta, está oculta y no puede ser revelada.

SÓLO HE HABLADO DE CONTEMPLAR LA MENTE.

Si sólo hubiera dicho estas dos frases en ese momento -y todo lo que hubiera dicho entre ellas se hubiera suprimido-, los sutras de Bodhidharma habrían permanecido absolutamente puros, impecablemente puros. Pero te lo he dejado claro, para que puedas elegir lo que es correcto y lo que no es más que prosa.

Lo que te va a ayudar en la meditación es correcto, y lo que es sólo innecesariamente metafísico, filosofar, no tiene ninguna validez y no es de ninguna utilidad para tu meditación.

En cierto modo me siento feliz de que por coincidencia este sutra haya llegado a ser discutido y de que hayas visto ambos lados. Te ayudará a permanecer consciente, consciente de que incluso en la cima más alta de tu iluminación puedes cometer errores, puedes desviarte, puedes decir estupideces. El problema es que no puedo tolerar nada que no sea lo mejor. Quiero que conozcas sólo lo mejor, que experimentes lo mejor, sólo oro de veinticuatro quilates, sin contaminación, sin mezcla, sólo pureza absoluta.

Fue bueno hablar de estos sutras, porque podría seguir diciéndote lo que no está bien y lo que está bien. Puedes estar leyendo muchos libros, puedes estar escuchando a mucha gente. Sólo observa con claridad. Todos los días recibo cartas de sannyasins que dicen: "He ido a ver a algún santo, a algún gurú"... y sé que esas personas no son más que idiotas. Me escriben: "Estamos muy impresionados", y yo simplemente digo: "¡Dios mío!".

He trabajado mucho con esta gente para que cada pequeño punto quede completamente claro, ¡y cualquier idiota puede impresionarles! No parecen tener la conciencia, la claridad y la capacidad de discriminación.

Una de las más grandes escrituras indias es el BRAHMASUTRA de

Badarayana. Él prescribe una clara capacidad de discriminación como lo primero que necesita el discípulo. Puedo ver por qué Badarayana ha hecho de la discriminación su primer punto—ver lo que es falso y ver lo que es verdadero, sentir lo que es real y sentir lo que es sólo hipocresía. ¿Han visto al Papa católico? Tal vez muchos de ustedes lo hayan visto o se hayan encontrado con él, y la mayoría habrá visto sus fotografías. ¿Ven algo que les indique que este hombre es el representante de Dios? Puede ser un vendedor de cualquier empresa de zapatos... ¡pero un representante de Dios!

Debería mirarse al menos una vez en un espejo y él mismo se daría cuenta: "Dios mío, ¿por qué me has elegido a mí? ¿No puedes encontrar a otro idiota? En este gran mundo, ¿por qué me has elegido a mí pobre?".

He oído hablar de un viejo judío que se estaba muriendo. Estaba murmurando algo, así que la gente de su familia se acercó para oír lo que estaba murmurando en el momento de su muerte. Le estaba diciendo a Dios: "Dios, sólo una petición. Hemos sido tu pueblo elegido durante cuatro mil años. Ya es suficiente. ¿No puedes elegir a otro ahora? Si no nos hubieras elegido no habríamos sufrido tanto. Ahora ten piedad; escucha las últimas palabras de un anciano moribundo. Es hora de que elijas a otro como tu pueblo elegido y nos liberes de esa gran carga. Nos aplastan continuamente".

Mira a tus papas, mira a tus shankaracharyas, mira a tu Ayatollah Khomeini, mira a tus monjes Jaina, monjes budistas, y te sorprenderás de que estas personas no tienen la presencia de la persona despierta. Tampoco tienen las palabras que provienen de una fuente de autoridad experimentada, pero tú te dejas impresionar por cualquier tontería.

Y esto ocurre desde hace siglos. Ya es hora de que se detenga. Al menos todo el mundo debería ser lo suficientemente meditativo como para poder discriminar entre el hombre que es una flecha hacia la verdad última y su realización, y el hombre que simplemente está fingiendo.

Estos sutras eran un buen ejercicio para que vieras cómo discriminar. Estate muy alerta. Dejarse impresionar fácilmente es ser crédulo. No seas crédulo, de lo contrario serás explotado. No ser crédulo es lo que Badarayana quiere decir con ser discriminador, alerta, consciente. No hay prisa por dejarse impresionar por nadie. Espera, observa, míralo desde todos los aspectos, y si tu corazón empieza a sonar, entonces es un asunto totalmente diferente. Pero si es sólo tu mente la que dice: "He encontrado al maestro adecuado", ten cuidado con tu mente.

Tu mente es tu mayor enemigo.

¿De acuerdo?

Sí, Maestro.

9 798822 792360